Albin Meyer
Softwareentwicklung

Weitere empfehlenswerte Titel

Albin Meyer

Software-entwicklung

Agile Methoden, moderne Softwarearchitektur, beliebte
Programmierwerkzeuge

2. vollständig überarbeitete Auflage

DE GRUYTER
OLDENBOURG

Autor
Albin Meyer
8038 Zürich
Schweiz
albin.meyer@protonmail.com

ISBN 978-3-11-135476-7
e-ISBN (PDF) 978-3-11-135477-4
e-ISBN (EPUB) 978-3-11-135533-7

Library of Congress Control Number: 2023951738

Bibliografische Information der Deutschen Nationalbibliothek
Die Deutsche Nationalbibliothek verzeichnet diese Publikation in der Deutschen Nationalbibliografie;
detaillierte bibliografische Daten sind im Internet über
http://dnb.dnb.de abrufbar.

Coverabbildung: noLimit46 / iStock / Getty Images
Satz: VTeX UAB, Lithuania
Druck und Bindung: CPI books GmbH, Leck

www.degruyter.com

Vorwort

Vorwort zur 2. Auflage

Die zahlreichen Rückmeldungen zu meinem 2018 erschienenen Fachbuch waren erfreulicherweise äußerst positiv. So schien es mir angebracht zu sein, nach mehreren Jahren eine Aktualisierung anzubieten. Die zentralen drei Inhaltsbereiche des Buchs sind weiterhin agile Methoden, moderne Softwarearchitektur und beliebte Programmierwerkzeuge, wie es der Untertitel nun neu klar verkündet. Die Kapitelstruktur hat sich bewährt und bleibt fast unverändert. Im Kapitel 7 „Plattformen" habe ich jedoch zur besseren Strukturierung ein neues Unterkapitel namens „Laufzeitumgebungen" eingefügt, welches nun völlig überarbeitete Versionen der bisherigen Unterkapitel „Die Java-Plattform" und „Microsoft .NET" enthält und auch auf weitere Technologien wie Node.js und Python verweist. Das Thema „DevOps" behandle ich neu konzentriert im Unterkapitel 18.4 statt wie vorher verteilt im ganzen Kapitel 18.

Themen, die inzwischen an Bedeutung gewonnen haben, wurden entsprechend erweitert, zum Beispiel Cloud Computing, Containerisierung, CI/CD, Machine Learning, IoT und SAFe. Die Auswahl an Librarys, Frameworks und Tools für die Softwareentwicklung habe ich in allen Kapiteln auf den neuesten Stand gebracht. Vor allem in den Bereichen Webapplikationen und Mobile Apps hat sich ja in den letzten Jahren einiges verändert. Einzelne kleine Fehler der ersten Ausgabe habe ich nun behoben. Gewisse Stellen erforderten eine verständlichere Formulierung, zum Beispiel bei den Themen Hardware, ORM, REST, Git, Docker, Blockchains und Authentifizierung mit Tokens.

Ich danke allen meinen ehemaligen Arbeitskollegen und Kommilitonen, mit denen ich mich in den letzten Monaten austauschen konnte. So erfuhr ich viel Neues und Wissenswertes aus verschiedenen realen Projekten. Dem Verlag De Gruyter danke ich für das mir weiterhin entgegengebrachte Vertrauen, insbesondere Damiano Sacco und Ria Sengbusch.

Motivation

Ein kompaktes Nachschlagewerk, geballt mit viel Wissen! Ein Kompendium, ein Handbuch, eine „eierlegende Wollmilchsau" sozusagen! Ein solches Buch zum Thema Softwareentwicklung habe ich schon immer gesucht und nie gefunden. Es gibt viel Literatur, aber entweder sind die Bücher für meinen Geschmack zu stark an einzelnen Themen orientiert, zu theoretisch, oder sie kratzen nur an der Oberfläche und sind eher für Manager gedacht, die nicht selber in den Tiefen von Sourcecode wühlen. Am ehesten würde noch der Leitfaden von SWEBOK (Software Engineering Body of Knowledge) [1] meinen Erwartungen entsprechen, aber leider auch nur teilweise.

Seit ich mein Studium als Informatikingenieur an der ETH Zürich 1995 abgeschlossen habe, mache ich mir in meinem Berufsleben ständig Notizen. Ich schreibe alles, was

https://doi.org/10.1515/9783111354774-201

mir wissenswert erscheint, auf. Auf diese Weise ist in meinen mehr als 20 Jahren Berufstätigkeit ein Notizblock mit sehr vielen Seiten entstanden. Da ich voraussichtlich weitere 20 Jahre als Softwareentwickler vor mir habe, wollte ich zur Halbzeit meine Notizen konsolidieren und überarbeiten, veraltete Informationen entfernen, langfristig während „Weisheiten" ausführlicher beschreiben, modernes Wissen einpflegen. Dabei kam mir die Idee, dass dies die perfekte Gelegenheit wäre, selber ein solches kompaktes Nachschlagewerk, wie ich es mir schon immer gewünscht hatte, zu schreiben. Bestimmt können dann meine Berufskollegen davon profitieren und diese Schrift als Wegweiser und Kompass im Alltagsdschungel benutzen. So ist dieses praxisorientierte Buch für Softwareentwicklung entstanden. Es erhebt jedoch nicht den Anspruch, vollständig zu sein, denn dafür müsste es tausende Seiten haben.

Mein Ziel ist eine große inhaltliche Breite. Natürlich ist diese abhängig von meinen persönlichen Erfahrungen. Schließlich ist es unmöglich, sämtliche Themen abzudecken, die irgendjemandem sonst noch in den Sinn kommen könnten. Bei jedem Thema stellte ich mir die Fragen, wie tief ich es in diesem Buch behandeln soll und wo die Lesenden mehr davon profitieren, wenn sie selbst weiter recherchieren müssen. Wer sich in die Berge wagt, nimmt nicht nur einen Kompass mit, sondern sorgt auch für zuverlässiges Kartenmaterial, welches die Details der Umgebung beschreibt. Genauso verhält es sich mit diesem Buch: Es soll als Kompass dienen. Vertiefende Literatur ist zusätzlich notwendig.

Es war mir ein Anliegen, dieses Buch zu schreiben, weil mein Wissen bezüglich Softwareentwicklung ziemlich breit ist. Ich habe viele verschiedene Anwendungsbereiche, Technologien und Projekt-Setups gesehen. So habe ich schon mehrere Projekte bei Banken und Versicherungen erlebt, ebenfalls mehrere in der Gebäudeautomation. Ein Projekt befasste sich mit dem Schreiben einer Transport- und Logistikanwendung, ein anderes lag im CRM-Bereich (Customer Relationship Management), und auch mit einem E-Commerce-Projekt hatte ich schon intensiv zu tun. Mit Software für die Personaleinsatzplanung habe ich mich ebenso beschäftigt wie mit einem System für Telekommunikationsfirmen. Auch an der Entwicklung zweier Spiele war ich maßgeblich beteiligt sowie bei der Erstellung von Softwareentwicklungswerkzeugen, nämlich eines Compilers und einer Software Factory. Ebenso hatte ich zwei Jahre lang mit Statistiksystemen zu tun. Danach beschäftigte ich mich mit Authentifizierungs- und Autorisierungslösungen. Nachdem ich an einer Plattform für den Direktverkauf landwirtschaftlicher Produkte mitgearbeitet habe, beschäftige ich mich zurzeit mit Software, die zur Dekarbonisierung des Immobiliensektors beiträgt.

Technologisch habe ich schon in vielen unterschiedlichen Bereichen gearbeitet. Lange habe ich mich mit verschiedenen Datenbanken beschäftigt, welche zum Teil auch größere Datenmengen fassen mussten. Businesslogik habe ich massenweise geschrieben, sowohl basierend auf Microsoft-Technologien (früher COM, dann .NET) als auch im Java-Bereich (JEE), On-Premises und in der Cloud. Mit eingebetteten Systemen habe ich mich eingehend beschäftigt, wie mit verschiedenen Betriebssystemen wie Linux, Windows und Hostanbindungen. Auch an Android-Applikationen habe ich schon mitgearbeitet, ebenso an diversen Web- und Desktop-Applikationen.

Die Bedingungen in all diesen Projekten könnten unterschiedlicher nicht gewesen sein. Manche mussten als Fixpreisprojekt umgesetzt werden, andere wurden nach Aufwand bezahlt. An zwei Open-Source-Projekten bin ich ebenfalls maßgeblich beteiligt. Von der 10-Personen-Firma bis zur 10.000-Personen-Firma habe ich alles gesehen, ebenso vom 1-Personen-Projekt bis zum Großprojekt mit 300 Beteiligten. Die Teams waren manchmal auf mehrere Städte verteilt, manchmal arbeiteten alle im selben Gebäude. Manche Teams bestanden aus lauter an Hochschulen ausgebildeten Softwareingenieuren, bei anderen waren viele unerfahrene Quereinsteiger dabei. In all diesen Projekten wurden mir viele Funktionen zugeteilt: Programmierer, Requirements Engineer, Softwarearchitekt, Projektleiter, Test Engineer, Teamleiter und Consultant.

Die Themenauswahl in diesem Buch ist teilweise subjektiv, entspricht sie doch meiner persönlichen Erfahrung. So hat Java in diesem Buch aus dem einfachen Grund einen größeren Platz erhalten als Microsoft .NET und Python, weil ich in den letzten Jahren hauptsächlich mit Java zu tun hatte. Das will jedoch nicht heißen, dass ich .NET und Python als schlechter beurteile. Ich möchte keine Glaubenskriege entfachen. Dasselbe gilt für Betriebssysteme oder mobile Plattformen: Ob Linux oder Windows, ob Android oder iOS, auch darüber könnte man sich endlos streiten, doch das ist nicht der Zweck dieses Werks. Schließlich können Probleme in der Softwareentwicklung meistens auf verschiedene Arten gelöst werden. Ich behaupte nicht, dass meine Lösungsvorschläge in diesem Buch die besten sind. Bei vielen Themen gibt es berechtigterweise unterschiedliche Meinungen. Die Lesenden werden deshalb aufgefordert, die Themen selber in weiterführender Literatur zu vertiefen, wo sich noch viele andere Ratschläge finden lassen.

Für wen ist dieses Buch?

Grundsätzlich ist dieses Buch gedacht für alle Personen, die in der Softwareentwicklung tätig sind. Nicht nur Programmierer und Softwarearchitekten, sondern auch Projektleiter, Manager, Requirements Engineers und Test Engineers finden hier wertvolle Informationen. Gewisse Vorkenntnisse sind vorausgesetzt, alles andere hätte den Rahmen des Buchs gesprengt. Dennoch soll es sowohl Berufseinsteigern als auch erfahrenen Professionals eine breite Wissensbasis anbieten. Es ist geeignet für Fachleute (ehemalige Lernende und Auszubildende), Quereinsteiger und Hochschulabsolventen.

Aufbau des Buchs

Die Kapitelstruktur ist zeitlos aufgebaut. Sie hilft, die vielen Informationen einzuordnen, die man im Berufsalltag aufnimmt. Dieses Buch möchte grundlegende Zusammenhänge zwischen einzelnen Themen der Softwareentwicklung aufzeigen. Die Kapitel müssen nicht zwingend sequentiell gelesen werden. Man kann sich je nach Interesse auch nur einzelne Themen anschauen. Das Stichwortverzeichnis ermöglicht zudem die Verwendung als Nachschlagewerk. Damit das Buch nicht nur linear, sondern auch vernetzt benutzt werden kann, habe ich in den Texten viele Querverweise auf andere Kapitel eingestreut. Die Themen werden kompakt behandelt. Bei Verständnisschwierigkeiten oder beim Bedürfnis nach Vertiefung bitte ich darum, sich im Internet und in der Literatur weitere Informationen zu beschaffen.

Der Inhalt des Buchs befasst sich hauptsächlich mit der maßgeschneiderten Umsetzung von Software, mit Ausnahme von Kapitel 11, das eine Übersicht über bestehende Produkte (Standardsoftware) bietet, denn es ist in der Softwareentwicklung von Vorteil, wenn man Kenntnisse über bereits vorhandene Programme besitzt.

Fett gedruckte Wörter bezeichnen allgemeine Konzepte; *kursiv* gedruckte stehen für Produkte und Standards. Bei der Aufzählung von Produkten habe ich mich bemüht, die in der Praxis am meisten verbreiteten zu erwähnen. Man kann darüber streiten, ob das eine oder andere Produkt auch noch nennenswert wäre. Jedenfalls bin ich unabhängig und erhalte zurzeit von keiner Firma, die in diesem Buch erwähnt wird, irgendwelche Leistungen. Wenn ich in diesem Buch Projektleiter, Softwarearchitekten, Programmierer oder Benutzer erwähne, so meine ich damit immer sowohl die weibliche als auch die männliche Form.

Ich kann nicht für Schäden haftbar gemacht werden, die im Zusammenhang mit der Verwendung dieses Buchs stehen. Möglicherweise enthalten meine Texte noch Fehler. Ich bin dankbar für Rückmeldungen, um solche in einer späteren Auflage korrigieren zu können. Und ich bin nicht verantwortlich für die Inhalte der Links und Bücher, die ich erwähne.

Danke

Viele Personen haben dazu beigetragen, dieses Buch zu ermöglichen. An erster Stelle stehen alle Menschen, mit denen ich zusammenarbeiten durfte. Dank geht an die Firma Ergon Informatik AG, weil ich im Rahmen eines Sabbaticals 20 Tage Arbeitszeit erhalten hatte, um im Jahr 2016 mit dem Schreiben dieses Buchs beginnen zu können. Ohne die Unterstützung meiner Familie hätte ich es nicht geschafft, die vielen Stunden am Computer an diesem Text zu arbeiten.

Großen Dank schulde ich folgenden Personen für ihre inhaltlichen Reviews: Keno Albrecht, Giacomo Amoroso, Thomas Blum, John Brush, Urs Gort, Markus Grob, Florian Hanke, Manuel Kläy, Peter Küng, Robin Künzler, Daniel Matter, Balz Meierhans, André Naef, Rainer Nagel, Fabian Nart, Ziroli Plutschow, Daniel Ponti, Patrik Reali, Andreas Rusch, Guido Schnider und Justyna Sidorska. Ein besonderes Dankeschön geht an David Baer und Marc Bütikofer, die mich mit ihren fachlichen Reviews schon von Anfang an unterstützt haben. Cla Gleiser und Tina Nart verdanke ich die sprachliche Korrektur meiner Texte. Die veranschaulichenden Abbildungen stammen von Fabian Elsener.

Schließlich danke ich dem Verlag De Gruyter für die Veröffentlichung meines Buchs.

https://doi.org/10.1515/9783111354774-202

Inhalt

1 Offerte und Vertrag

1.1 Der Weg zum Vertragsabschluss

Der Einsatz einer Software basiert immer auf einem Nutzungsrecht, egal ob es sich um maßgeschneiderte Software oder um ein Produkt „von der Stange" handelt. Auch im Fall von freier Software akzeptiert der Benutzer beim Gebrauch eine Lizenz. Wenn die Software für den Betrieb in der eigenen Firma oder Gruppengesellschaft eines Konzerns geschrieben wird, tritt eine Vereinbarung zwischen Entwickler und Benutzer in Kraft. Ist der Kunde hingegen eine externe Firma oder eine andere Gruppengesellschaft des eigenen Konzerns, wird ein **Vertrag** abgeschlossen.

Bei individuellen Angeboten wird meistens zuerst eine Offerte erstellt, welche durch Verhandlungen iterativ angepasst wird, bis alles für beide Seiten akzeptabel ist. Danach wird ein Vertrag formuliert und von beiden Parteien unterschrieben. Einfacher ist es, wenn der Lieferant der Offerte seine **AGB** (Allgemeine Geschäftsbedingungen) beilegt. So muss nur die Offerte unterschrieben werden, damit es sich um einen Vertragsabschluss handelt. Es ist ratsam, sich vor dem Abschluss eines Vertrags Rat von juristischen Fachpersonen einzuholen, sowohl als Auftraggeber wie auch als Softwarehersteller.

Meistens muss für die Erstellung einer Offerte bereits ein Anforderungskatalog (englisch *Requirements Specification*) aus einer **Ausschreibung** des Projekts vorliegen, um genauere Schätzungen vornehmen zu können, wie in Kapitel 4.3 beschrieben. Das technische Konzept (Solution Design, siehe Kapitel 8.1.4), eine grobe Beschreibung der Umsetzung, wird häufig im Rahmen eines separaten Vorvertrags in einem definierten Zeitrahmen erstellt. Man spricht dabei von einem **Letter of Intent** (LOI). Das Ergebnis ist Teil der Offerte.

Als Kunde ist es wichtig, die gesamten Kosten einer Software zu betrachten, die **Total Cost of Ownership**. Relevant sind dabei nicht nur die Entwicklungskosten, sondern auch die Finanzierung der Infrastruktur, auf welcher die Applikation läuft, die Kosten für Wartung und Support sowie Auslagen für Schulungen. Auch die zu erwartenden Ausgaben bei Ausfällen des Systems müssen in Betracht gezogen werden.

1.2 Finanzielle Aspekte

1.2.1 Preismodelle

Es bieten sich verschiedene Wege an, wie der Preis für die Umsetzung einer Software vertraglich festlegt wird. Dies gilt sowohl für maßgeschneiderte Software als auch für das Customizing von Standardsoftware.

https://doi.org/10.1515/9783111354774-001

In der Praxis werden je nach Fall folgende Preismodelle angewendet:

- **Fixpreis.** Dies ist der Favorit der Auftraggeber, weil sie oft ein genau festgelegtes Budget für die Erstellung der Software zur Verfügung haben. Um ein Projekt nach Fixpreis umzusetzen, wird sehr viel Vorarbeit benötigt. So müssen ein ausführlicher Anforderungskatalog und ein detailliertes technisches Konzept erarbeitet werden, um die Aufwände schätzen zu können. Da die Entwicklung gemäß Wasserfallmodell bekanntlich praktisch unmöglich ist und im Verlauf des Projekts immer offene Punkte auftauchen, führt ein Fixpreis zwangsläufig zu langen Diskussionen zwischen Lieferanten und Kunden. Dabei streitet man sich oft darüber, ob eine unvorhergesehene Aufgabe ein Change Request (CR) ist oder zum Umfang des Anforderungskatalogs gehört.
- **Mehrstufiger Fixpreis.** Bei jedem Release, zum Beispiel alle drei Monate, wird ein Fixpreis für den nächsten Release vereinbart. So kann die Situation in regelmäßigen Abständen neu beurteilt werden, da es in den meisten Projekten schwierig ist, mehr als drei Monate in die Zukunft zu schauen.
- **Preis nach Aufwand.** Softwareentwickler können sich mit diesem Modell voll auf die Sache konzentrieren und müssen sich nicht mit Diskussionen beschäftigen, ob ein Issue vertraglich zum Fixpreis gehört oder ob es sich um einen Change Request handelt. Der Kunde muss sich jedoch aktiv um die Einhaltung seines Budgets kümmern.
- **Kostendach.** Wenn der Aufwand unterhalb einer festgelegten Grenze liegt, bezahlt der Kunde nur den tatsächlichen Aufwand. Wenn der Aufwand oberhalb dieser Grenze liegt, bezahlt er nur das Kostendach wie beim Fixpreis. Dieses Modell bietet nur Vorteile für den Auftraggeber, jedoch nicht für den Softwarelieferanten. Die Qualität der Software leidet unter diesem Modell, da der Hersteller kein finanzielles Interesse daran hat, ohne Bezahlung viel Zeit für Qualitätsverbesserungen zu investieren.
- **Aufwandpreis mit Obergrenze.** Falls die Obergrenze überschritten wird, bezahlt der Kunde nur 50 % des Zusatzaufwands. Falls die Obergrenze unterschritten wird, bezahlt er 50 % der Ersparnis. So haben im Gegensatz zum Kostendach beide Parteien ein Interesse daran, die vereinbarte Obergrenze einzuhalten.
- **Anforderungseinheitspreis.** Es wird ein Gesamtpreis vereinbart mit einer bestimmten Anzahl von Anforderungseinheiten. Die Inhalte der Anforderungen können später definiert werden.
- **Fixpreis inklusive Reserve.** Eine Mischung zwischen Fixpreis und Anforderungseinheitspreis.
- **Agiler Fixpreis.** Eine Variante des Anforderungseinheitspreises. Für eine gegebene Menge von Anforderungen wird ein verbindlicher Gesamtpreis vereinbart. Die Anforderungen können jedoch im Verlauf des Projekts geändert und ersetzt werden.

Ein ausführlicher Fachartikel über Preismodelle ist unter folgender URL zu finden: https://outsourcing-journal.org/wp-content/uploads/2011/05/www.oose.de_downloads_oestereich_OS_01_06.pdf [2].

1.2.2 Rechnungsstellung

Bei Fixpreisprojekten stellt der Softwarelieferant üblicherweise zwei Rechnungen. Je die Hälfte des Betrags wird kurz nach Beginn des Projekts und bei Projektabschluss bezahlt. Bei Verrechnung nach Aufwand wird meistens monatlich eine Rechnung gestellt, deren Detailgrad von Projekt zu Projekt variieren kann. Es ist üblich, dass die gesamten Aufwände einzelner Tasks aufgeführt werden, jedoch nicht zwingend jeder einzelne Arbeitstag und ebenfalls nicht jedes einzelne Teammitglied. In der Praxis lohnt es sich, wenn die Entwickler bei der Zeiterfassung zu jedem Eintrag einen kurzen Kommentar schreiben, welche Arbeiten sie genau gemacht haben. Diese Notizen können später für die Klärung von Fragen zur Rechnung hinzugezogen werden.

Je nach Land muss eine Mehrwertsteuer verlangt werden, die dann an den Fiskus entrichtet wird. Dies ist in der Buchhaltung zu berücksichtigen.

1.3 Vertrag

1.3.1 Leistungsbeschreibung

Als Softwareentwickler ist es wichtig, die rechtlich vereinbarten Rahmenbedingungen des Projekts zu kennen. In jedem **Vertrag** muss die erwartete Leistung genau definiert sein. Bei dieser Leistung kann es sich um die Software handeln. Dies ist zum Beispiel beim Fixpreismodell der Fall. Der Lieferant übernimmt hier sämtliche Kosten für das Beheben von Fehlern bis zur Abnahme. Üblicherweise gilt eine Software als abgenommen, sobald sie produktiv eingesetzt wird. Optional kann der Kunde eine Gewährleistung während einer gewissen Zeitspanne nach der Abnahme verlangen, also unentgeltliche Garantieleistungen. Bei agilen Projekten handelt es sich bei der Leistung um die Entwicklungsarbeit selbst. In diesen Fällen übernimmt der Auftraggeber normalerweise die Kosten für die Arbeitszeit eines Projektteams, unabhängig davon, ob Features umgesetzt oder Fehler behoben werden. Eine weitere Möglichkeit ist die Definition der Leistung als Personalverleih (Body Leasing).

Oft wird von den zwei Vertragstypen **Werkvertrag** und **Dienstvertrag** (Auftrag) gesprochen. Diese beiden juristischen Begriffe stammen aus Zeiten, als es noch keine Software gab. Daher ist es schwierig, heutige Verträge für die Softwareentwicklung in eine dieser Kategorien einzuordnen. Glücklicherweise ist dies weder relevant noch nötig. Wichtig ist nur, dass im Vertrag die Leistung verständlich beschrieben wird.

Unverzichtbar ist auch die Festlegung, wer welche Ansprüche an den Sourcecode als **geistiges Eigentum** erheben darf. Oft einigt man sich darauf, dass sowohl Auftraggeber als auch Softwarehersteller den Sourcecode wiederverwenden dürfen. Üblicherweise enthält der Vertrag einen **Disclaimer**, der dem Kunden erklärt, dass der Softwarehersteller nicht haftet für irgendwelche Schäden oder Datenverluste, die durch den Gebrauch der Software entstehen.

1.3.2 Lizenzen

Jedes Software-Produkt wird unter einer **Lizenz** veröffentlicht, wobei der Hersteller sich für ein bestimmtes Lizenzmodell entscheiden muss. Zu klären ist auch die Frage, ob die Sourcen veröffentlicht werden oder nicht. Diese Entscheidung ist unabhängig von der Lizenz. Eine Applikation kann zwar kostenlos verfügbar sein, aber die Sourcen werden nicht veröffentlicht. Dies ist zum Beispiel der Fall bei *Acrobat Reader* oder *iTunes*. Umgekehrt können die Sourcen zwar veröffentlicht werden, das heißt allerdings nicht, dass die Software **freizügig** ist, dass damit also alles gemacht werden darf, was man will. **Open Source** wird meistens auf Plattformen wie *GitHub* oder *SourceForge* veröffentlicht.

Verschiedene Lizenzmodelle sind möglich: **BSD**-artige Lizenzen, wie zum Beispiel Apache, sind am freizügigsten. Sie erlauben dem Benutzer praktisch alles, auch eine kommerzielle Nutzung. **GPL** (General Public License) hingegen verlangt, dass das Ergebnis, wenn die Software erweitert wird, inklusive Sourcecode ebenfalls als GPL veröffentlicht werden muss. Die Software ist **frei**, aber nicht freizügig. Beispiele sind GNU und Linux. **LGPL** (Lesser GPL) ist etwas weniger restriktiv: Dynamisch gelinkte Software kann proprietär bleiben und muss nicht als GPL veröffentlicht werden. Ein Beispiel dafür ist *WildFly*, auf dem das kommerzielle *JBoss EAP* aufbaut. Es gibt für Open-Source-Projekte diverse weitere individuelle Lizenzen, wie zum Beispiel bei *Eclipse* oder *Perl*.

Bei kommerzieller Software kommen eigene Lizenzbestimmungen des Anbieters zur Anwendung und es wird eine Lizenzgebühr verlangt. Diese kann ein einmaliger Betrag sein, was sozusagen dem Kauf eines Produkts entspricht. Die Lizenzgebühr kann aber auch aus regelmäßigen, üblicherweise jährlichen Beträgen bestehen. Die Software wird dann quasi gemietet. Eine weitere Möglichkeit ist eine nutzungsabhängige Lizenz, die je nach Datenvolumen oder Häufigkeit des Gebrauchs unterschiedliche Beträge verlangt.

Die Software kann **On-Premises** durch den Nutzer selber auf der eigenen Infrastruktur betrieben werden oder als Service bei einem Hoster oder in der Cloud. **OEM**-Software (Original Equipment Manufacturer) wird nicht durch den Softwarehersteller vertrieben, sondern durch eine andere Firma, welche zum Beispiel die Hardware, auf welcher die Software läuft, herstellt und verkauft.

1.3.3 Support und Wartung

Üblicherweise wird nach der Produktivsetzung von Software ein **Supportvertrag** abgeschlossen, der definiert, in welchem Rahmen Support-Leistungen erbracht werden. Typischerweise ist ein regelmäßiger Betrag fällig für die Supportbereitschaft gemäß **SLA** (Service Level Agreement, siehe Kapitel 21.2). Die Aufwände für den Support werden entweder nach effektiver Zeit oder zum Fixpreis verrechnet. Manchmal kann sich ein Supportfall in ein eigenständiges Projekt mit einem neuen Vertrag verwandeln.

Falls es sich um ein Produkt mit einmaliger Lizenzgebühr handelt, erlaubt ein **Wartungsvertrag** dem Kunden, jederzeit die aktuellsten Updates einzuspielen. Die Verrechnung potenzieller Support-Aufwände der Lieferanten beim Einspielen der Updates, zum Beispiel für Migrationen, muss in einem Supportvertrag geregelt werden. Bei SaaS (Software as a Service) mit regelmäßigen Lizenzzahlungen entfällt der Wartungsvertrag.

1.4 Vermeidung von Klagen

Verträge können niemals sämtliche Aspekte der Beziehung zwischen Softwarelieferanten und Auftraggebern beschreiben. Ein gutes Verhältnis sowie Vertrauen sind Basis für das Gelingen von Projekten. Wenn die Diskussionen vor Gericht stattfinden, werden beide beteiligten Unternehmen einen Imageschaden erleiden. Das sollte vermieden werden.

Man hört immer wieder von patentrechtlichen Verfahren, wenn neue Ideen von mehreren Firmen umgesetzt worden sind. So gehen große Firmen wie Apple, Google, Microsoft, Oracle und Samsung regelmäßig juristisch gegeneinander vor. Es lohnt sich deshalb, im Vorfeld abzuklären, ob mit der neu zu schreibenden Software bestehende **Patente** verletzt werden oder ob vorsorglich ein eigenes Patent angemeldet werden soll. Man hüte sich vor Patent-Trollen, also vor Anwälten, die ausschließlich von Patentklagen leben!

Besondere Vorsicht ist geboten beim Einsatz von Software in den USA. Dort gibt es einige spezielle Richtlinien, wie etwa den SOX-Act, der die Historisierung wirtschaftlich relevanter Daten verlangt. Auch der physische Ort der Speicherung der Daten kann rechtlich entscheidend sein.

2 Projekte

2.1 Lebenszyklus von Software

2.1.1 Zeitlicher Verlauf

Software entsteht immer aufgrund einer Vision in den Köpfen von Menschen. Um die Idee potentiellen Investoren oder Kunden zeigen zu können, wird oft in kurzer Zeit ein Prototyp dieser Vision erstellt. Dieser dient auch dazu, die grundsätzliche Machbarkeit zu beweisen. Der nächste Schritt ist das Schreiben eines **Anforderungskatalogs**, in welchem die Erwartungen an die Software definiert werden (siehe Kapitel 3.1.2). Falls eine maßgeschneiderte Lösung angestrebt wird, oder ein Produkt, das projektspezifisch anzupassen ist, folgt die Erstellung eines groben **technischen Konzepts**, auch Solution Design genannt (siehe Kapitel 8.1.4). Anschließend werden Offerten erstellt, bis es zum Vertragsabschluss kommt (siehe Kapitel 1.1). Jetzt erst startet das eigentliche Projekt zur Umsetzung.

Das Projekt definiert ein Ziel, das in einer gewissen Zeitspanne mit einem vorgegebenen Budget erreicht werden soll. Typischerweise muss neue Funktionalität produktiv gesetzt werden. Im agilen Umfeld wird in der ersten Version, häufig **MVP** genannt, ein kleiner Funktionsumfang geliefert, um möglichst früh schon Erfahrungen mit echten Benutzern zu sammeln, bevor die Software in nachfolgenden Projekten ausgebaut wird. Bestes Beispiel für diese Vorgehensweise ist die Evolution von iOS und WhatsApp. Dabei ist stets auf eine genügend stabile Softwarearchitektur zu achten, siehe Kapitel 8.1.2.

Gegen den Schluss des Projekts lässt man oft eine kleine ausgewählte Gruppe von Benutzern an die Software, man nennt sie auch **Friends and Family**. Hierfür werden spezielle Pre-Releases erstellt, die meistens **Alpha** und **Beta** genannt werden, um klarzustellen, dass es sich noch nicht um das Endprodukt handelt. Beim **Go Live** betrachtet man das Projekt als beendet. Nach dem Go Live schreiben die am Projekt beteiligten Firmen häufig zusammen eine **Success Story**, um Werbung in eigener Sache zu machen.

Die Wartung der Software im laufenden Betrieb gehört nicht zum Projekt (siehe Kapitel 21.3). Erweiterungen der Software werden im Rahmen neuer Projekte realisiert. Wenn die Software nach ein paar Jahren veraltet ist und eventuell durch ein neues System ersetzt wird, muss man den sogenannten **Fadeout** organisieren.

2.1.2 Stakeholder

Als **Stakeholder** werden sämtliche Personen bezeichnet, die ein Interesse am Gelingen des Projekts haben. Während der Umsetzung relevant sind Funktionen innerhalb des Projektteams, wie etwa Projektleiter, Requirements Engineer, Softwarearchitekt, Programmierer, Systemadministrator, Tester und Dokumentationsautor. Außerhalb des Projektteams sind in einem zeitlich längeren Rahmen weitere Personen involviert, wie zum

https://doi.org/10.1515/9783111354774-002

Beispiel Manager (Führungskräfte), Consultant (Berater), Business Analyst (Produktmanager), Usability-Spezialist, Schulungscoach und Supportmitarbeiter.

2.2 Vorgehensmodelle

2.2.1 Entstehung

In den Neunzigerjahren stieg das Bewusstsein dafür, dass die Vorgehensweise der Softwareentwicklung genau definiert sein muss, damit alle Beteiligten in einem Projekt wissen, wie man gemeinsam das Ziel, die Umsetzung der Software, erreichen kann. Man definierte erste Prozesse wie das **V-Modell** oder **PRINCE2**. Gleichzeitig entstand die Einsicht, dass es unmöglich ist, zu Beginn eines Projekts jedes Detail zu spezifizieren, um danach alles programmieren zu können. Der Begriff **Wasserfall** wurde nachträglich eingeführt für jene Projekte, bei denen versucht wurde, alle offenen Punkte von Beginn weg zu klären. Das funktioniert nicht bei maßgeschneiderter Software und auch nicht bei der Entwicklung von Produkten. Das Produktmanagement wird durch die schnell ändernden Anforderungen auf dem Markt oft hin- und hergerissen (kurze „Time-to-Market").

Mit dem **CMM** (Capability Maturity Model) wurde ein Modell erstellt für die Beurteilung, wie reif die Entwicklungsprozesse einer Firma sind und wie sie verbessert werden können. Dies dient vor allem Programmierdienstleistern aus Indien, um sich potentiellen Kunden aus dem Westen in einem guten Bild zu präsentieren. Ein weiterer Standard ist **ITIL**, welcher verschiedene Prozesse für diverse Anwendungen in Wirtschaft und Industrie definiert.

2.2.2 RUP

RUP (Rational Unified Process) ist ein Vorgehensmodell, bei welchem das Projekt in mehrere Zyklen unterteilt wird. Jeder Zyklus dauert zwischen einem Monat und einem Jahr und besteht aus vier Phasen, welche fließend ineinander übergehen: Inception, Elaboration, Construction und Transition. Jede Phase besteht aus einer oder mehreren Iterationen, welche typischerweise zwischen einer bis sechs Wochen dauern. Da RUP von der Firma Rational definiert wurde, ist auch ein entsprechendes kommerzielles Tool dieser Firma erhältlich, mit welchem folgende vier Elemente einander zugeordnet werden: Workers („who"), Activities („how"), Artifacts („what") und Workflows („when"). Diese Vorgehensweise war ein weiterer Schritt weg vom Wasserfallmodell, ist aber immer noch inflexibel, falls innerhalb eines Zyklus Änderungen im Projekt auftreten – und das ist regelmäßig der Fall. Projektteams können sich meistens nur teilweise an die Regeln von RUP halten.

2.2.3 XP

Kent Beck entwickelte die Regeln für **XP (Extreme Programming)**. Richtig etablieren konnte sich die Gesamtmenge der Regeln nicht, weshalb Projekte, bei denen XP vollständig angewendet wird, selten sind. Einzelne Ideen haben sich jedoch in der Praxis durchaus bewährt. Folgende Aufzählung zeigt die Bestandteile von XP:

–   **The Planning Game.** Zu Beginn jeder Iteration wird eine Planung mit dem gesamten Team erstellt.
–   Kleine Releases mit ständigem Kundenfeedback. Der Auftraggeber ist im besten Fall vor Ort. Offshoring der Arbeit ist eher ungeeignet.
–   Einfaches Design. Es wird nur für den Moment, nicht für die Zukunft implementiert.
–   **Pair Programming.** Zumindest bei zentralen Modulen ist es sinnvoll, den Code zu zweit zu programmieren.
–   **Continuous Integration.** Die Software wird nach jeder Änderung automatisiert getestet.
–   **Collective Ownership**, Coding Standards. Jeder kann an jeder Stelle im Code mitarbeiten, und das Team hat sich auf Standards geeinigt, sodass der Code wie aus einem Guss aussieht.
–   40 Stunden/Woche. Nach einem Acht-Stunden-Tag lässt die Konzentration bei jedem Programmierer nach, und man neigt eher zu Fehlern, wenn man zu viel arbeitet.

2.2.4 Agiles Manifest

Nach RUP und XP wurden weitere Vorgehensmodelle definiert, wie Scrum und Crystal. Dies führte 2001 zum sogenannten **agilen Manifest**, definiert von Personen wie „Uncle Bob" Robert C. Martin, der auch das Buch *„Clean Code"* [3] geschrieben hat, Kent Beck und Ken Schwaber. Eine Kernaussage des agilen Manifests besagt, dass Requirements Engineering ein kontinuierlich wiederkehrender Vorgang sei und nicht nur zu Beginn des Projekts durchgeführt werden sollte. Das Manifest besteht aus folgenden vier Sätzen:

–   Individuen und Interaktionen stehen über Prozessen und Werkzeugen.
–   Funktionierende Software steht über einer umfassenden Dokumentation.
–   Zusammenarbeit mit dem Kunden steht über der Vertragsverhandlung.
–   Reagieren auf Veränderung steht über dem Befolgen eines Plans.

Lean Development ist der Begriff für die Weiterentwicklung des agilen Manifests mit Erfahrungen aus Lean Production in der Industrie, wo vor allem Toyota führend darin ist, Autos erst nach der Bestellung anzufertigen, nicht schon auf Vorrat. Die offizielle Website des agilen Manifests lautet: http://agilemanifesto.org [4].

2.2.5 Scrum

Scrum wurde von Ken Schwaber und Jeff Sutherland anfangs der Nullerjahre in der Praxis eingeführt. Scrum ist das Vorgehensmodell, das im Umfeld der Softwareentwicklung am meisten Beachtung fand. Mitarbeiter, die die zweitägige Ausbildung zum Scrum Master absolviert hatten, wurden zeitweise fast vergöttert! Dabei ist Scrum ein leichtgewichtiger Prozess, das heißt, es sind sehr wenige Regeln vorgeschrieben, das Vorgehensmodell muss für jedes Projekt neu definiert werden. Erfahrungsgemäß muss das Team während des ganzen Projekts zusammen mit dem Auftraggeber immer wieder einzelne Regeln ändern. Manchmal ist sich das Management dessen nicht bewusst.

In einem Scrum-Projekt gibt es verschiedene Rollen wie den **Scrum Master**, der das Team durch den Entwicklungsprozess führt (wie der klassische Projektleiter), und den **Product Owner**, der die Anforderungen des Kunden repräsentiert (wie der klassische Produktmanager). Man entwickelt in Iterationen, die **Sprints** genannt werden, und führt einen **Backlog** mit Items, die noch umzusetzen sind, sowie ein **Burn-Down-Chart**, das grafisch den Fortschritt im aktuellen Sprint zeigt. Die Items werden nicht einzelnen Entwicklern, sondern dem ganzen Team zugeordnet.

Zu Beginn eines Sprints wird ein **Planning Poker** veranstaltet, bei dem die Items nicht in Tagen, sondern in **Story Points** durch das ganze Team geschätzt werden. Die Vorgehensweise beim Planning Poker wird beschrieben in Kapitel 4.1. Ein Story Point ist keine Zeiteinheit, sondern eine relative Einheit für die Größe eines Items, wobei der Aufwand mit anderen Items verglichen wird. Ein Sprint stellt eine gewisse Anzahl von Story Points zur Verfügung, basierend auf der Velocity des Projektteams und der Anzahl verfügbarer Personentage. Die Velocity bezeichnet die Geschwindigkeit, mit welcher ein Story Point umgesetzt werden kann und variiert von Team zu Team. In der Praxis erlebt man häufig, dass ein Story Point einem Personentag gleichgesetzt wird, was jedoch nicht dem Sinn dieser Idee entspricht.

Für jeden Sprint wird ein physisches oder elektronisches Board (zum Beispiel mit *JIRA* oder *Trello*) erstellt, bestehend aus Zeilen und Spalten. Abbildung 2.1 zeigt ein Beispiel. Jede Zeile entspricht einer Story, die in der ersten Spalte von links in Form einer Karte beschrieben wird. Die Storys werden aufgeteilt in Tasks, welche in Form weiterer Karten in der „To Do"-Spalte definiert werden. Wie Storys sinnvoll auf Tasks heruntergebrochen werden können, wird in Kapitel 2.4.2 behandelt. Am täglichen **Standup**-Meeting (auch **Daily** genannt), welches höchstens 15 Minuten dauern sollte, versammelt sich das ganze Team vor dem Board. Jedes Mitglied besitzt am Board ein paar (virtuelle) Magnete mit dem eigenen Namen oder Foto. Der Reihe nach können sich die Entwickler Task-Karten von der „To Do"-Spalte nehmen, in die „In Progress"-Spalte schieben und ihr Magnet daraufsetzen. Tasks, die erledigt wurden und bereit sind zum Review oder Test, werden in die entsprechende Spalte verschoben. Am Schluss landen Tasks, die vollständig abgearbeitet sind, in der „Done"-Spalte. Das Board muss mit dem Issue-Tracking-System (siehe Kapitel 19.3) synchronisiert werden. Elektronische Boards tun dies in der Regel automatisch.

Stories Sprint #7 ends Jan. 26, 2018	Tasks To Do		In Progress	Review + Test	Done
#14 Logging of Sensor Data 8 SP	GUI Aggregate Data	Current Sensor Values	Specification (A) CSV-Format		
#18 Wizard for Data GUI 5 SP	Impl. Masks		API (D) Extension	Specification (M) GUI	

(A)(A)(A) Albin   (D)(D)(D) David   (M)(M)(M) Marc

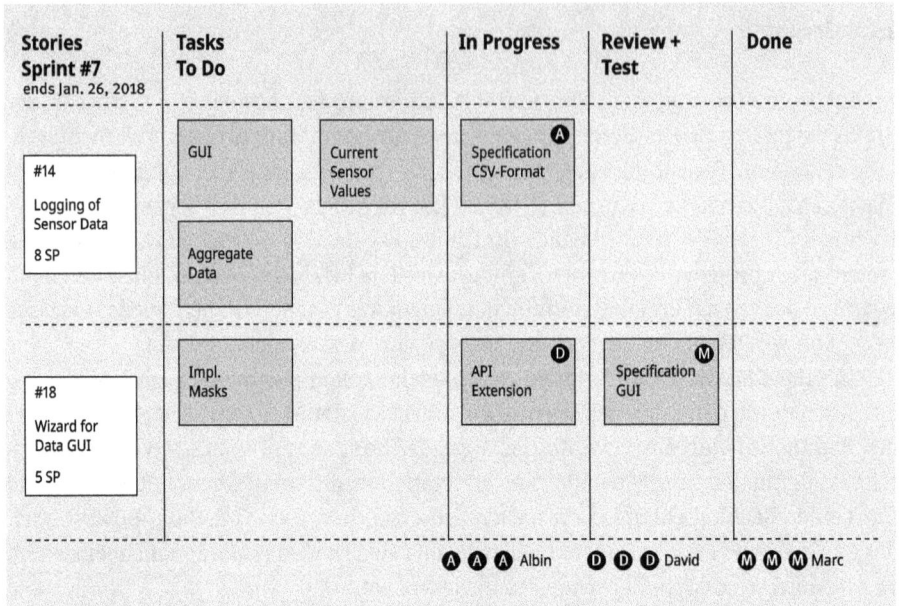

Abb. 2.1: Scrum-Board.

Am Schluss eines Sprints, also typischerweise nach drei Wochen, wird ein **Review** organisiert, in welchem das ganze Team dem Auftraggeber eine Demo der Ergebnisse präsentiert. Wichtig ist die Anwesenheit des gesamten Teams, damit alle Mitarbeiter die Neuerungen kennenlernen. Bei der Vorbereitung einer Demo empfiehlt es sich ganz allgemein, den Ablauf testweise zweimal hintereinander durchzuführen, denn beim zweiten Mal funktionieren Demos oft nicht mehr so reibungslos wie beim ersten Mal.

Eine häufig gestellte Frage ist, wie mit den Tasks, die bei Sprint-Ende noch „In Progress" sind, umgegangen wird. In der Praxis werden sie im nächsten Sprint fertig implementiert. Der geschätzte Restaufwand fließt dabei in die Planung des nächsten Sprints ein. Die bereits geleistete Zeit wird dem alten Sprint angerechnet. Storys, welche noch Tasks in „To Do" aufweisen, müssen je nach Priorisierung nicht zwingend im nächsten Sprint vollendet werden.

Ab und zu findet zusätzlich eine **Retrospektive** statt, in welcher sich das Team gegenseitig Feedback zur Zusammenarbeit geben kann (Continuous Improvement). Die Retrospektive besteht typischerweise aus drei Teilen: Zuerst kann sich jedes Mitglied zur Frage „*What went well?*" äußern. Es hat sich in der Praxis bewährt, wenn jeder Mitarbeiter der Reihe nach Kärtchen mit seinem Feedback an ein Board hängen darf. Danach beantworten alle die Frage „*What could be improved?*" Dies geschieht ebenfalls über Kärtchen. Als letzter Schritt folgt die gemeinsame Definition der **Impediments**. Das sind Aufgaben, die einzelnen Personen im Team zur Erledigung zugeordnet werden anhand der Punkte, die während des zweiten Teils der Retrospektive zur Verbesserung vorgeschlagen wurden. Wichtig ist die Vermeidung von inhaltlichen Diskussionen während der Retrospektive, damit die vorgegebene Zeit eingehalten werden kann. Diskussionen sollten erst später geführt werden, unter der Organisation der für die Lösung der Impediments verantwortlichen Mitarbeiter, nicht mit dem ganzen Team, sondern je nach Thema mit einem entsprechenden Personenkreis.

Ein großer Kritikpunkt bei Scrum liegt darin, dass es sich bei den Sprints um viele kleine Wasserfälle handelt. Innerhalb einer Iteration ist es schwierig, auf Änderungen zu reagieren. In vielen Projekten ist es unmöglich, für die nächsten drei Wochen genau zu wissen, was zu tun ist! Weitere Informationen zu Scrum findet man unter anderem auf http://www.scrumguides.org [5].

2.2.6 Kontinuierliche Prozesse

Kanban ist eine Vorgehensweise, die aus der japanischen Autoindustrie stammt. Sie unterstützt die Optimierung des Durchflusses der Issues, ohne vorgängige Planung, ohne Iterationen. Man stellt dabei wie bei Scrum ein physisches oder elektronisches Board auf, wobei jedoch nur mit Task-Karten gearbeitet wird, nicht mit Storys. Neue Tasks können jederzeit in die „To Do"-Spalte eingefügt werden. Beim täglichen Standup-Meeting werden die Tasks mit der höchsten Priorität an die Mitglieder des Teams verteilt. Im Vergleich zu Scrum wird hier eine zusätzliche Spalte namens „On Hold" verwendet, um rasch zu erkennen, bei welchen Tasks Schwierigkeiten aufgetaucht sind, die das Weiterarbeiten verhindern. Die Teammitglieder besitzen nur eine beschränkte Anzahl von (virtuellen) Magneten, zum Beispiel drei, damit nicht zu viele Issues von einer Person parallel bearbeitet werden müssen, was sonst zu Ineffizienz führen würde. Außerdem wird vorgeschrieben, wie viele Issues maximal in der Spalte „In Progress" stehen dürfen, zum Beispiel fünf. Kanban erlaubt es zwar, täglich flexibel auf neue Ereignisse im Projekt zu reagieren, es erschwert dafür jedoch die langfristige Planung. Für ein Support-Team ist Kanban gut geeignet, aber für Entwicklungsteams wurde der Begriff **Scrumban** erfunden, welcher eine Mischung aus Scrum und Kanban beschreibt.

Das Scrumban-Board besteht aus zwei Zeilen, wie Abbildung 2.2 zeigt. Die obere Zeile umfasst die Tasks, welche für den aktuellen Sprint geplant sind. Im Gegensatz zu Scrum werden keine Storys definiert, sondern nur eigenständige Tasks, denn in der Praxis ist es häufig schwierig, mit solchen Hierarchien zu arbeiten. Die Tasks sollten klein sein, also höchstens drei Tage dauern. Die untere Zeile unterstützt wie Kanban die Umsetzung ungeplanter Aufgaben, für welche in der Planung etwa ein Drittel der Zeit reserviert wird. Scrumban ist der Entwicklungsprozess, welcher der Realität am nächsten kommt. Auch wenn viele Teams offiziell gemäß Scrum arbeiten, so ist Scrumban meistens die ehrlichere Umschreibung ihrer Arbeitsweise.

	To Do	In Progress Max.5	On Hold	Review + Test	Done
Sprint #7 ends Jan. 26, 2018	#164 Sensor Data GUI	#163 (A) Spec. CSV Sensor Data		#185 (M) Spec. Wizard Masks	
	#165 Current Sensor Values	#187 (D) Wizard API Extension			
	#166 Aggregate Sensor Data				
	#186 Wizard Masks Impl.				
Not planned	Adaption to modified 3rd-party-API		More (A) Memory for Cont. Int.		Architecture (D) Picture for Sales

(A) Albin   (D) David   (M)(M) Marc

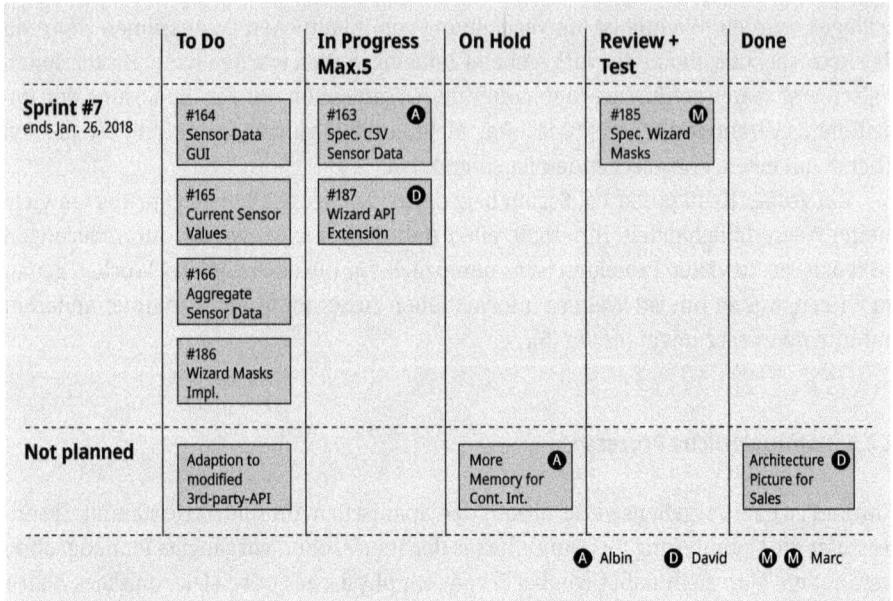

Abb. 2.2: Scrumban-Board.

2.2.7 SAFe

SAFe (Scaled Agile Framework) schlägt eine Vorgehensweise in großen Projekten vor, also Vorhaben, an denen 50 oder mehr Menschen aktiv beteiligt sind. Komplexe Softwaresysteme werden typischerweise mit mehreren kleinen Teams umgesetzt, die nicht selten verschiedenen Organisationen mit unterschiedlicher Finanzierung angehören. Alle Teams zusammen werden ART (Agile Release Train) genannt. Damit alle Mitglieder eines ARTs dasselbe Ziel anstreben und am selben Strick in dieselbe Richtung ziehen, wird das Projekt in dreimonatigen Zyklen, sogenannten „Program Increments" umgesetzt. Sämtliche Projektbeteiligte sitzen jeweils zu Beginn zwei Tage zusammen und besprechen, was im nächsten Zyklus zu tun ist. Die einzelnen Teams arbeiten innerhalb dieses großen Rahmens weiterhin gemäß Scrum oder Scrumban mit kurzen, dreiwöchigen Sprints, den sogenannten „Team Iterations".

2.2.8 Jedes Projekt besitzt ein eigenes Vorgehensmodell

Es wurden einige Vorgehensmodelle vorgestellt, und es gibt sicher noch weitere, die nicht erwähnt wurden. Man kann sich nun die Frage stellen, warum überhaupt immer wieder neue Vorgehensmodelle definiert werden. Der Grund liegt darin, dass eigentlich für jedes Projekt ein eigener Entwicklungsprozess nötig ist, denn jedes Projekt ist einzigartig. Die Vorgehensweise liegt immer irgendwo zwischen Wasserfall und täglicher Neuplanung.

Viele Projekte werden offiziell gemäß V-Modell, RUP, Scrum oder Kanban geführt. In Tat und Wahrheit jedoch besitzt jedes Projekt sein eigenes Vorgehensmodell, das sich mit der Zeit innerhalb des Teams und zusammen mit dem Kunden einspielt. Die unterschiedlichen Bedingungen in den Projekten wurden mit der Definition von Scrum grundsätzlich auch berücksichtigt, indem ein leichtgewichtiges Regelwerk festgelegt wurde. Unzureichend beachtet jedoch wird die Tatsache, dass sich die Anforderungen täglich ändern können, nicht nur alle drei Wochen nach einem Sprint. Diese häufigen Änderungen werden oft nicht einmal durch den Auftraggeber direkt gewünscht. Bei vielen Projekten wird mit mehreren Lieferanten zusammen ein System gebaut, sodass neue Anforderungen häufig dann entstehen, wenn Schnittstellen zwischen Modulen verschiedener Softwareherstellern umgesetzt werden und festgestellt wird, dass nicht klar spezifiziert wurde, auf welcher Seite der Schnittstelle eine gewisse Funktionalität umgesetzt werden soll. Man erlebt sogar regelmäßig, dass Lieferanten von APIs bei neuen Releases ihre Schnittstellen stillschweigend ändern, was immer wieder zu kurzfristigen Planänderungen führt. Entwickler erleben häufig nicht nur bei maßgeschneiderter Software, sondern auch in der Produktentwicklung, dass das Produktmanagement kurzfristige Änderungen der Planung erzwingt.

Viele Führungskräfte schütteln verständnislos den Kopf, wenn man ihnen mitteilt, dass sich die Situation in Softwareprojekten täglich ändern kann. In der Praxis ist das jedoch eine Tatsache, die zu leugnen wenig sinnvoll ist. Vielmehr müssen Softwareentwickler lernen, damit umzugehen. Methoden wie Scrumban sind für diese Herausforderung hilfreich. Der Trend der künftigen Vorgehensmodelle weist zweifellos in diese Richtung.

2.3 Das Projektteam

2.3.1 Organisationsformen

In Softwareunternehmen können Mitarbeiter auf verschiedene Arten Projekten zugeordnet werden. In der **Projektorganisation** ist der Projektleiter zugleich auch die Führungsperson der Mitarbeiter. Diese Kombination ist nicht ganz einfach, weil man als Projektleiter will, dass die Mitarbeiter möglichst viel für das Projekt arbeiten, und als Führungsperson interessiert man sich für die persönliche Weiterbildung der Mitarbeiter. Dies führt zu einem Interessenkonflikt. In einer **Matrixorganisation** werden die Mitarbeiter eines Projekts aus einem Pool zusammengestellt. Dieser Pool ist aufgeteilt in mehrere Einheiten, welche von Führungspersonen geleitet werden. Der Projektleiter ist nicht zugleich die Führungsperson und kann sich voll auf das Projekt konzentrieren. Eine weitere Variante ist die **Teamorganisation**. Ein Team, bestehend aus etwa 8 bis 20 Mitarbeitenden, meistert mehrere Projekte gleichzeitig, bleibt aber mehr oder weniger konstant zusammengesetzt, auch wenn die Projekte wechseln. Mehrere Projektleiter im Team unterstehen einer Führungsperson, dem Teamleiter. Der Nachteil von Team- und Matrixorganisation ist, dass für Mitarbeiter, die gleichzeitig an mehreren Projekten mitarbeiten müssen, manchmal unklar ist, welches Projekt zu welchem Zeitpunkt welche Priorität genießt.

2.3.2 Zusammenstellung des Projektteams

Die Projektleitung stellt üblicherweise zu Beginn des Projekts gemeinsam mit dem Management ein Team zusammen, das die Anforderungen des Projekts erfüllt. Soll eine anspruchsvolle Webapplikation umgesetzt werden, ist es sinnvoll, Mitarbeiter zu integrieren, die bereits über Erfahrungen mit Webapplikationen verfügen. Generell ist eine gute Mischung zwischen erfahrenen und unerfahrenen Mitarbeitenden wichtig. Manchmal möchte das Management Kosten vermeiden und weist einem Team zu viele Juniors mit niedrigem Lohn zu. Die wenigen Seniors im Team können sich dann nicht mehr um die eigentlichen Aufgaben des Projekts kümmern, sondern benötigen viel Zeit, um den unerfahrenen Kollegen Grundlagenwissen beizubringen. Dies verursacht oft weit höhere Kosten, als die niedrigeren Löhne Einsparungen bringen.

Projektmitarbeiter können nach drei Kriterien charakterisiert werden, anhand derer sie ausgewählt werden, um die Anforderungen des Projekts zu erfüllen:

- **Funktion**. Einige Beispiele: Projektleiter, Requirements Engineer, Architekt, Programmierer, Systemadministrator, Tester und Dokumentationsautor. Die Übergänge zwischen diesen Funktionen sind fließend; oft haben die einzelnen Mitarbeiter mehrere Funktionen gleichzeitig inne. So ist es zum Beispiel empfehlenswert, dass der Softwarearchitekt auch an der Programmierung mitarbeitet oder der Projektleiter im Requirements Engineering. Auf diese Weise wird Scheuklappendenken reduziert.
- **Know-how**. Es gibt Spezialisten für gewisse Themen, wie zum Beispiel Experten für Usability oder Mitarbeiter mit Erfahrung im Businessbereich. Auch Generalisten, manchmal Full-Stack-Entwickler genannt, können mit ihrem breiten Wissen Projektteams bereichern.
- **Rolle**. Die Rollen eines Mitarbeiters sind nicht explizit festgehalten, aber wenn man die Leute einigermaßen kennt, so weiß man, wen man als Motivator brauchen kann, wer ein Flair hat für innovative Ideen, wer eher kritisch alles hinterfragt und wer gerne ins letzte Detail eintaucht. Eine gute Mischung dieser Rollen ist in jedem Projekt von Vorteil.

Bei großen Projekten, also Vorhaben mit mehr als 8 Menschen, bietet es sich an, dass ein Gesamtprojektleiter mehrere Teilprojekte (Teams) führt, um so die Aufgaben besser verteilen zu können. Die Projektleiter der einzelnen Teams werden dann Teilprojektleiter genannt. Leider trifft man manchmal Führungskräfte an, die aus Kostengründen größere Projektteams zusammenstellen, um mit weniger Projektleitern auszukommen. Doch dies führt in der Praxis immer zu einer ineffizienten Arbeitsweise.

Wichtig ist die Frage, nach welchen Kriterien die Teilprojektteams zusammengestellt werden. Hierbei werden zwei Philosophien vertreten: Manchmal werden sie aufgrund von Technologien aufgestellt, also **horizontal**, zum Beispiel je ein Team für Datenbank, Backend und Benutzeroberfläche. Alternativ werden Projekte nach Businessthemen aufgeteilt, also **vertikal**, zum Beispiel Orders, Billing, Reports. Die vertikale Orientierung von Teams nennt man auch **Full-Stack-Entwicklung**. Im Trend sind heutzutage Umsetzungen von Microservices (siehe Kapitel 9.5.1), für welche vertikal orientierte Teilprojekte von Vorteil sind.

2.3.3 Verteilte Teams

Viele Projekte sind auf verschiedene geografische Standorte verteilt. Dies erschwert natürlich die Zusammenarbeit, denn wenn sich alle Kollegen im selben Haus befinden, kann man sich jederzeit physisch am selben Bildschirm, am selben Whiteboard oder in der Kaffeepause über die aktuellen Themen des Projekts unterhalten. Bei verteilten Teams fehlen diese Möglichkeiten des Austauschs. Hier ist es wichtig, eine SPI-Plattform **(Single Point of Information)** anzubieten. Das ist typischerweise ein Webportal mit allen Informationen des Projekts, oft in Form eines Wikis. Trotzdem ist der persönliche Austausch auch bei verteilten Teams wichtig. Der Projektleiter sollte versuchen, ein monatliches physisches Treffen zu organisieren, auch wenn das Management aus Kostengründen dagegen ist. Gespräche von Angesicht zu Angesicht fördern die Zusammenarbeit, denn der soziale Aspekt eines Teams darf nicht vernachlässigt werden. Mit Menschen, die man besser kennt, kann man auch leichter zusammenarbeiten. Regelmäßige Videokonferenzen mit sämtlichen Mitgliedern des Projekts sind empfehlenswert. Tools für virtuelle Meetings werden in Kapitel 11.6 beschrieben.

Manchmal werden Projekte mittels **Offshoring** und **Nearshoring** auf verschiedene Orte verteilt. Offshoring heißt, dass die Programmierung in den Fernen Osten in Länder wie Indien, China oder Vietnam ausgelagert wird. Nearshoring bedeutet, Arbeit wird in Osteuropa in Ländern wie Ungarn oder Polen in Auftrag gegeben. Der Grund für diese Auslagerung ist klar: In all diesen Ländern sind die Löhne viel tiefer als in Zentraleuropa oder in den USA. In beiden Fällen müssen die Aufgaben klar definiert und spezifiziert sein. Für agile Projekte ist diese geografische Auslagerung nicht geeignet. Wenn die gelieferte Arbeit für das Projekt nicht brauchbar ist, können Offshoring und Nearshoring unter dem Strich sogar teurer werden, als wenn sich das Projektteam an einem Ort befindet.

Ein weiterer Grund für eine Auslagerung der Entwicklung kann fehlendes Knowhow sein oder ein Mangel an Arbeitskräften. Von **Outsourcing** wird gesprochen, wenn ein Auftrag an externe Lieferanten gegeben wird. In manchen Projekten werden externe Mitarbeiter vor Ort angestellt. Dies nennt man Personalverleih (**Body Leasing**).

2.4 Aufgaben der Projektleitung

2.4.1 Projektstart

Die Projektleitung begleitet das Projekt vom Anfang bis zum Ende. Beim Start sind oft nur wenige Personen involviert, die Entwickler stoßen erst später hinzu. Auch auf den Abschluss hin verringert sich die Anzahl Personen kontinuierlich, nur die Projektleitung erlebt die gesamte Lebensdauer des Projekts.

Zu Beginn des Projekts gibt es unzählige offene Punkte. Die Motivation des Auftraggebers basiert nur zu einem kleinen Teil auf Wissen. Entscheidend sind vielmehr die Emotionen. Der Kunde hat das Gefühl, den richtigen Lieferanten ausgewählt zu haben, daher ist ein gutes, auf Vertrauen basiertes Verhältnis extrem wichtig. Kleinigkeiten wie Einladungen zum Essen oder kleine Geschenke an Weihnachten können große Auswirkungen haben.

Üblicherweise ist ein Mitglied der Geschäftsleitung des Softwareunternehmens der sogenannte **Gralshüter**, also der Aufseher über das Projekt. Unter Technikern belächelt, im Management jedoch beliebt, sind Visitenkarten. Es macht einen guten Eindruck, wenn man beim Erstkontakt mit Managern eine Karte überreicht. Falls man im Besitz eines akademischen Titels ist, sollte dieser unbedingt aufgedruckt sein, denn dies hat bei vielen Leuten auch heute noch eine große Wirkung.

Ein Projekt startet meistens mit einem **Kickoff-Meeting**. Hier treffen sich alle beteiligten Personen des Auftraggebers und der Softwarehersteller. Primär geht es darum, sich gemeinsam für die ersten Schritte zu motivieren.

2.4.2 Planung und Tracking

Das Projekt muss einerseits geplant werden (Blick in die Zukunft), und anderseits muss ein Tracking durchgeführt werden (Blick in die Vergangenheit). Beide Tätigkeiten sind regelmäßig durch den Projektleiter auszuführen. Die Häufigkeit ergibt sich aus dem gewählten Vorgehensmodell. Auch agile Methoden ersetzen nicht Planung und Tracking. Sowohl Softwarehersteller als auch Auftraggeber müssen ihre zeitlichen, finanziellen und mitarbeiterbezogenen Rahmenbedingungen berücksichtigen.

Die zur Verfügung stehende Zeit der Mitarbeiter sollte realistisch eingeplant werden. Die Projektleitung muss berücksichtigen, dass es neben der Projektarbeit weitere Tätigkeiten gibt wie Firmenevents, Weiterbildung, Ferien und Unterstützung für andere Projekte. Mitarbeiter können auch einmal krank werden oder aus familiären Gründen fehlen. Typischerweise zieht man bei der Ressourcenplanung jeweils 10 % „Grundrauschen" ab, um zu verhindern, dass zu viele Überstunden entstehen. Eine ausgewogene Work-Life-Balance der Mitarbeiter verhilft dem Projekt zu einem besseren Ergebnis. Abbildung 2.3 zeigt, wie Projektleiter mithilfe von *Excel* eine Ressourcenplanung erstellen können.

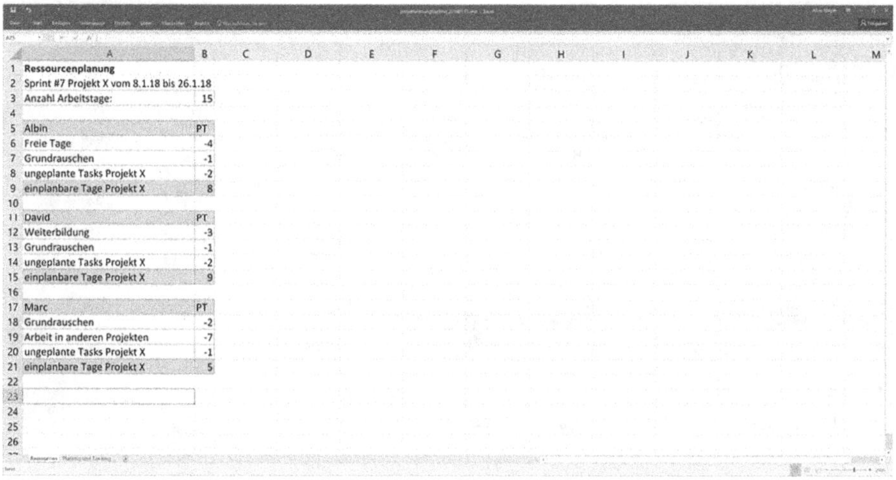

Abb. 2.3: Ressourcenplanung mit Excel.

Bei der Planung werden Storys typischerweise in Tasks aufgeteilt, die jeweils höchstens drei Tage Aufwand repräsentieren. Es entsteht ein Baum mit dem Projekt als Wurzel. Darunter folgen Hierarchiestufen für Releases, Storys und Tasks. Man nennt diesen Baum auch **Work Breakdown Structure (WBS)**. Die Tasks können horizontal oder vertikal zur Software aufgeteilt werden. Der Ansatz ist primär abhängig von der Art des Code Ownerships im Team. Sind die Zuständigkeiten für die Module klar aufgeteilt, macht eine horizontale Trennung der Tasks Sinn, zum Beispiel für Feature X zuerst Umsetzung „X im Backend", dann „X im Frontend". Da aber allfällige Probleme im Backend erst bei der Umsetzung im Frontend zum Vorschein kommen, empfiehlt sich in diesem Beispiel die Definition eines dritten Tasks: „Integration X Backend/Frontend". Besteht das Team jedoch vorwiegend aus Full-Stack-Entwicklern, die sich überall im Code wohlfühlen, macht eine vertikale Trennung der Tasks mehr Sinn, also in diesem Beispiel „X1 Backend/Frontend" und „X2 Backend/Frontend". Dies entspricht der Philosophie des DDD (Domain-Driven Design). Zu Beginn eines Projekts setzt man in der Praxis sowieso möglichst rasch ein vertikales Grundgerüst um, den sogenannten „Durchstich". Ist bei der Planung noch unklar, wie eine Story umzusetzen ist, wird ein Analyse-Task erstellt, in welchem Implementations-Tasks zu definieren sind.

Der Fortschrittsstand der einzelnen Tasks wird ermittelt, indem pro Task die bereits geleistete Zeit erfasst und der geschätzte Restaufwand aktualisiert wird (Tracking). Die ursprüngliche Schätzung wird ebenfalls am Task gespeichert, um die Übersicht darüber zu behalten, wie groß die Abweichung ist. Zu diesem Zweck gibt es verschiedene Tools, von der *Excel*-Tabelle über *MS Project* bis zum selbst geschriebenen Werkzeug. Abbildung 2.4 zeigt ein Beispiel mit einer Excel-Tabelle. Die Schätzung der Tasks berechnet sich hier aus dem Durchschnitt von Minimum und Maximum sowie einem dazugerechneten Risikoaufschlag (siehe Kapitel 4.2). Die Tasks werden pro Person gruppiert. Da die

	Minimale Schätzung [PT]	Maximale Schätzung [PT]	Risiko	Risiko-wahrschein-lichkeit	Mehraufwand bei Eintreten des Risikos [PT]	Ursprünglich geplanter Aufwand [PT]: (B+C)/2+E*F	Geleisteter Aufwand [PT]	Aktuell geschätzter Restaufwand [PT]	(voraussichtlich) tatsächlicher Aufwand [PT]: H+I	Geplantes Datum der Fertigstellung
Planung und Tracking										
Sprint #7 Projekt X vom 8.1.18 bis 26.1.18										
Albin, einplanbar 8 PT										
Projektleitung	2	3		0	0	2.5	1	1.5	2.5	laufend
Specification CSV Sensor Data	1	2	Other Fileformat needed	0.2	1	1.7	1	0.5	1.5	12.01.2018
Aggregate Sensor Data	2	3	Math. Library unsufficient	0.4	1	2.9	0	2.9	2.9	19.01.2018
QA	1	1		0	0	1	0	1	1	laufend
						8.1	2	5.9	7.9	
David, einplanbar 9 PT										
Wizard API Extension	1	3		0	0	2	1	2	3	12.01.2018
Current Sensor Values	2	3	Unexpected Dataformat	0.5	1	3	0	3	3	16.01.2018
Sensor Data GUI	2	3		0	0	2.5	0	2.5	2.5	26.01.2018
Release- und Konfigurationsmanagement	1	2		0	0	1.5	1	0.5	1.5	laufend
						9	2	8	10	
Marc, einplanbar 5 PT										
Specification Wizard Masks	1	2		0	0	1.5	1	0	1	12.01.2018
Wizard Masks Implementation	3	4	No data for testing available	0.2	1	3.7	1	2.7	3.7	26.01.2018
						5.2	2	2.7	4.7	

Abb. 2.4: Schätzung, Planung und Tracking mit Excel.

eingeplante Kapazität der Mitarbeiter aus der Ressourcenplanung bekannt ist, sieht die Projektleitung anhand der grau eingefärbten numerischen Zellen schnell, ob die Planung der Tasks realistisch ist oder nicht. Falls das Team agil und mit einer Collective Code Ownership arbeitet, können die Tasks in dieser Excel-Tabelle zu beliebigen Zeitpunkten anderen Mitarbeitenden zugewiesen werden. Eine Synchronisation mit dem Issue-Tracking-System ist notwendig (siehe Kapitel 19.3).

Viele Projektleiter schwören auf **Gant-Diagramme**, die mit Tools wie *Planview, Oracle Primavera, MS Project* oder *TurboProject* erstellt werden können. Es handelt sich dabei um ein XY-Diagramm, in welchem die x-Achse horizontal die Zeit, die y-Achse vertikal die Tasks darstellt. Mithilfe solcher Tools kann die Projektleitung die Abhängigkeiten der Tasks untereinander festhalten und so den **kritischen Pfad** ermitteln, also Tasks, die bei Veränderungen direkt den Endtermin beeinflussen. Die initiale Planung kann zwar mit solchen Tools sehr gut erfasst werden; das Tracking hingegen ist sehr schwierig durchzuführen, vor allem bei häufigen Änderungen.

Wenn ein Entwickler unendlich Zeit zur Verfügung hätte, einen Task umzusetzen, so würde er diesen wohl vergolden, also perfektionieren. In der Praxis muss man sich auf eine Gratwanderung begeben zwischen teurem Perfektionismus und unschöner Umsetzung. Alle Projektbeteiligten sollten sich deshalb einig sein über die DoD (**Definition of Done**). Darum sollten Projektleiter und Softwarearchitekten regelmäßig im Rahmen des Trackings mit jedem Entwickler zusammen den aktuellen Stand der Tasks beurteilen, um gemeinsam realistische Restaufwände zu schätzen.

2.4.3 Berichterstattung

Im Management beliebt sind Projektleiter, die regelmäßig eine **Earned-Value-Analyse** durchführen, bei welcher der Stand des Projekts durch eine einzige Zahl beschrieben wird. Man kann sich in der Praxis allerdings über die Interpretation dieser Zahl im Hinblick auf den tatsächlichen Zustand des Projekts streiten. Das Management wünscht oft, jederzeit pro Projekt eine Ampel verfügbar zu haben, welche in den Farben grün, gelb und rot dessen aktuellen Zustand anzeigt. Die Projektleitung spricht jedoch bei Problemen am besten frühzeitig das Management persönlich und direkt an und formuliert die Situation mit Worten statt mit Zahlen oder Farben.

Regelmäßige **Steering Committees** sind wichtig für den Informationsaustausch zwischen Projektleitung und höheren Hierarchiestufen wie etwa den Geschäftsleitungen des Auftraggebers und des Lieferanten. In der Praxis erstellt die Projektleitung wöchentlich einen **Statusbericht** für das Team, das Management und für den Auftraggeber. Dieser Bericht wird manchmal auch **Bulletin** genannt und umfasst folgenden Inhalt:

– Welche Tasks wurden seit dem letzten Bericht erledigt?
– Welche Tasks sind für die nächste Woche geplant?
– Welches sind die zurzeit offenen Punkte im Projekt?
– Aktuelle Risiken.
– Geplante Absenzen.
– Total bereits geleistete Zeit und geplanter Restaufwand des Projekts.

2.4.4 Risk Management

In jedem Projekt sollten die aktuell vorhandenen Risiken explizit aufgeschrieben und kommuniziert werden. Es gilt **Murphy's Law**: *Wenn irgendetwas schiefgehen kann, wird es schiefgehen*. Mögliche Risiken betreffen Termin, Rentabilität, Funktionalität und Qualität. Eine periodische Überprüfung ist deshalb unerlässlich: Gibt es neue Risiken? Wie groß ist die Wahrscheinlichkeit, dass ein bestimmtes Problem auftritt? Welches sind geeignete Maßnahmen, um Risiken zu verkleinern?

In Kapitel 16.7.5 werden negative Muster beschrieben, die manchmal im Projektmanagement auftreten. Eine frühzeitige Erkennung von Fehlverhalten hilft, die Projektrisiken zu reduzieren.

2.4.5 Förderung der Zusammenarbeit

Bei manchen Projekten verinnerlichen Projektleiter und Management den Leitsatz *„Der Kunde ist König"*. Wenn der Auftraggeber heute ein bestimmtes Feature für morgen wünscht, dann wird das bis morgen umgesetzt, auch wenn die Anforderung gestern noch nicht bekannt war und das ganze Team nun eine Nachtschicht dafür einlegen muss. Es ist jedoch empfehlenswert, den Kunden nicht als König, sondern als Partner zu sehen. Der Softwarelieferant sollte mit dem Auftraggeber gemeinsam auf die Karte schauen, um den Weg zum Ziel zu finden, und nicht blindlings alles machen, was er wünscht. Das Ziel sollte heißen, dem Kunden das zu liefern, was er braucht, und nicht das, was er will.

Auch die Zusammenarbeit innerhalb des Entwicklungsteams muss durch die Projektleitung aktiv unterstützt werden. Es folgt eine Auswahl von Tipps und Tricks, um die Zusammenarbeit mit dem Auftraggeber und innerhalb des Projektteams zu verbessern:

- Beim Organisieren von Meetings ist auf eine optimale Teilnehmerzahl zu achten. Zu viele Teilnehmer führen zu ineffizienten Diskussionen. Während Meetings kann ein Moderator eingesetzt werden, der darauf achtet, dass Ziele definiert und auch innerhalb des vorgegebenen Zeitrahmens erreicht werden.
- Der Projektleiter kann einen Beitrag zur Förderung von Kreativität leisten, indem er zum Beispiel zum **Brainstorming** einlädt oder zum gemeinsamen Erstellen von **Mindmaps**. Für diese **Workshops** wird Infrastruktur wie Whiteboards oder Pinnwände benötigt. Mindmaps sollten übrigens nicht als Präsentationsmittel auf Folien missbraucht werden. Sie dienen nur der Ordnung von Gedanken.
- Während der Umsetzung eines Projekts ändert sich in der Regel die Zusammensetzung des Teams. Deshalb muss darauf geachtet werden, dass die Chemie im Team immer stimmt und dass beim Weggang eines Mitarbeiters rechtzeitig sichergestellt wird, dass das Know-how im Team erhalten bleibt.
- **Code Ownership.** Das Team muss sich einig sein, wer in welchen Modulen programmieren darf. Ein Kompromiss zwischen Strong Ownership (pro Modul ein Programmierer) und Collective Ownership (alle dürfen in allen Modulen mitwirken) ist sinnvoll.
- Die Projektleitung muss den Informationsfluss gewährleisten. Sie muss erkennen, wo **Bringschulden** und wo **Holschulden** auftreten. Bringschuld heißt, jemand muss eine Leistung von sich aus erbringen, damit andere sie nutzen können. Holschuld bedeutet, jemand muss sich selber darum kümmern, dass jemand anders eine Leistung erbringt.
- Der Projektleiter muss mit unterschiedlichen Ansichten zur Arbeitszeit umgehen können. Manche Mitarbeiter leisten als „Workaholics" freiwillig viele Überstunden, während andere zu Hause eine Familie haben und abends nach Hause gehen möchten. Das führt manchmal zu unangenehmen Diskussionen im Team.
- Falls Konflikte innerhalb des Teams, in Zusammenarbeit mit anderen Teams oder mit dem Auftraggeber nicht selbst gelöst werden können, kann eine **Mediation** mit einer externen Fachperson helfen.

2.5 Artefakte im Projekt

In einem Projekt fallen üblicherweise diverse Artefakte an, welche durch den Projektleiter geordnet und versioniert werden sollten:

- Eine Auflistung aller beteiligten Personen im Projekt und deren E-Mail-Adresse und Telefonnummer.
- Der dem Projekt zugrundeliegende Vertrag.
- Gant-Diagramm der groben Meilensteinplanung für das Management und feingranulare Tasks-Planung für das Projektteam.
- **Quickcards** (auch Cheat Sheets genannt), die beschreiben, wie immer wiederkehrende Tasks im Projekt durchzuführen sind, wie zum Beispiel das Aufsetzen der Entwicklungsumgebung, der Workflow für die Einführung neuer Mitarbeiter im Projekt oder die Anleitung für die Erstellung von Releases.
- **Team Rules** für Vorgehensweisen beim Programmieren (zum Beispiel Code Ownership und Reviews) und für Programmierrichtlinien (siehe Kapitel 12.1.3).
- Protokolle und Beschlüsse von Meetings.
- **Open Points.** Themen, die noch geklärt werden müssen, aber nicht unbedingt ins Issue-Tracking-System passen, wie zum Beispiel *„Abklären, ob interne Verbindungen zwischen den Rechnern verschlüsselt sein sollen."* oder *„Das offizielle Okay des Auftraggebers abholen für die Umsetzung des Change Requests in Issue 4291."*
- Die Dokumentation der Anforderungen und der Architektur entsteht oft mit webbasierter kollaborativer Software (Wiki, siehe Kapitel 11.6).
- System-Dokumentation, Benutzerhandbuch und Helpfiles entstehen ebenfalls oft in einem Wiki.
- Für das Issue-Tracking stehen spezielle Systeme zur Verfügung (siehe Kapitel 19.3).
- Das Testdrehbuch (Beschreibung von Testfällen) entsteht oft in einem Wiki (siehe Kapitel 19.2.1).
- Sourcefiles, UML-Diagramme, SQL-Skripte und Konfigurationen werden im Sourcecode-Repository abgelegt. Binarys wie Librarys hingegen werden in einem Artefakt-Repository gespeichert (siehe Kapitel 18.2).
- Die Installationsdateien der Software werden üblicherweise auf einem Netzlaufwerk abgelegt.

Falls nicht mit einem Wiki, sondern primär mit einem Projektverzeichnis im internen Netzwerk gearbeitet wird, empfiehlt es sich, Unterverzeichnisse anzulegen, etwa mit diesen Bezeichnungen: „01_Planung", „02_Anforderungen", „03_Architektur", „04_Doku", „05_Testing". Innerhalb dieser Verzeichnisse sollten die Versionsnummern der Dokumente im Dateinamen kodiert werden, wie etwa „Anforderungen Superprojekt Frontend V003.odt". Alternativ kann auch das Datum in den Dateinamen kodiert werden.

2.6 Das magische Dreieck

Das **magische Dreieck** besteht aus den drei Stellschrauben Kosten (Ressourcen), Zeit (Termine) und Qualität (Funktionalität). Wenn man an einer dieser Stellschrauben Änderungen vornimmt, so wirkt sich das auf die anderen aus. Dieses Zusammenspiel ist jedoch nicht linear, sondern ziemlich komplex. So gilt zum Beispiel die 80/20-Regel. 80 % der Software wird in 20 % der Zeit implementiert. Aber für die restlichen 20 % der Software wird 80 % der Zeit benötigt.

Wenn ein Projekt Verspätung hat, so kann die Projektleitung den Termin nicht einfach gewährleisten, indem zusätzliche Mitarbeiter ins Projekt integriert werden. Diese neuen Mitarbeiter müssen eingearbeitet werden, und ein größeres Projektteam benötigt einen höheren Koordinationsaufwand. Das führt oft zu noch größeren Verspätungen und höheren Kosten. Diesen Zusammenhang beschreibt Fred Brooks in seinem Buch *„The Mythical Man-Month: Essays on Software Engineering"* [6].

3 Requirements Engineering

3.1 Vorgehensweise

3.1.1 Business Modeling und Prototypen

Bevor irgendwelche Anforderungen an die Software formuliert werden können, muss das **Business Modeling** stattfinden. Unabhängig von der IT werden dabei im Idealfall zuerst Businessprozesse und Businessmodelle definiert. Erst anschließend findet das Requirements Engineering statt, wo die Anforderungen an die Software beschrieben werden, sodass die Businessprozesse optimal unterstützt werden können. Treibende Kräfte sind die Business Analysten, auch **Produktmanager** genannt.

Manchmal kann es sinnvoll sein, einen **Prototyp** der künftigen Software zu schreiben, um ein besseres gemeinsames Verständnis für alle Beteiligten zu fördern. Prototypen werden üblicherweise bei der Umsetzung des echten produktiven Systems nicht wiederverwendet, da sie rasch und mit wenig Aufwand, aber mit schlechter Qualität entwickelt werden. Der Begriff **Design Thinking** bezeichnet den innovativen, kreativen Entwurf von Alltagsgegenständen. In diesem Bereich werden ebenfalls oft Prototypen erstellt. Design Thinking kann durchaus auch in der Softwareentwicklung angewendet werden.

Vor dem Start des Requirements Engineerings muss definiert werden, welche Personen verantwortlich sind. Typischerweise existieren so viele verschiedene Meinungen, wie es Köpfe gibt. Die verantwortlichen Personen müssen an der Schnittstelle zwischen Business und IT einen Konsens erarbeiten. Die Business Analysten sollten durch das Management genügend Zeit dafür erhalten und von Aufgaben im operativen Bereich entlastet werden. Man sieht in der Praxis häufig, dass die Produktmanager, die für die Anforderungen zuständig sind, zu wenig Zeit dafür erhalten. Von der technischen Seite her sind Requirements Engineers zuständig für die Mitarbeit bei den fachlichen Spezifikationen.

Für die Erfassung von Anforderungen stehen verschiedene Tools zur Verfügung, wie zum Beispiel *Rational DOORS* (ehemals von Telelogic) und *IBM Rational Requisite Pro*. Man trifft sie in der Praxis jedoch selten an. Früher wurden viele Spezifikationen mit handelsüblichen Textverarbeitungssystemen geschrieben. Heute wird vermehrt mit webbasierter kollaborativer Software (Wiki) gearbeitet, siehe Kapitel 11.6.

3.1.2 Anforderungskatalog

Vor dem Start eines Projekts wird immer ein **Anforderungskatalog** (englisch *Requirements Specification*) erstellt, welcher grob beschreibt, welches die Anforderungen an die Software sind. Dabei wird auch geklärt, ob eine maßgeschneiderte Lösung umgesetzt werden soll oder ob die Anschaffung eines Standardprodukts ausreicht (siehe Ka-

https://doi.org/10.1515/9783111354774-003

pitel 11.1). Sowohl Business Analysten (Produktmanager) als auch Softwareentwickler (Requirements Engineers) sind daran beteiligt. Manchmal dürfen die Firmen, die den Anforderungskatalog schreiben, die Software nicht selbst umsetzen. Das hat den Vorteil, dass bei der Beschreibung der Anforderungen nicht schon bereits an die technische Umsetzung gedacht wird. Im V-Modell (siehe Kapitel 2.2.1) wird der Anforderungskatalog aufgeteilt in ein **Lastenheft**, das durch den Kunden (Business Analysten, Produktmanager) erstellt wird, und ein **Pflichtenheft**, das durch den Lieferanten (Softwareentwickler, Requirements Engineers) geschrieben wird.

Der Anforderungskatalog besteht typischerweise aus folgenden Kapiteln:

- Ausgangslage und Zielsetzung.
- **Umgebung.** Welche Systeme sind bereits vorhanden?
- **Domänenmodell.** Hier werden auf einer hohen Abstraktionsebene alle für das Projekt relevanten Businessobjekte und ihre Funktionen aufgelistet. Typischerweise werden Klassendiagramme mit UML erstellt, obwohl es sich nicht um technische Klassen handelt, sondern um fachliche.
- **Use Cases** (Anwendungsfälle) werden mit UML-Diagrammen und zusätzlichen Texten beschrieben. Nicht fehlen darf die Definition, welche Rollen in einen Anwendungsfall involviert sind. Typische Beispiele sind Vorgänge wie „Benutzer registrieren", „Bestellung aufgeben" oder „Rechnung stellen".
- **Workflows** definieren den genauen Ablauf eines einzelnen Anwendungsfalls und werden mit UML-Sequenzdiagrammen definiert.
- **Mockups** von GUI-Masken. Bei der Definition von Benutzeroberflächen werden oft Skizzen erstellt, die absichtlich wie von Hand gezeichnet aussehen und nicht wie auf einem echten System, um zu zeigen, dass es sich nur um einen Vorschlag handelt, aber noch nicht um die endgültige Lösung. Hierfür können Tools verwendet werden wie zum Beispiel *Balsamiq*.
- Auflistung und Beschreibung der funktionalen und nicht-funktionalen **Anforderungen** in Textform, nummeriert und kategorisiert nach **Priorität**, zum Beispiel „Muss", „Wunsch" und „Nice to have".
- Grobe Planung der Einführung in Etappen (**Meilensteine**). Auch in agilen Projekten möchte das Management ungefähr wissen, wann ein neuer Release produktiv geschaltet wird.
- **Glossar.** Die Begriffe, welche im Anforderungskatalog benutzt werden, müssen explizit definiert werden, damit es keine Missverständnisse bei der Kommunikation zwischen den im Projekt beteiligten Menschen gibt.
- **Quellen.** Von welchen involvierten Personen stammen die Informationen? Aus welchen bereits existierenden Dokumenten wurden Informationen eingeholt?
- **Open Points**, nummeriert und datiert. Nach der Klärung eines Open Points werden die gefassten Beschlüsse beschrieben und mit Datum versehen.

3.1.3 Iterative Verfeinerung der Spezifikationen

Der Begriff der **Spezifikation** ist etwas schwammig und muss genauer beleuchtet werden. Der Anforderungskatalog (Requirements Specification) beschreibt nur grob die Anforderungen an die Software. Die Verfeinerung erfolgt später in Form von detaillierten Spezifikationen, welche vor allem im agilen Umfeld iterativ während des laufenden Projekts immer wieder bearbeitet werden. Sowohl Anforderungskatalog als auch diese detaillierten Verfeinerungen sind fachliche Spezifikationen. Während diese die Anforderungen beinhalten, zeigen technische Spezifikationen den Lösungsweg auf. Das erste grobe technische Konzept (Solution Design, siehe Kapitel 8.1.4) bildet häufig die Grundlage von Offerten (siehe Kapitel 1.1). Aus diesem Dokument entsteht dann zu Beginn des Projekts im fließenden Übergang eine Beschreibung der Architektur. Im Verlauf des Projekts werden auch diese technischen Spezifikationen verfeinert.

In der Praxis werden fachliche Spezifikationen durch Business Analysten (Produktmanager) und Softwareentwickler (Requirements Engineers) gemeinsam festgehalten, während die technischen Spezifikationen nur durch Softwareentwickler (Architekten) geschrieben werden. Bei der gemeinsamen Bearbeitung dieser Spezifikationen eignet sich ein **Wiki** mit entsprechenden Zugriffsrechten viel besser als das Hin- und Herschicken von Dokumenten per E-Mail. Iterative Erweiterungen der Spezifikationen erfolgen oft über Analyse-Tasks im Issue-Tracking-System (siehe Kapitel 19.3).

3.2 Arten von Anforderungen

3.2.1 Funktionale Anforderungen

Fachliche Anforderungen der Business Analysten, welche mittels Domänenmodell, Anwendungsfällen und Sequenzdiagrammen definiert werden, sind funktionale Anforderungen an die Software.

Ganz nebenbei gefragt: Sollte man „Eastereggs" auch offiziell als funktionale Anforderung definieren? Eastereggs sind kleine lustige versteckte Funktionen in der Software, die zum Beispiel bei Betätigung bestimmter Tastenkombinationen in Aktion treten. Das können spezielle Meldungen sein, Grafiken oder gar kleine Spiele!

3.2.2 Nicht-funktionale Anforderungen

Nicht-funktionale Anforderungen können folgende Themen betreffen: Kosten, Skalierbarkeit, Sicherheit, Wartbarkeit, Testbarkeit, Erweiterbarkeit und Usability. Auch technische Anforderungen wie die Wahl der Plattform, die Interoperabilität mit anderen Systemen über Schnittstellen oder die Benutzung bereits vorhandener Infrastruktur, wie zum Beispiel einer Datenbank, gehören in diese Kategorie.

Die erforderliche **Verfügbarkeit** eines Systems wird mittels Prozente ausgedrückt. Typischerweise wird eine Uptime von 99,99 % angestrebt. Das entspricht einer erlaubten Ausfallszeit von weniger als eine Stunde pro Jahr. Falls die Software als Service verkauft wird, sollte die Verfügbarkeit im SLA (Service Level Agreement) definiert werden.

Ein wichtiges nicht-funktionales Thema ist die geforderte **Performanz** des Systems. Man spricht über die Schnelligkeit der Berechnungen, oft mit MIPS (Million Instructions per Second) ausgedrückt. Dies ist jedoch keine wissenschaftliche Zahl, da die Instruktionen je nach Prozessor unterschiedlich sind. Die Leistung der Datenübertragung ist ebenfalls relevant, siehe Kapitel 14.1.3.

3.3 Schnittstelle zum Benutzer

3.3.1 Grafische Oberfläche

Benutzeroberflächen werden oft erst in den Detailspezifikationen während des Projekts genau definiert. Typischerweise beschreibt der Requirements Engineer zuerst die Grundlage der **GUI** (Graphical User Interface), dazu gehört das Layout, das sich zusammensetzt aus Menu, Scrollbar, Statusbar, Tiles (Kacheln), Toolbar und Tooltips. Man steht vor der Wahl zwischen Splitterwindows und andockbaren Windows. Früh muss die Entscheidung gefällt werden, ob es sich um ein **SDI** (Single Document Interface, zum Beispiel für einfache Dialoge) handelt oder um ein **MDI** (Multiple Document Interface, für verschiedene gleichzeitig offene Dateien oder Inhalte). Innerhalb MDI geht der Trend weg von frei platzierbaren Fenstern hin zu Registerkarten (Tabs). Ferner muss unterschieden werden zwischen **modalen** und nicht modalen **Dialogen**. Solange ein modaler Dialog offen ist, kann kein anderer Dialog derselben Applikation zugänglich sein. Eine weitere Frage ist, ob für die GUI Skins benötigt werden, also ob ein konfigurierbares **Look and Feel** verlangt wird. Das Aussehen muss meistens gewissen Vorschriften des Auftraggebers entsprechen, dem sogenannten **Corporate Design**.

Danach werden die einzelnen Elemente der GUI-Masken definiert: Button, Radiobutton, Checkboxen, Listen, Dropdown-Listen (Auswahl, Combobox), Sliders, Spin-Controls, Progressbars, Labels, Editboxen, maskierte Editboxen, Trees und Icons. **Icons** sind kleine Symbole wie zum Beispiel Diskette, Drucker, Pfeile, Lupe, Ordner oder Ok-Häkchen. Für die Verwendung von Icons stehen sowohl kostenlose als auch kommerziell erhältliche Sammlungen zur Verfügung. Man muss sie also nicht zwingend selber von Hand zeichnen. Es stellt sich jeweils die Frage, ob SVG- oder PNG-Icons zu verwenden sind. Erstere sind flexibler, letztere performanter.

Ein wichtiger Aspekt ist die Wahl der Schriftarten. Normalerweise werden Sans-Serif-Fonts verwendet. Nur lange und nicht zu klein geschriebene Texte sehen auch in Serif-Fonts gut aus. Schriftarten werden in Kapitel 10.2.1 ausführlich behandelt. Die

Farbwahl in der GUI ist ebenfalls zentral. Es empfiehlt sich, zuerst nur mit schwarz/weiß und Graustufen zu arbeiten und erst gegen den Schluss mit Farben zu experimentieren.

3.3.2 Usability

Softwareentwickler sind technisch versiert und haben oft nicht unbedingt die Veranlagung, Benutzerschnittstellen zu definieren, die verständlich und einfach bedienbar sind. Es kann deshalb sinnvoll sein, externe Spezialisten für **Usability** und **UX (User Experience)** beizuziehen. Diese können wertvolle Ideen liefern.

Der Workflow sollte so einfach wie möglich sein, damit die Benutzer ohne Anleitung klarkommen. GUI-Elemente, die von der Bedeutung her zusammengehören, sollten gruppiert werden, horizontal und vertikal. Pro Maske dürfen nicht zu viele GUI-Elemente verwendet werden, denn das überfordert den Benutzer. Eine gesunde Mischung aus Texten und Grafiken ist von Vorteil. Ein Benutzer vergisst die Daten, die erst ein paar Minuten vorher in einer anderen Maske eingegeben worden sind. Bereits eingetippte Daten sollten deshalb angezeigt werden, wenn sie von Relevanz sind in einer späteren Maske. Sehr benutzerfreundlich ist die Fähigkeit einer Oberfläche, im Voraus schon automatisch zu erkennen, welche Aktionen der User möglicherweise ausführen möchte. Als Beispiel dienen Vorschläge für die Textvervollständigung in Eingabefeldern.

Es gibt verschiedene Philosophien, wie eine Benutzeroberfläche umgesetzt werden kann. Sie muss sicher einmal gewisse Normen erfüllen, wie etwa die Anzeige eines Sterns, wenn eine Datei noch nicht gespeichert wurde. Der Umgang mit **Responsiveness** ist ein weiteres Thema: Die GUI muss sofort reagieren nach einer Benutzeraktion. Das heißt, technisch muss die Aktion asynchron in einem separaten Worker Thread ausgeführt werden, nicht blockierend im GUI-Thread selbst. Ein wartender Zustand kann auf verschiedene Arten angezeigt werden, zum Beispiel mit Progressbar, Spinning Wheel, Wait Cursor oder einem halbdurchsichtigen Layer über die gesamte GUI. Unter **Responsive Design** hingegen versteht man die automatische dynamische Anpassung der GUI je nach Größe des Screens. Vor allem Webapplikationen sollten erkennen, auf was für einem Bildschirm der Browser läuft. Handelt es sich um einen großen Desktopmonitor oder um ein kleines Smartphone? Je nachdem muss eine andere Auflösung unterstützt werden. Früher waren die GUI-Elemente in den Applikationen meistens statisch positioniert. Der Softwarehersteller musste sich für eine bestimmte Auflösung entscheiden, wie zum Beispiel 640×480, 1024×728 oder 1280×1024.

Die Farben einer Benutzeroberfläche müssen sorgfältig ausgewählt werden. Rote Texte sollten zum Beispiel nur für die Anzeige von Fehlern benutzt werden. Jede GUI sollte einen **Online-Help**-Mechanismus anbieten (siehe Kapitel 20.2). Wenn sich mehrere Inputfelder in der Benutzeroberfläche befinden, stellt sich die Frage, welche Werte von welchen abhängig sind. Wenn man zum Beispiel in einem Feld ein Land auswählt, sollten im nächsten Feld die entsprechenden Städte des vorher ausgewählten Landes angezeigt werden. Es stellt sich zudem die Frage, wann die Daten gespeichert werden.

Beim Drücken von Enter in jedem einzelnen Eingabefeld? Oder beim Klicken des Ok-Buttons nach jedem Dialog? Oder erst nach einer Reihe mehrerer Dialoge? Heißt das, dass Save nicht dasselbe bedeutet wie Ok? Diese Fragen können nicht verallgemeinert beantwortet werden.

Auch einige technische Fragen bezüglich Usability sind zu klären. Soll die Benutzeroberfläche mit Tastatur und Maus bedienbar sein? Oder verfügt es über ein Multi-Touch-Display? Ist für die Interaktion mit dem Benutzer ein Beschleunigungssensor vorhanden wie zum Beispiel bei Smartphones? Sollen auch Gesten unterstützt werden, die man mit der Maus ausführen kann? Sollen gewisse Funktionen mittels Drückens von Tastenkombinationen ausgelöst werden, als zusätzliche Option zur Maus, über eine sogenannte **Keyboard Acceleration**? In einer GUI ist immer genau ein Element aktiv, das heißt, es besitzt den **Fokus**, um Input vom User zu empfangen. Es muss klar definiert werden, welches Element wann den Fokus erhält.

Ein weiteres Thema taucht regelmäßig auf. Es gibt keine gute oder schlechte Lösung hierfür: Wie behandelt man ein Input-Feld, wenn es sich um einen Wert handelt, der nicht nur durch die GUI, sondern auch durch den Server verändert werden kann? Sollen zwei Felder verwendet werden, eines für den Input und ein nur lesbares für den aktuellen Wert des Servers? Oder soll nur ein Feld gezeigt werden, in dem der eingegebene Wert des Users überschrieben wird, wenn sich der Wert auf dem Server verändert hat? Je nach Projekt kann die Antwort unterschiedlich lauten.

Bei GUI-lastigen Systemen lohnt es sich, vor der Produktivsetzung mit einigen ausgewählten Endbenutzern Akzeptanztests durchzuführen, um das Feedback in die Entwicklung einfließen zu lassen.

3.3.3 Alternativen zur grafischen Oberfläche

Eine Benutzerschnittstelle muss nicht zwingend grafisch sein, denn es gibt auch Benutzer mit eingeschränktem Sehvermögen. **Spracherkennung** verbreitet sich dank Deep Learning immer mehr (siehe Kapitel 9.6.3). Manche Sprachassistenten haben schon im Alltag Einzug gefunden:
- *Alexa* (Amazon)
- *Cortana* (Microsoft Windows)
- *Google Assistant*
- *Siri* (iOS)

Augmented Reality ist eine Alternative zum Bildschirm. Der Benutzer sieht die Realität durch eine Brille, angereichert durch visuelle Informationen. Ein bekanntes Beispiel ist *Google Glass*. In der Industrie verbreitet sind Brillen der Firma Vuzix und Microsoft *HoloLens*. Als Alternative kann auch ein Smartphone oder ein Tablet dienen. Zur Programmierung von AR kann *Vuforia Engine* verwendet werden. Diese lässt sich gut in der Plattform *Unity* integrieren und bietet Objekterkennung und 3D-Scans von Räumen an.

In Zukunft ist es denkbar, dass eine Benutzerschnittstelle nicht mehr klar getrennt vom menschlichen Körper sein muss. Sensoren am menschlichen Körper könnten registrieren, welche Aktionen der Benutzer durchführen möchte, um das der Software mitzuteilen. Dies ist heute schon auf eine Weise möglich mit VR-Brillen, die die Kopfbewegungen registrieren, siehe auch Kapitel 7.8.2. Weitere Gedanken zu künftigen Mensch-Maschine-Schnittstellen werden in Kapitel 9.6.4 beschrieben.

3.4 UML

3.4.1 Grundlagen

Die Notation **UML** (Unified Modeling Language) wurde 1997 durch die OMG (Object Management Group) definiert, genauer gesagt von den „3 Amigos" Grady Booch, James Rumbaugh und Ivar Jacobson. Sie wird für die objektorientierte fachliche Analyse (OOA) und für das objektorientierte technische Design (OOD) eingesetzt und besteht aus folgenden Elementen:
- Anwendungsfalldiagramme (OOA). Ein Diagramm stellt übersichtlich mehrere Anwendungsfälle (Use Cases) vor.
- Aktivitätsdiagramme (OOA). Ein Aktivitätsdiagramm beschreibt oft genau einen Anwendungsfall.
- Klassendiagramme für das Domänenmodell (OOA) und die Klassenhierarchien (OOD).
- Zustandsdiagramme (OOD).
- Sequenzdiagramme beschreiben die Interaktionen zwischen den Objekten (OOD). Ein Sequenzdiagramm entspricht oft genau einem Anwendungsfall (OOA).
- Pakete (OOD).
- Einsatzdiagramm (Deployment) (OOD).
- Komponentendiagramme (OOD).

In **Klassendiagrammen** werden Vererbungshierarchien und Beziehungen zwischen den Klassen modelliert. Für jede Klasse können Attribute und Operationen definiert werden. In Abbildung 3.1 wird eine Basisklasse „Customer" definiert, von welcher die zwei Klassen „Person" und „Company" abgeleitet werden. Ein Customer besitzt immer genau eine Adresse. Ein „Order" wird immer einem Customer zugewiesen. Ein Customer kann zwischen 0 und vielen Orders zugewiesen sein.

Sogenannte Stereotypen erlauben eine zusätzliche Kategorisierung der Klassen, wie zum Beispiel „Interface", „Process" oder „Utility". Mittels OCL (Object Constraint Language) können Bedingungen der Attributwerte innerhalb der Klassen und der Assoziationen zu anderen Klassen definiert werden.

In **Sequenzdiagrammen** werden Klassen in vertikalen Kolonnen dargestellt. Interaktionen in Form von Funktionsaufrufen werden in zeitlicher Abfolge von oben nach

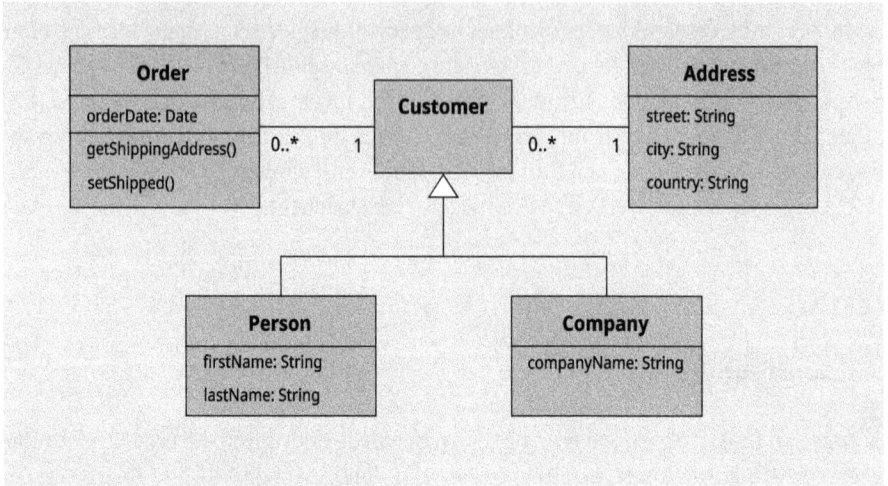

Abb. 3.1: Ein UML-Klassendiagramm.

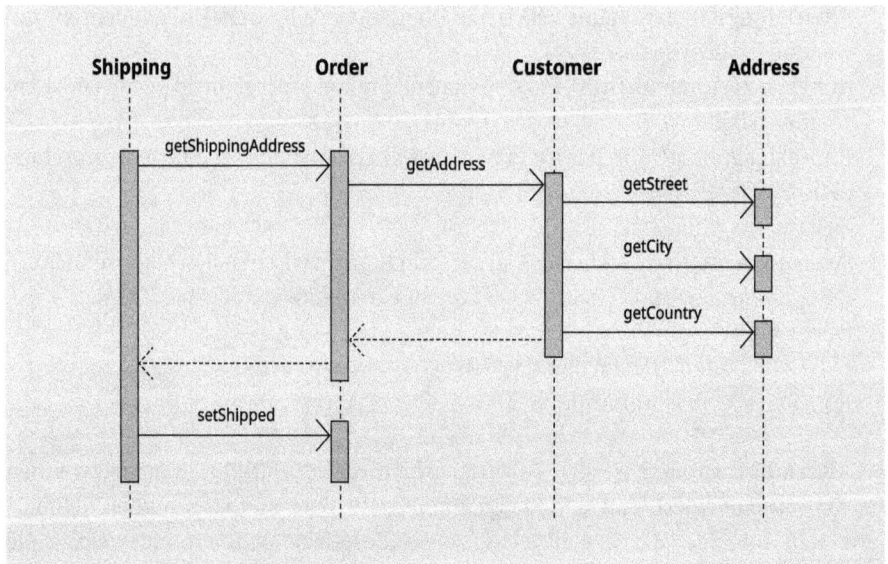

Abb. 3.2: Ein UML-Sequenzdiagramm.

unten grafisch dargestellt. In Abbildung 3.2 erhält ein Objekt der Klasse „Shipping", welche für das Verschicken der Bestellung zuständig ist, die Adresse vom Order. Anschließend setzt es am Order den Status „Shipped".

Der Standard *XMI* definiert, wie ein UML-Modell in einer XML-Datei gespeichert wird, sodass die Interoperabilität zwischen verschiedenen UML-Tools gewährleistet wird. Eine ausführliche Einführung in UML erhält man im Buch *„Objektorientierte Softwareentwicklung"* von Bernd Oestereich [7].

3.4.2 UML in der Praxis

In der Praxis ist es sinnvoll, gewisse Teile der Anforderungen mit Hilfe von UML zu definieren. Es ist jedoch eine Illusion zu glauben, dass die gesamten Anforderungen mit UML definiert werden können. Dazu ist UML zu technisch orientiert für Business Analysten. Umgekehrt findet UML bei Technikern keine Verbreitung, da sie die Klassen und Funktionen lieber direkt programmieren, als den Umweg über ein grafisches Tool zu machen und das UML-Modell mit dem Code auf mühsame Art und Weise synchron zu halten. Man nennt das Hin und Her zwischen Modell und Code **Round-Trip-Engineering**. Dies verursacht in der Praxis immer wieder Probleme. Neueste UML-Tools umgehen das Synchronisieren, indem der Code das Modell beinhaltet, also indem das Modell nicht mehr separat gespeichert wird. Einige Tools sind auf dem Markt erhältlich für den Einsatz von UML, wie die kommerziellen *Astah, Enterprise Architect, IBM Rational Rose, MagicDraw, Microsoft Visio* oder das kostenlose *WhiteStar*.

3.4.3 Alternativen zu UML

Es gibt neben UML auch andere Modellierungsmethoden, die aber in der Praxis noch weniger verbreitet sind, wie zum Beispiel **SADT** (Structured Analysis and Design Technique), welche mit einem Datenflussansatz funktioniert. Für die Modellierung von relationalen Datenbanken kann man **ERM** (Entity Relationship Model) anstelle von UML einsetzen, siehe auch Kapitel 15.2.5. Die Verwendung der sogenannten **EPK** (Ereignisgesteuerte Prozessketten) ermöglicht einen geschäftsprozessorientierten Ansatz.

Für Modelle auf Architekturebene gibt es drei bekannte Methoden. Bei **ARIS** (Architektur integrierter Informationssysteme) wird die Funktionalität mit je einer Daten-, Funktions-, Organisations- und Leistungssicht beschrieben. Jede Sicht besitzt die Modellebenen Fachkonzept, DV-Konzept und Implementierung. Die zweite, eher akademische Methode ist **SOM** (Semantisches Objektmodell), das objektorientierte und geschäftsprozessorientierte Modellierungsmethoden integriert, indem es je einen Unternehmensplan, ein Geschäftsprozessmodell und ein Ressourcenmodell beinhaltet. Die dritte Methode nennt sich **TOGAF** (The Open Group Architecture Framework) und beschreibt die Unternehmensarchitektur mit drei Schwerpunkten: Geschäft, Informationssystem, Technologie.

4 Aufwandschätzung

4.1 Vorgehensweise beim Schätzen

Je mehr Wissen über ein Schätzobjekt vorhanden ist, desto genauer kann man schätzen. Darum wird nicht nur wasserfallmäßig zu Beginn eines Projekts geschätzt, sondern auch immer wieder. Die Restaufwände eines Projekts müssen im Rahmen des Trackings regelmäßig neu geschätzt werden bis zum Projektabschluss. Je mehr sich das Projektende nähert, desto größeres Wissen besitzt das Team über die Schätzobjekte, und so verkleinern sich die Schätzfehler. Es ist grundsätzlich so, dass man eher dazu neigt, den Aufwand zu unterschätzen. Vor allem Anbindungen an Schnittstellen von Umsystemen verschlingen immer wieder massiv mehr Zeit als ursprünglich gedacht.

In Büchern wie *„Aufwandschätzung bei Softwareprojekten"* von Steve McConnell [8] werden verschiedene Schätzmethoden erklärt. Eines haben diese alle gemeinsam: Man teilt das Schätzobjekt jeweils auf in kleine Stücke, die besser geschätzt werden können. Eine akademische Vorgehensweise ist die Aufteilung in sogenannte **Function Points**. Dies wird jedoch in der Praxis sehr selten angewendet. Das Konzept der **Story Points** wurde mit Scrum definiert. Die Größe eines Schätzobjekts wird hierbei verglichen mit anderen Schätzobjekten. Bei rechenintensiver Software ohne Benutzerschnittstellen kann auch mit **Feature Points** geschätzt werden. Man veranschlagt dabei die Anzahl Algorithmen und Parameter. Vor 50 Jahren wurde mit **COCOMO** geschätzt, das heißt mit der Anzahl Codezeilen in Cobol oder PL/1.

Einen großen Einfluss auf die Resultate hat die Wahl der Personen, die die Schätzung abgeben. Bei der **Expertenmethode** gibt jemand alleine eine Schätzung ab. Diese Person besitzt typischerweise eine große Erfahrung in dem Bereich, um den es geht. Die Expertenmethode ist geeignet für kleinere Aufträge, denn das Risiko einer Fehlschätzung ist höher, als wenn mehrere Personen zusammen ein Resultat abgeben wie bei der **Delphi-Methode**, welche in Scrum auch **Planning Poker** genannt wird. Hier trifft sich das ganze Team. Jedes Teammitglied erhält dabei einen Stapel Schätzkarten mit Fibonacci-ähnlichen Zahlen wie 0, 1, 2, 3, 5, 8, 13, 20, 40 und zusätzlich noch eine Karte für „?" (keine Schätzung). Die wachsenden Abstände zwischen den Zahlen drücken die Unsicherheit aus, je größer der geschätzte Aufwand ist. Für jedes Schätzobjekt zeigen alle Teilnehmenden gleichzeitig eine Karte mit ihrer Schätzung. Es ist wichtig, dass man sich bei der ersten Schätzung nicht gegenseitig beeinflusst. Eine Diskussion sollte erst dann stattfinden, wenn alle Teilnehmer der Schätzrunde eine Karte gezeigt haben. Danach kann das Team darüber debattieren und eventuell eine gemeinsame Neuschätzung durchführen.

Vergleiche mit ähnlichen Schätzobjekten aus der Vergangenheit sind sehr hilfreich. Dies wird **Analogieschätzung** genannt. Wenn es sich zum Beispiel um eine Webapplikation basierend auf *Angular* mit drei GUI-Masken und fünf Datenbanktabellen handelt, kann man auf ein früheres Projekt mit ähnlichen Anforderungen zurückgreifen, sofern damals der Aufwand sauber getrackt wurde.

https://doi.org/10.1515/9783111354774-004

Oft sind mehrere Lösungsvarianten denkbar, die alle ihre Vor- und Nachteile haben. Diese werden üblicherweise alle geschätzt und anschließend mit dem Auftraggeber diskutiert. Hier ist es sinnvoll, dem Kunden bereits schon eine Präferenz zu empfehlen, da er sonst meistens einfach die günstigste Variante mit allen daraus folgenden Nachteilen auswählt. Ein Feature kann vergoldet oder ganz simpel umgesetzt werden. Eine exakte Beschreibung der DoD (**Definition of Done**) ist deshalb unerlässlich. Hier hilft es manchmal, wenn der Kunde in die Schätzung involviert wird. Es ist nützlich, wenn der Auftraggeber sagt: „Arbeitet wenn möglich nicht länger als fünf Tage an dieser GUI-Maske, da sonst das Budget gesprengt wird." Man nennt dies eine **Timebox**. Analyse-Tasks werden in der Praxis ebenfalls mit einer Timebox versehen, denn man kann sie sonst ins Unendliche treiben.

Grundsätzlich sollte nie mit Terminen geschätzt werden. Termine haben nichts zu tun mit Schätzungen, sondern gehören zu den Themen Projektleitung und Ressourcenplanung. Schätzungen haben auch nichts zu tun mit Verhandlungen. Das Projekt profitiert davon, wenn ehrliche Zahlen abgegeben werden. Man sollte nicht auf Druck des Kunden kleinere Aufwände schätzen. Es gibt immer wieder Auftraggeber, die am Telefon einen Change Request (CR) wünschen und gleich eine Schätzung aus dem Stegreif hören möchten. Davon wird dringend abgeraten. Man sollte sich für jede Schätzung mindestens eine Viertelstunde Zeit nehmen. Manche Führungskräfte erwarten, dass der geschätzte Aufwand ein Commitment sei. Doch es darf keine Verpflichtung bestehen, diese Zahlen einzuhalten, denn das könnte sonst die Schätzung verfälschen. Ein Commitment abzugeben ist erst beim Start einer Iteration sinnvoll, also dann, wenn die Schätzung durch die Projektleitung auf die verfügbaren Ressourcen in Personentagen abgebildet worden ist.

Während des Projektverlaufs werden die Restaufwände der einzelnen Issues immer wieder durch die verantwortlichen Entwickler geschätzt und im Rahmen des Trackings aktualisiert, siehe Kapitel 2.4.2.

4.2 Schätzeinheit

Die zentrale Frage ist, in welcher Einheit und mit wie vielen Zahlen geschätzt wird. Meistens wird die **PERT**-Methode angewendet, auch bekannt unter dem Begriff **3-Punkt-Schätzung**. Pro Task schätzt man in Personentagen jeweils einen Minimalaufwand, einen Maximalaufwand und einen **Erwartungswert** der Wahrscheinlichkeitsverteilung zwischen Minimum und Maximum. Je mehr Wissen über das Schätzobjekt vorhanden ist, desto kleiner wird der Unterschied zwischen Minimal- und Maximalaufwand. Eine Schätzung besteht nie aus einer einzelnen Zahl, sondern ist immer eine Wahrscheinlichkeitsverteilung, darstellbar als Graph in einem xy-Koordinatensystem, wie in Abbildung 4.1 gezeigt. Die x-Achse stellt horizontal den Aufwand dar, y vertikal die Wahrscheinlichkeit. Der Erwartungswert ist der Median. Das ist eine Schätzung, bei der man davon ausgeht, dass die Chance, dass der Aufwand kleiner wird, 50 % und die

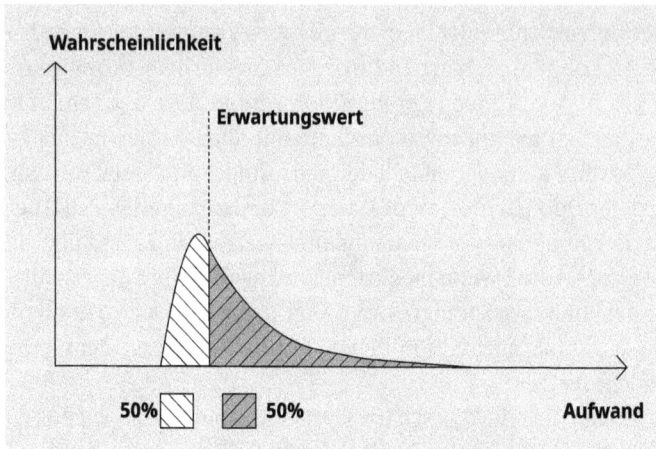

Abb. 4.1: Wahrscheinlichkeitsverteilung einer Schätzung.

Chance, dass der Aufwand größer wird, ebenfalls 50 % beträgt. Viele Auftraggeber wünschen erfahrungsgemäß nur einen Schätzwert pro Task. Der Softwarelieferant kann hier den Erwartungswert der Schätzverteilung nennen. Diese Wahrscheinlichkeitskurve dient jedoch eher der theoretischen Anschauung. In der Praxis wird jeweils der Durchschnitt von Minimal- und Maximalaufwand berechnet und je nach Risiken der einzelnen Tasks etwas Aufwand hinzugefügt für die Berechnung des Erwartungswerts. Solche Schätzungen können gut in einer Tabellenkalkulation festgehalten werden, wie in Kapitel 2.4.2 gezeigt. Häufig werden diese Werte auch im Issue-Tracking-System eingetragen.

Seit der Einführung von Scrum hat sich die Idee verbreitet, mit **Story Points** statt mit Personentagen zu schätzen. Story Points bezeichnen die Größe eines Tasks in Relation zu anderen Tasks. Jedes Projektteam besitzt eine unterschiedliche Geschwindigkeit (Velocity), um einen Story Point umzusetzen. Das hängt ab von der Besetzung des Teams und wie sich die Relation zwischen Story Points und Personentagen historisch in diesem Team entwickelt hat. Diese Vorgehensweise unterstützt den Fakt, dass nicht jeder Softwareentwickler gleichviel Zeit für die Umsetzung eines Tasks benötigt. Teams neigen jedoch oft dazu, Story Points Personentagen gleichzusetzen. Bei der Verwendung einer Zeiteinheit muss man sich bewusst sein, dass der Aufwand für ein durchschnittliches Mitglied des Teams geschätzt werden sollte, denn zum Zeitpunkt der Schätzung ist normalerweise nicht bekannt, wer die Umsetzung tatsächlich durchführt. Wird die Erweiterung von Modul XY durch eine Person implementiert, die bereits maßgeblich daran beteiligt war, oder durch einen Neuling, der sich zuerst noch einarbeiten muss? Es ist daher völlig legitim, wenn geschätzt wurde, dass ein Task 3 Tage dauert, der tatsächliche Aufwand aber 4 Tage beträgt. Das Management sollte erst eingreifen, wenn der Durchschnitt der Schätzungen von allen Tasks über längere Zeit zu tief ist.

4.3 Bestandteile von Aufwandschätzungen

Aufwandschätzungen werden oft in einem größeren Paket für ein ganzes Projekt angefertigt. Sie werden für Offerten benötigt, die auf einem bestehenden Anforderungskatalog basieren. Die Aufwände bestehen meistens aus folgenden Teilen:

- Projektleitung, Koordination (typischerweise 20 % des Gesamtaufwands)
- Requirements Engineering (detaillierte fachliche Spezifikationen, basierend auf dem initialen Anforderungskatalog)
- Architektur, technische Spezifikationen
- Infrastruktur aufsetzen (Entwicklungsumgebung, Continuous Integration, Test- und Produktionssysteme)
- Programmieraufwand
- Releasemanagement (Erstellen und Deployment von Releases, Integrationen)
- Dokumentation (Systemhandbuch, Benutzerhandbuch)
- Qualitätssicherung (manuelles Testen, Reviews, Bugfixing)
- Migration (eventuell notwendige Migration von Daten aus einem alten System)
- Schulung („Train the Trainer" oder direkt für Endbenutzer)
- Reserve (zum Beispiel bei Problemen mit neuen Technologien oder mit Schnittstellen von anderen Lieferanten)

In solchen Aufwandschätzungen ist es wichtig, die dabei getroffenen Annahmen aufzuführen, Abgrenzungen festzuhalten und offene Punkte aufzulisten. Zum Beispiel könnte man schreiben: „*Wir verwenden Java EE 8. Das Corporate Design der Benutzeroberflächen wird durch den Auftraggeber definiert. Es ist zurzeit unklar, wie sich der Benutzer authentifizieren soll.*"

5 Hardware

5.1 Grundlagen

Software kann ohne Hardware nicht existieren. Anforderungen bezüglich Performanz und Datenmengen können nicht mit Software alleine erfüllt werden, sondern benötigen die entsprechende Hardware. Heute eingesetzte Rechner basieren mehr oder weniger auf den Prinzipien von John von Neumann. In dieser **Von-Neumann-Architektur** besteht eine Maschine aus vier Teilen: ein Speicher für Programm und Daten, eine „Control Unit", eine „Mathematical Unit" und eine „I/O Unit". Die Maschine wird binär durch das Programm kontrolliert, welches als Sequenz mit Sprüngen ausgeführt wird. Der Speicher (RAM) ist in Zellen gleicher Größe aufgeteilt und kann inkrementell adressiert werden. Programm und Daten befinden sich im selben Speicher und können verändert werden, im Gegensatz zur Harvard-Architektur, welche zwei getrennte Speicher vorsieht. Für die weitere Vertiefung dienen Bücher wie *„Computer Architecture and Organization"* von John P. Hayes [9].

Rechner können in viele verschiedene Kategorien eingeteilt werden:

- Tower- und Desktop-PCs sowie Notebooks für Windows, macOS oder Linux von Herstellern wie Acer, Asus, Apple, Dell, HP, Lenovo, Sony oder Toshiba.
- Workstations für Unix von HP, IBM oder der damaligen Sun. Das Konzept von Workstations ist heutzutage veraltet.
- Barebone-Systeme sind kleine Allzweckmaschinen.
- Mainframes (siehe Kapitel 5.7).
- Supercomputer (siehe Kapitel 5.7).
- Blade-Server sind schmale Maschinen für Racks in Serverräumen. Die gibt es zum Beispiel von HP oder IBM. Als Alternative dienen Enterprise Server von Oracle.
- Smartphones. Früher wurden mobile Telefone von Nokia, Palm, Panasonic, Sagem, Siemens oder Sony Ericson verkauft. Heute sind die Marktführer Apple für das iPhone; Samsung, Motorola, HTC, LG, Huawei und Xiaomi für Android-Geräte. Zusätzlich gibt es viele Gadgets, die via Bluetooth mit einem Smartphone kommunizieren, wie Headsets, Healthtrackers und Smartwatches.
- Tablets basieren auf Android, iOS oder Windows.
- Kleine Boards mit einem richtigen Betriebssystem wie zum Beispiel *Raspberry Pi* [10] mit Linux. Meistens basieren solche Boards auf ARM-Prozessoren und stellen viele Schnittstellen zur Verfügung (USB, Ethernet, HDMI). Sie werden hauptsächlich durch Freizeitbastler („Maker") oder professionell für die Erstellung von Prototypen benutzt. Die projektspezifische Elektronik kann man einfach auf einem **Breadboard** (Steckplatine) stecken. Löten ist nicht nötig. Für die Massenproduktion in großen Stückzahlen jedoch werden in der Industrie individuelle Boards hergestellt.
- Appliance. Endgeräte werden inklusive passender Software wie aus einem Guss ausgeliefert.

https://doi.org/10.1515/9783111354774-005

Um die Leistung von Hardware zu steigern, wird heutzutage hauptsächlich auf Parallelisierung gesetzt. Hierfür wird Unterstützung durch die Software benötigt (siehe Kapitel 12.3.2). Multicore-Prozessoren besitzen in einem einzigen Chip mehrere Kerne, die dank SMP (Symmetric Multiprocessing) einen gemeinsamen Adressraum benutzen. Schließlich kann man auch mehrere Rechner in Clustern zusammenfassen oder als verteilte Rechner in einem Grid betreiben, wie das zum Beispiel beim SETI-Projekt weltweit der Fall ist.

Hardware muss nicht zwingend selber angeschafft und betrieben werden. Eine Auslagerung dieser Tätigkeiten ist als Softwarehersteller oft sinnvoll. Viele Hosting-Dienstleister verwalten die Hardware in Rechenzentren und bieten ihre Dienste auf folgende Weisen an:

- **Shared Hosting**. Der Softwarehersteller erhält Rechenleistung, aber keine ganzen Rechner.
- **Dedizierte Server**. Der Softwarehersteller mietet ganze physische Rechner beim Hosting-Dienstleister und kann damit machen was er will.
- **Colocation**. Man stellt die eigene Hardware ins Rechenzentrum des Hosting-Dienstleisters.
- **Cloud-Infrastruktur**. Die Cloud wird in Kapitel 9.5.2 ausführlich behandelt.

Bei großen Stückzahlen lohnt es sich manchmal, spezielle Hardware für die gewünschte Funktionalität herzustellen. Software wird dann nur benutzt für das Design, nicht aber auf dem Ziel-System. Dieses basiert auf „Bare Metal" und kann mit verschiedenen Methoden erstellt werden:

- *Verilog* ist eine Hardwarebeschreibungssprache für **FPGAs** (Field Programmable Gate Array). Sie bietet viele Basisblöcke mit Gattern und Flipflops an, welche miteinander verbunden werden können. Der Vorteil gegenüber ASIC (Application-Specific Integrated Circuit) ist, dass die Chips überschreibbar sind. Dafür bieten sie jedoch eine geringere Logikdichte.
- *VHDL* (Very High-Speed Integrated Circuit Hardware Description Language) ist eine Hardwarebeschreibungssprache für VLSI, also um **ASICs** (physisch hergestellte Chips) zu programmieren.

5.2 Prozessoren

5.2.1 Aufbau von Prozessoren

Prozessoren bestehen aus einer „Control Unit", einer „Mathematical Unit" und einer „I/O Unit". Sie können als **CPU** (Central Processing Unit) für allgemeine Zwecke benutzt werden, als **GPU** (Graphics Processing Unit) in Grafikkarten oder als **MCU** (Microcontroller Unit) für spezielle Hardware bei eingebetteten Systemen. Eine MCU besteht aus einem Prozessor und weiteren Komponenten. Gewisse Prozessoren können sowohl als CPU als auch als MCU verwendet werden, wie zum Beispiel der Motorola *M68k* aus den Achtzigerjahren. Ein Prozessor enthält zahlreiche 1-Bit-Speicherbausteine (Flipflops) und Logikbausteine, die aus vielen Transistoren bestehen.

Die Instruktionen eines Prozessors werden mittels Mikroprogrammierung umgesetzt. Jede Mikroinstruktion benötigt einen Prozessorzyklus. Der Prozessor kann mit Assemblercode programmiert werden. Jede Instruktion wird mittels eines Opcodes aufgerufen. Bei den meisten Prozessoren sind gewisse Instruktionen „privilegiert": Sie können nur in einem speziellen Supervisor-Modus aufgerufen werden, bei Unix/Linux wäre das im Kernelmodus.

Das **Gesetz von Moore** sagt, dass sich die Performanz von Prozessoren alle zwei Jahre verdoppelt. Dies erfolgt meistens mittels Erhöhung der Taktfrequenz oder durch Verbesserung der Parallelisierung. Bei Disks und RAM hingegen verbessert sich die Performanz nicht so schnell. Prozessoren müssen kühl gehalten werden. Bei Überhitzung kann es zu einem Absturz der Software kommen. Fehlerhafte RAM-Bausteine können ebenfalls Probleme verursachen. Das heißt, es ist nicht immer ein Fehler der Software, wenn ein System abstürzt. Es kann auch an der Hardware liegen! Notebooks haben oft Prozessoren mit einer speziellen Technologie, welche die Frequenz an die aktuellen Anforderungen anpasst, wie zum Beispiel *SpeedStep* von Intel für mobile Pentiums. Das verhindert ein unnötiges Erhitzen und spart Energie, was die Akkuleistung verbessert.

Gewisse Prozessoren besitzen Pins, über welche von außen her Interrupts ausgelöst werden können. Programmierer können Code schreiben, welcher bei einem **Interrupt** sofort aufgerufen wird, die sogenannte ISR (Interrupt Service Routine). Prozessoren unterstützen beim Speicherzugriff Segmentation (Speicherbereiche unterschiedlicher Größe), Paging (identische Größe aller Bereiche, wie zum Beispiel bei *VAX*) oder die Kombination Paging und Segmentation (Segmente werden in Pages gesplittet wie beim *Intel 80386*). In den Neunzigerjahren wurde Pipelining eingeführt (ab *Intel 80486*): Instruktionen werden in Einzelschritte aufgeteilt. Diese Einzelschritte verschiedener Instruktionen werden parallel ausgeführt. Der Zustand eines Prozessors unterliegt einem Zyklus. Es wird immer abgewechselt zwischen CPU-Burst (Ausführung von Instruktionen) und I/O-Burst (Datentransfer). Wenn die CPU das Hirn eines PCs ist, so ist der Chipsatz das Herz. Letzterer kontrolliert den effizienten Fluss der Daten zwischen CPU, Memory und Motherboard-Bus und kann auch das Power Management unterstützen. Daten können mittels **DMA** (Direct Memory Access) sogar ohne CPU zwischen RAM und Geräten transferiert werden.

Prozessoren werden unter anderem nach folgenden Kriterien kategorisiert:

- Adressbus: 16 Bits können 65 kB adressieren, 32 Bits können 4 GB adressieren, 64 Bits können eine gigantische Anzahl Bytes adressieren.
- Registerbreite: 8, 16, 32 oder 64 Bits.
- Datenbus: 8, 16, 32 oder 64 Bits.
- Taktfrequenz (Clock Speed): Die Frequenz wird mit MHz/GHz beschrieben.

5.2.2 CPU, MCU und GPU

Intel ist wohl der bekannteste Hersteller von Prozessoren. In den Achtzigerjahren wurde die **CPU**-Reihe der 80x86er hergestellt. In den Neunzigerjahren war der Pentium weitverbreitet, welcher als einer der ersten Prozessoren RISC und CISC kombinierte. Der Unterschied zwischen RISC und CISC wird in Kapitel 12.2.1 erklärt. Aktuell erhältlich sind die Prozessoren *Core i3, i5, i7* und *i9*, welche sowohl für PCs als momentan noch auch für den Mac eingesetzt werden. Die Taktfrequenz reicht von 1 bis 4 GHz, die Anzahl Kerne ist je nach Version unterschiedlich. Die größte Konkurrenz von Intel ist AMD, welche neben GPUs auch CPUs namens *Opteron, Epyc* und *Ryzen* für PCs herstellt. Und seit 2020 produziert *Apple Silicon* für den Mac eigene ARM-basierte Prozessoren.

MCU-Chips (Controller) werden eingesetzt für die Ansteuerung von Sensoren und Aktuatoren, eingebettet in Geräten wie Kameras, E-Books, Automobilen, Waschmaschinen, Heizventilen, Lüftungsklappen, Stereoanlagen und Smartcards. MCUs werden grob in drei Preiskategorien aufgeteilt:

- Die günstigste Gruppe, in der Preisklasse von ungefähr EUR 1.- pro Stück, ist geeignet für Non-OS-Devices (siehe Kapitel 7.2). In der Praxis verbreitet sind der ATMEL AVR, STM32 F0 von ST sowie diverse Produkte der 8051-Familie von verschiedenen Herstellern wie Microchip oder Nuvoton. Eine gute Übersicht bietet https://jaycarlson.net/microcontrollers [11].
- Die mittlere Gruppe, in der Preisklasse von ungefähr EUR 5.- pro Stück, zum Beispiel Freescale iMX233 oder diverse Modelle von Texas Instruments, ist geeignet für OS-basierte (siehe Kapitel 6.6) Geräte mit einer nativen Applikation oder eventuell mit Java ME. Früher wurde diese Preisklasse auch von Microsoft unterstützt mit dem .NET Micro Framework.
- Die teuerste Gruppe, in der Preisklasse von über EUR 8.- pro Stück, zum Beispiel AT91SAMG20 von ATMEL, ist geeignet für Java SE Embedded (siehe Kapitel 7.5.1) auf einem OS wie Embedded Linux.

Verschiedene Firmen stellen heute ARM-basierte MCUs her für eingebettete Systeme und ARM-basierte CPUs für Smartphones. Die Generationen sind etwas verwirrend versioniert. Der Typ ARM9 gehört der Generation ARMv5 an, die Typen Cortex-M0 und M1 entsprechen der Version ARMv6, und die Typen Cortex-M3 und Ax sind der Generation ARMv7 zuzuordnen.

Motorola stellte früher die HC-MCU-Reihe her, sowie die CISC-basierte 68k-Reihe, welche im Commodore Amiga, im Atari ST und im ersten Macintosh verwendet wurde. Später produzierte Motorola zusammen mit IBM den *PowerPC* für den Mac. Die Prozessor-Sparte von Motorola wurde inzwischen von Freescale aufgekauft und gehört heute NXP Semiconductors. Weitere bekannte Chiphersteller sind Qualcomm, Texas Instruments und TSMC.

Viele Anbieter stellen für die Entwicklung sogenannte **Entwicklungsboards** zur Verfügung. Das Prototyping erfolgt jeweils mit zusätzlichen Breakout-Boards, die sehr einfach Schnittstellen zu weiteren Hardware-Modulen wie Sensoren ermöglichen. Eingebettete Systeme mit Motorola-MCUs wurden häufig mit dem Produkt *BDI* von Abatron entwickelt, um den Code direkt auf dem Board debuggen zu können. Heute werden gerne kleine Boards wie *Arduino* verwendet, ein Non-OS-System mit verschiedenen Hardware-Erweiterungen („Shields"), einer IDE und einer eigenen Programmiersprache, der Arduino Language, welche auf C basiert. Als größere Alternative ist *BeagleBone* ein beliebtes Board für Debian-basierte Systeme. Für die Massenproduktion von Geräten empfiehlt sich hingegen eine maßgeschneiderte Anfertigung einer Platine mit der MCU und den übrigen notwendigen elektronischen Elementen. Unternehmen wie zum Beispiel Phytec bieten das an. Mögliche Hardware-Architekturen, wie man diese Prozessoren in einem IoT-Gerät mit dem Internet verbindet, werden in Kapitel 9.5.3 vorgestellt.

Eine spezielle Art von Prozessoren sind 3D-Grafikprozessoren (**GPU**). Sie werden für das schnelle Berechnen des Polygon Renderings mit Texture Mapping eingesetzt. Verschiedene Hersteller von Grafikkarten setzen entweder einen Prozessor der Reihe Nvidia *GeForce* oder der Serie *AMD Radeon* ein. Bei einfacheren PCs wird ein Grafikprozessor von Intel oft auf dem Mainboard integriert. GPUs werden nicht nur für die Berechnung von Bildschirminhalten, sondern immer mehr auch für andere Anwendungen wie Mining digitaler Währungen oder Machine Learning eingesetzt, weil diese ebenfalls intensiv Matrix-Multiplikationen nutzen.

5.3 Hardware-Schnittstellen

5.3.1 Bus

Ein **Bus** ist eine Leitung, an die mehrere Komponenten eines Systems angeschlossen sind. Der Bus ist oft intern, manchmal auch extern verfügbar. Busse sind in traditionellen PCs anzutreffen. Aber auch in eingebetteten Systemen werden Geräte oft auf diese Weise miteinander verbunden.

Im Folgenden werden einige Bussysteme für PCs näher betrachtet:
- **SCSI** wurde vor allem für das Anschließen von Harddisks verwendet. Es gab verschiedene Varianten, die zwischen 40 und 80 MB/s schnell waren. Der Bus muss hardwaremäßig mit einem Terminator abgeschlossen werden, damit er korrekt funktioniert. Heutzutage trifft man SCSI nur noch selten an.
- **ISA** und EISA sind veraltete Busse für das Anschließen von Disks, es sind die Vorgänger von PCI.
- **PCI** ist ein beliebtes Bussystem. Es gibt zwei Versionen: 32-Bit-Slot (33 MHz/5 V) und 64-Bit-Slot (66 MHz/3.3 V). Einige Karten lassen sich in beide PCI-Versionen einstecken, andere nur in eine der beiden. Der neueste Standard ist **PCI-Express** (PCIe-x1 und PCIe-x16), welcher PCI und den inzwischen veralteten **AGP** (Bus für Grafikkarten) miteinander integriert.

- Der Standard **ATA** wurde früher auch IDE und **EIDE** genannt. Im Verlaufe der Versionen dieses Standards fand eine Verschmelzung mit SCSI statt, welche ATAPI genannt wird. Das schon lange bewährte PATA (Parallel ATA) ist ein breites Kabel im Gegensatz zum neueren SATA (Serial ATA), welches aus einem schmalen Kabel besteht.
- Der **FSB** (Front Side Bus) hatte den Prozessor mit der sogenannten Northbridge verbunden, welche den Speicherbus, PCI-Bus und den AGP-Bus beherbergte. Der Takt variierte von 66 bis 800 MHz. Ersetzt wurde FSB durch HT.
- **HT** (HyperTransport) ist der aktuell verwendete Bus in PCs für die Verbindung der wichtigsten Komponenten.
- **PCMCIA** war eine Erweiterungskarte für Notebooks, ist inzwischen veraltet und wurde ersetzt durch USB.
- **USB** ist ein weitverbreiteter Bus, inzwischen in der Version 3.2, mit einer Geschwindigkeit von bis zu 20 Gbit/s. Er ist einer der ersten Busse, der Plug-and-Play unterstützt. Verschiedene Steckertypen sind im Einsatz: A (groß und flach), B (groß und quadratisch), Micro (kleines Trapez), Mini (wie eine Kochmütze) und USB-C, dessen Stecker in zwei Möglichkeiten eingesteckt werden können. USB stellt auch eine Stromversorgung zur Verfügung. Leider sind die Spezifikationen zu wenig klar, sodass öfters Produkte auf den Markt kommen, die mehr Leistung über USB verlangen, als der Computer zur Verfügung stellen kann.
- **Firewire** war die Alternative zu USB von Apple. Sie hat sich nicht durchgesetzt, obwohl sie von der Geschwindigkeit her überlegen war.
- Apple hat nach dem Misserfolg von Firewire nicht aufgegeben und zusammen mit IBM **Thunderbolt** auf den Markt gebracht. Dies ist etwas schneller als USB 3.0. An Thunderbolt können Ethernet-Adapter und auch Bildschirme angeschlossen werden. Thunderbolt 3 funktioniert über USB-C-Anschlüsse, die mit einem Blitz gekennzeichnet sind.

Bei eingebetteten Systemen kommen folgende Bussysteme häufig zum Einsatz:
- **CAN** (Control Area Network) ist ein Bus für Realtime-Systeme und wird vor allem im Automobilbereich eingesetzt. Jede Nachricht auf diesem Bus besitzt eine zweistufige Priorität, die durch ein spezielles Bit ausgedrückt wird. Der Bus benötigt einen elektrischen Terminator.
- **Profibus** und **Profinet** werden in der industriellen Automatisierung (siehe Kapitel 11.5.2) eingesetzt, um einerseits die Geräte auf Feldebene (Aktuatoren und Sensoren) horizontal miteinander zu verknüpfen, anderseits auch vertikal von der Feldebene über die Automationsebene (Steuerung und Regelung) zur Managementebene (Interaktion durch Benutzer).
- Der **Modbus** unterstützt Master-Slave-Verbindungen von SPS (Speicherprogrammierbare Steuerung).
- Der **MP**-Bus ist ein proprietärer Bus der Firma Belimo in der Gebäudeautomation. Er verbindet Slave-Devices, welche typischerweise Sensoren und Aktuatoren

ansteuern, an ein Master-Device. Einige Hardwarehersteller gestalten ihre Geräte kompatibel zum MP-Bus, weil dieser inzwischen recht verbreitet ist.

–   Der serielle **I2C**-Bus von Philips kann auf einem Gerät entweder über GPIO (frei programmierbare Leitungen) oder über spezielle Pins des Controllers angeschlossen werden. Bei ATMEL-MCUs zum Beispiel steuert der Programmierer den I2C-Bus über das TWI-Register an. Bei anderen MCUs wiederum wird hierfür der Device Node von Linux verwendet. Bei der Implementierung von Kommunikation über diesen Bus empfiehlt sich der Erwerb des *Aardvark*-Adapters, mit dem sich der Datenverkehr über die Leitungen beobachten und sogar modifizieren lässt. Bei größeren Problemen hat es sich bewährt, die Signale auf dem Bus mit einem **Logic Analyzer** (Mixed-Signal-Oszilloskop) zu analysieren. Manchmal ist nicht die Software schuld, wenn Fehler auftreten. Es kann sein, dass die Hardware die Signale ungenügend klar erzeugt.

–   Die Alternative zu I2C ist der serielle **SPI**-Bus von Motorola. Auch für diesen Bus kann der *Aardvark*-Adapter beim Debugging eingesetzt werden.

–   **Industrial Ethernet** ist eine relativ junge Technologie, die eine gute Alternative zu heutigen Feldbussen in der Automatisierung sein könnte.

5.3.2 Serielle Schnittstellen

Über serielle Schnittstellen werden die Bits der Daten hintereinander übertragen. Zwei Typen von seriellen Schnittstellen sind weitverbreitet. **RS-232** besitzt zwei Adern, eine für Rx (Receiver), eine für Tx (Transmitter). Die Kommunikation erfolgt ohne Takt, ist daher störungsanfällig und eher für kürzere Strecken gedacht. **RS-485** besitzt ebenfalls zwei Adern, ist jedoch getaktet. Der Betrieb ist halbduplex, also immer nur in eine Richtung. Je nach Fall kann ein elektrischer Terminator notwendig sein.

Microcontroller (MCU) binden diese seriellen Schnittstellen meistens über einen **UART**-Baustein (Universal Asynchronous Receiver Transmitter) an. Um bei der Entwicklung eine Konsole an diesen UART anzuhängen, kann unter Windows ein FTDI-Treiber für USB installiert werden. Dann wird der PC via USB mit dem UART des Controllers verbunden. Dies geschieht mittels eines USB-TTL-Kabels, nicht zu verwechseln mit einem USB-RS232-Adapter. Danach kann man auf dem PC mit *PuTTY* im seriellen Modus oder mit *TeraTermVT* eine Konsole öffnen.

Eine einfache Alternative ist das **1-Wire-Protokoll**. Eigentlich werden dafür zwei Kabel benötigt. Eines enthält sowohl Spannung als auch Signal, das andere ist GND. Dieses Protokoll kann über spezielle Schaltungen an UART-Bausteine angehängt werden. In eingebetteten Systemen stellt sich immer die Frage, ob serielle Schnittstellen mit UART, I2C oder SPI umgesetzt werden.

5.3.3 Anbindung von Sensoren und Aktuatoren

Bei eingebetteten Systemen werden häufig Sensoren und Aktuatoren an den Rechner angeschlossen. Diese Komponenten sind für die Umsetzung einer Steuerung oder Regelung notwendig. Abhängig von den Werten, die von den Sensoren geliefert werden, schickt die Software entsprechende Werte an die Aktuatoren. Das Programm wird entweder als SPS (siehe Kapitel 11.5.2) oder klassisch umgesetzt.

Es folgt eine Beschreibung, wie man typische Komponenten an die Hardware anschließen kann, entnommen aus dem Buch *„Raspberry Pi – Das umfassende Handbuch"* von Michael Kofler, Charly Kühnast und Christoph Scherbeck [10]:

– Potentiometer werden mit einem A/D-Wandler (zum Beispiel *MCP3008*) via SPI angeschlossen.

– Schalter, Taster und Reedkontakte werden direkt über einen Widerstand verkabelt, zum Beispiel an GPIO-Pins. Pullup-Widerstände stellen ausgeschaltet ein logisches High zur Verfügung, während Pulldown-Widerstände dann ein logisches Low verwirklichen.

– Photowiderstände und Infrarotsensoren werden mit einem A/D-Wandler verbunden.

– Ultraschallsensoren werden als spezielle Boards verkauft mit einem Echo-Pin, welcher dann ein Signal sendet, wenn der Sensor den Ultraschall empfängt, der ausgesendet worden ist.

– Temperatur-Sensoren besitzen einen integrierten A/D-Wandler und können die Werte via 1-Wire-Protokoll senden.

– Leuchtdioden (LED) werden direkt angesteuert. Die Helligkeitssteuerung erfolgt via **PWM** (Pulse Width Modulation), das heißt nicht über stufenlose Spannungen, sondern über nur zwei mögliche Spannungen, zwischen denen unterschiedlich schnell abgewechselt wird.

– Motoren werden ebenfalls via PWM angesteuert und benötigen Verstärker (Transistoren) in Form von speziellen Zusatzmodulen wie *L293* oder *L298*. Motoren können aber auch via D/A-Wandler angesteuert werden.

– Relais werden direkt angesteuert mit Widerstand, Diode und Transistor. Relais dienen zum Ein- und Ausschalten größerer Spannungen.

5.4 RAM

RAM (Random Access Memory) bezeichnet flüchtigen Speicher. Nach einem Stromunterbruch sind die Daten nicht mehr vorhanden. Verschiedene Arten kommen in der Praxis zum Einsatz:

– DRAM (Dynamic RAM). Die Zugriffszeit beträgt typischerweise etwa 60 ns.

- EDO-RAM (Extended Data Out RAM) optimiert die CAS-Latency, also die Zeit, bis die Daten einer bestimmten Adresse ausgelesen worden sind. Dies geschieht mit einer Art Pipelining.
- SRAM (Static RAM) wird vor allem für Caches verwendet, denn es ist schnell (10 ns), aber teuer.
- SDRAM (Synchronous DRAM) sorgt dafür, dass der Prozessor nicht auf das RAM warten muss. Man gibt keine Zugriffszeit an, weil der Zugriff abhängig vom Takt des Prozessors ist.
- RDRAM (von Rambus) hat eine große Bandweite und eine hohe Frequenz, ist aber teuer.
- DDR-SDRAM (Double Data Rate SDRAM) gibt es in den Versionen DDR2, DDR3, DDR4 und DDR5. Auf den Speicher kann sowohl bei steigender als auch bei sinkender Flanke des Taktsignals zugegriffen werden.

Der Zugriff auf das RAM erfolgt meistens über einen sogenannten **virtuellen Speicher**, welcher seinen Adressbereich auf RAM und Disk abbildet. Ein wichtiger Faktor, ob ein System performant läuft, ist die Dimensionierung des RAMs. Wird es zu klein ausgelegt, muss das System öfters Daten auf die Disk auslagern, was das System verlangsamt. Dieser Vorgang wird **Swapping** genannt. Der Swap-Space auf der Disk sollte etwa gleich groß sein wie das RAM. Es ist außerdem wichtig zu wissen, welcher Prozess des Systems wie viel RAM benötigt. Für die Spezifikation der Größe eines Speichers werden zwar die Wörter Kilo, Mega und Giga benutzt, man meint damit jedoch nicht den Faktor 1000 wie sonst üblich, sondern den Faktor 1024, also 2 hoch 10.

5.5 Disks

5.5.1 Disk-Typen

In den frühen Achtzigerjahren speicherten Benutzer von Heimcomputern ihre Daten auf Kompaktkassetten, welche normalerweise benutzt wurden, um analog Musik zu hören. Dann kamen Rechner auf, welche die Daten auf Floppy-Disks der Größe 8, 5,25 und 3,5 Zoll speicherten. Die Zugriffszeit lag um die 0,2 Sekunden, die Speicherkapazität betrug bis zu 1,44 MB. Parallel dazu wurden Harddisks immer preiswerter. Sie haben eine Zugriffszeit um die 10 Millisekunden. Die Speicherkapazität ist in den letzten 30 Jahren von 5 MB bis in den Bereich von Terabytes gewachsen. Harddisks sind heute immer noch weitverbreitet. Manchmal werden mehrere physische Disks als eine einzige logische Disk zusammengefasst (RAID). In den Neunzigerjahren wurden Backups oft auf digitale Bänder, sogenannten DATs, abgelegt.

CDs traten in verschiedenen Varianten in Erscheinung: die nur lesbare CD-ROM, die nur einmal brennbare CD-R und die mehrmals schreibbare CD-RW. Die Kapazität betrug zwischen 650 und 700 MB. Danach kam das Zeitalter der DVD, in den Varianten DVD-ROM, DVD-RAM, DVD-R, DVD+R sowie DVD-RW mit einer Kapazität von 4,7 GB. DVD-ROMs besaßen einen Regionalcode, welcher zur Firmware des Laufwerks respektive zur Abspielsoftware passen musste. Schließlich wurden Blu-Ray-Disks angeboten mit einer Kapazität von 25 oder 50 GB, hauptsächlich für Gamekonsolen und HDTV-Filme.

In den Nullerjahren sind die nicht mechanischen Disks aufgekommen: **Flashspeicher**, auch EEPROM genannt. Die Zugriffszeit beträgt 0,25 Millisekunden und ist damit deutlich schneller als bei herkömmlichen Harddisks. Das Medium ist mit Strom wiederbeschreibbar, im Gegensatz zu PROM, welches nur einmal beschreibbar ist. Aber ein Block erträgt je nach Dateisystem (siehe Kapitel 5.5.3) nur etwa 100.000 Schreibzyklen, also viel weniger als die mechanische Disk. Das ist neben dem teuren Preis und der etwas geringeren Speicherkapazität der Nachteil. Bei der Entwicklung von eingebetteten Systemen muss man das berücksichtigen. Dort wird oft die Anforderung gestellt, dass Sensordaten regelmäßig im Minutenbereich gespeichert werden müssen. Die Software sollte in solchen Fällen die Daten in einen Cache schreiben und nur in festen größeren Zeitabständen auf dem Flashspeicher persistieren.

Flash wird in verschiedenen Varianten angeboten: als einzelner Chip, in Form einer **SSD**, als **Memory Card** (*SD* oder *microSD*) oder als USB-Stick. Memory Cards besitzen verschiedene Klassen bezüglich Geschwindigkeit (zum Beispiel „8") und Speichertyp (zum Beispiel „SDHC"). Der Zugriff auf Flash in Form eines Chips auf einem Board geschieht via *MTD* (Memory Technology Device), sofern man das *JFFS2-* oder *UBIFS*-Dateisystem verwendet. Der Zugriff auf einen USB-Stick oder eine Memory Card geschieht mittels FTL-Blocktreiber (Flash Translation Layer).

5.5.2 Booting und Partitionierung

Auf allen Rechnern ist eine Firmware eingebaut, die beim Einschalten den **Bootloader** des Betriebssystems über den **MBR** (Master Boot Record) finden und starten muss. Typischerweise gelangt man mit der F12-Taste nach dem Einschalten ins Menu. Lange Zeit war diese Firmware bei PCs das *BIOS*, heutzutage wird jedoch *UEFI* verwendet, welches die Microsoft-Technologie *Secure Boot* benutzt, die leider bei gewissen Linux-Versionen Probleme beim Booten bereitet. Auch der Storage Controller *RAID* muss im UEFI BIOS auf *AHCI* umgeschaltet werden, will man Linux installieren. Beim Mac wurde ein eigener Mechanismus, das sogenannte *EFI* mit *Bootcamp* umgesetzt, welches zulässt, dass auch Windows gestartet werden kann.

Auf einer Disk existiert ein einziger MBR für alle Partitionen. Dieser besitzt ein OS-neutrales Format. Jede Partition besitzt einen eigenen Bootsektor. Über den MBR wird der Bootloader gestartet. Der Bootloader kann entweder direkt ein OS laden oder aber im Falle eines Bootmanagers den Benutzer auswählen lassen, welches OS gestartet werden soll. Je nachdem wird dann der Bootsektor einer anderen Partition angestoßen, um das entsprechende OS zu laden. Es gibt verschiedene Bootmanager, wie zum Beispiel der

NT-Bootmanager, OS/2-Bootmanager, GRUB (für Linux) oder *LILO* (für Linux). Bei eingebetteten Systemen wird häufig *U-Boot* als Bootloader für Linux eingesetzt. Diesen kann man sogar selber im Code anpassen für die eigenen Bedürfnisse. Für die Konfiguration des Bootmanagers stehen Tools wie *BootPart* zur Verfügung.

Disks können mit Tools wie *cfdisk, fdisk* oder *diskpart* partitioniert werden. Die Größen der Partitionen müssen sorgfältig ausgewählt werden; sie sind unter anderem von der Größe der Cluster eines Dateisystems abhängig. Bei Windows richtet man typischerweise eine Primärpartition und eine sekundäre Partition ein, wobei letztere in mehrere logischen Partitionen aufgeteilt werden kann. Für Linux werden immer mindestens zwei Partitionen eingerichtet: eine Boot-Partition (typischerweise *FAT32*) und eine Root-Partition (zum Beispiel *Ext4*). Beim Mounten einer Partition können gewisse Rechte vergeben werden, die für die ganze Partition gelten. Bei linuxbasierten Systemen macht es deshalb Sinn, nur lesbare Dateien in einer Readonly-Partition abzulegen und die schreibbaren Dateien in einer als schreibbar gemountete Partition. Das vermindert das Risiko, dass aus Versehen durch Fehlprogrammierung gewisse Daten verloren gehen.

5.5.3 Dateisysteme

Die Wahl des Dateisystems ist ein wichtiger Faktor, damit die Software optimal funktioniert. Gerade bei datenlastigen Systemen mit häufigen Lese- und Schreibzugriffen ist die Wahl mitentscheidend für den Erfolg. Ein Dateisystem wird immer pro Partition ausgewählt und mittels Werkzeuge wie *mkfs* entsprechend formatiert. Hier wird eine Auswahl präsentiert:

– *Ext4* und *Reiser* sind Linux-Dateisysteme.
– *FAT* und *FAT32* (File Allocation Table) wurden in Windows-Versionen des letzten Jahrtausends verwendet. Die Größe einer Datei betrug maximal 4 GB, die Länge der Filenamen war auf 8 Zeichen links des Punktes und 3 rechts des Punktes (Suffix) beschränkt. Bei längerem Gebrauch wurden die Daten fragmentiert, sodass die Performanz des Zugriffs immer schlechter wurde. Mit speziellen Tools, später auch mit von Windows mitgelieferten Mechanismen, konnte man die Partition wieder defragmentieren. *VFAT* war eine Variante, die auch für Linux benutzbar war.
– *HFS* und *HFS+* sind Dateisysteme für macOS-basierte Macs. Das neueste System von Apple heißt *APFS*.
– *JFFS2* (Journalling Flash File System) ist ein Dateisystem für linuxbasierte Geräte mit Flash-Speicher. Es unterstützt eine gleichmäßige Abnutzung der Partition beim Schreiben durch sogenanntes **Wear Leveling**.
– *Joliet* war ein weitverbreitetes Dateisystem von Microsoft für CD-ROMs.
– *NTFS* ist das Dateisystem für moderne Windows-Versionen. Es bietet mehr Effizienz und mehr Sicherheit als FAT.

– *UBIFS* ist der Nachfolger von JFFS2. Es unterstützt Wear Leveling über die Partitionsgrenzen hinweg, also über den ganzen Flashspeicher.
– *UFS* ist ein Unix-Dateisystem.
– *UDF* ist ein standardisiertes Dateisystem für DVDs.

5.6 Peripherie

An einen Computer werden üblicherweise diverse Geräte angeschlossen, die sogenannte Peripherie. Bei der Entwicklung von Software muss man diesen Umstand berücksichtigen, und deshalb folgt eine Auflistung von typischen Komponenten:

– **Bildschirme** (Monitore) gibt es in vielen verschiedenen Varianten: CRT (die herkömmlichen Röhrenbildschirme), LED, LCD, LCD mit Active-TFT, Plasma und E-Ink. Bildschirme werden über verschiedene Schnittstellen mit der Grafikkarte des Computers verbunden: digital über DVI-D, HDMI und DisplayPort oder analog über SCART, S-Video (mit RCA für Audio) und VGA. Die Farbe jedes einzelnen Pixels wird meistens mit 3 Bytes definiert, je ein Byte für die Farben rot, grün und blau. Man bezeichnet das auch als **RGB**-Wert. Der Wert für weiß ist 255, 255, 255, der Wert für schwarz ist 0, 0, 0. Im Internet findet man viele Farbtafeln, um für die gewünschten Farben die korrekten RGB-Werte zu ermitteln. Die Auflösung der Bildschirme wird laufend besser. Heutzutage muss die Software berücksichtigen, dass 4K-Monitore (3840 × 2160 Bildpunkte) schon weitverbreitet sind.
– **Touchscreens** werden über HDMI für den Bildschirminhalt und USB für die Benutzereingabe angeschlossen. Auf kleinen Geräten mit integriertem Touchdisplay werden sie über I2C oder SPI verbunden. Diese seriellen Schnittstellen werden nicht an die Grafikkarte angeschlossen, haben also keinen Support für OpenGL. Aber die Verwendung von X Window ist möglich, zum Beispiel auf linuxbasierten Systemen wie Raspberry Pi.
– **Tastaturen** werden via USB oder via Bluetooth mit dem Computer verbunden. Sie haben abhängig vom Land und von der Sprache unterschiedliche Layouts. Gewisse Tastaturen bieten ein komplett anderes Layout der Buchstaben an als die klassischen „QWERTZ"-Keyboards, deren Prinzip noch von den alten Schreibmaschinen abstammt. Unterschieden wird zwischen günstigen Rubberdome-Tastaturen und aufwändigeren mechanischen Tastaturen. In Großraumbüros sind letztere unbeliebt, da sie laute Geräusche verursachen beim Tippen. Bei Problemen mit den Handgelenken empfiehlt sich die Anschaffung einer ergonomischen Tastatur, welche leicht gekrümmt ist und eine Handballenauflage besitzt.
– Bei der **Maus** stellen sich die Fragen, wie viele Tasten sie anbietet und ob sie ein Rad besitzt. Früher gab es Mäuse mit einer Kugel als Positionssensor. Heutzutage sind sie optisch und werden via USB oder kabellos via Bluetooth mit dem Computer verbunden.

- Blinde Benutzer verwenden zusätzlich zur normalen Tastatur eine **Braillezeile**, die zeilenweise Texte in der Blindenschrift mit Fingern fühlbar darstellt.
- **Lautsprecher**, Kopfhörer und Mikrofone werden über eine Soundkarte angeschlossen, welche D/A- und A/D-Konverter besitzt. Alternativ kann Bluetooth verwendet werden.
- Verschiedene Typen von **Druckern** sind im Einsatz: Matrix-, Thermo-, Tintenstrahl-, Laserdrucker und Plotter. Der Druck kann nicht nur auf Papier, sondern auch auf anderes Material erfolgen. Gewisse Drucker unterstützen den Duplexmodus, können also beidseitig drucken. Plotter waren früher Stifte, die automatisch über dem Papier bewegt wurden. Heute sind das normale Drucker in großen Dimensionen. Ein **Spool** ist das Prinzip, dass beim Schicken von Daten an einen Drucker die Disk als Buffer verwendet wird.
- **Scanner** werden benutzt, um Bilder und Texte zu digitalisieren. Spezielle Scanner werden zum Beispiel im Detailhandel eingesetzt, um Barcodes oder QR-Codes einzulesen.
- **TV Tuner** wurden verwendet, um einen Computer an einen herkömmlichen Fernsehanschluss anzuschließen, damit man darauf das Fernsehprogramm genießen kann. Heutzutage wird das mit HDTV nicht mehr benötigt, da der Stream via Internet übermittelt wird.
- **Videokarten** kamen zum Einsatz, um zum Beispiel Räume mit einer Kamera zu überwachen. Die Filme wurden über einen Encoder („Framegrabber") zum Computer geführt. Sowohl PAL (Europa, Australien) als auch NTSC (USA, Asien) wurden unterstützt. Heutzutage sind die Kameras digital und erstellen selber die Videodateien, welche auf den Computer kopiert oder gestreamt werden.
- Das **Netzteil** ist zuständig für die Stromversorgung. Falls es sich um ein System handelt, das in einer kritischen Umgebung zum Einsatz kommt, zum Beispiel im Spital für die Steuerung von lebenserhaltenden Maßnahmen, ist der Aufbau einer Notstromversorgung in Form eines Generators unerlässlich. Man nennt das USV (Unterbrechungsfreie Stromversorgung).
- Ein **NAS** (Network Attached Storage) ist ein Dateiserver im Netzwerk.

5.7 Geschichte der Computer

Als Softwareentwickler gehört es zum Allgemeinwissen, die Geschichte der Computer zu kennen. Grundsätzlich gibt es vier Generationen von Rechnern. Die erste Generation bestand aus mechanischen Maschinen wie die *ENIGMA*. Sie war das deutsche Chiffriergerät im Zweiten Weltkrieg. Die *BOMBE* war der Rechner der Allianz gegen die Deutschen, mit dem die von *ENIGMA* verschlüsselten Botschaften geknackt wurden. Der Nachfolger *ENIAC* wurde aus Vakuumröhren gebaut. Der *Zuse Z4* wurde von Konrad Zuse konstruiert. Diese Maschine bestand aus elektromagnetischen Relais.

Die zweite Generation wurde um 1960 herum mit Transistoren gebaut, unterstützten Floating-Point-Arithmetik, Indexregister und erste Programmiersprachen wie Fortran. Beispiele sind der *CDC 1604* und *IBM 7094*. Die dritte Generation wurde mit integrierten Schaltungen hergestellt, welche es erlaubten, Betriebssysteme mit Prozessverwaltung und virtuellem Speicher zu benutzen. Beispiele sind *DEC PDP-8* und *IBM System/360*.

Die aktuelle vierte Generation von Computern basiert auf einer CPU, welche auf einem einzigen Chip Platz findet. Man spricht auch von der VLSI-Generation (Very Large-Scale Integration). Erste Vertreter dieser Art waren der *Altair 8800*, Mainframes (Hostrechner) von IBM und Heimcomputer von Apple, Commodore und RadioShack. Später wurde der *DEC VAX* gebaut, und 1981 erschien der erste PC von IBM. Erwähnenswert aus den Achtzigerjahren sind die *Silicon Graphics Servers* und die *Sun SPARCstation*, beides auf Unix basierende Systeme.

Heutige Supercomputer gehören immer noch dieser vierten Generation an. Auf https://top500.org [12] werden die leistungsfähigsten aufgelistet. Cray, IBM und NEC gehören zu den Firmen, die vorne mitmischen. An der Spitze sind meistens Systeme, die aus vielen Linux-Clustern bestehen und die Parallelisierung von Problemen optimal gelöst haben.

5.8 Virtual Machines

Eine Maschine muss nicht zwingend physisch vorhanden sein, sondern kann auch softwaremäßig zur Verfügung gestellt werden. Man spricht dann von virtuellen Maschinen, die auf einer physischen Maschine (Host) laufen können. Dies wird mit dem Einsatz eines **Hypervisors** ermöglicht. Das OS wird dann typischerweise über eine ISO-Datei installiert.

Verschiedene Produkte sind erhältlich. *VMware* ist eine kommerzielle Lösung, welche die x86-Architektur auf Linux, macOS und Windows virtualisiert. Oracle *VirtualBox* ist die direkte Konkurrenz von VMware mit derselben Funktionalität. Bei beiden Produkten gibt es eine abgespeckte kostenlose Version. *Vagrant* ist ein Werkzeug, mit welchem das Verteilen und Starten von aufgesetzten Virtual Machines und auch von *Docker*-Images (siehe Kapitel 7.4) vereinfacht wird. Es basiert auf sogenannten Boxen, welche über eine URL geladen werden bei Ausführung des Befehls „vagrant up". Zusätzlich können automatisiert einzelne Dateien hineinkopiert werden. Ebenfalls erwähnenswert ist das Unternehmen *Tintri*, welches ein System zur optimalen Verwaltung der realen Hardware-Ressourcen für VMs anbietet.

Für die Emulation von Mainframes gibt es *Hercules* auf Linux, macOS und Windows. *QEMU* ist ein Open-Source-Produkt, um x86-Linux auf x86-Linux laufenzulassen (Virtualisierung). Es kann auch ARM-Hardware auf einem x86-PC emulieren. Das ist optimal für die Entwicklung von Software für linuxbasierte eingebettete Systeme auf ARM-Hardware. Mithilfe von QEMU lassen sich automatisierte Systemtests aufsetzen, welche auf einem PC ausgeführt werden. Die zu testende Software läuft auf QEMU, wie wenn sie auf der richtigen ARM-Hardware laufen würde.

Typischerweise bietet eine virtuelle Maschine drei verschiedene Netzwerkmodi an, welche auch parallel benutzt werden können, wenn mehrere Netzwerkinterfaces unterstützt werden:

- **Bridged**. Von außen her sieht es aus, wie wenn zwei Systeme im Netzwerk wären. Die VM kann ihre IP-Adresse via DHCP von einem außenstehenden Server beziehen.
- **NAT** (Network Address Translation). Von außen ist nicht sichtbar, dass es sich um zwei Systeme handelt, da die IP-Adressen des virtuellen Systems gemappt werden auf IP-Adressen, die der Host im Netz besitzt. Mittels **Port Forwarding** kann von außen direkt auf die VM zugegriffen werden.
- Im Modus **Host-Only** besitzt nur der Host eine Verbindung zur VM, nicht aber die Außenwelt. Die IP-Adresse der VM setzt man im OS der VM selber statisch mit *ifconfig* oder dem OS entsprechenden Tools. Die IP-Adresse des Hosts (aus Sicht der VM) wird beim Netzwerkinterface der VM gesetzt.

6 Betriebssysteme

6.1 Konzepte

Die Aufgaben eines Betriebssystems (englisch OS für *Operating System*) bestehen aus Prozessverwaltung, Speicherverwaltung, Laden von Gerätetreibern, zur Verfügung stellen einer Shell mit diversen Tools sowie einer **API** (Application Programming Interface) für das Programmieren von Applikationen. Die Prozessverwaltung unterscheidet zwischen schwergewichtigen **Prozessen** und leichten **Threads**. Threads besitzen im Gegensatz zu Prozessen nur einen eigenen **Stack** (LIFO „Last-In-First-Out" für lokale Variablen und Funktionsparameter) und einen eigenen Programmzähler, nicht aber einen eigenen Adressbereich für Dinge wie den **Heap** (Speicher für dynamisch allozierte Objekte) oder globale Variablen.

Ausführliche Erklärungen findet man in Lehrbüchern wie *„Operating System Concepts"* von Abraham Silberschatz, Peter B. Galvin und Greg Gagne [13]. Eine Übersicht über Tools, die in heterogenen Systemlandschaften zum Einsatz kommen, wird in Kapitel 11.7 gezeigt.

6.2 Unix/Linux

6.2.1 Unix

Unix wurde um 1970 herum von Ken Thompson und Dennis Ritchie entworfen. Es gibt verschiedene Unix-Implementationen. Die bekanntesten sind *HP-UX, IBM AIX, SCO UnixWare, Sun Solaris* sowie *FreeBSD* und *OpenBSD* (Berkeley Software Distributions). *POSIX* ist das Portable Operating System Interface, ein Standard, welcher sich an Unix orientiert, und den andere Betriebssysteme versuchen zu erfüllen. Unix ist sehr stabil, aber je nach Variante zum Teil ziemlich teuer. Dieses OS wird serverseitig für große Systeme eingesetzt.

6.2.2 Linux

Linux wurde 1991 durch Linus Torvalds veröffentlicht. Es gibt unterdessen viele verschiedene Distributionen. Aus *Red Hat Enterprise Linux* entstanden *Fedora* und *centOS*. Diese werden gerne serverseitig eingesetzt. Aus *Debian* entstand *Ubuntu*, welches in verschiedenen Varianten zur Verfügung steht (zum Beispiel Kubuntu, Ubuntu Gnome, Mint, Zorin, Pop!-OS). Diese werden vor allem auf dem Desktop/Laptop eingesetzt. Ubuntu stellt über einen App-Store versionierte Applikationen zur Verfügung. Eine weitere Distribution ist *Arch*, aus welcher *endeavourOS* hervorging. Diese sind community-driven und stellen über den Paketmanager *yay* immer die neuesten Builds von Software zur

https://doi.org/10.1515/9783111354774-006

Verfügung. Das ist eher für fortgeschrittene Benutzer gedacht. *OpenSUSE* ist eine weitere bekannte Distribution, und *Knoppix* ist eine Debian-Variante, welche direkt von CD, DVD oder USB gebootet wird.

Bei eingebetteten Systemen werden üblicherweise keine pfannenfertige binäre Distributionen verwendet. Entwickler stellen selber einen Release zusammen mit einer sogenannten Toolchain. Das ist eine Menge von Tools wie Compiler, Linker, Librarys, um einen eigenen Linux-Build mit den Artefakten Bootloader, Kernel und Root Filesystem zu erstellen. Projekte wie *PTXdist* oder *Yocto* stellen eine solche Toolchain zur Verfügung. Embedded Linux enthält meistens eine *BusyBox*. Das ist eine Menge von Linux-Befehlen, welche in einem einzigen Binary eingebettet sind, damit sie weniger Speicherplatz besetzen. Echtzeiterweiterungen (Realtime) zum Linux-Kernel sind bei Bedarf erhältlich.

Linux läuft auf einer Vielzahl von Prozessoren, ist sehr stabil und bietet gute Unterstützung, wenn mehrere Benutzer mit unterschiedlichen Rechten Zugriff auf das System haben sollen. Es ist kostenlos, doch die Konfiguration erfordert Wissen, das nicht umsonst erhältlich ist. Die Benutzeroberflächen sind nicht unbedingt bekannt dafür, benutzerfreundlich zu sein, deshalb wird Linux vor allem im Serverbereich eingesetzt.

Paketmanager werden in Kapitel 18.5.1 genauer behandelt, Bootmanager und Filesysteme in Kapitel 5.5.2.

6.2.3 Grundlagen

Unix und Linux haben viele Gemeinsamkeiten, da sie einen gemeinsamen Ursprung besitzen. Diese Gemeinsamkeiten werden in diesem Kapitel erörtert. Verschiedene **Shells** (Command-Line Interpreter) sind im Einsatz, wie zum Beispiel *bash*, *ksh* oder *tcsh*. Es gibt auch verschiedene GUIs, die alle auf dem X Window System (auch X11 genannt) basieren. Die GUI und die Benutzereingabe werden durch den X-Server implementiert. Die Maschine, auf der die Applikation läuft, ist der Client. X Window System besitzt einen Window Manager, der als Basis dient für Desktopumgebungen wie *Gnome* oder *KDE*. Früher haben Entwickler die Library *Motif* benutzt, um X11-Applikationen zu schreiben. Alle GUIs besitzen Themes; das sind veränderbare grafische Designs.

Software kann im **Userspace** oder im **Kernelspace** ausgeführt werden, beides Bereiche im virtuellen Speicher. Falls ein Programm im Userspace fehlerhaft ist, so hat das keine Auswirkungen auf den Kernel. Das System bleibt stabil. Fehler im Kernelspace hingegen lassen das ganze System abstürzen. Wenn Code für den Kernelspace geschrieben wird, so muss man den ganzen Kernel neu bauen (Build). Der Kernel besteht aus einer Basis und verschiedenen **Modulen** wie zum Beispiel Treiber. Module können mit dem Befehl *modprobe* dynamisch geladen werden. Die Schnittstelle zwischen Code im Userspace und Kernelspace sind Devicefiles (auch „Device Node" genannt) im Verzeichnis */dev* oder */sys*. Treiber im Userspace greifen so auf Kernelspace-Treiber zu, wie zum Beispiel GPIO, LED, I2C. Startup-Skripte, die automatisch beim Booten des Systems ausgeführt werden sollen, legt man je nach Art des Startups ins Verzeichnis /etc/init.d oder ins Verzeichnis /etc/systemd.

Ausführbare Dateien werden immer unter einem bestimmten Benutzer mit genau definierten Rechten gestartet. Software läuft in Form von Programmen oder **Daemons**. Bibliotheken besitzen jeweils die Datei-Erweiterungen .a (statisch) und .so (dynamisch). Konfigurationen werden in .conf-Dateien vorgenommen. Die Zugriffsrechte auf Dateien wird pro Datei definiert mit den Rechten für Lesen, Schreiben und Ausführen für jeweils den Benutzer, der die Datei besitzt, die Benutzergruppe und global. Falls irgendeine Berechtigung auf einer Datei während der Entwicklung dringend benötigt wird, aber nicht freigeschaltet ist, so kann man mit dem Befehl „su" zum Root wechseln, dann auf der Datei mit „chmod 777 <filename>" sämtliche Berechtigungen freischalten und anschließend wieder als ursprünglicher Benutzer wie gewünscht auf die Datei zugreifen. Im produktiven Betrieb sollte jedoch niemand als Root-User auf diese Weise am System „herumbasteln".

Die Verzeichnisstruktur sieht typischerweise folgendermaßen aus:

- *bin*: wichtige Binarys
- *dev*: Gerätedateien
- *etc*: Systemkonfiguration
- *home*: Verzeichnisse aller Benutzer
- *sbin*: System-Binarys
- *tmp*: Dateien, die beim Herunterfahren gelöscht werden. Dieses Verzeichnis wird meistens als RAM umgesetzt.
- *usr*: Applikationen
- *var*: Verschiedene Dateien, die zur Laufzeit erzeugt werden, wie Logs

Die Verzeichnisstruktur kann mit *mount* individuell zusammengestellt werden. Initiale Mounts werden in der Datei *fstab* definiert. Beliebige Geräte oder auch entfernte Verzeichnisse eines NFS- oder Samba-Servers lassen sich so integrieren. Netzwerkressourcen konnten früher mit NIS eingebunden werden, heute wird das mit LDAP gemacht.

Die Shell besitzt einige spezielle Eigenschaften: Unter Globbing versteht man die Expansion von Dateinamensmuster zu passenden Dateinamen. Zum Beispiel wird „echo *.pm" expandiert zu „echo a.pm b.pm c.pm", falls die Dateien a.pm, b.pm und c.pm gefunden werden. Als weiteres Feature bietet die Shell eine **Pipeline** an: Der Output von Befehl A (stdout) wird als Input von Befehl B (stdin) verwendet, wenn man A | B schreibt, also zum Beispiel „ls –l | more".

Es lohnt sich, die wichtigsten Kommandos, die in der Praxis immer wieder benötigt werden, zu kennen. Es kommt immer wieder vor, dass Softwareentwickler bei Problemen über das Netzwerk per Shell auf einen auf Unix oder Linux basierenden Server zugreifen müssen, auch wenn man persönlich auf dem Entwicklungsrechner Windows benutzt. Als Nachschlagewerk kann eine handliche Referenz wie das Buch „*Linux/Unix-*

Grundlagenreferenz" von Helmut Herold [14] dienen. An dieser Stelle werden die wichtigsten Kommandos ganz kurz präsentiert:

- *apt-get install <packagename>* installiert Packages von einem definierten Ort, der sich auch im Internet befinden kann. Je nach Paketmanager kann der Befehl variieren, wie in Kapitel 18.5.1 gezeigt wird.
- *cat <filename>* zeigt den Inhalt einer Textdatei an.
- *du -sh, df -h* zeigt den Platz auf der Disk an.
- *dmesg* zeigt Messages des Kernels und somit auch das Logging der Treiber.
- *grep -r "mystring"* sucht den String in allen Dateien, auch in allen Unterverzeichnissen.
- *find / -name '*.o'* | *xargs rm* oder auch *rm ./mydir/a.o ./mydir/b.o* löscht die entsprechenden Daten.
- *free* zeigt die Belegung des RAMs.
- *fuser .* (welche Prozesse blockieren das aktuelle Verzeichnis); *fuser -n tcp 80* (welche Prozesse blockieren Port 80).
- *history* oder *!-1* zeigt die zuletzt ausgeführten Kommandos an.
- *kill -9 <pid>* sendet das Signal SIGKILL. Dies killt den Prozess sofort. *Kill <pid>* sendet das Signal SIGTERM, sodass der Prozess sich selber ordnungsgemäß beenden kann.
- *lsof* zeigt offene Dateien an, inklusive Prozess und User, welche die Datei geöffnet haben. Mit *file <filename>* lässt sich anschließend der Dateityp ermitteln. *lsblk* zeigt alle Block-Devices an, *lsusb* alle USB-Devices.
- *man <command>* erklärt ausführlich in Form von sogenannten „man-pages", wie Befehle benutzt werden können.
- *ps –afe* | *grep java* zeigt alle Java-Prozesse an. Threads werden angezeigt mit *ps -eTf*
- *pwd* (Print Working Directory).
- *sudo passwd* (Root-Passwort setzen).
- *tail -f <filename>*, wenn eine Software die Logs in eine Datei schreibt und die aktuellsten Zeilen der Datei in der Shell angezeigt werden sollen.
- *top* zeigt den aktuellen Live-Zustand der Prozesse an. Mit der Taste *H* werden auch die Threads angezeigt.
- *uname –r –v* zeigt die Kernelversion an.
- *vi* oder *vim*. Für die Benutzung des Editors sollte man mindestens folgende Kommandos kennen, die mit (ESC) gestartet werden: *:q!* für quit ohne save; *:wq* für quit mit save; *i* für insert, *x* für del Char, *dd* für del Zeile; *shift+d* löscht bis Zeilenende. Falls sich der Editor *nano* ebenfalls auf dem System befindet, so wäre dieser intuitiver zu bedienen.
- *whoami* zeigt den effektiven User; *id* zeigt den aktuellen User. Nach *su – <newName>* bleibt das Resultat von whoami gleich, aber id liefert einen anderen Wert.
- Pfad setzen: *export PATH=$PATH:/additionalpath*.
- Umgebungsvariable lesen: *echo $JAVA_HOME*.
- Scheduler wie *at* und *cron* können benutzt werden für das Festlegen von Zeitpunkten, wann welche Applikation automatisch als Job starten soll.

- *<command>* & führt den Befehl im Hintergrund aus, sodass die Shell sofort wieder benutzt werden kann und nicht blockiert wird.
- *nohup <command>* lässt den Befehl weiterlaufen, wenn die Shell beendet wird.
- *<command>* > *<filename>* schreibt alle stdout-Ausgaben des Befehls (Standard-Output) in eine Textdatei.
- Befehle, die das Netzwerk betreffen, werden in Kapitel 14.4.3 beschrieben.

6.3 Windows

Microsoft wurde von Bill Gates und Paul Allen gegründet, später kam Steve Ballmer hinzu. Bekannt wurde das Unternehmen 1981 mit der Umsetzung von *MS-DOS*, einem Command-Line-Betriebssystem. Darauf aufbauend wurde das 16-bittige *Windows 3.x* entwickelt. Es folgte eine 32-bittige Produktreihe für den Heimgebrauch (*Windows 95, 98* und *ME*) und eine Serie für den professionellen Einsatz (Windows NT und 2000). Dann wurden diese beiden Äste miteinander verschmolzen, und so erschienen *Windows XP* und *Vista* auf dem Markt, sowohl für 32-Bit- als auch 64-Bit-Rechner. *Windows 7, 8, 10* und *11* sind die neuesten Versionen. Bei den 64-Bit-Versionen werden die alten 32-Bit-Applikationen in einem separaten Programmordner (x86) installiert.

Windows bietet eine relativ benutzerfreundliche Oberfläche an. Eine riesige Auswahl an Software ist erhältlich. Daher ist dieses Betriebssystem geeignet für den Desktoprechner, aber weniger als Server, weil die Stabilität nicht optimal ist. Bei einigen Unternehmen, die Windows als Server einsetzen, richtet die Systemadministration ein, dass die Server in der Nacht automatisiert neu gestartet werden. Dadurch verhindert man allmählich auftauchende Instabilitäten im System. Diese Reboots müssen berücksichtigt werden, falls nächtliche Batchläufe (Jobs) Bestandteil der zu entwickelnden Software sind.

Ein weiteres bekanntes Problem bei Windows war die sogenannte „DLL-Hell". Dynamische Librarys konnten von mehreren Programmen benutzt werden. Wenn jedoch die Installation eines Programms eine neuere Version einer bereits vorhandenen DLL installiert hatte, kam es vor, dass eine andere Applikation nicht mehr lauffähig war. Software läuft in Form von Applikationen oder Services, wobei letztere Unix-Daemons entsprechen. Windows wird in der Softwareentwicklung vor allem für die Umsetzung von .NET-Applikationen verwendet.

Hier folgen einige Tipps und Tricks für den täglichen Umgang mit Windows:
- Mit *CTRL+Alt+Delete* gelangt man zum Taskmanager, von wo aus einzelne Prozesse beobachtet und beendet werden können.
- Der Command-Line Interpreter kann mit Admin-Rechten gestartet werden über die Eingabe von *cmd* in der Suche, anschließend *CTRL+Shift+Enter*.
- Den Wert einer Umgebungsvariable wie „JAVA_HOME" kann folgendermaßen in der Command-Line ermittelt werden: *echo %JAVA_HOME%*. Über die GUI-Maske

„Systemeigenschaften" im Tab „Erweitert" können die Umgebungsvariablen einfach verändert werden. Die wichtigste Variable ist „Path".
- Falls ein Prozess eine Datei nicht löschen oder verändern kann, „sitzt" vielleicht noch ein anderer Prozess auf dieser Datei. Hier hilft manchmal nur noch ein Reboot. „Ein Reboot tut immer gut!"
- Falls der Benutzer das Admin-Passwort vergessen hat, lässt sich einfach ein USB-Stick erstellen, von welchem man booten und dann ein neues Passwort setzen kann.
- *Citrix XenApp* (früher *Metaframe* genannt) ist ein System, um Windows-Applikationen auf einer zentralen Maschine laufenzulassen, aber für den Anwender fühlt es sich an, wie wenn die Applikation lokal läuft.
- Um die komplette Benutzeroberfläche eines entfernten Windows-Rechners zu erhalten, kann die in Windows integrierte Remotedesktop-Connection benutzt werden.

6.4 Apple macOS

Gründer von Apple waren Steve Jobs und Steve Wozniak. Zu Beginn war das klassische *Mac OS* ein eigenständiges Betriebssystem auf den Macintosh-Rechnern ab 1984. Apple versuchte später, dies mit einem neuen OS namens *Rhapsody* zu ersetzen, scheiterte aber technisch. Das aktuelle *macOS*, das seit 2001 verkauft wird, früher auch unter dem Namen *Mac OS X*, basiert auf einem Unix-Core. Es ist eine Erweiterung des *NeXTStep*-Systems, welches durch die Übernahme von NeXT 1997 in den Besitz von Apple kam.

macOS passt nahtlos zusammen mit der Hardware, denn Apple ist gleichzeitig Hardware- als auch Softwarehersteller, was die meisten anderen Anbieter von Betriebssystemen nicht sind. Der Mac ist dafür bekannt, benutzerfreundlich zu sein, und ist vor allem im kreativen Umfeld verbreitet. Dafür ist der Preis relativ hoch, und der Anwender wird sehr abhängig von anderen Produkten von Apple. Man sitzt sozusagen in einem „Vendor Lock-In". Die elektronischen Komponenten in den Rechnern werden so verbaut, dass sie schwer austauschbar sind und der Kunde schnell dazu neigt, bei Problemen ein komplett neues Gerät zu kaufen. Auch die Parts-Pairing-Strategie trägt dazu bei. Zum Glück gibt es Anbieter wie iFixit, die Ersatzteile, Werkzeuge und Anleitungen für die Reparatur von Apple-Geräten zur Verfügung stellen. Auf Serverseite kommen die Rechner von Apple eher selten zum Einsatz. Für die Entwicklung von macOS-Applikationen und iOS-Apps benutzen Entwickler am besten *Xcode* auf macOS. Auch für die Entwicklung von Software auf Plattformen wie Java und Python ist macOS geeignet. Der Paketmanager *Homebrew* ist dabei unerlässlich.

6.5 IBM-Betriebssysteme

IBM stellt viele Betriebssysteme her. *AS/400* und *OS/400* sind Serversysteme, *OS/2* war in den Achzigerjahren ein Desktop-System, welches technisch wahrscheinlich besser war als Microsoft Windows, sich aber trotzdem nicht durchsetzen konnte. Mainframe-Hosts von IBM wurden mit *S/390* bezeichnet, das dazugehörige Betriebssystem war *OS/390*. Die 64-Bit-Version nennt sich *z/OS*. Es ist geeignet für Systeme mit häufigen Datenbankzugriffen. Zentral ist das Transaktionsmanagement namens *CICS*. Programme können als sogenannte CICS-Task laufen, gestartet werden sie mittels *„TRC <programname>"*. Ein Task ist hier etwas Ähnliches wie ein Unix-Daemon oder Windows-Service. Pro Aufruf wird ein neuer CICS-Task erzeugt. Leider ist die Größe der Parameter eines Aufrufs auf 32 kB beschränkt, da dies über die sogenannte COMMAREA geschieht. Größere Datenmengen müssen entweder über eine Datenbank transferiert werden oder über mehrere Taskaufrufe, wobei der erste Task die Daten zwischenspeichern muss, damit der zweite Task darauf zugreifen kann. Man kann auch nur einen Long Running Task starten, der es gestattet, mehrere Aufrufe auf denselben Task zu tätigen, doch mit der Einführung eines Zustands werden die Skalierungsmechanismen von CICS eingeschränkt, denn CICS unterstützt Multitasking, wobei die Prozesse jeweils bei einem I/O-Vorgang gewechselt werden, also nicht präemptiv. *ICC* ist eine API für CICS. Eine Alternative zu CICS ist *IMS/DC*.

Auf Mainframes wird vor allem mit COBOL und PL/1 programmiert. Es gibt auch C++-Compiler, die sich jedoch nicht 100 % an den Standard halten. Das Dateisystem besitzt keine Hierarchie, nur flache binäre Dateien, genannt Datasets. Die Hierarchie muss in den Dateinamen kodiert werden. Mengen von Dateien können in sogenannten PDS gesammelt werden, das entspricht einer Unix-Tar-Datei und kann als Simulation von Verzeichnissen genutzt werden.

TSO ist das Portal zur Verwaltung eines z/OS-Systems. Mit *RACF* (Resource Access Control Facility) können die Zugriffsrechte verwaltet werden. Der Unix-Wrapper *USS* ist sehr empfehlenswert, um sich auf einem OS/390-System wie auf einem Unix-System zu fühlen. Diese Mainframes besitzen ein Jobsystem namens *JES* (Job Entry System) und eine Job Control Language (*JCL*). Jobs werden definiert mittels Dateien, die aus drei Teilen bestehen: Jobname, auszuführendes Programm und Daten. Ein laufender Job besitzt einen eigenen Adressraum.

Eine Möglichkeit, von neuen Systemen aus auf alte Host-Backends zuzugreifen, ist **Screen-Scraping**. Das neue System simuliert den Gebrauch eines alten Hardware-Terminals wie *VT 100*, *VT 220* oder *VT 240* mittels Software. Um direkt einen CICS-Transaktionsmonitor eines Mainframe-Hosts an ein neues System anzubinden, gibt es verschiedene Möglichkeiten. In der Praxis hat sich *CTG* (CICS Transaction Gateway) bewährt. Alternativen wären die Verwendung von *CICS Web Support* oder *MQSeries*. Früher wurde CICS auch mittels CORBA oder IIOP angebunden.

6.6 Embedded OS

Eine Vielzahl von Betriebssystemen kann eingesetzt werden für **eingebettete Systeme** (englisch *Embedded Systems*).

Es folgt eine kleine Auswahl:
- *Contiki* ist ein sehr kleines OS.
- *Embedded Linux* ist die Bezeichnung für die Verwendung eines selbst gebauten Linux auf eingebetteten Systemen, siehe Kapitel 6.2.2. Es lässt sich ausbauen für realtime-fähige Systeme. Die Genossenschaft OSADL (Open Source Automation Development Lab) ist die führende Kraft in der Weiterentwicklung von Linux für Echtzeitsysteme.
- *FreeRTOS* ermöglicht Echtzeitsysteme mithilfe von priorisierten Tasks und Interrupts.
- *Mbed OS* (Open Source) wurde entwickelt für ARM-basierte IoT-Systeme.
- *OSE* ist ein Realtime-OS (RTOS) gemäß POSIX-Standard.
- *QNX* ist ein RTOS für Multi-Core-Systeme und erfüllt den POSIX-Standard.
- *ThreadX* mit *Azure RTOS* (von Microsoft) ermöglicht IoT auf kleinsten Geräten.
- *VRTX32* und dessen Nachfolger Nucleus RTOS.

6.7 Mobile OS

6.7.1 Android

Android ist ein linuxbasiertes System von Google und wurde 2008 veröffentlicht. Die Grundlage bildete bis zur Version 4 die Virtual Machine namens *Dalvik*, welche einen ähnlichen Bytecode wie Java namens Dex verarbeiten konnte. Zur Entwicklungszeit wird der Java-Code via Java-Bytecode zu Dex-Bytecode kompiliert. Zur Ladezeit wurde der Dex-Bytecode umgewandelt in nativen Code. Seit Version 5 besitzt Android die Android Runtime (ART), welche den Dex-Bytecode schon zur Installationszeit umwandelt, um die Ladezeit der Apps zu beschleunigen. Um der engen Bindung mit Google zu entkommen, kann man ein Android-Gerät „rooten" oder selber inoffizielle Versionen installieren, sogenannte **Custom-ROMs** wie zum Beispiel *LineageOS*. Für eingebettete Systeme ist Android nicht geeignet. Der Speicherverbrauch ist zwar durchaus optimiert, aber die Performanz der Apps entspricht nicht den typischen Anforderungen in der Praxis. Android ist wirklich nur für den Mobile-Device-Einsatz optimiert.

Das Android SDK von Google wird benötigt für die Umsetzung von nativen Apps auf Android. Als IDE empfiehlt sich die Verwendung von *Android Studio*, basierend auf *IntelliJ*. Das Layout wird in Form einer XML-Datei gespeichert, separiert von der Logik in Java oder Kotlin. Über sogenannte Intents werden Activitys gestartet. Activitys sind GUI-Masken. Services werden verwendet für die Programmierung von Hintergrundoperationen. Die Requirements der App an das System werden in einer Manifest-Datei definiert. Push-Benachrichtigungen vom Server werden via zentralem Google Server *FCM* (Firebase Cloud Messaging) ans Gerät geschickt. Typischerweise werden Apps über den Google Play Store (kommerziell) und über *F-Droid* (für freie Software) verteilt, doch die Installation über eine APK-Datei ist ebenfalls für alle Geräte möglich. Um das Verhalten der App auf verschiedenen Geräten mit unterschiedlichen Android-Versionen testen zu können, muss nicht zwingend viel Hardware gekauft werden, sondern man verwendet einen Emulator.

Für den Einstieg in die Entwicklung für Android lohnt sich die Anschaffung eines Buchs wie *„Android"* von Dirk Louis und Peter Müller [15].

6.7.2 iOS

iOS ist seit 2007 das Betriebssystem für *iPhone*, *iPod* und *iPad* von Apple. Um auf den Geräten mehr Flexibilität zu erhalten, als es Apple erlaubt, kann ein „Jailbreak" durchgeführt werden.

Das iOS SDK wird mit den Programmiersprachen Objective C oder Swift benutzt. Als IDE wird *Xcode* verwendet. Eine kostenpflichtige „Apple Developer ID" wird benötigt, sobald man die App auf den App Store kopieren will. Der App Store ist die einzige Möglichkeit, die Software zu verteilen. Das Debuggen auf direkt an der Entwicklermaschine angeschlossenen echten Geräten hingegen ist seit einiger Zeit schon kostenlos erlaubt. Grundsätzlich wird das GUI-Layout in XML-Dateien definiert, separiert von der Logik. Das Grundkonzept sind GUI-View-Controllers, die programmiert werden. Push-Benachrichtigungen vom Server werden via zentralem Apple Server *APNS* zum Gerät geschickt.

Heutzutage werden mobile Apps gerne mit Cross-Plattform-Frameworks umgesetzt (siehe Kapitel 7.7).

6.7.3 Andere mobile Systeme

Früher existierten neben Android und iOS weitere Betriebssysteme für mobile Geräte:
- *BlackBerry 10* passt optimal zusammen mit entsprechender Serversoftware. Auf dem mobilen Telefon wurde J2ME unterstützt. Neuere Blackberry-Geräte basieren jedoch auf Android.
- *Palm OS* war ein System für Organizer mit einem speziellen Characterset namens „Graffiti" für die Eingabe von Gesten mittels eines Stifts. Es unterstützte J2ME.
- *Symbian* war ein Betriebssystem, das von Nokia für mobile Phones verwendet wurde. Es unterstützte J2ME.
- *Windows CE*, *Windows Phone* und *Windows 10 Mobile* waren Systeme von Microsoft für mobile Geräte.

6.8 Andere OS

Es existieren viele weitere Betriebssysteme, von denen hier nur die bekanntesten aufgezählt werden:

– *Atari ST* mit der GUI namens *GEM* war verbreitet auf den gleichnamigen Heimcomputern Ende der Achtzigerjahre.
– *Amiga OS* von Commodore war das Gegenstück zu Atari ST. Es herrschten damals Glaubenskriege, ob Amiga oder Atari ST das bessere System sei.
– *BeOS* war ein System, das auf Tasks im Audio- und Videobereich mit hoher Bandbreite spezialisiert war.
– *CP/M* war um 1980 herum weitverbreitet.
– *GEOS* war ein optionales Zusatzsystem mit einer GUI für den *C64*. Es gab auch eine Version für MS-DOS-kompatible Systeme.
– *IRIX* ist ein OS für Silicon Graphics Computer, basierend auf Unix.
– *JavaOS* war eine Virtual Machine direkt auf der Hardware. Sie hatte sich aber nicht durchgesetzt.
– *MSX-DOS* war ein Standard für Heimcomputer, der von mehreren Hardwareherstellern unterstützt wurde, aber sich nie richtig durchsetzen konnte.
– *NeXTStep* wurde von Steve Jobs bei NeXT 1988 basierend auf einem Unix-Core entwickelt. *OpenStep* ist eine API-Spezifikation, die er später mit Sun zusammen spezifiziert hatte, damit Anwendungsentwickler Software auf NeXTStep programmieren konnten.
– *Novell Netware* war ein OS für Netzwerkserver. Clients wurden auf herkömmlichen Betriebssystemen wie Windows installiert. Novell Netware wurde später abgelöst durch *Open Enterprise Server* (OES), basierend auf *SUSE Linux*.
– *Oberon* war nicht nur eine Programmiersprache an der ETH Zürich, sondern gleich auch ein Betriebssystem. Das System lief sowohl nativ auf der *Ceres*-Hardware als auch virtuell in Form einer Plattform auf verschiedenen Betriebssystemen.
– *RISC OS* wurde von Acorn Archimedes entwickelt und kann heute noch auf *Raspberry Pi* laufen.
– *RSX* ist ein OS für den *PDP-11*.
– *TOPS-20* ist ein OS für den *DEC-20*.
– *UNICOS* ist ein OS für Cray Supercomputer.
– *VMS* und *OpenVMS* stammen ursprünglich von Digital/DEC. Sie laufen auf *VAX* und *Alpha*.

7 Plattformen

7.1 Der abstrakte Begriff der Plattform

Dass Software nativ für genau ein Betriebssystem geschrieben wird, ist nur eine von mehreren Möglichkeiten. Daher hilft der Begriff der **Plattform**, unabhängig vom Betriebssystem eine Basis zu beschreiben, auf welcher die zu entwickelnde Applikation laufen soll. Das kann ohne OS erfolgen, in Containern, in virtuellen Maschinen wie Java oder .NET oder in Form von Skriptsprachen wie Python und JavaScript. Auch der Webbrowser ist eine Plattform.

Man hört oft den Begriff der **Sandbox**. Dies ist eine Art Plattform, um Software in einem geschützten Rahmen auszuprobieren. Meist handelt es sich beim Testobjekt um fremde Software, die eventuell nicht vertrauenswürdig ist. Unter iOS wird jede App in einer Sandbox ausgeführt. Hier kann Software theoretisch keinen Schaden anrichten. Hacker nutzen jedoch die sogenannte „DRAM-Rowhammer-Attacke", um aus der Sandbox auszubrechen und dem System, auf dem die Sandbox läuft, Schaden zuzufügen.

7.2 Non-OS-Systeme

Die Ausführung einer Software benötigt nicht zwingend ein Betriebssystem. Vor allem im Bereich der eingebetteten Systeme existieren viele Geräte, die ohne ein OS laufen. Scheduling und Realtime-Fähigkeiten werden hier nicht angeboten. Das Programm läuft in einem einfachen **Super Loop**, höchstens unterbrochen durch Hardwareinterrupts. Solche Systeme sind nicht geeignet, sobald man mit Netzwerken oder Benutzeroberflächen arbeitet. Der große Vorteil ist jedoch der günstige Preis der Hardware, vor allem wenn es sich um große Stückzahlen handelt. Die verschiedenen Preiskategorien von Microcontrollern werden in Kapitel 5.2.2 genauer beschrieben. Ein bekanntes Beispiel ist *Arduino*.

Auf Non-OS-Systemen steht beim Programmieren typischerweise kein Heap zur Verfügung. Speicher kann nicht dynamisch alloziert werden. Es gibt deshalb kein Konzept für die Bezeichnung „kein Wert", anders gesagt „null". Wenn in der Software Werte von Sensoren verarbeitet werden, aber der Sensor möglicherweise keinen Wert liefert, weil er defekt ist, dann muss sich das Programm den Zustand des Sensors in einem separaten Flag merken („running", „not available"). Hier muss darauf geachtet werden, dass dieses Flag physisch nicht als Integerwert gespeichert wird, sondern wirklich nur als einzelnes Bit, da bei Non-OS-Systemen der Speicher sehr knapp ist.

7.3 Native Programme

Wenn die Software genau für ein bestimmtes OS gebaut und in Form von Binarys zur Verfügung gestellt wird, handelt es sich um ein natives Programm. Grundsätzlich ist das

https://doi.org/10.1515/9783111354774-007

ohne Librarys und Frameworks möglich, rein mit der Benutzung der Low-Level-API des Betriebssystems. In der Praxis hatte sich jedoch eine große Anzahl von Librarys und Frameworks etabliert. Viele sind aber auch wieder vom Markt verschwunden. Es folgt eine Auswahl, mehr oder weniger chronologisch geordnet:

- *MacAPP* war Apple's C++ Framework vor macOS, also für das klassische Mac OS.
- *Turbo Vision* (Open Source) war eine textbasierte GUI-Library für MS-DOS und auch Unix. Sie wurde von Borland Anfang der Neunzigerjahre entwickelt.
- *MFC* war um die Jahrtausendwende ein Framework von Microsoft, um GUI-basierte Applikationen auf Windows zu schreiben. Grundsätzlich bauten Benutzeroberflächen auf Dokumenten und Views auf, die in Frames dargestellt wurden. Zusätzlich standen modale Dialoge zur Verfügung. Es gab keine Layouts, aber dafür konnte der Programmierer mit Groupboxes andere GUI-Elemente gruppieren. Die ganzen Benutzeraktionen wurden in Form von Events bearbeitet, für welche Handler geschrieben wurden.
- RogueWave verkaufte Ende der Neunzigerjahre einige C++-Librarys, zum Beispiel für Datenbankzugriffe, Algorithmen, nebenläufiges Programmieren und gridbasierte GUIs. Wenn der Programmierer mit MFC am Limit war, konnte *Stingray Objective Grid* von RogueWave die Rettung sein.
- *ATL* war ein Nachfolger von *MFC*, basierend auf der Komponententechnologie *COM* von Microsoft, hatte sich jedoch nie richtig durchgesetzt.
- *VCL* ist die Visual Component Library von Borland. Es war viel einfacher, hiermit GUIs zu programmieren als mit *MFC*. Das Layout der GUI wurde von der Logik separiert, und die Events wurden gekapselt. Es ist eines der ersten Frameworks mit einer solchen Trennung von Benutzeroberfläche und Funktionalität. Das Layout wurde in einer separaten Datei in einem proprietären Format gespeichert. Später wurde dieses Konzept bei JavaFX, iOS und Android kopiert, wo das Layout im XML-Format gespeichert wird. Aber VCL fand leider trotzdem nicht so eine große Verbreitung. Microsoft vermarktete ihre Entwicklungsplattform besser.
- *GDI* ist das Graphical Device Interface für Microsoft Windows, um direkt in einem „Device Context" zeichnen zu können.
- Für Unix und Linux gibt es eine große Anzahl grafischer Librarys, wie *gtk+* für Gnome, *GLOW/GLUT* für *OpenGL* oder *Xmt-Motif*-Tools für X11-basierte GUIs.
- *Wind/U* (von Bristol, aufgekauft von HP) ist eine Implementation der *Win32 API* von Microsoft für diverse andere Systeme wie Unix und Linux. So konnte man Windows-Programme einfach auf andere Plattformen portieren. Allerdings ist dieses Produkt seit dem Aufkommen von .NET veraltet. Als moderne Alternative bietet sich *Wine* an („Wine is not an emulator").
- Manche Produkte versuchten generell, die Umsetzung von betriebssystemunabhängigen GUIs nativ zu unterstützen. Beispiele sind *Coral*, *Qt* oder *WxWindows*. Diese wurden in den Nullerjahren abgelöst durch Plattformen wie Java oder .NET.
- *DirectX* ist eine Multimedia-API und -Runtime, um Spiele auf Windows zu entwickeln. Es bietet eine einfache Darstellung für 2D- und 3D-Grafiken an. Das Abspielen

von Sound sowie das Handling von Benutzerinteraktionen ist einfach zu bewerkstelligen. Alternativen zum grafischen Teil von DirectX, *Direct3D*, sind *Glide* (inzwischen veraltet) sowie *OpenGL* (und dessen Variante *WebGL* für Browser) von Silicon Graphics. Der Nachfolger von OpenGL ist *Vulkan*.

7.4 Containerisierung

Applikationen können als **Container** ausgeführt werden. Das sind Prozesse, die in Form von **Images** in einer speziellen Runtime eingehängt werden können. Container sind sozusagen Instanzen von Images. Der Vorteil im Vergleich zur Virtualisierung von Hardware (siehe Kapitel 5.8) ist die Effizienz. Es muss nicht für jede Applikation eine eigene virtuelle Maschine mit eigenem Betriebssystem laufen. Und trotzdem wird das Hostsystem vor den Containern geschützt, denn die kritischen Teile des Betriebssystems werden für die einzelnen Container repliziert. Dies ist nützlich für das schnelle Kopieren von Teilen der Laufzeit- und Entwicklungsumgebung auf andere Maschinen, zum Beispiel ganze Datenbanken, ohne mühsame manuelle Installationen und Konfigurationen. In der Praxis werden Container in der Entwicklung, im Test und in der Produktion verwendet, auch in der Cloud (siehe Kapitel 18.3.1).

Die Aufgaben werden zwischen einer Engine und einer Runtime aufgeteilt. Das Konzept wurde in Form der OCI (Open Container Initiative) standardisiert. Ein bekannter Anbieter ist *Docker*. Mit *Docker Compose* lassen sich über ein yml-Konfigurationsfile mehrere Container auf einem Host starten, mit der Parametrisierung von Ports und Umgebungsvariablen wie Credentials. Im Terminal wird das Ganze dann mittels *„dockercompose up"* gestartet. Für das Lesen und Schreiben von Dateien notwendige Verzeichnisse werden vom Container auf das Host-Filesystem abgebildet, entweder mittels **Bind Mount** (vom Host verwaltet) oder mittels den zu bevorzugenden **Volumes** (von Docker verwaltet).

Eigene Images werden unter Verwendung eines *Dockerfiles* und eines bestehenden Images erzeugt. So entstehen Ketten von Abhängigkeiten bis zum Basis-Image. Hier als Beispiel eine Java-Applikation, deren Dockerfile als Basis ein Ubuntu-Image verwendet, mittels *„docker build"* ein Image baut, aus welchem dann mittels *„docker run"* ein neuer Container erzeugt und gestartet wird, der mit *„docker stop"* und *„docker start"* gestoppt und wieder gestartet werden kann:

```
FROM ubuntu:22.04
RUN apt-get update && apt-get -y install openjdk-8-jdk ssh vim
COPY app.jar /app
CMD ["java", "-jar", "/app/app.jar"]
```

Ursprünglich wurde Docker nur für Linux geschrieben, doch mittlerweile sind auch Versionen für macOS und Microsoft Windows erhältlich. Images für Linux laufen auch unter Windows, da in der Docker-Version für Windows eine Linux-VM integriert ist, genannt *WSL* (Windows Subsystem for Linux). Images, die nur auf Windows funktionieren, sind ebenfalls möglich. Eine große Menge vorgefertigter Docker-Images ist im Internet auf Docker Hub erhältlich. Dabei empfiehlt sich, Alpine-Linux-basierte Images zu verwenden, da diese sehr leichtgewichtig sind. Unternehmensinterne Images können lokal in Artefakt-Repositorys wie *Nexus* oder *Artifactory* abgelegt werden, oder in einem privaten Bereich auf *Docker Hub*.

In der Entwicklungsumgebung wird typischerweise *Docker Desktop* benutzt. Für die Orchestrierung einer Menge von Hosts mit Containern, zum Beispiel für die Bereitstellung von Microservices, werden Systeme wie *Kubernetes* und *Docker Swarm* verwendet. Kubernetes greift auf Container zu, die den Standard CRI (Container Runtime Interface) erfüllen, also Produkte wie *containerd* (die Runtime von Docker) und *cri-o* (von Kubernetes selber). Anstelle der lizenzpflichtigen und sicherheitsmäßig umstrittenen Docker-Engine verwendet Kubernetes *Podman* (seit 2020). Dabei handelt es sich um eine Engine und entsprechenden Tools von Red Hat, passend zu ihrem Cloud-Framework *OpenShift*. Podman ist OCI-kompatibel, damit lassen sich auch Docker-Container verwalten.

Wenn eine Java-Applikation als Docker-Container auf einem OS läuft, so spricht man sozusagen von drei Plattformen, die aufeinander aufbauen: Das Betriebssystem, darauf der Docker-Container und zuoberst die Java-Laufzeitumgebung.

7.5 Laufzeitumgebungen

7.5.1 Die Java-Plattform

Java wurde 1995 unter der Führung von James Gosling erschaffen. Der Begriff steht zugleich für die Programmiersprache und für die Laufzeitumgebung, also die Plattform, welche den Bytecode ausführt, der durch den Java-Compiler zur Entwicklungszeit erzeugt wird. Die Plattform hat sich vor allem im Serverbereich basierend auf Linux bewährt. Die wichtigsten Features von Java waren seinerzeit der **Garbage Collector** sowie die Idee, dass die Plattform auf verschiedenen Betriebssystemen installiert werden kann. Das Marketing von Sun verbreitete damals das Motto *„Write Once, Run Everywhere"*.

Auf der Java-Plattform werden laufend neue Features integriert, welche oft zuerst selbstständig von unabhängigen Firmen entwickelt und später dann in die API aufgenommen werden, entweder gerade eins zu eins oder in einer abgeänderten Form. Hauptakteur im Java-Bereich ist die Firma Oracle, welche Java von Sun übernommen hat. Anfangs war Java die einzige Sprache, die auf der Java-Plattform verfügbar war. Inzwischen gibt es einige Sprachen wie Clojure, Groovy, Kotlin oder Scala. Neue Features für die Plattform und die Sprache werden über sogenannte JSR spezifiziert und diskutiert. Sie fließen nach und nach in die neuen Versionen von Java ein.

Die Java-Umgebungen können kategorisiert werden: Die Standard Edition (JSE) ist für Desktop-Applikationen und für größere eingebettete Systeme gedacht. GUIs wurden zu Beginn mit *AWT*, später mit *Swing* umgesetzt, heute mit *JavaFX*. Die Enterprise Edition (Jakarta EE oder kurz JEE) beinhaltet ein Komponentensystem (EJB) und läuft auf einem Applikationsserver. Zentrale Mechanismen sind Entity Beans, welche in Form von annotierten POJO-Klassen Datenbanktabellen abbilden, Session Beans, welche die Serverschnittstelle umsetzen, sowie Message Driven Beans, welche es ermöglichen, Nachrichten zu empfangen. Servlets sind in Jakarta EE Klassen, die Requests behandeln. Und schließlich gibt es die Micro Edition (JME), die früher für mobile Geräte, heute für kleine eingebettete Systeme angeboten wird. Bis Version 1.5 von Java wurden die drei Editionen noch J2SE, J2EE und J2ME genannt.

Die Java Virtual Machine (JVM) bildet zusammen mit der Library (API) die Laufzeitumgebung (JRE) von Java. Die JVM ist grundsätzlich eine stackbasierte Maschine und führt Bytecode aus. Dieser wird zur Build-Zeit in Form von Class-Files gespeichert, welche meistens zusammen mit anderen Class-Files in einer Archivdatei (JAR, WAR oder EAR) komprimiert werden.

Viele Implementationen der Java Virtual Machine sind erhältlich. Es folgt eine Auswahl:

- *Cacao* ist eine Open Source JVM, die als akademisches Projekt entstanden ist.
- *IBM JVMs* sind in der Praxis weniger stabil als diejenigen von Oracle, zumindest auf windowsbasierten PCs.
- *Jamaica* ist eine kommerzielle Realtime-JVM.
- *JamVM* ist eine freie JVM auf Linux für eingebettete Systeme. Sie ist in der Praxis leider nicht so stabil wie die Oracle-JVMs.
- *leJOS* ist eine JVM auf Lego-Mindstorms-Robotern, inklusive einer speziellen API für die Ansteuerung der Sensoren und Aktuatoren.
- *OpenJDK* ist die offizielle Open-Source-Implementation von Java. Sie wurde früher *IcedTea* genannt.
- *Oracle JVMs* (als Teil des Oracle JDK) sind kostenlos für den Desktop, aber lizenzpflichtig für eingebettete Systeme. Sie basieren auf der HotSpot-Technologie, welche die Bytecode-Ausführung mittels Just-in-Time Compiling (JIT) optimiert. Kritische Codestellen werden adaptiv zur Laufzeit ermittelt und im richtigen Moment in nativen Code kompiliert.
- *Zing* von Azul ist für Realtime-Business-Applikationen geeignet, da eine kontinuierliche Garbage Collection umgesetzt wurde. Diese JVM benötigt spezielle Hardware.

Die API, die von Java angeboten wird, wurde standardisiert. Sie umfasst unter anderem folgende Funktionalitäten:

- *JPA* (Java Persistent API) definiert, wie Entity-Objekte in Datenbanken gespeichert werden. Verschiedene Implementationen stehen zur Verfügung: *Hibernate* für WildFly und die Referenzimplementation für *GlassFish*. Mit *TopLink* ist JPA auch in reinem Java SE ohne Applikationsserver ausführbar.

- *JAX-WS* ist der Standard für SOAP-basierte Webservices.
- *JAX-RS* ist der Java-Standard für RESTful APIs. *Jersey* ist die Referenzimplementation des JAX-RS Standards, sowohl auf Server- als auch auf Clientseite. Jersey basiert auf *Jackson* für das Mapping von DTOs (Data Transfer Object) zum JSON-Format. *Restlet* ist eine veraltete Umsetzung des JAX-RS Standards. Der Server muss die DTOs auf das interne Datenmodell (Beans) mappen. Das kann zum Beispiel mit einem Beanmapper wie *Orika* oder *Dozer* umgesetzt werden. *Retrofit* ist ein Client-Framework, basierend auf *GSON* für das Mapping von Objekten zu JSON.
- *JNDI* (Java Naming and Directory Interface) ist eine Funktionalität, um Objekte im System zu lokalisieren. Es ist dateibasiert, kann aber auch an LDAP angehängt werden. Gefundene Objekte können dann mit RMI (Remote Method Invocation) aufgerufen werden, welches auf CORBA/IIOP basiert.
- Die Java Management Extensions (*JMX*) stellen ein Interface namens *MBean* zur Verfügung. Dieses Interface kann in der Applikation implementiert werden. So wird ermöglicht, dass konfigurativ zur Laufzeit Werte aus der Applikation gelesen und gesetzt werden können. Man kann sich auch bei gewissen Ereignissen notifizieren lassen. Typischerweise wird JMX für Monitoring eingesetzt, siehe Kapitel 21.1.
- Um von Java aus nativen Code aufzurufen, bieten sich zwei Möglichkeiten an: Der Programmierer kann den *JNI*-Mechanismus benutzen, um den binären Code aufzurufen. Er läuft dann im selben Prozess wie die Java VM. Die andere Möglichkeit ist, den binären Code in einem eigenen Prozess zu starten und via *IPC* (siehe Kapitel 16.2.3) damit zu kommunizieren.

Für die Java-Plattform gibt es eine Vielzahl Librarys und Frameworks. An dieser Stelle wird nur eine Auswahl präsentiert:
- *Spring* ist ein Full-Stack-Framework (Open Source) für die Umsetzung von großen Applikationen mit vielen Session Beans und Entity-POJOs. Die Grundphilosophie basiert auf **Inversion of Control**, mit anderen Worten ist damit **Dependency Injection** gemeint. Das heißt, das Framework wird erst zur Laufzeit mit dem Applikationscode verknüpft. Aspektorientierte Programmierung wird mittels API unterstützt, optional kann man auch *AspectJ* (eine auf Java basierende aspektorientierte Programmiersprache) verwenden. Derselbe Testcode kann sowohl standalone in der Entwicklungsumgebung und auf dem Build-System als auch auf einem echten Applikationsserver ausgeführt werden. Standalone können einzelne Komponenten einfach gemockt werden. Unit-Tests hingegen müssen separat, unabhängig von Spring umgesetzt werden. Sowohl auf GUI-Ebene als auch auf Logik-Ebene können diverse Frameworks oder Librarys integriert werden. Mit *Spring Data JPA* steht eine einfachere Datenbank-Schnittstelle zur Verfügung als der Standard mit JPA anbietet. Die Umsetzung von RESTful APIs, insbesondere Microservices, wird durch das erweiterte Framework *Spring Boot* gut unterstützt, welches alles hierfür notwendige pfannenfertig enthält. Für kleinere Projekte eignet sich Spring jedoch in der Praxis nicht wirklich.

- *Eclipse RCP* (Rich Client Platform) ist ein auf Plugins basierendes Framework. Die IDE Eclipse selbst ist eine von vielen möglichen Applikationen, welche vor allem im technischen Bereich eingesetzt werden. Grundsätzlich besteht die Benutzeroberfläche aus Editoren und Views. Früher wurden GUIs mit *SWT* umgesetzt. GUI-Elemente wurden Widgets genannt und wenn möglich nativ via JNI angezeigt. Darauf aufsetzend gab es *JFace*. Seit Version 4.x werden GUIs in Eclipse RCP mit *JavaFX* programmiert. Der Programmierer erhält die Möglichkeit, Logik zu modellieren. Hierfür steht *EMF* (Eclipse Modeling Framework) zur Verfügung mit einem Codegenerator, *GEF* (Graphical Editing Framework) für die Definition eines grafischen Editors und *GMF* (Graphical Modeling Framework) für die Verbindung zwischen EMF und GEF. Der Entwicklungsworkflow ist etwas schwerfällig, da Änderungen mehrstufig geschehen. Zuerst muss das Modell geändert werden, daraus wird Code generiert, und im generierten Code muss der Programmierer meistens noch manuell gewisse Änderungen machen, die zum Glück mit „non-generated" markiert werden können, damit sie bei der nächsten Codegenerierung nicht überschrieben werden. *Eclipse RAP* (Rich Ajax Platform) war ein Versuch, aus denselben Sourcen einer RCP-Applikation gerade auch noch eine Webapplikation zu erzeugen. Die Philosophie war analog zu Windows Forms und Web Forms bei .NET von Microsoft (siehe Kapitel 7.5.2). RAP hat sich nicht durchgesetzt, da Webapplikationen grundsätzlich anderer Natur sind als RCP-Applikationen und maßgeschneidert optimiert werden sollten. Ein weiterer Nachteil war der immense Datenverkehr zwischen Server und Browser.
- *Akka* ist ein auf Nebenläufigkeit spezialisiertes Backend-Framework. Es basiert auf Aktoren, die asynchrone Aufrufe tätigen (Messages).
- *Apache POI* ist eine API für das Lesen und Schreiben von Dateien, basierend auf dem Microsoft OLE-Format, also Excel-Dateien. Falls diese Dateien mit verschiedenen Versionen von Excel erzeugt wurden, so kann das beim Parsen mit Apache POI enorme Probleme bereiten!
- *Guava* von Google ist sozusagen eine Erweiterung der *Apache Commons* Library. Diverse Programmierhilfen für Collections, Strings, Caches und I/O werden angeboten. Die Features von Guava wandern langsam in den Java-Standard hinein, wie zum Beispiel *Optional* in Java 8 eingeflossen ist. Eine Erweiterung von Guava namens *fugue* ist ebenfalls nützlich.
- *Guice* von Google ist ein Dependency Injection Framework, welches den entsprechenden Java-Standard-Annotationen folgt. Wer Dependency Injection außerhalb Spring nutzen will, ist mit Guice gut bedient.
- *HK2* ist ebenfalls ein Dependency Injection Framework, welches dem Java-Standard folgt. Es wird in *Jersey* (ein RESTful Framework) verwendet. Es ist leichtgewichtig, im Gegensatz zu Guice.
- *Lombok* ist ein praktisches Hilfsmittel, um mit Annotationen zu markieren, wo automatisch Boilerplate-Code generiert werden soll, wie etwa Getters und Setters, *hashCode, equals* und *toString*.

– *Quartz* ist ein beliebtes Job Scheduling Framework (Open Source).
– *Xith 3D* ist eine Open-Source-Bibliothek für das Erzeugen von dreidimensionalen Grafiken auf einer hohen Abstraktionsebene. Sie hat sich in der Praxis besser bewährt als die Standard-Java-3D-Library.

Bis Mitte der Nullerjahre wurden Benutzeroberflächen im Browser von Hand mittels HTML, CSS und JavaScript geschrieben. Dann kam die etwa zehnjährige Phase, in welcher versucht wurde, diese GUIs serverseitig zu abstrahieren, bevor Client-Frameworks wie Angular aufkamen. Im Folgenden werden solche Java-Frameworks in chronologischer Reihenfolge vorgestellt:
– *JSP* (Java Server Pages) basieren auf Servlets. Es werden HTML-basierte Pages geschrieben, wobei serverseitige Funktionalität direkt in diesen Pages integriert wird. Dies entspricht in der Microsoft-Welt *ASP*. JSP wird im Java-Standard definiert. Sowohl ASP als auch JSP sind veraltet. Etwas unschön ist die Vermischung von GUI-Code und Serverlogik in derselben Datei.
– *JSF* (Java Server Faces) sind eine Erweiterung von JSP. Sie definieren eine Menge von JSP-Tags und Klassen für das Schreiben von Webapplikationen. JSF ist im Java-Standard definiert. Es gibt verschiedene Erweiterungen, wie die View-Technologie *Facelets* oder *RichFaces* für eine einfache Programmierung von Ajax-Calls. *MyFaces* ist eine alternative Implementierung von JSF im Gegensatz zur Referenzimplementation von Oracle/Sun.
– Mit *Tapestry* werden reine HTML-Templates geschrieben. Mit Hilfe von XML-basierten Descriptor-Dateien werden diese mit Java-Code verknüpft. Tapestry unterstützt das Programmieren auf einer hohen Abstraktionsebene. Man muss sich nicht mit URL und Query Parameters abmühen, sondern programmiert mit Objekten und dessen Propertys und Methoden.
– *Apache Struts* ist ein MVC-Framework. Der Control-Layer wird mittels XML, Java Beans, Servlets und einer speziellen Klasse namens *Action* geschrieben. Der View-Layer unterstützt JSP und XSLT. Die Modellschicht wird mit Java Beans definiert.
– *Apache Wicket* (Open Source) ist ein Framework, mit dem man nur HTML-Dateien für die GUI und Java-Dateien für die Logik schreiben muss, aber keine weiteren Descriptor-Dateien. Die Hauptfunktionalität wird im Server ausgeführt, der Client ist schlank.
– *GWT* (Google Web Toolkit, Open Source) erlaubt, Rich Clients im Browser zu programmieren, ohne dass man sich mit JavaScript abmühen muss. Es wird alles in Java geschrieben. Code, der im Browser ausgeführt wird, muss zur Build-Zeit nach JavaScript kompiliert werden. Das Debuggen ist relativ mühsam, da dieser Code unleserlich aussieht. Der Datenverkehr zwischen Server und Client ist relativ gering. Das Layout kann mit CSS gestylt werden. GWT wird von Google nicht mehr unterstützt, da *Angular* der aktuelle Nachfolger ist. Google verbuchte nach GWT mit der Sprache *Dart* einen weiteren erfolglosen Versuch, Entwickler vor JavaScript zu „schützen".

– *Vaadin* (Open Source) ist ein auf GWT basiertes Framework. Das Rendering der GUI geschieht jedoch auf dem Server, sodass viel Traffic zwischen Server und Browser entsteht. Das Prinzip ist ähnlich wie bei Eclipse RAP, jedoch optimiert für das Web.

7.5.2 Microsoft .NET

.NET ist eine Umgebung, auf welcher Software mit einer Vielzahl von Sprachen entwickelt werden kann. Verbreitet sind C#, VB (Visual Basic) und F#. Treibende Firma ist Microsoft, welche praktisch im Alleingang die Standards und Umsetzungen festlegt. Die erste Version wurde 2001 veröffentlicht, also ein paar Jahre nach Java. Microsoft konnte aus den Fehlern, die mit Java gemacht wurden, lernen. Die Umgebung hat sich auf Windows im GUI-lastigen Desktop-Bereich bewährt. Die Variante *.NET Core* wurde für die Implementierung von Non-GUI-Applikationen auf Linux und macOS erarbeitet. Neben der Implementation von Microsoft gibt es das ältere Open-Source-Projekt *Mono*, welches .NET ebenfalls auf Linux und macOS ermöglicht. Auf mobilen Geräten hingegen hat sich die Variante *.NET Compact Framework* nicht durchgesetzt. *.NET Micro Framework* für die Entwicklung von eingebetteten Systemen ist ebenfalls veraltet.

Xamarin ist eine Plattform basierend auf Mono, um Mobile Apps für Android und iOS in C# zu schreiben. Sie umfasst eine gemeinsame API wie zum Beispiel einen REST-Client, sowie je eine Android-GUI-API und eine iOS-GUI-API, um im Visual Studio über Crosscompiler native Apps zu erzeugen. Der Vorteil ist, dass C#-Programmierer ohne Kenntnisse der echten Android- und iOS-APIs Apps bauen können. Aber man erfährt gewisse Einschränkungen gegenüber den Original-SDKs.

Während bei Java Bytecode auf einer Virtual Machine läuft, so ist es bei .NET die Intermediate Language (früher *MSIL* genannt, heute *CIL*), die auf der *CLR* (Common Language Runtime) läuft. Es handelt sich wie bei der JVM ebenfalls um eine stackbasierte Maschine. Mehrere kompilierte Klassen werden jeweils zusammengepackt in **Assemblies**, in Form von DLL- und EXE-Dateien. Der Code wird häufig zwecks Effizienz wie bei Java ebenfalls schon vor der Ausführung nativ kompiliert.

.NET stellt für die Entwicklung eine umfassende API zur Verfügung:
– Einfache Klassen.
– Components. Das sind Klassen, die abgeleitet sind von *System.ComponentModel.IComponent.*
– *Entity Framework* (auch EF genannt, basierend auf ADO.NET) unterstützt den objektorientierten Zugriff auf Datenbanken. Entity-Klassen können hiermit ganz einfach mit dem Attribut „Table" markiert werden.
– *Web Forms* sind Klassen, die abgeleitet sind von *System.Web.UI.Control* für Non-GUI-Elemente sowie von *System.Web.UI.WebControls.WebControl* für GUI-Elemente. Sie werden über das *ASP.NET*-System ausgeführt und dienen der serverseitigen Umsetzung von Web-GUIs. Heutzutage werden hierfür jedoch besser Client-Frameworks wie Angular verwendet.

- *WPF* (Windows Presentation Foundation) enthält mit *Windows Forms* Klassen, die abgeleitet sind von *System.Windows.Forms.Control*. Sie dienen der Umsetzung von Windows-Desktop-GUIs.
- *WCF* (Windows Communication Foundation) umfasst unter anderem das ASP.NET Web API, um mit wenig Aufwand RESTful APIs umzusetzen. Es ist der Nachfolger des veralteten *.NET Remoting*. Die Umsetzung von Web Requests erfolgt dabei ganz einfach mit Controller-Klassen, mithilfe der Attribute „ApiController" und „Route". Der Datentransfer vom und zum Client erfolgt mit DTOs.

Die beste Informationsquelle für .NET-Entwickler befindet sich auf https://dotnet. microsoft.com [16].

7.5.3 Weitere Laufzeitumgebungen

Für die Umsetzung großer Projekte sind Java und .NET serverseitig wohl die besten Optionen. Für kleinere und kurzfristige Vorhaben kommen aber auch leichtgewichtigere Alternativen in Frage. *Node.js* zum Beispiel ist eine Laufzeitumgebung für JavaScript, die grundsätzlich auf verschiedenen Betriebssystemen laufen kann, sowohl manuell installiert als auch als Container. Damit lassen sich Webserver erstellen, und auch Desktop-Applikationen sind möglich mithilfe des Frameworks *Electron*. Ferner ist Node.js verbreitet als Tool für die Entwicklung von Webapplikationen mit Client-Frameworks wie Angular.

PHP, Python und Ruby sind weitere beliebte Umgebungen und zugleich Skriptsprachen. Sie werden in Kapitel 12.2.2 behandelt.

7.6 Webbrowser

7.6.1 Webanwendungen

Webbrowser stellen die Benutzeroberfläche für Webanwendungen dar. Wenn eine Webapplikation geschrieben wird, läuft der Clientteil im Browser des Benutzers und der Serverteil auf der Infrastruktur des Anbieters. Client und Server kommunizieren über HTTP oder HTTPS miteinander, basierend auf Requests und Responses (siehe Kapitel 14.6). Ein Browser kann auch direkt Dateien des Dateisystems anzeigen oder über FTP laden. Der Aufbau der Benutzeroberfläche wird über den **DOM-Tree** definiert, welcher anhand der HTML-Datei aufgebaut und zur Laufzeit mittels JavaScript manipuliert wird. Alternativ können auch PDF-Dateien und Bilder direkt dargestellt werden.

Im Browser werden oft **Cookies** verwendet, um gewisse Zustände bei der Kommunikation mit dem Server zu speichern. Diese Informationen werden bei jedem Request in einem HTTP-Header mitgeschickt, weil HTTP selber zustandslos ist. Der Server sendet dem Client das Cookie mittels HTTP-Header „Set-Cookie". Der Client schickt das Cookie dem Server beim nächsten Request im HTTP-Header „Cookie" zurück. Das Cookie beinhaltet eine Liste von Name-Value-Paaren. Third-Party-Cookies können das Verhalten der Benutzer über mehrere Websites hinweg tracken. Das wird typischerweise für die Werbung eingesetzt, zum Beispiel bei Facebook.

Ein Webserver kann sich temporär eine Menge von **Sessions** speichern. Einerseits bietet das eine Möglichkeit, einen bereits angemeldeten Benutzer wiederzuerkennen, sodass man sich nicht bei jedem Request authentifizieren muss. Bei nicht eingeloggten Usern kann die Session anderseits dazu dienen, einen Einkaufskorb in einem Onlineshop zu speichern. Die Session-ID wird auf dem Browser üblicherweise im Cookie *ASPSESSIONID*, *JSESSIONID* oder *PHPSESSIONID* gespeichert. Darunterliegend öffnet der Browser mittels „HTTP keep-alive" eine persistente Verbindung zum Server, also eine TCP-Verbindung für mehrere sequentielle HTTP-Requests und HTTP-Responses. Moderne Single-Page-Websites verwenden eher Tokens statt Sessions.

Browser müssen gewisse Standards erfüllen. Eine davon ist die **SOP** (Same Origin Policy). Automatisch aufgerufene Links auf einer Page müssen auf denselben Server verweisen wie die Page, die in Form einer Response geladen wurde. Ausnahmen sind einzelne HTML-Elemente wie *<img>*, *<script>* und *<iframe>* sowie gewisse Requests aus JavaScript heraus mit einer Instanz von *XMLHttpRequest*. Das neue **CORS**-Prinzip von HTML5 weicht SOP noch weiter auf. Mit einem sogenannten CORS-Preflight-Request fragt der Browser den Server vorher automatisch, ob der gewünschte Request erlaubt ist. Das heißt, die eingebettete Komponente fällt die Entscheidung, denn sie ist ja angreifbar, nicht der Aufrufer. Die Antwort des Servers erfolgt im HTTP-Header „Access-Control-Allow-Origin". Moderne Browser enthalten zudem eine Laufzeitumgebung namens **WebAssembly** (Wasm), die Bytecode ausführen kann, welcher mit Programmiersprachen wie Rust erstellt wird.

7.6.2 Produkte

Der Anwender kann für das Surfen im Internet viele verschiedene Browser benutzen. Obwohl Standards definiert sind, verhalten sich die Produkte unterschiedlich. In der Praxis wird in jedem Projekt definiert, welche Browser durch die Applikation unterstützt werden und welche nicht. Dies muss dann beim Testen berücksichtigt werden. Es muss gewährleistet sein, dass die Applikation immer mit den aktuellen Versionen der gängigen Browser funktioniert, da sich die meisten heutzutage automatisch regelmäßig updaten.

Im Folgenden werden einige Produkte vorgestellt:
- Google *Chrome* basiert auf dem Open-Source-Projekt *Chromium* und hat sich den größten Marktanteil gesichert. Dieser Browser wird sowohl auf dem Desktop als auch auf Android eingesetzt. Für die Entwicklung gibt es neben den eingebauten *DevTools* viele nützliche Addons wie *EditThisCookie*.

- *Brave* ist ein auf *Chromium* basierender Browser, der standardmäßig mit Werbe-blocker ausgestattet ist.
- Mozilla *Firefox* ist ein Browser, der im gemeinnützigen Umfeld geschrieben wur-de. Für die Entwicklung gibt es die eingebauten *Developer Tools* und viele nützli-che Plugins wie *Live HTTP Headers, Tamper Data, Cookies Manager+* oder *Grease-Monkey*. Ein für die Privatsphäre nützliches Plugin ist *Privacy Badger*.
- MS *Internet Explorer* und dessen Nachfolger *Edge* sind in Windows integriert. Edge basiert auf *Chromium*.
- *Opera* ist ein Browser, der vor allem in Spielkonsolen und TVs eingebettet wird. Er basiert auf *Chromium*.
- *Safari* auf macOS und iOS basiert auf der Engine *WebKit*.
- *Vivaldi* ist relativ neu und verfolgt ähnliche Ziele wie früher Opera.
- *Mosaic* war in den Neunzigerjahren der erste weitverbreitete Browser.
- *Netscape Navigator* war ein Browser, der in den Neunzigerjahren mit Microsoft kon-kurrenzierte und einige Grundlagen, die heute noch gültig sind, geschaffen hatte, unter anderem JavaScript und SSL.

Mit den entsprechenden Werkzeugen im Browser lässt sich der DOM-Tree anschauen und manipulieren. Durch Klicks in der GUI kann man sich einfach die entsprechenden Stellen im HTML-Code anzeigen lassen. JavaScript-Debugging ist ebenso möglich wie die Darstellung der zeitlichen Historie aller Requests und Responses. In der Softwareent-wicklung wird zudem oft Gebrauch gemacht von textbasierten Browsern, da sich diese gut automatisieren lassen:
- *cURL* ist ein Command-Line-Tool, um HTTP-Requests als Skript auszuführen.
- *Lynx* ist ein textbasierter Browser.

7.6.3 Ein „Hello World"-Beispiel

Beispiele sagen mehr als viele Worte. Darum wird als Einstieg in die Programmierung von Webclients als Erstes ein „Hello World"-Beispiel einer Webseite gezeigt, basierend auf je einer HTML-, CSS- und JS-Datei. Der HTML-Code definiert drei Buttons. Der mittle-re ist rot, die beiden äußeren sind grün. Die Schriften besitzen auf jedem Button eine an-dere Farbe. Sobald der Benutzer sich mit der Maus über einem Button befindet, wandelt sich der Cursor in einen Pfeil um. Diese Eigenschaften der Buttons werden mit CSS defi-niert. JavaScript definiert schließlich die Aktionen, die ausgelöst werden, wenn man die Buttons betätigt. Das ganze Beispiel ist online lauffähig zu finden auf https://jsfiddle.net/AlbinMeyer/f67o2j6j/1 [17].

Der HTML-Code wird in der Datei *helloworld.html* gespeichert und sieht folgender-maßen aus:

```html
<!DOCTYPE html>
<html>
 <head>
  <meta charset="utf-8">
  <link rel="stylesheet" href="helloworld.css">
  <title>Hello World</title>
  <script type = "text/javascript"
   src = "http://ajax.googleapis.com/ajax/libs/jquery/2.1.3/jquery.min.js">
  </script>
  <script type = "text/javascript"
   src = "helloworld.js">
  </script>
 </head>
 <body>
  <p>Hello World</p>
  <br>
  <div style="text-align:center;">
   <input type = "button" class = "buttonGreen"
    id = "buttonLeft" value = "Start" />
   <input type = "button" class = "buttonRed"
    id = "buttonMiddle" value = "Stop" />
   <input type = "button" class = "buttonGreen"
    id = "buttonRight" value = "Continue" />
  </div>
 </body>
</html>
```

Der CSS-Code befindet sich in der Datei *helloworld.css* und sieht so aus:

```css
#buttonLeft {
 color: black;
}
#buttonMiddle {
 color: white;
}
#buttonRight {
 color: blue;
}
.buttonGreen {
 cursor: pointer;
 background-color: green;
}
```

```
.buttonRed {
 cursor: pointer;
 background-color: red;
}
p, div, input {
 font-size: 36px; /* fallback */
 font-size: 6vmin;
}
```

Und schließlich wird der JavaScript-Code in *helloworld.js* gespeichert:

```
$(document).ready(function() {
 $( '#buttonLeft' ).on( 'click', function(event) {
  alert("Button Start was clicked");
 });
 $( '#buttonMiddle' ).on( 'click', function(event) {
  alert("Button Stop was clicked");
 });
 $( '#buttonRight' ).on( 'click', function(event) {
  alert("Button Continue was clicked");
 });
});
```

7.6.4 HTML5

HTML wird wie XML (siehe Kapitel 10.6) mit *SGML* (Standard Generalized Markup Language) definiert. SGML ist also die Basis. HTML4 ist veraltet und wurde ersetzt durch XHTML (basierend auf XML), das unterdessen aber auch schon wieder veraltet ist. Aktuell ist der HTML5-Standard von 2014. Im Vergleich zu HTML4 sind einige neue Features eingeflossen, von denen hier nur einige wenige aufgelistet werden:

- Für das lokale Speichern von Daten im Browser gibt es zwei neue Möglichkeiten: Der **AppCache** erlaubt, die Applikation offline im Browser auszuführen. **Web Storage** ist eine Alternative zu Cookies, stellt jedoch mehr Speicher zur Verfügung. AppCache bietet mehr Möglichkeiten als WebStorage.
- Die **Web Components** erlauben eine komponentenbasierte Entwicklung mithilfe des **Shadow DOM**. Das ist ein Element im DOM, dessen Inhalt von außen nicht sichtbar ist, damit die Kapselung der Komponente gewährleistet ist.
- *iframe*-Elemente binden andere Pages ein. Die gab es schon früher. In HTML5 besitzen sie nun neu das Attribut „sandbox", um Angriffe zu verhindern. Früher konnten Hacker eine eigene volle Page gestalten mit ähnlichem Namen und gleich aussehender Benutzeroberfläche wie eine anzugreifende Website. Die Benutzer gelangten

unwissentlich über einen Redirect von der mit iframe eingebetteten Page des Hackers zur Page mit der gefälschten Benutzeroberfläche.
- Das neue Feature **Web Messaging** erlaubt Komponenten verschiedener Server, im Browser miteinander zu kommunizieren. Dies bietet Angreifern jedoch neue Möglichkeiten, Webanwendungen zu kompromittieren.
- Der Browser unterstützt nun **Geolocation** mithilfe von GSM, sichtbaren Wi-Fi-Hotspots, IP-Adresse und GPS. Unter folgender URL kann man testen, wie der Browser den Ort des Users ermitteln kann: https://html5demos.com/geo [18].
- WebSockets und SSE werden in Kapitel 16.4.3 erläutert.

Weiterführende Informationen bieten Bücher wie *„Moderne Webentwicklung"* von Peter Gasston [19]. Zudem gibt es viele nützliche Websites bei der Entwicklung von HTML5-basierten Webapplikationen, von denen an dieser Stelle nur wenige aufgezählt werden:
- Die Website https://caniuse.com [20] informiert darüber, welche Browser welche HTML5-Features unterstützen.
- https://html5boilerplate.com [21] enthält wertvolle Informationen für den Start zur Umsetzung einer HTML5-basierten Webapplikation, insbesondere ein Grundgerüst.
- Mit https://Html5test.com [22] kann man den aktuell benutzten Browser auf HTML5-Kompatibilität überprüfen.
- https://jsfiddle.net [23] ist eine Website, die sehr hilfreich ist für das Prototyping von eigenen JavaScript-, HTML- und CSS-Dateien sowie für den Austausch mit anderen Entwicklern.
- Es gibt diverse Online Designer für einzelne GUI-Elemente, wie zum Beispiel für Buttons. Diese erzeugen Code (HTML, CSS), den man im eigenen Programm verwenden kann.

7.6.5 CSS3 (Cascading Style Sheets)

Grundsätzlich kann mit *CSS* das Aussehen von HTML-basierten GUI-Elementen definiert werden. Dies kann auf drei verschiedene Arten umgesetzt werden:
- HTML-Elemente können direkt referenziert werden: *<name>*, also zum Beispiel *„p, div"*.
- Eine Klasse von HTML-Elementen wird so referenziert: .*<name>*, also zum Beispiel *„.buttonGreen"*.
- IDs von einzelnen HTML-Elementen werden folgendermaßen angesprochen: #*<name>*, also zum Beispiel *„#buttonLeft"*.

Ein anschauliches Beispiel wird in Kapitel 7.6.3 gezeigt.
Das zentrale Konzept für die Positionierung von Elementen wie Text oder Bildern ist das CSS-Box-Modell, welches in Abbildung 7.1 dargestellt wird. Die Größe des Objekts

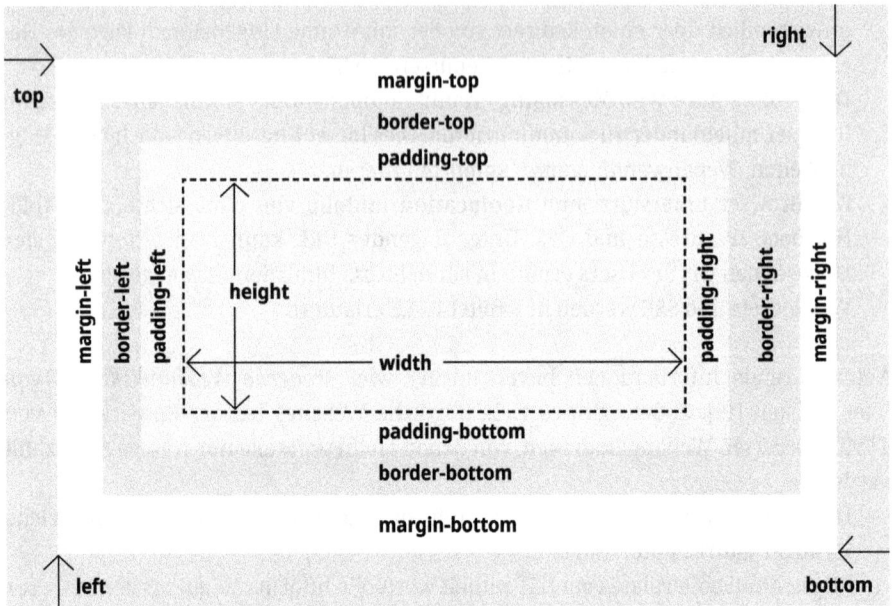

Abb. 7.1: Das CSS-Box-Modell.

wird durch Höhe und Breite bestimmt. Drei verschiedene Rahmen umfassen das Objekt: **margin**, **border** und **padding**. Die Dicke der Rahmen kann auf allen vier Seiten individuell angepasst werden. Die Koordinaten bestimmen schließlich die Position des einzelnen Elements.

Größenangaben können mit CSS auf folgende Arten definiert werden:
- *px* bezieht sich auf eine Anzahl Pixel und wird verwendet für Layout wie margin und padding.
- *em* wird für Fonts verwendet.
- *vw, vmin* findet Anwendung bei responsiven Fontgrößen.
- *%, pt* sind für Schriften nicht empfehlenswert, aber für relative Größenangaben von Elementen nützlich.

7.6.6 Grafik und Animation im Browser

Für das Rendern von interaktiven Grafiken im Browser, unter anderem also auch für Animationen, stehen als Ersatz zur veralteten Flash-Technologie und zum noch älteren Applet einige Möglichkeiten zur Verfügung, dies ohne zusätzliche Browser-Plugins zu programmieren:
- Verwendung des HTML-Elements *SVG*. SVG-Grafiken sind Bestandteil des DOMs und so über JavaScript (zum Beispiel *element.onclick = function(e) ...*) und CSS (zum Beispiel *#myEl:hover {...}*) zur Laufzeit veränderbar. Das ist einfach zu programmie-

ren, jedoch nicht so performant. Dies ist vor allem geeignet für GUIs, in denen die Elemente nicht eine Standardform haben, sondern beispielsweise Kuchenschnitze darstellen. Der Programmierer kann auch Librarys auf höherer Abstraktionsebene verwenden wie zum Beispiel *Raphael* oder die Toolbox von *d3*.

– Verwendung des HTML-Elements *Canvas*. In einem **Canvas** können unter anderem 3D-Grafiken gezeichnet werden. Mittels der Library *WebGL* und einer zusätzlichen Bibliothek auf hoher Abstraktionsebene wie *three.js* können Grafiken dargestellt werden und bei Interaktionen verändert oder frisch gezeichnet werden. Man definiert das 3D-Modell mit einem Tool wie *Blender*. Dies ist zwar komplexer zu programmieren, aber performanter als SVG. Eine beliebte Library für 2D-Grafiken ist *chart.js*.

– Fließende Übergänge eines HTML-Elements zu einer anderen Größe, Farbe oder Position können mittels **CSS-Transitionen** umgesetzt werden mit der Syntax: *transition: <property> <easing function>*.

Für eine Vertiefung in die Thematik sei auf Bücher wie *„Animation in HTML, CSS and JavaScript"* von Kirupa Chinnathambi [24] verwiesen.

7.6.7 Moderne Frameworks/Librarys für Webapplikationen

Moderne Webapplikationen bestehen aus einer einzigen Page („Single Page") und passen die ganze GUI zur Laufzeit stets den Benutzerinteraktionen folgend an. Typischerweise stehen die statischen Artefakte wie HTML-, JS- und CSS-Dateien auf einem separaten Server zur Verfügung wie die API, die dynamisch (zum Beispiel via REST) aufgerufen wird. In älteren Systemen wurden während den Benutzerinteraktionen regelmäßig ganze Page-Reloads durchgeführt, nur zwischendurch einzelne Ajax-Requests für das Nachladen von Daten. Auch Non-JavaScript-basierte Frameworks wie *Applet* (Java im Browser), *ActiveX* (Microsoft COM im Browser), *Flash* (Adobe Player im Browser) und *Silverlight* (Microsoft .NET im Browser) waren einst verbreitet.

Heute ist *Angular* ein äußerst beliebtes Framework von Google (Open Source), basierend auf TypeScript. Die ursprüngliche Version von 2013 hieß AngularJS und basierte auf MVC. Doch aufgrund großer Performanzprobleme beim Binding von Tausenden von Objekten erschien 2016 eine völlig neue Version, das heutige Angular, inkompatibel mit dem alten AngularJS.

Angular ist geeignet für große Single-Page-Webapplikationen. Es basiert auf sogenannten „Direktiven". Das ist eine erweiterbare Bibliothek von HTML-Elementen und -Attributen wie *ngIf*, *ngFor* und *ngSwitch*. Components (UI-Komponenten) sind ebenfalls Direktiven. Sie bestehen je aus einem TS- und einem HTML-File als Template. Die Navigation zwischen den Views erfolgt mittels Routing. Module können optional als Gerüst der Applikation verwendet werden. Services sind Sets von Funktionen wie etwa

HTTP-Aufrufe. Die Serverkommunikation wird mit reaktiver Programmierung (RxJS) asynchron unter Verwendung von Observables umgesetzt.

Schwerpunkt von Angular ist das **Binding** zwischen Modell und GUI. Man unterscheidet zwischen Event Binding, Property Binding, Interpolation und Two-Way-Binding. Mit *Angular Material* steht ein Set von UI-Komponenten zur Verfügung in Kombination mit Themes, einer Reihe von CSS-Files. *Nebular* bietet schöne Themes an, z. B. „cosmic". Eine empfehlenswerte Icon-Library ist „angularfontawesome". Alternativ zu Angular Material kann *Bootstrap* für das CSS-Styling verwendet werden, um ein individuelles Look and Feel umzusetzen.

Zentraler Punkt bei großen Anwendungen ist das **State Management**. Es wird typischerweise mit *NgRx* (basierend auf RxJS und Redux) umgesetzt. Alternativ kann hierfür der *ApolloClient* verwendet werden, vorausgesetzt die Serverkommunikation wird mit *GraphQL* anstatt RESTful umgesetzt. Bei kleinen Anwendungen reicht meist ein selber implementiertes State Management über einen Service, der die Komponenten aktuell hält.

Als Entwicklungsumgebung dient neben einer IDE nach Wahl die Shell mit dem Command *ng*, basierend auf Node.js. Im Alltag wird häufig *„ng serve"* benötigt, was den lokalen Entwicklungsserver startet.

Neben Angular stehen viele weitere Web-Frameworks zur Verfügung:

- *Vue.js* ist eine Lightweight-Alternative zu Angular. Es handelt sich um ein komponentenbasiertes reaktives Framework, basierend auf HTML-Templates, CSS und JS. Es lässt sich gut mit *Bootstrap* (CSS-Styling) kombinieren. Als Entwicklungswerkzeug wurde früher *Vue CLI* verwendet, heute *vite*. Die Entwicklung erfolgt in einer Node.js-Umgebung, bevor mit einem Build Artefakte für den echten Webserver erzeugt werden. „vue-tcs" ist das Tool für TypeScript, und als Library für das State Management dient *Pinia* (früher *VueX*).
- *Meteor* ist ein Full-Stack-JavaScript-Framework, ermöglicht also die Programmierung vom Datenbankzugriff bis zur browserbasierten Benutzeroberfläche. Es basiert auf Node.js und beinhaltet das reaktive und deklarative Rendering-System *Blaze*. Meteor ist geeignet für Prototyping.
- *Express.js* ist ein weiteres kleines auf Node.js basierendes Web-Framework.
- *Ember* ist ein auf *handlebars.js* basierendes Web-Framework.
- *Svelte* ist ein Framework, das ähnlichen Prinzipien folgt wie Vue.js.
- *Ruby on Rails* ist ein auf der Sprache Ruby basierendes Full-Stack-Web-Framework.
- *Django* ist ein Full-Stack-Python-Framework.

Einige Librarys sind in der Web-Entwicklung weit verbreitet, hier eine unvollständige Auswahl:

- *jQuery* ist die State-of-the-Art JavaScript-Library für die Navigation und Manipulation im DOM-Tree. Sie ist geeignet für kleinere Applikationen mit vielen Page-Reloads. Viele Plugins sind erhältlich, wie zum Beispiel *DataTables* für die Erstellung von Tabellen im Browser.

- *Bootstrap* ist ein Styling CSS-Framework, ursprünglich von Twitter/X. Grundsätzlich handelt es sich um eine Menge von CSS-Klassen, die im HTML-Code verwendet werden können. Zentral ist dabei ein auf *Flexbox* basierendes Grid-System, welches sich für tabellarische Darstellungen besser eignet als herkömmliche Tabellen. Typischerweise werden die Komponenten des Grids (HTML-Element *div*) mit den CSS-Klassen *container*, *row* und *col-*-** (z. B. *col-sm-6*) gekennzeichnet. Das **Spacing** wird mit zwei Buchstaben und einer Zahl spezifiziert, z. B. *ms-1* (margin start left or right with size 1) oder *px-2* (padding left and right with size 2).
- *YAML* ist ein auf CSS basierendes Grid-Framework.
- *Sass* und *Less* sind CSS-Präprozessoren, damit Stylesheets in einer freundlicheren Syntax definiert werden können.
- *React* und der darauf aufbauende State-Container *Redux* sind Librarys von Facebook für das Rendering im Browser gemäß dem sogenannten Flux-Pattern für den unidirektionalen Datenfluss. Sie waren die erste Antwort zum Problem der ursprünglichen Version von AngularJS, bei einer hohen Anzahl Bindings instabil zu werden. React folgt dem Paradigma des reaktiven Programmierens, es ist funktional auf Datenströmen aufgebaut.
- Das Modell lässt sich von der webbasierten GUI trennen mithilfe von *backbone.js*. Als Alternative zur DOM-Manipulation kann HTML-Templating zum Einsatz kommen, zum Beispiel mit *mustache.js* oder deren Erweiterung *handlebars.js*, wenn gewisse GUI-Elemente wie Listen auf verschiedenen Pages vorkommen.

Allgemeine Tipps und Tricks für die Programmierung von Webapplikationen werden in Kapitel 16.4 beschrieben.

7.7 Mobile Plattformen

Applikationen auf mobilen Plattformen müssen ganz anders umgesetzt werden als Desktop-Applikationen oder Webapplikationen auf Desktop-Browsern. Der Screen ist viel kleiner und die Bedienung erfolgt nicht über eine Maus, sondern über Berührungen. Mobile Geräte verfügen über die Möglichkeit, den geografischen Ort des Benutzers dank **Geolocation** via GSM, öffentliche Wi-Fi-Hotspots, IP-Adresse oder GPS zu ermitteln. Falls eine App für sensible Tätigkeiten wie Onlinebanking benutzt wird, kann sie durch entsprechend zertifizierte Dienstleister überprüft werden und das Gütesiegel „Trusted App" erlangen. Dies baut gegenüber den Anwendern mehr Vertrauen auf.

Grundsätzlich gibt es drei Möglichkeiten, wie eine Mobile App aufgebaut werden kann:
- Bei einer **Hosted App** befindet sich nur die URL im App Store. Die App wird im Browser gestartet.

- Eine **Packaged App** liefert die App voll nativ. Pro System muss eine separate native Implementation durchgeführt werden, also typischerweise je eine für iOS und Android. Vertiefte Informationen zu Android und iOS sind in Kapitel 6.7 zu finden.
- Die **Hybrid App** besteht aus einer nativen Hülle, die unter anderem einen HTML-Renderer enthält und zur Laufzeit online den Inhalt lädt.

Viele verschiedene Frameworks und Librarys stehen für die Umsetzung von Apps auf mobilen Plattformen zur Verfügung:

- Direkte Benutzung der nativen APIs für Android und iOS. Das weist den Nachteil auf, jede App zweimal umsetzen zu müssen, einmal für Android, einmal für iOS.
- *Apache Cordova, Appcelerator Titanium* und *Sencha Touch* waren die ersten Frameworks für die plattformübergreifende App-Entwicklung. Heute sind sie kaum noch in Gebrauch, da die Apps nicht annähernd so schön aussehen wir nativ implementiert.
- *Flutter* ist ein Cross-Plattform-Framework von Google, basierend auf der Programmiersprache Dart, mit welcher sowohl Logik als auch UI implementiert werden. Zentral sind dabei „Named Parameters", mit welchen sich UI-Widgets bei der Instanziierung einfach einrichten lassen. Die Apps werden für iOS und Android kompiliert (als Packaged App).
- *Godot* ist eine Spielentwicklungsplattform, auf welcher die Logik mit einer Python-ähnlichen Sprache programmiert wird. Die Apps laufen dann als Packaged App auf iOS und Android.
- *Ionic* ist ein auf verschiedenen JavaScript-Frameworks (React, Vue, Angular) aufbauendes Framework. Es eignet sich vor allem für die Portierung bestehender Webapplikationen.
- *NativeScript* ist ein Framework, welches eine einfache Portierung von Angular-Webapplikationen erlaubt.
- *React Native* ist ein auf React basierendes Framework von Facebook. GUIs werden mit HTML, CSS und JavaScript umgesetzt. Logik aus bestehenden React-Webapplikationen kann wiederverwendet werden, nicht aber die GUIs, denn während im Web mittels Routing zwischen den Masken gewechselt wird, geschieht das in den Apps mittels Navigation.
- *Xamarin* ist eine mobile .NET-Plattform und wird in Kapitel 7.5.2 genauer beschrieben.

Es gilt übrigens zu beachten, dass Apple auf iOS die Interpretation von Code, der zur Laufzeit heruntergeladen wird, nur sehr beschränkt erlaubt.

7.8 Spielplattformen

7.8.1 Konsolen

Bei der Programmierung von Spielen auf Konsolen gibt es drei bekannte Anbieter, die entsprechende Plattformen zur Verfügung stellen: Nintendo mit *GameCube, Wii* und *Switch*, Sony mit der *Playstation* (Versionen 1 bis 4) und Microsoft mit der *Xbox* (Versionen 360 und One).

7.8.2 Gaming

Für die Herstellung von 3D-Spielen wird als Basis neben der *Unreal Engine* oft die Engine *Unity* verwendet. In Unity können 3D-Welten grafisch erstellt werden. Mit C# lässt sich die Spiellogik programmieren. Die Engine basiert auf *OpenGL* und Microsoft *Direct3D*. Sie läuft auf mobilen Geräten, VR- und AR-Brillen sowie in Browsern mit *WebGL*-Support. Für 2D-Spiele eignen sich Plattformen wie *GameMaker*. Eine gute Open-Source-Option für einfache 2D- und 3D-Spiele ist *Godot Engine*. Hier wird die Logik mit einer Python-ähnlichen Sprache programmiert.

Viele Spiele stehen ausschließlich auf Game-Plattformen wie *Origin* (von EA) oder *Steam* (von Valve) zur Verfügung. Diese Plattformen besitzen jeweils ein API, welches von Spieleprogrammierern benutzt wird, zum Beispiel für die Kommunikation über das Internet.

Bekannte Produkte für **Virtual Reality** (VR) sind Brillen wie *HTC Vive* (in Zusammenarbeit mit Valve), *Meta Quest* (früher *Oculus Rift*), *Playstation VR* oder *Windows Mixed Reality*. Der Benutzer kann durch Kopfbewegungen beeinflussen, was er in der virtuellen 3D-Welt mit der VR-Brille sieht. Es ist gut möglich, dass die Plattformen für Virtual Reality mit mobilen Telefonen verschmelzen werden. Dies zeigt sich an bereits existierenden Apps, die man verwendet, indem das Gerät mit einer speziellen Brille auf der Nase fixiert wird. In Abgrenzung zu Virtual Reality steht Augmented Reality, das in Kapitel 3.3.3 besprochen wird.

8 Softwarearchitektur

8.1 Grundlagen

8.1.1 Begriffsbestimmung

Der Begriff **Softwarearchitektur** ist nicht genau definiert. Seine Verwendung führt deshalb oft zu Missverständnissen. Es ist fast einfacher zu erklären, was dieser Begriff nicht umfasst. Softwarearchitektur bedeutet nicht, dass der Hersteller die ganze Software mit UML beschreiben muss. Es bedeutet auch nicht, dass schöne Grafiken auf Powerpoint-Folien erstellt werden müssen und dass diese dann wasserfallartig an die Entwicklung in Indien geschickt werden. Und wenn jemand die Ausbildung zum „Oracle Certified Java Enterprise Architect" absolviert, so besitzt diese Person danach zwar viel Wissen im Bereich JEE, ist deswegen aber noch lange kein Softwarearchitekt.

Es gibt verschiedene Arten von Architektur. Die **Produktlinienarchitektur** beschreibt, wie eine Familie von verwandten Systemen umgesetzt wird. Die **Referenzarchitektur** befasst sich damit, wie man einen bestimmten Typ einer Software erstellt, zum Beispiel ein Order Management. Ein **Architekturpattern** (siehe Kapitel 16.2) beschreibt ein einzelnes technisches Konzept wie zum Beispiel Streaming. Bei der **Softwarearchitektur** schließlich geht es um die Umsetzung eines einzelnen Systems. Damit beschäftigt sich dieses Kapitel.

Grundsätzlich wird eine Softwarearchitektur immer mit verschiedenen **Views** beschrieben. Man versteht darunter unterschiedliche Betrachtungsweisen ein und desselben Systems. Folgende vier Views werden häufig verwendet:

- **Konzept**. Eine fachliche Beschreibung mittels eines Domänenmodells, siehe Kapitel 3.1.2.
- **Statische Sicht**. Eine statische Beschreibung der Komponenten des Systems und ihrer Abhängigkeiten, siehe Kapitel 8.2.
- **Laufzeitsicht**. Eine Beschreibung des dynamischen Verhaltens des Systems wie Prozesse, Threads und Bandbreiten, siehe Kapitel 8.3.
- **Entwicklungssicht**. Eine Beschreibung der Umgebungen, des Releasemanagements und des Deployments (siehe Kapitel 18).

Bei allen vier Views werden jeweils auch die gegebenen **Faktoren** (Constraints) und die **Strategien** (Visionen) beschrieben. Faktoren sind projektspezifisch vorhandene Tatsachen wie etwa die notwendige Einbindung von Altsystemen oder das technische Knowhow der Projektmitarbeiter. Strategien sind langfristige Ziele wie etwa die Ablösung von Altsystemen oder der Umstieg auf modernere Technologien.

Die Abgrenzung der Begriffe „Softwarearchitektur", „Design" und „Programmierung" ist nicht genau definiert. Sie markieren in dieser Reihenfolge jedoch den Weg von einer höheren Abstraktionsstufe hinunter in die technischen Details. Zur Standardliteratur gehören Bücher wie *„Software Architecture in Practice"* von Len Bass, Paul

https://doi.org/10.1515/9783111354774-008

Clements und Rick Kazman [25] und *„Applied Software Architecture"* von Christine Hofmeister, Robert Nord und Dilip Soni [26].

8.1.2 Entstehung einer Softwarearchitektur

Manche Leute sind der Meinung, dass Softwarearchitektur bei heutigen agilen Methoden nicht mehr notwendig sei. Man müsse ja nicht mehr zu Beginn des Projekts die Softwarearchitektur zeichnen und danach wasserfallartig alles entwickeln. Das Team kann ja jetzt einfach drauflos programmieren. Aber das stimmt nicht. Agiles Vorgehen setzt eine gute Softwarearchitektur voraus, um ein stabiles Fundament für noch unbekannte Erweiterungen in der Zukunft zu gewährleisten. Die Softwarearchitektur entsteht dabei evolutionär, basierend auf einer Strategie (Vision), man nennt dies auch **Emergent Design**. Zu beachten ist, dass dabei allenfalls ein Parallelbetrieb von alten und neuen Konzepten ermöglicht werden muss. So kommen in der Praxis immer wieder Projekte vor, in denen ältere Schnittstellen die Daten noch im XML-Format austauschen und neuere mit JSON. Das ist völlig in Ordnung so. Eine gute Architektur bedeutet nicht, dass sämtlicher Legacy-Code umgehend ersetzt werden muss.

In jedem Projekt beeinflussen viele verschiedene treibende Kräfte die Softwarearchitektur:

- Der Entwickler stellt die Softwarearchitektur mit seinem Code vor vollendete Tatsachen. Aber kennt er das „Big Picture"?
- Der „Chefarchitekt". Wie gehen Entwickler mit einer Hierarchie im Team um, mit einem „Befehl von oben"?
- Der Auftraggeber und der Manager. Sie haben sich Wissen aufgebaut, das aus dem Internet, aus Ratschlägen von Bekannten oder aus Sales-Veranstaltungen stammt. Damit fühlen sie sich kompetent genug, um selber zu bestimmen, wie die Software technisch umgesetzt wird (Anti-Pattern „Blowhard Jamboree").
- Demokratie. Es kann geschehen, dass drei Juniors im Team zwei Seniors überstimmen (Anti-Pattern „Design by Committee"). Ist das erwünscht?
- Konsenssuche. Dies kann zu stundenlangen Diskussionen führen, was vor allem in großen Teams ineffizient ist.
- Anforderungen. An ein bestehendes System kann man immer noch mehr „Balkone anhängen". Doch irgendwann bricht das ganze Gebäude zusammen.
- Technologien. Viele Softwareentwickler möchten aus reiner Neugier immer die neuesten Technologien verwenden, auch wenn sie noch unreif sind.
- Termine. Termindruck führt meistens zu unsauberen Lösungen, die später viele Probleme verursachen.

Das Erreichen einer guten Softwarearchitektur ist immer eine Gratwanderung: Auf der einen Seite steht die Perfektion, der Elfenbeinturm, auf der anderen Seite der Hack, die pragmatische schnelle Lösung. Zu Beginn eines Projekts stellt sich daher immer die

Frage: „*Wollen wir uns auf diesen Grat begeben?*" Bei Forschungsprojekten wird diese Frage eher verneint; meistens stehen hier genügend Zeit und Geld zur Verfügung, um Perfektion anzustreben. Bei kleinen Projekten wird der Grat ebenfalls gemieden, da eine unsaubere rasche Umsetzung in der Regel ausreicht. Bei großen Projekten, die unter Termin- und Kostendruck stehen, ist eine Gratwanderung jedoch unerlässlich. Die Führung durch erfahrene Softwarearchitekten ist nötig, um während des Marsches nicht abzustürzen. Vor jedem Schritt lohnt sich eine **Variantenanalyse**, um aus den aktuellen Erkenntnissen die beste Möglichkeit für den nächsten Schritt zu wählen. Man spricht auch von kontinuierlich notwendigen Entscheidungen mittels **Trade-offs**. Ein Trade-off ist eine Abwägung aller Vor- und Nachteile. In manchen Situationen reichen Workarounds zur Lösung eines Problems völlig aus. In anderen Fällen ist eine saubere Lösung unerlässlich. Ein gutes Beispiel ist die Frage beim Cloud Computing, ob man einen „Vendor Lock-In" akzeptiert bei der Verwendung einfach und günstig zu nutzender Funktionalität des Cloud-Anbieters, oder ob man lieber unabhängige Third-Party-Produkte einsetzt (siehe Kapitel 9.5.2).

8.1.3 Der Softwarearchitekt

Ein Softwarearchitekt muss als Person verschiedene Eigenschaften aufweisen:
- Er ist Generalist und gleichzeitig Spezialist in einem Gebiet. Man spricht auch vom „T-Modell": Die Horizontale beschreibt die Breite, die Vertikale die Tiefe des Wissens.
- Er muss fähig sein, nicht nur Powerpoint-Folien zu erstellen, sondern auch in die Tiefen des Codes hinabzusteigen.
- Er muss das „Big Picture" sehen, Zusammenhänge erkennen.
- Die Fähigkeit, im Projekt ein gutes Kosten-Nutzen-Verhältnis zu erzielen (Aufwand/Ertrag, Trade-off), ist essenziell.
- Eine hohe Lernbereitschaft ist gefordert, um neue Technologien einschätzen zu können und das Business zu verstehen. Der Softwarearchitekt muss von anderen lernen können, und hierfür ist das Zuhören eine wichtige Fähigkeit.
- Blick in den Rückspiegel. Der Architekt muss aus Erfahrungen lernen.
- Als Coach und Mentor ist er ein Vorbild für weniger erfahrene Mitarbeiter.
- Der Softwarearchitekt muss proaktiv sein. Er schaut den Entwicklern über die Schultern und versucht selber, Probleme zu erkennen. Er wartet nicht, bis sich ein Entwickler bei ihm meldet. Das kann manchmal zu Konflikten führen. Gewisse Menschen reagieren empfindlich darauf, wenn man sich ungefragt in ihre Tätigkeiten einmischt.
- Der Architekt ist ein Entscheider. Er bringt den Mut auf, auch in einer verfahrenen Situation eine klare und gut begründete Entscheidung zu fällen.

Ein empfehlenswertes Buch, das sich intensiv mit dem Softwarearchitekten als Person befasst, ist *„Knigge für Softwarearchitekten"* von Peter Hruschka und Gernot Starke [27].

8.1.4 Dokumentation von Softwarearchitekturen und technischen Konzepten

Das agile Manifest (siehe Kapitel 2.2.4) sagt zwar „Running Code over Documentation", aber es sagt nicht „no Documentation". Eine Dokumentation der Softwarearchitektur ist zwingend notwendig, muss jedoch nicht stur mit UML erstellt werden, sondern kann leichtgewichtig sein. Grundsätzlich sollte es sich um Referenzen zum Code handeln. Es gibt verschiedene Vorschläge, wie eine Architekturdokumentation aussehen könnte. So gibt es zum Beispiel das sogenannte *arc42-Template* von Gernot Starke [28]. Ein anderes Beispiel ist das *C4-Modell* von Simon Brown [29]. Dieser schlägt vor, vier Diagrammtypen top-down zu zeichnen: Context, Container, Components und Classes. Trotz solchen Empfehlungen ist die Form der Dokumentation in jedem Projekt unterschiedlich. In der Praxis existiert keine einheitliche Dokumentation von Softwarearchitekturen.

Häufig entsteht eine erste grobe Beschreibung der Architektur im Rahmen des **technischen Konzepts** (Solution Design) zu Beginn des Projekts. Es enthält typischerweise ein Datenmodell, eine Aufteilung in Module, eine Definition der Schnittstellen sowie Vorschläge für die Wahl von Hardware, Betriebssystem, Plattform, Programmiersprachen, Frameworks und Librarys.

Erwähnenswert ist die Architecture Tradeoff Analysis Method (**ATAM**), obwohl sie in der Praxis selten zum Einsatz kommt. ATAM ist eine vorgeschriebene Vorgehensweise zur Beurteilung einer Softwarearchitektur. Externe Gutachter, der Softwarehersteller und der Auftraggeber treffen sich einen Tag lang und erstellen einen sogenannten „Utility Tree". Es geht um die Analyse, welche architektonischen Merkmale durch welche Anforderungen entstanden sind. Diese dient als Basis zur Beantwortung folgender Frage: „Welche architektonischen Entscheidungen sind ausstehend und wie wichtig sind sie?"

8.2 Statische Sicht

8.2.1 Module und Schichten

Zentrale Begriffe in der statischen Sicht einer Softwarearchitektur sind **Module** und **Schichten**. Um diese einordnen zu können, folgt eine Definition einiger im Alltag verwendeter Begriffe:

- Eine **Klasse** ist in der objektorientierten Welt ein Typ eines Objekts.
- Eine **Komponente** kann mehrere Klassen enthalten.

- Ein **Modul** wird je nach Situation unterschiedlich definiert. In der objektorientierten Welt kann es eine Klasse oder eine Komponente sein. In anderen Programmiersprachen kann es ein Sourcefile sein.
- Ein **Package** ist ein Namespace für Klassen.
- Eine **Schicht** (englisch *Layer*) ist eine Abstraktionsebene. Ein Layer enthält Module. Schichten sind grundsätzlich austauschbar.

Zentral in der Softwarearchitektur ist das Denken in verschiedenen Abstraktionsebenen, also Schichten. Wenn man auf höhere Schichten steigt, so handelt es sich um eine **Abstraktion**. Wenn in objektorientierten Systemen Klassen eines Layers in einer höheren Schicht abgeleitet werden, so handelt es sich dabei nicht um echte Schichten. Die Kopplung ist zu groß.

Eine Alternative zu klassischen Schichtenarchitekturen sind **hexagonale Architekturen**. Hierbei handelt es sich um die Darstellung eines Systems in Form von Zwiebelringen. Die Business-Logik wird dabei im Kern gezeichnet. Um den Kern herum werden **Ports** platziert, an welchen **Adapter** angeschlossen werden, also Wrapper zu anderen Modulen wie Datenbank oder GUI.

8.2.2 Verschiedene Arten von Abhängigkeiten

Es ist wichtig, zwischen statischen Schnittstellen-Abhängigkeiten und dynamischen Datenflussabhängigkeiten zu unterscheiden. Manchmal zeigen diese beiden Abhängigkeitstypen in gegensätzliche Richtungen. Wenn Modul B statisch von Modul A abhängig ist, so fließen die Daten zur Laufzeit möglicherweise von Modul A nach Modul B. Leider unterstützen UML-Klassendiagramme nicht die Notation von Datenflussabhängigkeiten, sodass diese mit anderen Diagrammen veranschaulicht werden müssen. Wenn ein Modul B abhängig ist von Modul A und das Modul A sich ändert, stellt sich die Frage, ob diese Änderung binär kompatibel ist zur alten Version von A. Falls ja, dann muss Modul B nicht neu kompiliert werden.

Abhängigkeiten zwischen Modulen lassen sich in folgende Kategorien aufteilen (je höher die Zahl, desto höher die Abhängigkeit):
1. Keine Abhängigkeit.
2. Textuelle Abhängigkeit von einem anderen Modul, zum Beispiel durch Konfiguration einer URL, über welche Webservices eines anderen Moduls aufgerufen werden können.
3. Explizites Laden und Linken von benötigten Modulen irgendwann zur Laufzeit, zum Beispiel DLLs in der Microsoft-Welt mittels *LoadLibrary* oder das Laden von Klassen in der Java-Welt mittels *ClassLoader*.
4. Linken der benötigten Module, je nach System schon beim Build oder erst beim Laden.

5. Compile-Zeit, zum Beispiel das Include von Header-Dateien bei C/C++ oder der Import von Java-Klassen.

Zirkuläre Abhängigkeiten kann es auf allen oben genannten Ebenen geben. Sie verhindern, dass ein Modul einzeln an einer anderen Stelle wiederverwendet werden kann und sollten deshalb vermieden werden.

8.2.3 Minimierung von Abhängigkeiten

Abhängigkeiten zwischen Modulen sind grundsätzlich schlecht, weil Änderungen an einem Modul Auswirkungen auf andere Module haben. Es ist daher sinnvoll, Abhängigkeiten zu minimieren. **CCD** (Cumulative Component Dependency) bezeichnet die Summe aller Abhängigkeiten über alle Module eines Systems. Die CCD muss möglichst klein gehalten werden. Dies erreicht man mittels **Loose Coupling**, was in engem Zusammenhang steht mit **Cohesion**, dem Prinzip, dass eine Funktionalität eins zu eins einem Modul entsprechen und nicht auf mehrere Module verteilt sein sollte. Das **Gesetz von Demeter** empfiehlt, dass in der objektorientierten Welt öffentliche Methoden einer Klasse keine Objekte anderer Klassen zurückgeben sollten, damit der Client einer solchen Methode nicht zu viele Klassen kennen muss.

John Lakos definiert in seinem Buch *„Large Scale C++ Software Design"* [30] die beiden Konzepte **Levelization** und **Insulation**, mit welchen die CCD minimiert werden kann. Mittels Levelization lassen sich Link-Abhängigkeiten reduzieren, also mit anderen Worten, die Anzahl benötigter Module, um ein Modul laufen zu lassen. Dies kann mit folgenden Mitteln erreicht werden:

- **Escalation**. Eine Funktionalität, die über mehrere Module verteilt ist, und so zu zirkulären Abhängigkeiten führt, kann in ein neues Modul verschoben werden, welches von den anderen Modulen abhängt.
- **Demotion**. Das Gegenteil von Escalation: Funktionalität mehrerer Module wird in ein neues Modul verschoben, und die bisherigen Module werden vom neuen Modul abhängig.
- Module sollten generell in mehrere kleine Module aufgeteilt werden.
- **Dumb Data**. Anstatt ein ganzes Objekt zu besitzen oder zu referenzieren, wird nur eine Information über das Objekt verwendet. Das kann ein „opaque pointer" sein, also ein Pointer ohne Information über den Typ des Objekts; in Java wäre das die Verwendung der Klasse *Object*. Auch ein **Handle** bietet sich zu diesem Zweck an, also eine ID, deren Bedeutung systemweit bekannt ist.
- **Redundanz**. Copy/Paste-Code hat zwar einen schlechten Ruf, hilft aber manchmal dabei, die Abhängigkeiten zu minimieren. Es stellt sich dann die Frage, was das kleinere Übel ist.

Mittels Insulation lassen sich Abhängigkeiten zur Compile-Zeit reduzieren. Hierfür gibt es für C++ einige Richtlinien:

- Entferne Private Inheritance. Transformiere das Design von einer isA- zu einer hasA-Beziehung.
- Entferne Embedded Data Members. Transformiere sie zu Pointers.
- Entferne Protected Members. Verschiebe sie in eine separate Klasse, abgeleitet von der Klasse, welche ursprünglich diese protected members beinhaltet hatte. Diese neue Klasse ist global unsichtbar. Nur die Klassen, die ursprünglich von der Klasse abgeleitet haben, dürfen diese neue Klasse sehen und davon ableiten (betrifft alle objektorientierten Sprachen).
- Entferne so viele *include*-Direktiven wie möglich.
- Entferne *Default Arguments*. Transformiere sie zu Overloading.
- Entferne *enums*, wenn möglich. Verwende *const* in den cpp-Dateien und Funktionen, die sie zurückgeben. Deklariere enums in cpp-Dateien statt in h-Dateien.
- Benutze *interface classes*. In Java und C# stehen sie standardmäßig zur Verfügung. In C++ muss man eine abstrakte Klasse definieren ohne Basisklasse und ohne Membervariablen. Sie darf nur *public pure* virtuelle Funktionen definieren, plus einen leeren virtuellen Destructor.

Der Umgang mit Dependency-Management während des Builds wird in Kapitel 13.2.2 erläutert. Allgemeine objektorientierte Prinzipien werden in Kapitel 12.1.4 vorgestellt.

8.2.4 Fassaden

Bei der Entwicklung größerer Softwaresysteme kommt es immer wieder vor, dass mit der Zeit Abhängigkeiten von m Modulen eines Layers zu n Modulen eines anderen Layers entstehen. Zu Beginn sind die Zahlen für m und n jeweils sehr klein, aber es werden fortlaufend neue Module hinzugefügt. Die CCD einer solchen Architektur ist m mal n, also hoch. Um diese Zahl zu verkleinern, führt man ein zusätzliches Modul dazwischen ein, wie in Abbildung 8.1 gezeigt. So beträgt die CCD nur noch m plus n. Dieses Modul wird **Fassade** genannt, wenn es sich um eine Funktionalität handelt, die durch die n darunterliegenden Module implementiert wird. Falls es sich um reine Datenpunkte handelt, was typischerweise bei eingebetteten Systemen der Fall ist, kann das Modul auch als UDA (Unified Data Access) bezeichnet werden.

8.3 Laufzeitsicht

In der Laufzeitsicht einer Softwarearchitektur werden verschiedene Aspekte beschrieben, wie Nebenläufigkeit, Startup-Verhalten, Failover-Verhalten, Datenflüsse und Skalierbarkeit.

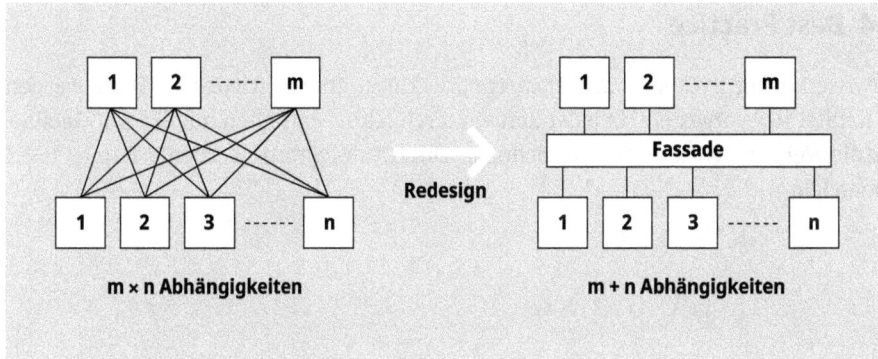

Abb. 8.1: Verringerung der Abhängigkeiten mit Hilfe einer Fassade.

Es kommt in der Praxis manchmal vor, dass eine bestehende API benutzt werden muss, welche nicht **thread-safe** ist. Sobald die Anforderung gestellt wird, dass mehrere Threads gleichzeitig darauf zugreifen, muss man auf solchen APIs einen zusätzlichen Layer bauen, der die Zugriffe synchronisiert. Auf statischen Diagrammen kann man solche Probleme nicht erkennen und beschreiben. Dies ist ein Grund, warum die Laufzeitsicht ein wichtiger Bestandteil einer Softwarearchitektur ist. In Kapitel 12.3 wird näher auf nebenläufiges und paralleles Programmieren eingegangen.

Die **Skalierbarkeit** einer Software bezeichnet die Möglichkeit, die Performanz einfach mittels Erweiterung der Infrastruktur erhöhen zu können. Die Skalierbarkeit kann horizontal über eine Vervielfachung der Rechner und Orchestrierung mit einem Load Balancer (siehe Kapitel 9.2.3) erfolgen, und vertikal über die Vergrößerung der Ressourcen eines einzelnen Rechners. Beide Skalierungsarten müssen in der Softwarearchitektur entsprechend unterstützt werden. Bei der horizontalen Skalierung stellt sich jeweils die Frage, ob die Datenbank wie die darauf aufsetzenden Schichten ebenfalls aufgeteilt werden kann oder nicht.

Eine genaue technische Spezifikation des **Startup-Verhaltens** des Systems ist unerlässlich. In welcher Reihenfolge werden welche Module gestartet und initialisiert? Der Mechanismus beim Herunterfahren des Systems (**Graceful Shutdown**) muss genauso definiert und umgesetzt werden. Typischerweise werden die Module in umgekehrter Reihenfolge wie beim Startup heruntergefahren.

Zentraler Punkt der Laufzeitsicht sind die **Datenflüsse** zwischen den Modulen. Welche Daten fließen über welche Schnittstelle in welchen Mengen zu welchen Zeitpunkten? Ein anderes Thema ist die Frage, wie sich die Applikation bei Netzwerkproblemen verhalten soll. Für den Fall, dass ein Server einen Aufruf zu einem anderen Server tätigen muss, dieser jedoch nicht erreichbar ist, lässt sich ein **Failover**-Verhalten definieren: Falls vorhanden, muss der Server diesen Aufruf auf einen Backupserver umleiten.

8.4 Best Practice

Gewisse Muster trifft man in Softwarearchitekturen immer wieder an. Diese werden in Kapitel 16.2 vorgestellt. In jeder Softwarearchitektur entstehen mit der Zeit Gebilde, die die Weiterentwicklung beeinträchtigen. Diese Anti-Patterns werden in Kapitel 16.7.4 behandelt.

9 Geschichte der Trends in der Softwareentwicklung

9.1 Vom Host zum Monolithen

Bis in die Siebzigerjahre bestanden Systeme aus einem zentralen Rechner, dem soge-
nannten **Host** (so etwa Mainframes von IBM), und vielen Terminals ohne Intelligenz.
Die Terminals bestanden nur aus Tastatur und Monitor, wie zum Beispiel die Modelle
DEC VT-100 oder *IBM 3270*.

Nach dieser „Dumb Terminal"-Zeit wurden in den Achtzigerjahren Programme **mo-
nolithisch** entwickelt. Die GUI, die Applikationslogik und die Datenhaltung befanden
sich in derselben Einheit. Server und Client gab es nicht. Die Software bestand aus einem untrennbaren Gebilde, welches auf jedem Rechner einzeln installiert wurde. Sie
konnte bei Bedarf mit anderen Systemen kommunizieren, was mit **RPC** (Remote Pro-
cedure Calls) umgesetzt wurde. Es gab verschiedene untereinander inkompatible Implementierungen, weil kein Standard für diese Kommunikation definiert wurde. Diese
Technologie ermöglichte erstmals den Aufbau **verteilter Systeme**. Software läuft nicht
auf einem einzigen Rechner, sondern wird auf mehrere Maschinen verteilt.

9.2 Client/Server

9.2.1 Komponenten mit Thin Clients

Nach dieser monolithischen Zeit ging der Trend in den Neunzigerjahren wieder hin
zu **Client/Server**-Systemen. Man setzte leichtgewichtige Clients ein, sogenannte **Thin
Clients**, und teilte den Server in mehrere „Tiers" auf. Eine typische **3-Tier**-Architektur
umfasste die drei Schichten Datenbank, Businesslogik und GUI. Manchmal sprach man
auch von N-tier, wenn mehr als drei Ebenen involviert waren.

Die Server wurden komponentenbasiert umgesetzt. Diese Komponenten kommuni-
zierten mit proprietären Protokollen miteinander. Microsoft verwendete *COM* (*Component Object Model*) und *DCOM* (*Distributed COM*), welche in den Nullerjahren durch
Managed Components im Rahmen von .NET abgelöst wurden. In der Java-Welt kam
EJB zum Einsatz. *CORBA* mit einer **IDL** (Interface Definition Language) war eine weitere Variante. *DCE* war ein Standard der Open Software Foundation, welcher plattform-
übergreifend auf allen Ebenen definierte, wie ein verteiltes System funktionieren sollte.
Zusätzlich hatte Microsoft für Windows eine Schnittstelle namens *MAPI* (Messaging
Application Programming Interface) geschaffen, ein API, mit dessen Hilfe man nach-
richtenbasiert zwischen verschiedenen Systemen kommunizieren konnte.

Ein Standardwerk zum Thema ist der *„Client/Server Survival Guide"* von Robert
Orfali, Dan Harkey und Jeri Edwards [31].

https://doi.org/10.1515/9783111354774-009

9.2.2 Rich Clients

Um die Jahrtausendwende ging der Trend wieder weg vom Thin Client. Der neue Trend sind **Rich Clients**. Wegweisend war die Erkenntnis, dass es immer Berechnungen gibt, die am besten lokal beim Client ausgeführt werden, da sonst zu viele Daten über die Kommunikationskanäle fließen, was zu Performanzproblemen führt. Validierungen können direkt im Client berechnet werden, was jedoch nicht heißt, dass sie beim Server ausgelassen werden. Das wäre sicherheitsmäßig fraglich. Webbasierte Rich Clients werden **RIA** genannt (Rich Internet Application).

9.2.3 Applikationsserver

Für webbasierte Clients stehen auf Serverseite verschiedene Produkte zur Verfügung:
- *GlassFish*, die freie JEE-Referenzimplementation von Eclipse (wurde ursprünglich von Oracle entwickelt), jedoch ohne Support. Für den kommerziellen Einsatz empfiehlt Oracle *WebLogic*.
- Microsoft .NET *IIS*, ein Enterprise Server.
- *Jetty*, ein Java-Webserver für kleine Systeme.
- *Nginx*, mit integriertem Reverse-Proxy. Wird gerne für Umgebungen wie Node.js und Python benutzt.
- *Payara Server*, ein freier Fork von GlassFish, mit regelmäßigen Updates und kommerziellem Support.
- Apache *Tomcat*, ein Java-Webserver.
- Oracle *WebLogic* (früher BEA), ein kommerzieller JEE-Server.
- IBM *WebSphere*, ein JEE-Server.
- *WildFly*, ein freier JEE-Server, und dessen kommerzielle Variante *JBoss* von Red Hat.

Da die Anzahl gleichzeitiger Benutzer (Concurrent Clients) von Applikationsservern stetig wuchs, wurden Maßnahmen für das **Load Balancing** nötig. Vor allem große globale Plattformen wie Amazon oder Google müssen zwingend Vorkehrungen treffen, damit nicht alle Benutzer auf derselben physischen Maschine landen. Dazu bieten sich verschiedene Möglichkeiten an, welche alle von der horizontalen Skalierbarkeit der Applikation abhängig sind, siehe Kapitel 8.3. Ein Load Balancer kann in Form von Hardware oder Software direkt vor Ort, wo der Server gehostet wird, eingesetzt werden. Typischerweise enthalten WAFs (Web Application Firewall, siehe Kapitel 17.5.2) einen integrierten Load Balancer. Er verteilt die Requests auf verschiedene Maschinen, unter Berücksichtigung der **Session Stickyness**: Requests derselben Session werden derselben Maschine zugeteilt. Load Balancing kann auch schon zum Zug kommen, bevor der Request vor Ort eingetroffen ist: Entweder mappt das DNS den Domainnamen dann auf mehrere IP-Adressen, oder die Client-Applikationen verwenden hinter den Kulissen verschiedene URLs (Domainnamen), ohne dass der Benutzer das merkt.

9.3 EAI (Enterprise Application Integration)

9.3.1 Webservices (SOAP)

Die Systemlandschaften wurden im Verlauf der Zeit komplexer. Immer mehr Systeme müssen miteinander kommunizieren. Deshalb wurde mit dem Begriff **SOA** (Service Oriented Architecture) ein Konzept definiert, wie man eine Architektur erstellen kann, die auf **Services** basiert, welche zur Laufzeit gesucht und benutzt werden. Nach der Objektorientierung und den Komponenten sind Services sozusagen die nächste Stufe der Evolution der Konzepte. Weit verbreitet haben sich in den Nullerjahren auf **SOAP** (Simple Object Access Protocol) basierende Webservices. Sie funktionieren nach demselben Prinzip wie RCP, mit dem Unterschied, dass die Aufrufe über das Web gehen, also über Port 80 für HTTP oder Port 443 für HTTPS, welche von Firewalls sowieso immer erlaubt sind. Die Daten werden im XML-Format übermittelt. Mit *WSDL* (Web Service Description Language) werden Webservices definiert.

Mashup bezeichnet das Prinzip, wenn eine Webapplikation ihre Funktionalität mittels verschiedener Webservices zusammenstellt. Dies kann entweder auf Serverseite geschehen oder im Browser mittels JavaScript. Als Beispiel dient die Umsetzung von Eventkalendern mithilfe von *Google Maps* oder *Mapbox*, um anzuzeigen, wo wann welcher Event stattfindet.

Unter dem Begriff **EAI** (Enterprise Application Integration) versteht man den Umgang mit verschiedenen Applikationen in einer Unternehmung. Typischerweise besitzen Firmen alte Anwendungen („Legacy"), die weiterhin benutzt werden sollen, und zwar zusammen mit neueren Applikationen, welche über das Internet mit der Außenwelt Kontakt aufnehmen. In einer EAI muss zwingend ein zentraler Server aufgebaut werden, der alle Komponenten miteinander via Webservices orchestriert. Verschiedene Produkte sind für diesen Zweck einsetzbar, wie zum Beispiel:

- *Apache Camel* (Open Source)
- *IBM MQ*
- *MS BizTalk*
- *Netweaver* (von SAP)
- *TIBCO BusinessWorks*
- *Vitria BusinessWare*
- *WebMethods* (von Software AG)

9.3.2 Middleware

Oft hört man im Zusammenhang von EAI auch den Begriff **Middleware**. Es handelt sich um Infrastruktur-Software, welche durch die Applikationen benötigt wird, aber nicht von Betriebssystem, Plattform und Netzwerk zur Verfügung gestellt wird. Middleware wird normalerweise als Produkt gekauft. Sie bietet unter anderem Sicherheit in Form von Firewalls und Authentifizierungslösungen. Auch Infrastruktur für Messaging und Queing ist Bestandteil.

In vielen Unternehmen kommt man nicht um einen Verzeichnisdienst herum, der ebenfalls zur Middleware zählt. Meistens basieren diese Services auf dem Standard *LDAP* (Lightweight Directory Access Protocol). Es gibt verschiedene Implementierungen, wie *Active Directory* von Microsoft oder Produkte von Apple, Novell, Oracle und Red Hat. Grundsätzlich geht es darum, hierarchisch in einem Baum organisierte Objekte wie Daten, Server und Benutzer zu finden. Diese Objekte sind in Gruppen organisiert, welche Rollen für die Autorisierung entsprechen können. Typische Baumelemente sind:

- *ou*=organisational unit
- *o*=organisation
- *dc*=domain component (können verschachtelt sein)
- *cn*=objects (können verschachtelt sein)

Ein Objekt wird mit einem sogenannten Distinguished Name (DN) zum Beispiel folgendermaßen identifiziert: cn=Yuval Harari, l=main campus, ou=history, o=University of Jerusalem, c=IL; uid=yharari, ou=system, ou=people, dc=history, dc=jerusalem, dc=edu

Auch **Transaktionsmonitore** (TP Monitors) können Bestandteil einer Middleware sein. Sie werden eingesetzt, wenn eine große Anzahl Clients gleichzeitig auf mehrere Datenbanken zugreifen, wie das zum Beispiel bei Geldautomaten (englisch *ATM*) der Fall ist. Heutzutage sind sie in den meisten Applikationsservern integriert. Früher hingegen musste man spezielle Produkte einsetzen. Zum Beispiel:

- *BEA Tuxedo* (gehört heute Oracle)
- IBM *CICS* (stateless) und *IMS* für Mainframes
- Microsoft Transactionserver *MTS* im COM+
- *OTS* (CORBA Object Transaction Service) für CORBA and EJB

9.3.3 Lokale Services

In der Java-Welt wurde eine Zeit lang in zahlreichen Projekten *OSGi* (Open Services Gateway Initiative) verwendet. Das Prinzip ist folgendes: Ein sogenanntes **Bundle** (JAR-Datei) kann mehrere **Components** beinhalten. Eine solche Component kann einen **Service** zur Verfügung stellen und gleichzeitig von mehreren Services abhängig sein. Die Abhängigkeiten zwischen den Services dürfen nicht zirkulär sein. Bundles können zur Laufzeit installiert oder erneuert werden. Die bekannteste Anwendung von OSGi ist die Plattform *Eclipse*. Sie enthält Eclipse-Plugins, welche OSGi-Bundles sind. Aber auch in der Welt der eingebetteten Systeme wird OSGi häufig verwendet, hauptsächlich für die automatische Instanziierung von Services. Als Alternative bietet sich ein leichtgewichtigeres Dependency Injection Framework an. Es gibt verschiedene OSGi-Implementationen: *Apache Felix*, *Eclipse Equinox* oder *Knopflerfish*. Da OSGi schon relativ alt ist, wurde in Java 9 eine neue Standardisierung für die Modularisierung (*JPMS*) erarbeitet.

9.4 DSL (Domain Specific Languages)

9.4.1 MDA und MDSD

Softwareentwicklung ist ständigen Neuerungen der Technologien unterworfen. So ist es nötig, dass Unternehmen in einem Zyklus von etwa 10 Jahren ihre Systeme jeweils komplett erneuern. In den Nullerjahren kam deshalb die Idee auf, dass man Software auf einer höheren Abstraktionsebene definieren könnte, nämlich nicht auf technischer Ebene mittels herkömmlicher Programmiersprachen, sondern mit speziell für die Anwendungsgebiete entwickelten Sprachen. Dahinter können die Technologien beliebig ausgetauscht werden, ohne dass sich der programmierte Code ändert. Eine weitere Motivation lag darin, dass nicht unbedingt Softwareentwickler, sondern Fachexperten direkt die Logik umsetzen könnten. So würde man Aufwände sparen. Ein großer Verfechter dieser Idee ist Eric Evans mit seinem Buch *Domain-Driven Design* [32].

Model Driven Architecture (**MDA**) ist eine Richtlinie von OMG zum Entwurf solcher Systeme, die Änderungen in der Technologie überleben können. MDA ist eine Spezialisierung von **MDSD** (Model Driven Software Development), einer Philosophie, die festlegt, dass eine **DSL** (Domain Specific Language) für das Programmieren benutzt werden soll. Die Umsetzung einer Software gemäß MDA geschieht über ein Modell, welches aus *PIM* (Platform Independent Model), *PSM* (Platform Specific Model) und Code besteht. *XMI* ist das XML-basierte Format für die Beschreibung der Modelle. Pro Applikation werden oft mehrere PSMs erstellt: eine für die Datenbankschicht, eine für die Logik und eine für die GUI.

Die Spezifikation *MOF* (Meta Object Facility) definiert die 4 Schichten (Meta-Ebenen) von MDA, M3 bis M0:
- M3: Metadaten zu M2. Beispiele: die MOF Sprache selbst, aber auch EBNF.
- M2: Metamodell der Domäne (Variabilitätsmodell): Syntaxdefinitionen der PIMs und PSMs plus Transformation Rules (mit QVT), für die Transformationen zwischen PIMs, PSMs und Code. Beispiele: Syntaxdefinitionen von Sprachen mit EBNF, Definition von UML oder ein Subset von UML (UML Profile), CWM (Common Warehouse Metamodel), xUML (executable UML).
- M1: Konfigurationsdaten (Modell der einzelnen Applikation): konkrete PIMs, PSMs und Code.
- M0: Runtime (ausgeführter binärer Code).

Eine ausführliche Einführung liefert das Buch „*MDA Explained*" von Anneke Kleppe, Jos Warmer und Wim Bast [33]. Für die Anwendung von MDA gibt es zwei bekannte

Produkte: *AndroMDA* ist ein Open-Source-Werkzeug, welches am besten mit dem UML-Tool *MagicDraw* zusammen funktioniert. Es unterstützt das Java-Spring-Framework. AndroMDA enthält Cartridges in Form von Plugins, die Codegeneratoren enthalten, basierend auf Templates, Librarys und UML Profiles. *Olivanova* ist ein kommerzielles MDA-Produkt der Firma CARE in Spanien.

9.4.2 Software Factory

Software Factorys folgen ebenfalls den MDSD-Ideen. Die Software soll jedoch mit proprietären DSLs beschrieben werden, und nicht wie bei MDA mit standardisierten. So kann die DSL näher an eine bestimmte Business-Domäne gebracht werden, ohne irgendwelche Einschränkungen einer Meta-Ebene. Der Nachteil liegt in der Abhängigkeit von einem proprietären Produkt. Microsoft führte in den Nullerjahren die Software-Factory-Initiative durch, unter welcher Tools zur Verfügung gestellt wurden, um eigene DSLs in Visual Studio zu integrieren und so eine eigene Factory für .NET-Software zu schreiben. Manche Softwareunternehmen hatten von Grund auf eigene Software Factorys geschrieben, um rasch datenzentrierte Webapplikationen für ihre Kunden erstellen zu können. Die GUI-Masken mussten dabei ungefähr den Datenbanktabellen entsprechen. Zur Vertiefung in das Thema dient das Buch *„Software Factories"* von Jack Greenfield und Keith Short [34].

Allgemein sind im MDSD-Bereich folgende weitere Produkte bekannt geworden:
– *Eclipse Modeling Projects* (früher *openArchitectureWare* genannt). *Xtext* ist ein Teil von EMF (Eclipse Modeling Framework) und dient der Definition von DSLs.
– *MetaCASE.*
– *MPS/mbeddr*, eine eigene IDE für die Definition von DSLs.

9.4.3 Tabellengesteuerte Programmierung

Vor allem in der Spieleentwicklung, aber auch im Compilerbau sind tabellengesteuerte Systeme verbreitet. Teile der Software werden nicht direkt ausprogrammiert, sondern über eine Tabelle definiert. Typischerweise handelt es sich um ein Mapping von einem Schlüssel zu einer Funktionalität oder zu einem Objekt. Hier kann man ebenfalls von einer DSL sprechen.

Der Traum, eines Tages nichts mehr manuell programmieren zu müssen, sondern nur noch modellieren zu können, ist alt. Trotzdem hat er sich bisher nicht erfüllt. Entweder muss man immer noch (entsprechend der 80/20-Regel) 80 % des Codes für die 20 % Spezialfälle manuell programmieren oder aber die Modellierung ist genauso aufwändig wie die Programmierung. Schließlich ist das Modellieren grundsätzlich ähnlich wie das Programmieren, basiert es doch ebenso auf definierten Sprachen. Der Hype um DSLs hat sich deshalb seit einigen Jahren wieder gelegt. Die Praxis hat deutlich gemacht, dass herkömmliche Programmiersprachen für die Lösung von Problemen meistens besser geeignet sind.

9.5 IoT und Cloud

9.5.1 RESTful Webservices

REST (Representational State Transfer) ist ein architektonischer Stil für Webservices, sozusagen der Nachfolger von SOAP. Seine Grundlage bilden **Ressourcen**, die über das Web zugänglich gemacht werden. Jede Ressource und jede Child-Ressource besitzen eine eigene URL. Serverseitige States gibt es nicht. URLs stellen also Ressourcen mit den HTTP-Operationen GET, PATCH, PUT, POST und DELETE dar, aber keine Aktionen. Das heißt, dass auch Aktionen als Ressourcen modelliert werden müssen, in Form von Substantiven. Ressourcen desselben Typs sind jeweils über einen Endpoint (eine Basis-URL) zugänglich. Haben Ressourcen eine m:n-Beziehung, sind jeweils eigene Endpoints zu definieren und in der Response entsprechend zu referenzieren. Bei 1:n-Beziehungen hingegen werden sie in der Praxis gerne direkt verschachtelt.

Ressourcen werden typischerweise mit der HTTP-Methode PUT erzeugt oder ersetzt, wenn die ID bekannt ist, und mit POST, wenn die ID nicht bekannt ist, da mit POST eine neue ID erzeugt wird. PUT ist idempotent, ein nochmaliger identischer Aufruf verändert den Zustand also nicht. Für Änderungen einzelner Werte einer Ressource wird PATCH bevorzugt, weil es fehlerträchtig und ineffizient wäre, wenn der Client jeweils mit PUT den ganzen Datensatz übermitteln müsste.

Das übliche Datenformat ist JSON mit *JSend*. Manchmal trifft man auch das komplexere *JSON API* an. Dieses kann, aber muss nicht mit JSON Schema definiert werden. Früher wurde auch *HAL* verwendet (ebenfalls basierend auf JSON), noch früher sogar XML. Eine weitere Alternative ist die Verwendung von YAML.

Die **Versionierung** der Schnittstellen wird vorzugsweise weder über die ganze API noch in der URL definiert, sondern bei den einzelnen Ressourcen über den Mediatype im HTTP-Header *Content-Type*. REST-Ressourcen lassen sich heute mit vielen gängigen Programmiersprachen einfach implementieren. Clients sind GUIs von Webapplikationen (Browser), Mobile Apps, IoT-Geräte und Komponenten auf Serverseite. Die Authentifizierung erfolgt bei jedem Aufruf über ein Token in einem HTTP-Header. Ressourcen, die dem eingeloggten Benutzer gehören, werden typischerweise ermittelt mittels eines Aufrufs wie GET https://theserver.com/api/myresource/me.

RESTful APIs können der **HATEOAS**-Philosophie (Hypermedia as the Engine of Application State) folgen. Diese empfiehlt, in Responses die nächsten möglichen Requests als Optionen aufzulisten, sodass sowohl maschinelle als auch menschliche Benutzer einfacher durch die API navigieren können. Beim Aufruf einer Collection über den sogenannten Endpoint, zum Beispiel https://theserver.com/api/myresource, werden dann die URLs aller darunter zu findenden Elemente zurückgeliefert, zum Beispiel also https://theserver.com/api/myresource/item17. Die **OData**-Philosophie von Microsoft geht einen anderen, einfacheren und effizienteren Weg: Alle Daten werden direkt in der Response übermittelt. Über URL-Parameter lässt sich mittels *select, expand* und *filter* definieren, welche Daten man in welcher Verschachtelung erhalten will. Unabhängig von der angewendeten Philosophie können paginierte Arrays zurückgegeben werden, wenn über die URL-Parameter die Limite und der Startpunkt vorgebeben werden.

Microservices ist eine neue Bezeichnung für dezentrale einfache Services, die meistens mittels RESTful APIs umgesetzt werden. Der Begriff der Microservices ist zwar neu, dahinter stecken jedoch herkömmliche Ideen aus SOA. Microservices helfen, eine Software vertikal aufzuteilen. Zu diesem Zweck besitzen sie eine Full-Stack-Funktionalität, von der Datenbank über die Logik bis zur Benutzeroberfläche. Hier zeigt sich ein Zusammenhang mit der Zusammensetzung von Entwicklungsteams, wie in Kapitel 2.3.2 beschrieben wird. Diese fachliche statt technische Aufteilung entspricht auch der Philosophie von DDD (Domain-Driven Design) [32]. Unter API-Management versteht man die Bereitstellung der Infrastruktur, sowohl für extern im Internet exponierte als auch für intern im Firmennetz angebotene Microservices. Zentrales Thema ist die Versionierung der Schnittstellen. Dies wird in Kapitel 18.1.4 ausführlich behandelt. Die Kommunikation zwischen den Microservices erfolgt entweder synchron über RESTful APIs, oder asynchron mit einem Message Broker.

Die RESTful API Modeling Language **RAML** erlaubt es, Schnittstellen implementationsunabhängig auf einer höheren Abstraktionsebene zu beschreiben. Die **OpenAPI**-Spezifikation legt fest, wie RESTful APIs ihre Dokumentation und Test-UIs zur Laufzeit erzeugen und präsentieren können. Das hierfür geeignete Tool ist *Swagger*. Es bezieht die Informationen aus entsprechenden Annotationen im Sourcecode. In Java gilt das Tool *Miredot* als gute Alternative, folgt allerdings nicht OpenAPI. Applikationen wie Postman/Newman unterstützen die Entwickler in der Praxis zuverlässig beim Testen von RESTful APIs, sowohl manuell über eine UI als auch automatisiert. Im RESTful-Umfeld existieren viele nützliche Browser-Plugins wie zum Beispiel das Firefox-Plugin *RestClient*.

Es empfiehlt sich, aufkommende Alternativen zu REST im Auge zu behalten:
- *gRPC* (von Google) basiert auf einer IDL, mit welcher Entwickler *proto*-Files erstellen, die vom *protoc*-Compiler in Server- und Client-Code umgewandelt werden.
- *GraphQL* (von Facebook) ist eine deklarative Sprache für die API-Definition. Ein API besteht im Gegensatz zu REST nur aus einem einzigen Endpoint. Eine bekannte Implementation ist *Apollo*, sowohl für Server als auch für Clients.

9.5.2 Cloud Computing

Im Rahmen von Cloud Computing werden Applikationen immer häufiger nicht mehr auf statisch definierter Infrastruktur in einem Datacenter gehostet, sondern dynamisch auf viele Knoten im Netz verteilt. Die **Elastizität** bezeichnet die Fähigkeit des Betreibers (Hosting), die Hardware-Ressourcen automatisch dynamisch je nach Bedarf verfügbar zu machen. Applikationen in der Cloud müssen **skalierbar** sein (siehe Kapitel 8.3), sowohl horizontal für den Einsatz mehrerer Maschinen, die über Load Balancer orchestriert werden (siehe Kapitel 9.2.3), als auch vertikal mittels konfigurierbarer Erweiterung der Ressourcen einzelner Maschinen (RAM, Disk und Rechenleistung).

Verschiedene Varianten von Dienstleistungen durch Cloud-Anbieter stehen zur Auswahl:

- Mit **SaaS** (Software as a Service) stellt der Anbieter die ganze Applikation zur Verfügung. Beispiele sind Dropbox oder IFTTT.
- Bei **PaaS** (Platform as a Service) wird ein OS plus eine Container-Umgebung wie Docker oder eine Laufzeitumgebung wie Java, .NET, Node.js oder Python zur Verfügung gestellt. Zur Wahl stehen große globale Anbieter mit einem guten Preis-/Leistungsverhältnis wie *Amazon AWS*, *Google AppEngine* und *Microsoft Azure*. Es kann aber auch Sinn machen, einen lokalen Anbieter zu wählen, der meistens ein handelsübliches Framework einsetzt. Bekannte Produkte als Basis für PaaS sind *Cloud Foundry*, *Heroku* oder *Jelastic*, wobei vor allem letzteres sehr entwicklerfreundlich und funktionsreich in Erscheinung tritt. Red Hat ist ein weiterer Service-Anbieter und benutzt das eigene Container-Framework *OpenShift*, welches auch durch andere Hoster eingesetzt werden kann.
- **IaaS** (Infrastructure as a Service) bedeutet, dass nur die virtualisierte Hardware zur Verfügung steht und alles andere selber aufgesetzt werden muss. Beispiele sind *Amazon EC2* (Elastic Compute Cloud), *Google ComputeEngine*, *Microsoft Azure* oder kleinere Anbieter, die ein Framework wie *OpenStack* verwenden. DigitalOcean ist ein Anbieter für kleinere Projekte und beliebt in der Open-Source-Gemeinde.
- **FaaS** (Function as a Service) und **Serverless** sind Konzepte, bei welchen nur Events und Funktionen mithilfe einer proprietären API programmiert werden. Das eignet sich vor allem für sehr kleine Applikationen. Der Vorteil ist, dass nur die tatsächlich ausgeführte Anzahl Instruktionen verrechnet wird. Ein Beispiel ist *AWS Lambda*. Amazon stellt hierfür mit *Cloud9* sogar eine eigene webbasierte IDE zur Verfügung.

Eine **Private Cloud** bietet Dienste für die eigene Organisation an und wird entweder in der eigenen Infrastruktur On-Premises betrieben, exklusiv für den eigenen Betrieb extern gehostet oder in Form einer VPC (Virtual Private Cloud) in einer Public Cloud aufgesetzt. Bei einer Mischung zwischen Private Cloud und Public Cloud spricht man von einer **Hybrid Cloud**. Das ist die Domäne regionaler IT-Infrastruktur-Dienstleister. Sie konkurrieren nicht mehr mit den großen drei Cloud-Anbietern, sondern bieten heute aus einer Hand hybride Lösungen an, die für die Public Cloud AWS, Azure oder Google Cloud, und für die Private Cloud eigene Hardware verwenden, was zum Beispiel für die Verarbeitung sensitiver Daten sinnvoll ist.

Cloud-native-Anwendungen sind Programme, die extra für die Cloud konzipiert sind. Sie basieren typischerweise auf Microservices. Die Kommunikation von außen und auch zwischen diesen Services innerhalb der eigenen Cloud kann synchron via RESTful APIs erfolgen oder auch asynchron über einen Message Broker. Statische HTML-, JS-

und CSS-Dateien, die bei Web-Frameworks wie Angular anfallen, werden typischerweise separat gehostet, bei AWS zum Beispiel mit *S3 Buckets*. Für die schnelle Erstellung einfacher Backends ohne komplexe Funktionalität bietet Google Cloud die Plattform *Firebase* an.

Bei der Nutzung einer Cloud besteht die Gefahr, in ein „Vendor Lock-In" zu geraten. Die Cloud-Anbieter stellen einfach und günstig zu nutzende Funktionalität wie Containerverwaltung, Message Broker, Monitoring, WAF/IAM, Machine Learning und IaC zur Verfügung. Aber deren Verwendung steigert die Abhängigkeit zu Amazon, Google oder Microsoft, und die lokale Entwicklungsumgebung muss entsprechend angepasst werden, zum Beispiel mit Cloud-Emulatoren wie *LocalStack* oder mit einer alternativen Lösung für den eigenen Rechner. Da sich die Zeiten schnell ändern, ist es empfehlenswert, eine „Cloud Exit Strategy" bereitzuhalten. Darin wird beschrieben, welche Komponenten beim Wechsel zu einem anderen Dienstleister ersetzt werden müssten.

Zur Standardliteratur gehört das Buch *„Cloud Computing Architected"* von John Rhoton und Risto Haukioja [35].

9.5.3 IoT und M2M

Hinter dem Begriff **IoT** (Internet of Things) steht die Idee, dass prinzipiell jedes Gerät am Internet angeschlossen sein kann: Kühlschränke, Kaffeemaschinen, Kameras, Lichtquellen, eigentlich alles, was mit Strom funktioniert. Diese Geräte können ihre Daten über das Internet in die Cloud schicken und Einstellungen oder Updates der Firmware von dort beziehen. Die Geräte sind mit Mobile Apps oder mit dem Browser via Internet über die Cloud bedienbar. Für die Darstellung der IoT-Daten in einer GUI werden gerne Zeitdiagramme und Scatterplots verwendet. Messwerte von Sensoren werden typischerweise zuerst lokal über einfache Protokolle wie BLE oder serielle Busse an ein Edge Gateway geleitet (im Rahmen von **Edge Computing**, siehe Kapitel 9.6.2), von dort via Internet über einen MQTT-Broker einem Event Stream Processing wie *Apache Kafka* zugeführt und schließlich in einer Time-Series-Datenbank wie *InfluxDB* gespeichert. Eine Alternative ist das Speichern der Werte im JSON-Format in einer dokumentorientierten Datenbank wie *MongoDB*. Auf diese Weise wird jedoch massiv mehr Speicher benötigt, was sich bei großen Mengen von Geräten und Messungen negativ auf die Kosten auswirkt. Die große Frage ist, wie lange ein Hersteller eines IoT-Geräts die Cloud-Infrastruktur aufrechterhalten kann. Selbstverständlich erwarten die Anwender, dass dies während der gesamten Lebenszeit des Produkts garantiert ist.

M2M (Machine-to-Machine) ist ein Teilbereich von IoT, welcher sich ausschließlich mit der Kommunikation zwischen Geräten beschäftigt, während es bei IoT auch um Benutzerinteraktionen und um die Integration mit anderen Geräten im Internet geht. Als Kommunikationsprotokoll im lokalen Netz zwischen einzelnen IoT-Geräten wird für Request/Response-Abläufe normalerweise eine RESTful API verwendet, entweder über

HTTPS (basierend auf TCP mit SSL/TLS-Verschlüsselung) oder mit dem schmaleren *CoAP* auf Basis von UDP mit einer DTLS-Verschlüsselung. Für die Kommunikation mit dem Server bietet sich in beiden Richtungen das MQTT-Protokoll an. Nachrichten werden in Topics kategorisiert, zum Beispiel kann ein Schalter über die Nachricht „On" auf dem Topic „Light" eine Lampe einschalten. IoT-Geräte können aber in der Praxis auch RESTful APIs des Servers aufrufen. Push-Nachrichten vom Server zum IoT-Gerät müssen nicht zwingend Nutzdaten beinhalten. Sie können auch lediglich mitteilen, dass Daten über eine RESTful API von der Cloud zu holen sind, wie zum Beispiel ein Firmware-Update. Der Push-Server kann durch einen Drittanbieter wie *PubNub* zur Verfügung gestellt werden.

Telekommunikationsfirmen möchten in möglichst vielen Geräten eine SIM-Karte stecken, um den allgemeinen Datenverkehr zu erhöhen und so zusätzliche Einnahmen zu generieren. So gibt es zum Beispiel Elektrostecker, welche via Mobilfunknetz den aktuellen Stromverbrauch ins Internet schicken oder Autos wie BMW und Tesla, die ihre Nutzdaten einer zentralen Stelle mitteilen. Hier gilt es, genau hinzuschauen, um welchen Typ SIM-Karte es sich technisch handelt, denn GSM-Netze zum Beispiel wurden in manchen Ländern schon abgeschaltet.

Auf dem Markt ist eine große Auswahl an IoT-Geräten erhältlich, die via WLAN eine Verbindung in die Cloud herstellen. Beispiele sind Thermostaten und Rauchmelder von Google Nest, Wetterstationen und CO2-Sensoren von Netatmo oder Hi-Fi-Lautsprecher von Sonos. Die Anbindung dieser IoT-Geräte an den WLAN-Router nennt man **Wi-Fi-Provisioning**. Das Übertragen der SSID und des Passworts auf das Gerät kann in der Praxis folgendermaßen geschehen:

– Mittels direkter Eingabe in einer Benutzeroberfläche des Geräts.
– Von einer Desktop-Applikation über USB oder Bluetooth, oder von einem Smartphone über NFC oder Bluetooth.
– Mittels der Technologie *Smart Config* von Texas Instruments (TI). Das Gerät kann die Paketlängen mitlauschen, wenn das Smartphone Daten zum WLAN-Router schickt. Über diese Paketlängen werden die SSID und das Passwort ermittelt.
– Mittels eines temporären Hotspots, den das Gerät selber aufstellt, und über welchen die Mobile App die SSID und das Passwort des eigentlichen WLANs setzt.
– Mittels Wi-Fi-Direct (ohne Hotspot) zwischen der Mobile App und dem Device.
– Mittels eines Helligkeitssensors am Gerät, welcher vom Smartphone-Display SSID und Passwort über eine Art Morsecode (wechselnde Farben) erhält.

Ein solches IoT-Gerät besitzt für die Kommunikation über WLAN ein **Wi-Fi-Modul**, auch RF-Modul genannt. Dieses kann auf drei verschiedene Arten in das Gerät eingebaut werden, wie in Abbildung 9.1 übersichtlich dargestellt wird:

– Variante A: Wi-Fi-Modul mit fix programmierter MCU (Microcontroller), verbunden mit dem Applikationsprozessor. Die Schnittstelle zwischen Wi-Fi-Modul und Applikationsprozessor ist dabei vorgegeben und liegt auf der Abstraktionsebene der Wi-Fi-Kommunikation. Diese Architektur eignet sich gut für neu entwickelte serienmäßig hergestellte Geräte. Mit *WICED SDK* von Cypress kann die Software auf

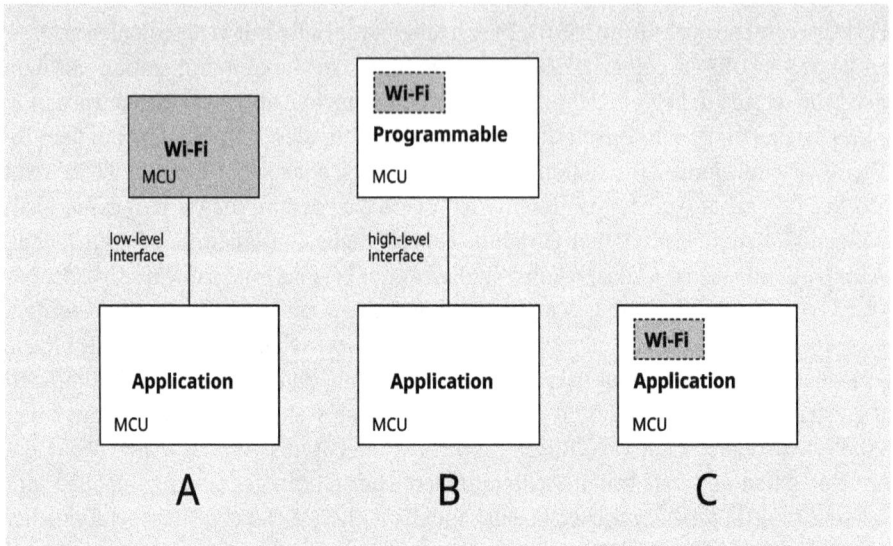

Abb. 9.1: Varianten für die Hardware-Architektur der Wi-Fi-Anbindung eines IoT-Geräts.

dem Applikationsprozessor einfach in C programmiert werden. *Particle* (früher bekannt als *spark.io*) bietet Hardware und eine Cloudplattform an, um WICED-Geräte prototypmäßig mit dem Internet zu verbinden und das Ergebnis später auch auf produktive große Stückzahlen skalieren zu lassen. Welche Controller sich als Applikationsprozessor eignen, beschreibt Kapitel 5.2.2.

– Variante B: Wi-Fi-Modul mit flexibel programmierbarer MCU, verbunden mit dem Applikationsprozessor. Diese Architektur ist geeignet, um ein bestehendes Gerät ans Internet anzuschließen, kann hier doch eine eigene Schnittstelle zwischen den beiden Prozessoren definiert werden. Als Wi-Fi-Modul wird oft *ESP8266* verwendet, optional mit der Lua-basierten Plattform *NodeMCU*. Alternativ bietet sich die Plattform *SimpleLink* von Texas Instruments (TI) an, welche sowohl Hardware als auch Software beinhaltet. Der Applikationsprozessor sollte bei dieser Variante im bestehenden Gerät bereits vorhanden sein.

– Variante C: Wi-Fi-Modul ohne zusätzliche MCU. Es gibt nur einen Prozessor für Wi-Fi-Modul und Applikation, also keine Schnittstelle dazwischen. Diese Architektur ist für kleine, einfache Geräte geeignet. Auch hier kann *ESP8266* oder *SimpleLink* von TI verwendet werden.

Wenn zwei Systeme miteinander verbunden werden, so empfiehlt es sich generell, die Schnittstelle auf möglichst tiefer Abstraktionsebene zu definieren, damit sie stabiler bleibt und weniger oft geändert werden muss. Fragen zur Sicherheit von Wi-Fi werden in Kapitel 17.4.6 beantwortet.

IoT-Geräte können auch mit anderen Technologien als Wi-Fi drahtlos mit der Cloud im Internet kommunizieren. Die Hardware-Architektur bleibt jeweils gleich wie gerade besprochen, nur das Wi-Fi-Modul muss ersetzt werden. Folgende Alternativen sind möglich:

- Das Gerät verbindet sich direkt mit einer SIM-Karte ins mobile Netz.
- Das Gerät kann via *Bluetooth* Kontakt zum Smartphone aufnehmen und von dort via mobiles Netz oder Wi-Fi ins Internet gelangen.
- Via *ZigBee* kommuniziert das Gerät zu einem speziellen Gateway, welches mit einem Ethernet-Kabel am Router angeschlossen wird, wie das zum Beispiel bei den farbigen *Philips Hue* Lampen der Fall ist.
- *Z-Wave*, ein Home-Automation-Funkstandard.
- *Thread* (von ARM, Freescale, Google Nest und Samsung) ist ein IPv6-Mesh-Netzwerk, basierend auf CoAP und MQTT. Der Home-Connectivity-Standard Matter basiert auf Thread.
- Das *Low Power Wide Area Network* (LPWAN) dient der drahtlosen Vernetzung von Geräten mit kleinem Stromverbrauch und geringen Datenmengen. Eine bekannte Standardisierung ist LoRa (Long Range) mit *LoRaWAN*. Unter anderem beteiligen sich da auch einige Telekommunikationsanbieter. LoRa-Geräte werden über die Luft mit LoRa-Gateways ans Internet angebunden. Die Reichweite beträgt je nach Umgebung ungefähr 10 Kilometer. In den Städten etwas weniger, auf dem Land etwas mehr.

Eine wachsende Gemeinschaft von Freizeitbastlern, sogenannten „Makers", stellt einzelne IoT-Geräte als Prototypen selbst her. Für diesen Zweck sind diverse Boards von Adafruit erhältlich, unter anderem für ESP8266, LoRa, WICED oder Bluetooth. Zusätzlich bietet Adafruit für diese selbst gemachten IoT-Geräte eine spezifische Cloud an.

Es ist sinnvoll, vor der serienmäßigen Herstellung eines Geräts einen Prototyp zu bauen. Das Gehäuse wird als CAD-Modell in Form einer STL-Datei erstellt. Hierfür kann ein Tool wie *Blender* oder *Fusion 360* verwendet werden. Das Modell sollte so dimensioniert werden, dass das Board darin Platz hat und die benötigten Schnittstellen gegen außen verfügbar sind. Nach der Umwandlung dieser Datei in *G-Code* kann das Gehäuse mit einem 3D-Drucker hergestellt werden. Dazu muss man nicht unbedingt einen eigenen 3D-Drucker besitzen. Entsprechende Online Services fertigen das gewünschte Objekt an und liefern es per Post. Als Alternative können auch CNC-Fräsen benutzt werden.

Jede Firma möchte ihre eigenen Geräte und dazugehörigen Cloud-APIs zum Standard machen. Daher versucht OCF (Open Connectivity Foundation) unter der Zusammenarbeit von Acer, Cisco, Intel, Microsoft und Qualcomm, einen gemeinsamen Standard zu etablieren.

Das Thema **Big Data Analytics**, also die Frage, wie man mit den wachsenden Mengen an Daten umgeht, welche mit der steigenden Anzahl von IoT-Geräten anfallen, wird in Kapitel 15.7 behandelt. **Industrie 4.0** ist ein weiteres Schlagwort für die Anbindung von Produktionsstraßen in Fabriken ans Internet im Rahmen der industriellen Automatisierung (siehe Kapitel 11.5.2) mittels IoT-Konzepte.

9.6 Aktuelle Trends

9.6.1 Digitalisierung

Die Digitalisierung hat bisher vor allem immaterielle Dinge betroffen wie das Herunterladen von Musik und Texten anstelle des Erwerbs von Tonträgern oder Büchern. Auch Dienstleistungen wurden durch die Digitalisierung immer mehr umgewälzt in Richtung „Sharing Economy", zum Beispiel im Taxigewerbe durch Uber oder im Hotelwesen durch Airbnb. Künftig wird wohl das Wissen von Juristen und Ärzten zunehmend durch Computersysteme zur Verfügung gestellt.

Man kann sich vorstellen, dass in Zukunft auch materielle Produkte von der Digitalisierung betroffen sein werden. Physische Läden werden ja heute schon durch Online-Shopping immer mehr verdrängt. Wahrscheinlich kann man in Zukunft Modelle von Gegenständen herunterladen und dann mit dem eigenen 3D-Drucker selber herstellen, wie es Jaron Lanier in seinem Buch *„Who Owns the Future?"* [36] voraussagt.

9.6.2 Dezentrale Netze

Das Internet ist ein globales Netz, das auch seine Schattenseiten aufweist. So stellt sich beispielsweise die Frage, wer eigentlich die Standards definiert, wer Daten, die über die Leitungen fließen, sehen kann und wie dabei die allgemeinen Interessen gewahrt werden. Schon heute ist die Netzneutralität (Gleichbehandlung aller Datenpakete) nicht mehr voll gewährleistet. Das Internet wird durch die USA dominiert. Aber auch autoritäre Staaten zensurieren das Internet innerhalb der eigenen Grenzen. Um solche Schranken zu umgehen, behilft man sich mit VPN-Providern. Verschlüsselungstechnologien gewinnen an Bedeutung.

In vielen Ländern sind Stromausfälle, welche die Verbindung zum Internet unterbrechen, an der Tagesordnung. Darum wird der Trend bei IoT wohl in die Richtung gehen, dass sich Geräte nicht mehr im globalen Internet, sondern in lokalen **Mesh-Netzwerken** dynamisch zusammenschließen und miteinander kommunizieren. Solche WMN (Wireless Mesh Network, siehe Kapitel 14.2.1) werden mit Technologien wie *Thread, Bluetooth, Zigbee, Z-Wave* und *Wi-Fi* umgesetzt. Die Authentifizierung zwischen den Geräten kann mit dezentralen Mechanismen in Form eines „Web of Trust" erfolgen. Dies bietet sich auch in der Gebäudeautomation an, wo sich Standardkomponenten wie Lüftungsklappen, Ventile, Thermostaten und Sensoren ohne Konfiguration (Plug-and-Play) im internen Netz in ein Regelsystem integrieren, ohne dass zwingend eine Internetverbindung vorhanden sein muss. Heute schon werden Home-Automation-

Hubs angeboten, wie zum Beispiel *Insteon, Loxone, SmartThings* oder *Wink*, welche aber für die Konfiguration via Mobile App meistens noch immer online im Internet erreichbar sein müssen. Künftig ist es vorstellbar, dass auch offline voll funktionierende Zentralen angeboten werden, welche sich mit den Geräten per Plug-and-Play automatisch finden und gegenseitig konfigurieren. Einige Technologien haben sich schon mit selbstorganisierender Dezentralisierung beschäftigt, so etwa BitTorrent, JINI, Smart Grids, UPnP und Zeroconf.

Unter **Edge Computing** versteht man die Steigerung der Intelligenz der IoT-Geräte selbst, damit weniger Last auf Servern und Leitungen liegt. Wenn mehr Logik direkt in den Geräten ausgeführt wird statt in der Cloud, so dient das neben der Robustheit auch dem Schutz der Privatsphäre. **Ubiquitous Computing** bezeichnet den Trend, dass Rechenleistung auf alltägliche Gegenstände wie Kleider, Uhren oder Brillen verteilt und nicht nur in Geräten erbracht wird.

Eine weitere Frage ist, ob in Zukunft Geldkonten und Verträge im Allgemeinen nicht mehr zentral bei einzelnen Firmen oder Staaten verwaltet werden, sondern global. Blockchains könnten eine große Rolle spielen für das dezentrale Speichern von Smart Contracts, siehe Kapitel 11.4.2. Auch die Idee des Peer-To-Peer-Computing, mit welchem keine zentralen Server mehr nötig sind, wird zum Beispiel im Projekt *Holochain* verfolgt. Der Internet-Computer der Firma Dfinity verfolgt den Ansatz, mittels Tokens (genannt *ICP*) Rechenleistung anzubieten und zu konsumieren. Applikationen werden dabei mit Rust und Motoko geschrieben und laufen als Bytecode in *WebAssembly*-Runtimes (Wasm).

9.6.3 Künstliche Intelligenz, neuronale Netzwerke und Robotik

Mit künstlicher Intelligenz (KI) beschäftigen sich die Wissenschaftler schon seit den Fünfzigerjahren. Legendär ist der sogenannte Turing-Test: Wenn ein Mensch vor einem Rechner nicht erkennen kann, ob er einen Menschen oder eine Maschine vor sich hat, dann ist der Rechner intelligent. Damals lag der Schwerpunkt auf wissensbasierten Systemen, deren Grundlage fest vorgegebene Regeln sind. Eine verbreitete Anwendung sind Expertensysteme. Der bekannteste Fall ist der Schachcomputer *Deep Blue* von IBM, der in den Neunzigerjahren als erste künstliche Intelligenz einen Schachweltmeister schlug. Kapitel 15.6 befasst sich intensiver mit wissensbasierten Systemen.

Parallel zu diesen von Menschen aufgesetzten Systemen beschäftigt sich die Forschung intensiv mit der Idee, dass Maschinen ihre Aufgaben selber lernen sollen. Eine wichtige Rolle spielen dabei künstliche **neuronale Netzwerke**. Sie bestehen, wie der Name sagt, aus Neuronen, von denen jedes eine individuelle Aktivierungsfunktion besitzt. Outputs mehrerer Neuronen werden jeweils zum Input eines weiteren Neurons verbunden. Diese Verbindungen heißen Synapsen. Diese Netze können einen Algorithmus lernen, indem man eine Menge von Inputs und erwarteten Outputs vorgibt. Lernen heißt, dass die neuronalen Netzwerke das Gewicht der Synapsen entsprechend setzen.

Neuronale Netzwerke werden vor allem für **Deep Learning** eingesetzt. Hier geht es darum, dass die Maschine sich selber Wissen für einen speziellen Zweck aneignet. Das Grundprinzip sind dabei sogenannte Tensoren (n-dimensionale Matrizen), welche in übereinanderliegenden Schichten von Knoten (Neuronen) eingegeben und ausgegeben werden. Je nach Anwendungsfall werden unterschiedliche Verfahren angewendet. Hier eine Auswahl:

- CNN (Convolutional Neural Network): ursprünglich für die Erkennung von Bildern, immer mehr auch für Texte und Zeitreihen
- RNN (Recurrent Neural Network): Erkennung von Texten und Zeitreihen, werden aber in der Praxis immer weniger eingesetzt
- MLP (Multilayer Perceptron): Erkennung von gesprochener Sprache
- Transformer: Sprachmodellierung, geeignet für riesige Sprachmodelle (LLM)

Maschinelles Lernen wird aber auch für breitere Zwecke angewendet, hauptsächlich für **Predictive Analytics**. Neben neuronalen Netzwerken kommen dabei viele weitere Konzepte aus der Statistik zum Einsatz. Sie werden in Kapitel 15.7.2 ausführlich beschrieben. Ein bekanntes Beispiel ist das System *IBM Watson*, das 2011 im Quiz Jeopardy gegen menschliche Teilnehmer gewann. Google DeepMind entwickelte *AlphaGo*, ein System, welches das Brettspiel Go gegen menschliche Meister gewinnt. Und OpenAI (von Microsoft finanziert) veröffentlichte 2022 ein mit immensen Datenmengen trainiertes Sprachmodell, den Chatbot *ChatGPT*. Eine praxisorientierte Einführung in maschinelles Lernen mit Schwerpunkt Deep Learning bietet das Buch *„Praxiseinstieg Machine Learning mit Scikit-Learn & TensorFlow"* von Aurélien Géron [37].

Python ist die favorisierte Programmiersprache für Deep Learning, da bekannte Frameworks wie *PyTorch* und *TensorFlow* (von Google) darauf aufbauen. *Keras* ist ein High-Level-API für den einfacheren Zugriff auf TensorFlow. Man unterscheidet zwischen dem rechenintensiven Lernmodus, wofür als Hardware gerne GPUs (Grafikprozessoren) verwendet werden, und der Laufzeitanwendung des in Form eines Graphen exportierten trainierten Modells. Die Laufzeit kann grundsätzlich in irgendeiner Programmiersprache implementiert werden, auch auf mobilen Geräten. Die Modelle können dann mittels Fine-tuning (weiteres Lernen) verbessert werden.

Die Topologien der neuronalen Netzwerke und die Lernalgorithmen wurden bis vor kurzem ausschließlich durch Menschen definiert. Google und andere Firmen arbeiten jedoch an Systemen, welche beim Lernen automatisch das darunterliegende neuronale Netzwerk und den Lernalgorithmus selber optimieren. Solche Systeme werden *AutoML* genannt. Künstliche Intelligenz hilft jetzt also dabei, künstliche Intelligenz zu erschaffen! Aber auch die klassische Programmierung erhält zunehmende Unterstützung durch KI in Form von Tools für Auto Code Completion in IDEs.

Die **Robotik** ist ein zukunftsträchtiges Gebiet. In der Industrie besitzen Roboter nach wie vor Potenzial, mühsame manuelle Arbeit zu eliminieren, die in gewissen Ländern unter unmenschlichen Bedingungen verrichtet werden muss. Die gesellschaftliche

Altersstruktur weist global darauf hin, dass die Anzahl der Rentner im Vergleich zur Anzahl der Erwerbstätigen stetig zunimmt. Bald wird es zu wenig Pflegepersonal geben. Dann könnten Roboter bei der Betreuung von alten Menschen Unterstützung bieten. In der Landwirtschaft ist es vorstellbar, dass Roboter im großen Stil Unkraut jäten. Auf diese Weise könnte nicht nur auf den Einsatz von chemischen Pestiziden, die den Boden vergiften, verzichtet werden, sondern Landwirte würden auch von viel mühsamer Arbeit entlastet.

Die Grundsatzfrage in der KI-Szene lautet, ob ein menschliches Gehirn durch einen Computer simuliert werden kann oder nicht. Berühmter Befürworter dieser These ist Douglas Hofstadter [38], während der Mathematiker Roger Penrose nicht davon ausgeht, dass ein Programm in gleichem Maße schöpferisch sein kann wie ein Mensch [39]. Beide berufen sich dabei auf die Theorien von Kurt Gödel, siehe Kapitel 12.1.2. In der aktuellen Forschung werden für die Kreation von künstlicher Intelligenz keine reinen Turingmaschinen mehr verwendet. Stattdessen werden dem Computer über physische Schnittstellen zusätzliche Elemente hinzugefügt, wie Zellkulturen, spezielle Moleküle (Nanotechnologie) und Kondensatoren. Führende Figur bei diesen Ideen ist Ray Kurzweil [40]. Ausführliche Gedanken zur künstlichen Intelligenz liest man unter anderem im Buch *„Artificial Intelligence"* von Stuart Russell und Peter Norvig [41].

9.6.4 Neue Mensch-Maschine-Schnittstellen

Einige Fortschritte in der Interaktion mit Software können noch erwartet werden. Den Menschen könnten immer mehr Sensoren am Körper befestigt oder gar implantiert werden. So würden sie befähigt, wie Cyborgs mit anderen Systemen zu kommunizieren. Heute schon gibt es viele Leute, die ständig das Smartphone in der Hand halten und so immer mit dem Internet verbunden sind. Ob diese Verbindung via Augen und Finger geschieht oder ob das Gerät fest mit dem Körper verbunden ist, dieser Unterschied ist nicht mehr so groß. Führende Figur in der Forschung, wie man das menschliche Gehirn direkt mit Rechnern verbinden kann, ist Elon Musk mit seiner Firma Neuralink, die er nach den Firmen PayPal, Tesla und SpaceX gegründet hatte. Die Motivation ist hier die Angst, dass der Mensch eines Tages durch KI ersetzt werden könnte. Mit besseren Benutzerschnittstellen zur Maschine wird der Mensch wohl weiterhin das Sagen haben.

10 Standards

10.1 Organisationen für Standardisierungen

Eine große Anzahl von Organisationen setzt sich für Standardisierungen ein. Unter anderen sind folgende Namen in der Softwareentwicklung relevant:

– ISO/IEC (International Electrotechnical Commission of the International Standardization Organization).
– ANSI (Teil von ISO), bekannt für die Mitwirkung bei der Definition von Zeichensätzen, sowie für die Programmiersprachen C und C++.
– OSI (Teil von ISO), bekannt für das Netzwerk-Schichtenmodell.
– IEEE (Institute of Electrical and Electronics Engineers), bekannt für das Floating-Point-Format.
– IETF (Internet Engineering Task Force) ist eine amerikanische Vereinigung und definiert viele Internettechnologien.
– IANA ist eine amerikanisch dominierte Vereinigung und definiert global die IP-Adressen-Vergabe und die Domain Names (DNS). IANA ist Teil der Organisation ICANN, welche unter anderem die Root-Nameserver des Internets verwaltet.
– W3C ist bekannt für die Spezifikationen von HTTP, HTML, XML und SOAP.
– OMG arbeitete die Standards aus für UML, CORBA, MDA und BPMN.
– ACM (Association for Computing Machinery) ist im akademischen Bereich tonangebend.
– SIGMOD (Teil von ACM) ist zuständig für Standards im Bereich Datenmanagement.

10.2 Text

10.2.1 Schriftarten

Es gibt eine Unmenge von verschiedenen **Schriftarten** (englisch *Fonts*), darunter kostenlos verfügbare, aber auch kommerziell erwerbliche. Die Stile dieser Fonts lassen sich kategorisieren: **Serif**-Schriftarten besitzen horizontale oder vertikale Querlinien am Ende der Buchstabenlinien, wie zum Beispiel der Font *Times*. **Sans-Serif**-Schriften haben das nicht, wie zum Beispiel *Arial* oder *Helvetica*. Eine andere Kategorisierung bezieht sich auf die Breite der Buchstaben. **Proportionale** Schriftarten zeichnen sich durch unterschiedlich breite Buchstaben aus, im Gegensatz zu den nicht proportionalen (englisch *monospaced*) Fonts wie *Courier*, wo jeder Buchstabe wie bei einer Schreibmaschine dieselbe Breite besitzt. Unter **Kerning** versteht man einen variablen Abstand zwischen zwei Zeichen, abhängig davon, um welche Zeichen es sich handelt, damit das Schriftbild optisch optimal aussieht. Die Zeichen können sich dabei manchmal sogar überlappen („Unterschneidung"). Fonts werden mittels verschiedener Technologien dargestellt:

https://doi.org/10.1515/9783111354774-010

Die **Raster**-Methode stellt die Schriften als Bitmap dar. **TrueType** und **PostScript** hingegen sind in der Größe skalierbar.

10.2.2 Steuerzeichen

Für Texte in Konfigurationsdateien und Benutzeroberflächen kommen plattformabhängig verschiedene Steuerzeichen für den **Zeilenumbruch** zum Einsatz. Auf den alten Mac-Systemen vor macOS wurde ein Zeilenumbruch mit *<CR>* definiert. Auf Unix, Linux und macOS ist es *<LF>*, unter Windows *<CR><LF>*. Falls man auf Windows Software für Linux-Systeme entwickelt, muss ein entsprechender Texteditor verwendet werden, der das unterstützt, zum Beispiel die freien *Notepad++* oder *WinVi* oder das kommerzielle *UltraEdit*, welches auch Dateien im GB-Bereich problemlos öffnen kann. Falls man in einer IDE arbeitet, müssen die Settings entsprechend eingerichtet werden. Steuerzeichen werden typischerweise mit einem Escape-Character wie dem Backslash markiert.

10.3 Datentypen

10.3.1 Zahlen

Diverse Zahlenformate sind standardisiert:
- **BCD** (Binary Coded Decimal Numbers). Jede Stelle einer Zahl wird durch eine fixe Anzahl Bits repräsentiert.
- **Sign Bit**. Das erste Bit ist 1, wenn die Zahl negativ ist.
- **1-complement**. Invertiere alle Bits, wenn die Zahl negativ ist. 0 kann 0000 oder 1111 sein.
- **2-complement**. Wenn die Zahl negativ ist, invertiere alle Bits und zähle eins dazu. Dies ist ein weitverbreitetes Format für Integer.
- **IEEE 754** ist ein Format für Floating-Point-Zahlen. Eine solche Zahl wird in drei Teilen in 32 Bits gespeichert: Vorzeichen, Exponent und Mantisse. Der Datentyp Double wird in 64 Bits gespeichert.

Die Reihenfolge von Bytes und Bits ist bei allen Formaten relevant. Bytes sind entweder als **Big Endian** (Most Significant Byte First) oder **Little Endian** (Least Significant Byte First) geordnet. Das erste Byte liegt jeweils an der tiefsten Speicheradresse. Innerhalb der Bytes können Bits geordnet sein mit **MSB** (Most Significant Bit) oder **LSB** (Least Significant Bit) an der ersten Stelle (Bit-Position 0). Unter einem **Nibble** versteht man die Hälfte eines Bytes, also genau eine Hexadezimalstelle. Ganze Zahlen stehen in vielen Programmiersprachen unter den Datentypen *Short*, *Integer* und *Long* zur Verfügung. Je nach Sprache bieten sie einen unterschiedlichen Zahlenbereich an. Bei Java ist das klar definiert, bei C hingegen sind die Zahlenbereiche plattformabhängig. Dies ist wichtig zu wissen, damit die zur Laufzeit möglichen Werte in den Variablen Platz finden. Ein Überlauf kann zu katastrophalen Fehlern führen, wie man beim Raketenunglück der „Ariane" gesehen hat.

Java kennt keine *unsigned* Datentypen, also Zahlen, die nie negativ sind. C# kennt sie zwar, aber in APIs dürfen sie nicht verwendet werden. C und C++ unterstützen unsigned. Um in Java trotzdem mit unsigned Werten zu arbeiten, gibt es einen Workaround: Maskierung der benötigten Stellen und beim Bit-Shiften den Operator „>>>" verwenden. Gewisse Sprachen wie Java und C# stellen für Zahlen sowohl primitive Typen als auch Objekte zur Verfügung. Die automatische Umwandlung zwischen diesen Darstellungen nennt man **Boxing/Unboxing**.

10.3.2 Datum und Zeit

Für den Umgang mit Datum und Zeit wurden ebenfalls verschiedene Standards definiert:
- **UTC** ist die Universalzeit wie die Greenwich/England-Zeit GMT, aber exakter. UTC wird oft als absolute Alternative zur Lokalzeit verwendet, welche zusätzlich noch die Sommerzeit (englisch *Daylight Saving*) beinhaltet.
- Die **Unix Epoch Time** (Anzahl Sekunden seit 1. 1. 1970 in UTC) wird oft in signed 32-Bit-Variablen gespeichert. Im Jahr 2038 könnte es daher zu einem Problem kommen, wenn vorher keine Gegenmaßnahmen getroffen werden, analog dem Jahr-2000-Problem, als viele Programme die Jahreszahl nur in zwei Dezimalstellen gespeichert hatten und rechtzeitig umgestellt werden mussten. Neuere Implementationen verwenden 64-Bit-Variablen und Millisekunden statt Sekunden. Das reicht bis in die ferne Zukunft!
- Der Standard **ISO 8601** definiert zwar international einheitliche Datums- und Zeitformate, aber in der Praxis müssen bei der Lokalisierung von Software oft verschiedene Darstellungen unterstützt werden (siehe Kapitel 10.5.2).
- **NTP** (Network Time Protocol) für Timeserver. Diese eignen sich gut für verteilte Systeme, dessen Knoten die Zeit synchronisieren müssen.

10.4 Inhalte

10.4.1 Dateitypen

Die Dateiendungen (Suffixe) sind je nach Dateityp unterschiedlich. Für Dokumente sind folgende Typen weitverbreitet:
- DOCX, XLSX sind Endungen für das Format *Office Open XML* von Microsoft, nicht zu verwechseln mit *OpenOffice*.
- ODT ist ein XML-basiertes Format für *LibreOffice* und *OpenOffice*.

- PDF (von Adobe). Der PDF-Reader kennt 14 Schriftarten. Falls das Dokument Fonts enthält, die dem Reader nicht bekannt sind, so müssen diese in der Datei eingebettet werden. Dies gilt es insbesondere dann zu beachten, wenn die zu entwickelnde Software PDF-Dateien generieren soll.
- PS ist **PostScript**. *Ghostscript* (GNU) ist ein Interpreter für PostScript und für PDF. Er kann PostScript-Dateien auf nicht-PostScript-fähigen Druckern ausdrucken.
- RTF (Rich Text Format) wird verwendet als Austauschformat zwischen verschiedenen Textverarbeitungssystemen.
- TXT sind Textdateien.

Audiodateien stehen meistens in folgenden Formaten zur Verfügung:
- MID: MIDI-Dateien enthalten nicht direkt die Audiowellen, sondern nur die Informationen, wann Töne in welcher Höhe wie lange mit welcher Klangfarbe erklingen. Das System muss den Ton selber erzeugen. MIDI definiert nicht nur ein Dateiformat, sondern auch eine Schnittstelle, wie Synthesizer von einem externen Sequenzer angesteuert werden.
- MP3 ist ein komprimierendes Format.
- WAV von Microsoft enthält die Audiowellen.

Grafiken werden am häufigsten in folgenden Dateiformaten gespeichert:
- BMP ist ein Bitmap-Format, definiert von Microsoft.
- EPS (Encapsulated PostScript) kann sowohl vektorbasierte Grafik als auch Bitmaps enthalten.
- GIF ist ein Format von CompuServe, in welchem Bitmaps verlustfrei komprimiert werden. Dafür stehen nur 256 Farben zur Verfügung. Ein „Animated GIF" enthält mehrere Bilder, die sequentiell angezeigt werden, sodass der Eindruck einer Animation entsteht. GIF unterliegt komplizierten Patentansprüchen; das Format ist daher mit Vorsicht anzuwenden.
- JPEG ist ein von ISO definiertes Format, in welchem eine Bitmap verlustreich komprimiert wird. Verschiedene Kompressionsstufen sind wählbar. Transparenz wird nicht unterstützt.
- PNG (Portable Network Graphic) ist der Nachfolger von GIF, mit einer besseren Kompression, mit einem Alpha-Channel-Wert für variable Transparenz für jeden Pixel und mit Gamma Correction, damit auf verschiedenen Plattformen dieselben Farben angezeigt werden. Animation wird nicht unterstützt, dafür muss man keine patentrechtlichen Probleme befürchten wie bei GIF.
- RAW-Dateien beinhalten rohe unbearbeitete unkomprimierte Bilddaten des Sensors einer Digitalkamera. Das entspricht einem „digitalen Negativ".
- SVG (Scalable Vector Graphics) enthalten Grafiken im XML-Format. Die Größe und Farbe der Objekte lassen sich über CSS beliebig verändern. Für die Erstellung von SVG-Dateien kann das Tool *Dia* (Open Source) verwendet werden.

–   TIFF ist ein Format für Druckereien.
–   WMF (Windows Metafile) ist wie SVG vektorbasiert.

Videos (Movies) werden in folgenden Dateitypen gespeichert: AVI, MOV oder MPEG. Ein spezielles Format ist MP4. Es wurde von Apple und Microsoft definiert. Es handelt sich um einen Container für JPG, MPEG, MP3 und PNG. Binäre Dateiformate lassen sich generell gut mit Hex-Editoren wie *HxD* oder *WinHex* untersuchen.

10.4.2 Streaming Audio und Video

Im Gegensatz zu lokal vorhandenen Dateien gibt es für das Streaming von Video und Audio bei HTML5 sogenannte **Codecs**. Das sind Algorithmen, wie die Daten codiert und decodiert werden. Für Video gibt verschiedene Codecs, wie zum Beispiel *H.264* (MP4), *Theora* und *VP8*. Für Audio gibt es Codecs wie *AAC* (MP4), *Vorbis* (OGG) und *MP3*.

Neben dem Internet gibt es den *DVB*-Standard für das digitale Broadcasting von Videos sowie Video-on-Demand über Antenne (DVB-T), Satellit (DVB-S) oder Kabel (DVB-C). DAB+ ist der Standard für terrestrisches Digitalradio über eine Antenne.

10.5 Mehrsprachigkeit

10.5.1 Zeichensätze

Ein **Zeichensatz** (englisch *Characterset*) besteht aus einem Repertoire und einem Encoding. Das Repertoire ist eine Menge von Zeichen (englisch *Characters*) und dessen Referenzlayout. Die **Zeichenkodierung** (englisch *Character Encoding*) ist eine Zuweisung dieser Zeichen zu einer Menge von Zahlen. Dies wird durch verschiedene Standards definiert:

–   *ASCII* verwendet 7-Bit-Zeichen (128 mögliche Zeichen). Eine Erweiterung von ASCII erlaubt 8 Bits.
–   *ISO-Latin-1* ist eine europäische Erweiterung von ASCII. Die ersten 128 Zeichen sind gleich, aber die Zeichen 128 bis 255 enthalten Zeichen wie Umlaute (ä, ö, ü). Dieses Encoding ist auch bekannt als *ISO 8859–1*, *CP-1252* (Windows) und fälschlicherweise manchmal als „ANSI Encoding".
–   *Unicode UCS-2* (2-Byte-Characters) ist veraltet.
–   *Unicode UTF-8* und *UTF-16* erlauben es, dass Zeichen eine variable Länge haben können. Es ist kompatibel zu ASCII, weil die Ein-Byte-Zeichen gleich sind.

Auf Unix, Linux und macOS lassen sich die Encodings von Textdateien mit *iconv* konvertieren. Auf Windows stehen hierfür freie Texteditoren wie *Notepad++* und *WinVi* zur

Verfügung, oder das kommerzielle *UltraEdit*, welches auch Dateien im GB-Bereich problemlos öffnen kann.

Um auf einem europäischen Rechner andere Zeichen als lateinische Buchstaben einzutippen, kann man einen Input Method Editor (**IME**) verwenden, zum Beispiel den *Global IME* von Microsoft auf Windows. Dieses Programm erlaubt es, komplexe Zeichen und Symbole wie japanische Kanji mit einer Standardtastatur einzugeben, ohne die japanische Version von Windows installiert zu haben. Nur die Fonts müssen vorhanden sein.

10.5.2 Internationalisierung und Lokalisierung

Internationalisierung bezeichnet die Gestaltung einer Software in einer Weise, die eine einfache Lokalisierung ermöglicht. Mit **Lokalisierung** bereitet man die Software für ein bestimmtes Land oder eine Sprachregion vor. Dabei muss nicht nur die Sprache angepasst werden, sondern auch das Format von Datums- und Zeitangaben sowie die Maßeinheiten. In den USA wird zum Beispiel die Temperatur mit Fahrenheit angezeigt, nicht mit Grad Celsius. Datumsangaben werden dort in der Form MM/DD/YYYY dargestellt, während in Europa DD.MM.YYYY üblich ist.

Der Standard für den Sprachcode, also die Bezeichnung einer einzelnen Sprache, ist *ISO639–1*. Sprachen werden hier mittels zwei Zeichen identifiziert, etwa „de", „en" oder „fr". Für praktisch jede Sprache existieren passende **Codepages**. Eine Codepage ist eine indexierte Tabelle von Zeichen. Es gibt die Unicode-Codepage (für alle Sprachen), ASCII-kompatible Codepages und auch Non-Standard-Codepages aus früheren Zeiten.

Internationalisierte Applikationen laden ihre Texte meistens aus separaten Dateien, den sogenannten Ressourcendateien. Typischerweise findet sich pro Sprache eine solche Datei, in welcher sich alle Texte befinden, welche übersetzt werden sollten. Das sind Texte von GUI-Labels, aber auch Fehler- und Warnungsmeldungen oder applikatorische Texte für die Auswahl eines Wertes aus einer Dropdown-Liste. In Java gibt es die Klassen *ResourceBundle* und *MessageFormat*, um mit solchen sprachabhängigen Ressourcendateien umzugehen. Bei Windows stehen Tools wie *Alchemy Catalyst* zur Verfügung, um die Ressourcen zu verwalten. In der Praxis hat es sich bewährt, alle zu übersetzenden Texte in einer Excel-Tabelle abzulegen. Pro Text eine Zeile, pro Sprache eine Spalte. Der Programmierer kann diese Tabelle zur Übersetzung an die entsprechenden Fachleute abgeben. Wenn die Texte übersetzt wurden, kann der Inhalt wieder in die Ressourcendateien eingespielt werden. Für diesen Vorgang kann ein entsprechendes Tool relativ einfach selbst geschrieben werden.

10.6 XML und JSON

10.6.1 Einführung in XML

SGML (Standard Generalized Markup Language) ist die „Vatersprache" von HTML (siehe Kapitel 7.6.4) und *XML* (Extensible Markup Language). Das heißt, XML wird wie HTML mit SGML definiert. Während HTML für Layout geeignet ist, wurde XML für hierarchisch strukturierte Daten konzipiert. Das Format wird sowohl für den Transfer von Daten verwendet als auch für persistente Konfigurationen. Da die Daten in Textform definiert sind, ist die Performanz bei der Verwendung von XML generell schlechter als bei binären Formaten. Dafür ist die Lesbarkeit für den Menschen optimal. Eine XML-Datei basiert grundsätzlich auf Elementen und Attributen.

Ein Beispiel sagt mehr als viele Worte. Folgender Code zeigt ein kleines Bücherverzeichnis:

```xml
<?xml version="1.0" encoding="UTF-8"?>
<catalog version="1.0.0"
         xmlns="http://my.homepage.ch/books/v1"
         xmlns:xsi="http://www.w3.org/2001/XMLSchema-instance"
         xsi:schemaLocation="http://my.homepage.ch/books/v1 catalog.xsd">
  <book publisher="De Gruyter Oldenbourg">
    <title>Softwareentwicklung - Ein Kompass für die Praxis</title>
    <author>Albin Meyer</author>
  </book>
  <book publisher="Twentysix">
    <title>Wie funktioniert die Welt?</title>
    <author>Albin Meyer</author>
  </book>
</catalog>
```

DTD-Dateien beinhalten eine Menge von Regeln, die vorgeben, welche Elemente und Attribute an welcher Stelle im XML-Dokument vorkommen dürfen, sozusagen eine Spezifikation der Daten. DTD ist veraltet und wurde ersetzt durch *XSD*-Dateien (XML-Schema). XSD ist selber XML und bietet mehr Möglichkeiten. Ein XML-Dokument kann „well-formed" sein, also der XML-Syntax entsprechen. Es ist „valid", wenn es dem DTD oder Schema entspricht, also semantisch korrekt ist.

Die Versionierung der Schemas kann auf verschiedene Arten umgesetzt werden:
- Versionsnummer im Dateinamen des Schemas. In der Praxis ist dieses Vorgehen nicht zu empfehlen.
- Versionsnummer als Attribut im Root-Element des Schemas. Auf diese Art kann applikatorisch überprüft werden, ob Software und Schema zusammenpassen.

– Optional kann zusätzlich noch die Version als Attribut im Root-Element der XML-Dateien gespeichert werden, also in den eigentlichen Daten, den Instanzen des Schemas. Damit kann die Validierung der Version für jede XML-Datei durchgeführt werden.

Es folgt ein Beispiel eines XML-Schemas. Damit es zum obigen XML-Beispiel passt, muss es unter dem Dateinamen *catalog.xsd* gespeichert werden:

```
<xsd:schema xmlns:xsd="http://www.w3.org/2001/XMLSchema"
            targetNamespace="http://my.homepage.ch/books/v1"
            attributeFormDefault="unqualified"
            elementFormDefault="qualified"
            version="1.0.0">
 <xsd:element name="catalog">
  <xsd:complexType>
   <xsd:sequence maxOccurs="unbounded">
    <xsd:element name="book">
     <xsd:complexType>
      <xsd:sequence>
       <xsd:element name="title" type="xsd:string" />
       <xsd:element name="author" type="xsd:string" />
      </xsd:sequence>
      <xsd:attribute name="publisher" type="xsd:string" />
     </xsd:complexType>
    </xsd:element>
   </xsd:sequence>
   <xsd:attribute name="version" type="xsd:string" />
  </xsd:complexType>
 </xsd:element>
</xsd:schema>
```

Grundsätzlich besteht ein XML-Dokument aus Zeichen des *UTF-8*-Encodings. Wenn eine XML- oder HTML-Datei einen Text in *ISO-Latin-1* beinhaltet, also zum Beispiel mit Umlauten wie ü, aber im ASCII-Format gespeichert wird, so müssen die Zeichen 128 bis 255 codiert werden, wie zum Beispiel das ü zu ü umgewandelt wird. Zusätzlich gibt es noch eine spezielle Codierung für die Zeichen, die in XML und HTML eine semantische Bedeutung haben, wie < dem < entspricht (und auch mit < codiert werden kann), > dem >, ferner gibt es noch & " und '

Eine XML-Datei kann auf drei verschiedene Arten geparst werden:

– **Tree-oriented**. Das ganze XML-Dokument wird in den Speicher geladen und als Baum im *DOM* (Document Object Model) dargestellt. Mittels APIs kann dieser Baum

traversiert werden. Es handelt sich um denselben DOM-Tree wie in den Webbrowsern.
- **Push-based Streaming**. Der Parser meldet dem Code, wenn etwas Interessantes geparst wurde. Das XML-Dokument muss nie vollständig in den Speicher geladen werden. Programmiert wird das Parsen mithilfe von *SAX* (Simple API for XML). Das ist komplizierter, aber effizienter als DOM.
- **Pull-based Streaming**. Der Parser funktioniert wie recursive-descent Parsing bei üblichen Compilern. Das heißt, der Code kontrolliert das Parsen. Dazugehörige APIs sind *StAX* oder das leichtgewichtige *kXML*. Dies ist die heutzutage sowohl bei Java als auch bei .NET übliche Art und Weise, XML zu parsen.

Mit *XSLT* (Extensible Stylesheet Language for Transformations) kann man anhand von Templates beschreiben, wie XML-Dokumente in irgendwelche textbasierten Formate umgewandelt werden. Dabei werden die Bäume dieser XML-Dateien traversiert. In der Praxis wurde früher mit viel Aufwand versucht, auf diese Weise Programmcode zu generieren. XML-Dateien haben dabei die individuelle Ausprägung des Codes gesteuert. Es hat sich jedoch gezeigt, dass es einfacher ist, diese XML-Dateien zu parsen. So empfiehlt sich die Programmierung einer Umwandlung in ein anderes textbasiertes Format als gute Alternative zu XSLT.

XPath ist ein Standard, wie man Links definiert, die irgendwo mitten in ein XML-Dokument referenzieren. Sollen zwei XML-Dateien miteinander verglichen werden, wobei Elemente und Attribute in beliebigen Reihenfolgen vorkommen dürfen, schreibt man eine XSLT-Datei, welche aus diesen beiden XML-Dateien eine Differenzen-Output-Textdatei erzeugt. Einfacher ist die Verwendung eines Produkts wie *DeltaXML* (ein Java-API), *xyDiff* (ein freies C++-API) oder *diffmk* (ein freies Perl-API).

10.6.2 XML-basierte Standards und Produkte

Verschiedene Standards in unterschiedlichsten Anwendungsbereichen basieren auf XML. Im Folgenden wird eine kleine Auswahl präsentiert:
- *CIM* (Common Information Model) ist der Standard zur Beschreibung von Netzen und wird vor allem bei Energieversorgern eingesetzt.
- *cXML* beinhaltet Schemas und Workflows für die elektronische Beschaffung. Sogenannte **Procurement**-Applikationen rufen dabei **Punchout**-Sessions des Anbieters auf, bei welchem die Bestellungen platziert werden (siehe Kapitel 11.4.1).
- Die *KML* (Keyhole Markup Language) basiert auf *GML* (Geography Markup Language). Das Produkt *Google Earth* ist sozusagen der „Browser" von KML-Dateien, welche die Visualisierung von geografischen Objekten beschreiben.
- *SAML* (Security Assertion Markup Language) dient für den Austausch von Authentifizierungs- und Autorisierungsinformationen zwischen Security Domains zwecks Single Sign-On (siehe Kapitel 17.6.2).

Im XML-Umfeld ist eine Vielzahl von Produkten erhältlich. Für die Bearbeitung von XML-Dateien kann *XML Spy, Oxygen* oder eine IDE zum Einsatz kommen. Es gibt auch mehrere XML-Datenbanken mit der Query-Sprache *XPath/XQuery* wie das kommerzielle *Tamino* von Software AG oder die Open-Source-Produkte *eXist, Sedna* und *Xindice*. Das Problem dieser Datenbanken ist die Effizienz sowie die Sicherstellung, dass alle Fremdschlüssel gültig sind (Referential Integrity). Deshalb haben sich XML-Datenbanken in der Praxis nicht bewährt. Hingegen hat sich interessanterweise der Nachfolger JSON bei einigen NoSQL-Datenbanken durchgesetzt (siehe Kapitel 15.4.4).

10.6.3 JSON

Um die Jahrtausendwende sprachen viele Leute begeistert über XML. Der Standard war neu, aber das Konzept nicht unbedingt. Der Vorgänger heißt *ASN.1* (Abstract Syntax Notation One). Dieser Standard diente für die Übertragung von Nachrichten, die einer bestimmten Syntax gehorchen mussten.

Der Nachfolger von XML ist *JSON* (JavaScript Object Notation). Dies ist eine schmalere Alternative, ohne öffnenden und schließenden Element-Tags, aber trotzdem gut lesbar für Menschen. Wie XML wurde auch JSON für den Datentransfer entworfen. JSON ist praktisch kompatibel zu JavaScript-Objekten. So können Kommunikationspartner, die in JavaScript geschrieben werden, besonders einfach mit diesem Format umgehen. Es gibt verschiedene Implementationen für das Lesen und Schreiben von JSON-Dokumenten wie zum Beispiel *GSON* oder *Jackson* in der Java-Welt. Online sind verschiedene Hilfsmittel vorhanden, wie zum Beispiel *JSON Utils* [42], um aus einem JSON-Text entsprechenden Code für diverse Sprachen zu erzeugen. *BSON* ist ein binäres Format für JSON. Die Erweiterung *JSONP* bietet Angreifern gute Gelegenheiten, weil sie die SOP (Same Origin Policy) für Browser umgeht, und sollte deshalb nicht benutzt werden. Binäre Daten wie Bilder werden am besten Base64-codiert in JSON gespeichert. *JSON Schema* ist ein Standard für die Definition eines Datenformats.

Eine JSON-Datei kann folgendermaßen aussehen:

```
{
 "books": [
  {
   "category": "Software",
   "year": 2018,
   "price": 59.00,
   "title": "Softwareentwicklung – Ein Kompass für die Praxis",
   "author": "Albin Meyer"
  },
  {
   "category": "Sachbuch",
```

```
      "year": 2021,
      "price": 19.00,
      "title": "Wie funktioniert die Welt?",
      "author": "Albin Meyer"
    }
  ]
}
```

Manchmal reicht sogar eine einfache **CSV**-Datei (Comma Separated Values) für den Transfer von Daten. Hierarchien werden zwar nicht unterstützt, aber dafür lassen sich diese Dateien einfach mit Excel öffnen und bearbeiten.

10.6.4 Hypertext

Ein **Hypertext** ist ein Dokument, das aus Knoten und Links auf Knoten besteht. HTML ist per Definition Hypertext. XML und JSON sind nicht von Natur aus Hypertext, können jedoch entsprechend erweitert werden: XML kann mittels *XLink*, JSON mittels *HAL* als Hypertext dargestellt werden.

11 Standardsoftware

11.1 Standard oder maßgeschneidert?

11.1.1 Produktkauf

Während der Erstellung des Anforderungskatalogs (siehe Kapitel 3.1.2) zeigt sich meistens, ob ein Standardprodukt für die eigenen Ansprüche ausreicht, oder ob eine maßgeschneiderte Software nötig ist. Auf den ersten Blick ist es teurer, eine Software von Grund auf entwickeln zu lassen, als ein Fertigprodukt zu kaufen. Entscheidend jedoch ist die Betrachtung der Gesamtkosten, und dazu gehören auch die Einführung und der Betrieb. Die Kosten müssen gegenüber dem Nutzen abgewägt werden. Der **ROI** (Return on Investment) kann bei maßgeschneiderter Software oftmals größer sein, weil sie die firmeneigenen Bedürfnisse, wie etwa Workflows, viel besser abdeckt, als es Standardprodukte tun. Software sollte sich schließlich den Anforderungen anpassen, nicht umgekehrt. Dann kann sie den Unternehmen zu Vorteilen gegenüber der Konkurrenz verhelfen.

Manchmal ist es tatsächlich so, dass ein Produkt auf dem Markt die Bedürfnisse optimal abdeckt, vor allem, wenn es sich anpassen lässt, zum Beispiel durch Konfiguration oder durch das Schreiben von Plugins. Dieses Kapitel beschäftigt sich mit vielen auf dem Markt erhältlichen Produkten, die man selber während der Softwareentwicklung als Anwender benutzen kann, die aber auch als Basis für Erweiterungen dienen können, die man den Kunden liefert. Schließlich ist es für einen Entwickler wichtig, bereits vorhandene Produkte zu kennen.

11.1.2 Entwicklung eines eigenen Produkts (Standard, Framework oder Library)

Manchmal kann es für ein Softwareunternehmen sinnvoll sein, ein eigenes Produkt zu schreiben, wenn für verschiedene Kunden ähnliche Anforderungen bestehen. Folgende Möglichkeiten kommen dabei infrage:
- **Standard.** Das Produkt kann so wie es ist beim Kunden eingesetzt werden.
- **Framework.** Kundenspezifische Erweiterungen werden durch das Produkt aufgerufen.
- **Library** (Bibliothek). Das Produkt wird durch kundenspezifische Applikationen aufgerufen.

Anforderungen von einzelnen Auftraggebern werden ins Produkt integriert, wenn sie potenziell auch von anderen Kunden genutzt werden könnten. Das Produkt wird auf diese Weise ständig erweitert. Die Herausforderung dabei ist, Upgrades auf bereits produktive Systeme einzuspielen. Manchmal kann es sogar nötig werden, während der

https://doi.org/10.1515/9783111354774-011

Entwicklung von Erweiterungen für einen bestimmten Kunden das Basisprodukt mehrmals upzugraden. Änderungen von Schnittstellen verursachen dabei oft Aufwände, mit denen nicht gerechnet wird.

11.2 Dateien und Backup

11.2.1 Filesharing

Um Dateien über ein Netzwerk zu verteilen, existieren verschiedene Plattformen, die das mit einem dezentralen Peer-to-Peer-Ansatz ermöglichen, also ohne einen zentralen Datenserver. *Gnutella* ist eine solche Plattform ohne zentralen Inhalts-Index und ohne zentrale Benutzerregistrierung. *Napster* war eine illegale Plattform mit sowohl einem zentralen Inhalts-Index als auch einer zentralen Benutzerregistrierung. Das Netzwerk namens *FastTrack* besitzt zwar keinen zentralen Inhalts-Index, jedoch eine zentrale Benutzerregistrierung. Basierend auf FastTrack existierten eine Zeit lang Plattformen wie *Kazaa* oder *Morpheus*.

Eine weitere Möglichkeit sind *BitTorrent*-basierte Download-Applikationen wie zum Beispiel *Vuze*. Dateien werden zerstückelt verteilt in einem Netz von Rechnern, um Performanz zu gewinnen, wenn viele Benutzer gleichzeitig die Dateien laden. Diese Technologie könnte man auch beim Verteilen von Daten in dynamisch sich ändernden Netzen einsetzen, zum Beispiel bei einem System mit vielen mobilen Geräten als Clients oder auch im IoT-Umfeld. Abschließend sei noch *eMule* erwähnt, eine weitere Filesharing-Plattform.

11.2.2 Backup

Bei Einzelarbeitsplätzen oder zu Hause können Daten lokal als Backup gespeichert werden, entweder als komplette Abbilder der Harddisk (Images) mittels Tools des Betriebssystems oder inkrementell mit Systemen wie *Time Machine* von Apple. Daten können auch in der Cloud gespeichert werden. Der Vorteil liegt in der Bequemlichkeit. Der Benutzer muss nicht selber dafür sorgen, dass die Medien wie USB-Stick oder Disks an einem sicheren Ort gelagert werden. Der Nachteil der Cloud ist die Privatsphäre. Wer alles Einsicht erhält in die Daten, bleibt unklar. Beispiele cloudbasierter Datenspeicher sind *DropBox*, *Google Drive*, *iCloud* (von Apple) und *OneDrive* (von Microsoft). Immer beliebter werden Anbieter, die ihre Server in die Nähe der Anwender stellen, wie zum Beispiel *SecureSafe*, der die Server in der Schweiz betreibt. Als Alternative bietet sich *Freenet* an, ein weltumspannender Peer-to-Peer-Speicher, in welchem jeder Teilnehmer, der die freie Software installiert hat, sozusagen einen Teil des gesamten Speichers zur Verfügung stellt. Freenet ist aufgrund des dezentralen Konzepts anonym und kann nicht zensuriert werden.

Die Durchführung regelmäßiger Backups gilt als selbstverständlich für alle IT-Infrastrukturen. Es muss sichergestellt sein, dass Sicherungen aller relevanten Daten wie Datenbanken, Repositorys, Firmen-Wiki, E-Mails und der Netzlaufwerke erstellt werden. Diese Kopien sollten geografisch an einem anderen Ort gelagert sein, geschützt vor Feuer und Diebstahl. Es ist sinnvoll, eine Strategie zu entwerfen, wie zum Beispiel ein stündliches Backup, das eine Woche lang gelagert wird, ein tägliches Backup, das einen Monat lang gelagert wird, ein wöchentliches Backup, das ein Jahr lang gelagert wird und so weiter. Wenn möglich werden die Backups automatisiert durchgeführt.

Kleinere Unternehmen arbeiten heutzutage gerne ohne eigenen Firmennetzwerke. Alles kann in die Cloud ausgelagert werden. Doch nur weil sich Daten in der Cloud befinden, sind sie noch lange nicht gesichert. Auch hier ist eine Backup-Strategie erforderlich.

11.3 Produkte für private Endbenutzer

11.3.1 Musik

Als Einstieg in die Welt des Komponierens eigener Musiktracks ist die Applikation *GarageBand* von Apple bekannt. Doch wer sich etwas intensiver damit befasst, stößt bald einmal auf Programme wie *Cubase*, *Logic Pro*, *Propellerhead* oder *Pro Tools*, wobei letzteres auch in vielen professionellen Studios verwendet wird. Kernstück solcher Programme ist ein MIDI-Sequenzer, der sich auf einer Zeitachse alle Events merkt. Diese Art von Software lässt sich meistens durch Plugins erweitern. So kann man zum Beispiel zu einer Installation von Logic Pro zusätzlich das Plugin *Melodyne* kaufen, mit welchem man Gesangsstimmen bearbeiten kann, sodass falsch getroffene Töne korrigiert werden können. Um Musik online zu verkaufen, bieten Plattformen wie *CD Baby* gute Dienste an.

Musik offline hören kann man mit Software wie *iTunes*, *VLC* oder *Winamp*. Für Streaming gibt es kostenlose Plattformen wie *ReverbNation* oder *SoundCloud*, die vor allem von Künstlern benutzt werden, die bekannt werden möchten, oder von bereits bekannten Musikern, die einzelne Songs als Teaser kostenlos zur Verfügung stellen. Kommerzielle Musik kann man gegen Bezahlung auf Streaming-Plattformen wie *Deezer* oder *Spotify* hören. Von den großen Firmen Amazon, Apple und Google gibt es ebenfalls entsprechende Dienste.

11.3.2 Online

Es gibt zahlreiche soziale Netzwerke im Internet. Das bekannteste ist *Facebook*, gegründet von Marc Zuckerberg, primär gedacht für Freizeitkontakte. Finanziert wird es durch Werbung und durch den Verkauf von Benutzerdaten. Für Geschäftskontakte gibt es *LinkedIn* (von Microsoft), das global benutzt wird, während *Xing* eher nur in Europa bekannt ist. Die Idee von *Twitter/X* ist, dass man Personen oder Organisationen folgen kann und deren Meldungen, sogenannte Tweets, abonniert, um auf dem Laufenden zu bleiben. Dezentrale Alternativen sind *Mastodon* und *Bluesky*. Früher war *MySpace* ein weiterer bekannter Dienst.

Die bekanntesten Plattformen für das Aufschalten von Bildern sind *Instagram* von Facebook, *Flickr* von Yahoo und *Google Fotos* (früher *Picasa*). Für Videos kennt man vor allem *TikTok*, *Youtube* und die kommerziellen Angebote von *Netflix*.

Einfache Webauftritte, sei es für private Zwecke oder für kleine Unternehmen, können mit einem HTML-WYSIWYG-Editor wie *BlueGriffon* umgesetzt und auf beliebigen Hosting-Services betrieben werden. Einige solcher Services bieten auch einfache Werkzeuge und Templates online an, wie zum Beispiel *Jimdo*, *Squarespace* oder lokale Anbieter.

Für die Verknüpfung von vielen etablierten Internetdiensten gibt es den Service *IFTTT* („If This Then That"), mit dem man definieren kann, welche Ereignisse von welchem Dienst welche Ereignisse auf einem anderen Dienst auslösen sollen. Zum Beispiel kann eine Marketingabteilung damit das System so automatisieren, dass jede Erwähnung der eigenen Firma in einem Tweet mit einem bestimmten **Hashtag** eine E-Mail an die Marketingverantwortlichen auslöst. Auch Dienste im Home-Automation-Bereich können an IFTTT angebunden werden, so zum Beispiel Thermostate oder Lampen. *Google Alerts* ist ein weiteres System, mit dem man sich benachrichtigen lassen kann, wenn im Internet für gewisse Begriffe neue Inhalte gefunden werden.

11.3.3 Instant Messaging

Anfang der Neunzigerjahre benutzten Studenten an den Hochschulen **IRC** (Internet Relay Chat) vor allem, um miteinander zu chatten. Dann kam *ICQ* der Firma AOL auf. Das Produkt verbreitete sich auch außerhalb akademischer Kreise. Es wurde inzwischen von einer russischen Firma übernommen. Weitere Messenger wurden entwickelt, wie *MSN* und *AIM* (AOL Instant Messenger). Für firmeninterne Chats wurde der Standard **XMPP** (Extensible Messaging and Presence Protocol) definiert, auf dem Chat-Systeme wie das freie *Jabber* oder das kommerzielle *HipChat* von Atlassian basieren. *Skype* (von Microsoft) kann man ebenfalls für Chats benutzen, neben der Telefonie, die auf VoIP (Voice over IP) basiert, aber trotzdem auch über das herkömmliche Telefonnetz erreichbar ist. *Google Hangouts* ist ein weiteres Produkt.

Auf mobilen Clients werden heute viele weitere Instant Messaging Systeme angeboten:

- *Discord*, das speziell für Gamers konzipiert wurde.
- *Kik Messenger*, das ohne Telefonnummer funktioniert.
- *Signal* ist ein Open-Source-Produkt und eine gute Alternative zu WhatsApp.
- *Snapchat* mit Fotos, die angeblich alle automatisch gelöscht werden nach dem Anschauen.

- *SMS* (Short Message Service) ist der erste Kommunikationsdienst auf mobilen Geräten. Er wird direkt ohne Internet durch die Telekommunikationsanbieter unterstützt.
- *Telegram* ist ein Dienst, der leider gerne zur Verbreitung von Verschwörungserzählungen benutzt wird.
- *Threema* mit verlässlich verschlüsselter End-to-End-Verbindung und eigener ID anstelle der Telefonnummer.
- *WhatsApp* von Facebook ist der wohl beliebteste Messenger.

11.4 E-Commerce

11.4.1 Onlineshops und Marktplätze

Wenn eine Person oder eine kleine Firma Produkte über einen Onlineshop verkaufen möchte, kann sie sich in einen bestehenden einklinken, wie zum Beispiel bei Alibaba&AliExpress oder Amazon. Man kann auch über Auktionsplattformen wie *eBay* oder *uBid* Produkte verkaufen. Größere Firmen möchten jedoch für ihre **B2C**-Aktivitäten (Business to Consumer) eher einen eigenen Onlineshop aufstellen. Das kann man entweder über einen Service lösen, zum Beispiel bei *Jimdo*, *Strato* oder *Shopify*, oder aber über das eigene Hosting eines Shops, basierend auf *Magento*, *XTC* (xt:Commerce) oder *WooCommerce* (ein WordPress-Plugin). Typischerweise sind solche Systeme ohne Programmierung konfigurierbar („**No Code**") und bieten Schnittstellen an zur Integration mit eigenen Webapplikationen und ERP-Systemen. Ein typisches Feature eines Onlineshops ist der Einkaufskorb. Dieser kann auf verschiedene Arten implementiert werden. Er kann im Client gespeichert werden, zum Beispiel als Cookie. Er kann im Server in der Session oder direkt in der Datenbank gespeichert werden.

Oft werden Onlineshops auch innerhalb einer Firma angeboten, zum Beispiel um sich einen neuen Bildschirm oder eine neue Maus für den Arbeitsplatz zu bestellen. Hierfür gibt es **B2B**-Standards (Business to Business) wie *cXML* und *OCI* (Open Catalog Interface), die definieren, wie ein Benutzer Items aus einem maßgeschneiderten Produktkatalog auswählen und dann mittels **Punchout** den Kauf über einen externen Lieferanten direkt auslösen kann. Dell ist als Anbieter von Hardware eine der führenden Firmen in diesem Bereich.

Als Alternative zu Onlineshops werden gern auch Marktplätze online gestellt, über welche die Benutzer Produkte und Dienstleistungen kaufen und verkaufen können. Marktplätze sind als **C2C**-Plattform (Consumer to Consumer) einfacher zu benutzen als Onlineshops. Der Betreiber kann für das Erstellen eines Verkaufsinserats eine Gebühr verlangen. Die Implementierung eines Marktplatzes kann zum Beispiel mit *Yclas* (früher *OpenClassifieds*) erfolgen.

Die Bezahlung durch Kunden über das Internet kann direkt über die Kreditkarte oder über Plattformen wie PayPal abgewickelt werden. Hierfür bieten sich APIs wie

Stripe an. Als Alternative können Micropayments mit einem monatlichen fixen Beitrag über einen Dienst wie *flattr* eingesetzt werden. Eine weitere Möglichkeit ist das Bezahlen mit Bitcoins. Um selber Lieferanten automatisiert zu bezahlen, stellen Banken APIs wie *SWIFTNet* zur Verfügung. Im Bankenumfeld werden häufig Produkte von Firmen wie Temenos, Avaloq und Finnova eingesetzt.

11.4.2 Kryptowährungen

Kryptowährungen wie *Bitcoin* und *Ethereum* werden durch einen bestimmten Algorithmus generiert. Das Geld und sämtliche Transaktionen werden in sogenannten **Blockchains** gespeichert, welche dezentral auf vielen Knoten kopiert abgelegt werden. Das vermindert die Gefahr der Manipulation in einer zentralen Datenbank. Ein einzelner Block enthält mehrere Transaktionen. Das Einfügen neuer Blöcke in die Blockchain muss validiert werden. Hierfür sind verschiedene sogenannte **Consensus**-Methoden bekannt:

– **Proof of Work** („Mining"). Jeder Block enthält eine Nonce, also eine Zufallszahl. Sie ist aber unbekannt und muss erraten werden mittels Berechnung des Hashs über den Block inklusive einer möglichen Nonce. Das geschieht über eine mathematische Funktion, welche in diesem Fall den Block als Eingabe erhält und daraus einen Wert, den Hash, berechnet. Wenn der errechnete Hash mit einem bestimmten vorgegebenen Muster übereinstimmt, zum Beispiel einer bestimmten Anzahl Nullen am Anfang, wird der Block auf jedem Knoten im Netzwerk nachgeführt und der Miner mit neu geschöpftem Geld belohnt. Meistens stimmt der Hash jedoch nicht, und der Miner versucht es mit einer anderen Nonce. Dies erfordert eine sehr hohe Rechenleistung und ist daher politisch umstritten.
– **Proof of Stake**. Die Blockvalidierung erfolgt durch temporäres Blockieren des eigenen Guthabens (existierendes Geld). Als Gegenleistung erhält man neu geschöpfte Coins. Der Vorteil gegenüber Mining ist der geringere Energieverbrauch.
– **Proof of Cooperation**. Die Geldschöpfung erfolgt von Anfang an mit einem energiesparenden Algorithmus. Bestes Beispiel ist die Währung *FairCoin*.

Das Mining wird beim Bitcoin immer aufwändiger, je mehr Geld bereits existiert, denn die Schöpfungsrate wird absichtlich regelmäßig halbiert. Die maximal mögliche Anzahl Bitcoins ist beschränkt, analog der Endlichkeit realer Ressourcen wie Gold. Bei Ethereum hingegen verfolgt man eine andere Strategie. Das Mining wurde durch Proof of Stake ersetzt.

Für die Bezahlung (Transaktionen) und Blockvalidierung wird ein „Wallet" mit einer Internetanbindung benötigt, aber keine zentrale Stelle. Das Wallet wird identifiziert mit einem Private-Key für die Signierung von Transaktionen und einem Public-Key für die transparente Identifikation der eigenen Transaktionen. Das Blockchain-Konzept wird auch für intelligente Verträge (**Smart Contracts**) verwendet. Verbindliche Abmachungen werden dabei dezentral gespeichert. Ganz generell forschen klassische Banken intensiv, wie sie mit Blockchains neue Geschäftsfelder im Finanzbereich aufbauen könnten.

11.5 Businessspezifische Produkte

11.5.1 Enterprise (CRM, ERP, SCM)

Viele Firmen benötigen als Kernstück ihrer Software drei Systeme: **CRM** (Customer Relationship Management), **ERP** (Enterprise Resource Planning) und **SCM** (Supply Chain Management). Für alle drei Systeme gibt es Standardprodukte von Oracle, SAP sowie kleineren Anbietern wie myfactory. Aber natürlich lassen sich solche Systeme auch maßschneidern, was vor allem für größere Unternehmen sinnvoll sein kann. Ebenfalls weitverbreitet sind Bestandesverwaltungen (Inventory Management); hier sind ebenfalls Oracle und SAP die bekannten Anbieter.

Managementabteilungen sind häufig interessiert an zahlreichen Angeboten von Reports, basierend auf Datenquellen der Firma, wenn möglich interaktiv. Dieses Bedürfnis erfüllen Produkte wie *Crystal Reports* von SAP oder *Splunk*.

11.5.2 Industrielle Automatisierung

In der industriellen **Automatisierung** unterscheidet man zwischen Steuerung und Regelung. Eine **Steuerung** einer Heizung zum Beispiel misst die Außentemperatur und berechnet auf diese Weise die Soll-Temperatur des Wassers im Vorlaufrohr, welches Wärme für einen Innenraum liefert. Eine **Regelung** hingegen berücksichtigt die Innentemperatur des geheizten Raums bei der Bestimmung der Soll-Temperatur des Wassers. Eine Regelung wird also durch einen geschlossenen Kreis definiert, während eine Steuerung den Charakter einer geraden Strecke aufweist. Regelungen sind grundsätzlich effizienter als Steuerungen, aber auch komplexer umzusetzen. Automatisierung findet architektonisch auf drei Ebenen statt: Feldebene (Aktuatoren und Sensoren), Automationsebene (Steuerung und Regelung) und Managementebene (Interaktion durch Benutzer). Die einzelnen Geräte und Rechner werden über Netzwerke (siehe Kapitel 14.1.2) und Busse (siehe Kapitel 5.3.1) verbunden.

Unter Automatisierung versteht man den Einsatz von **SPS** (Speicherprogrammierbare Steuerungen) für Steuerungen und Regelungen. Das Wort „Steuerung" in der Abkürzung SPS ist etwas missverständlich, da eine SPS auch für Regelungen eingesetzt werden kann. Das Flaggschiff der Automatisierungssoftware ist Siemens *SIMATIC Step 7*. Dieses System unterstützt das Programmieren von SPS auf verschiedenen Controllern, also Geräten, die mittels I/O-Schnittstellen mit Aktuatoren und Sensoren kommunizieren, siehe Kapitel 5.3.3. Diese Controller lassen sich je nach Anwendung beliebig erweitern.

Die Programmierung einer SPS erfolgt datenflussbasiert. Anstelle von sequentiell ausführbaren Algorithmen werden mathematische Operationen definiert, welche durch das System zyklisch aufgerufen werden. Hierfür stehen verschiedene Programmiersprachen zur Verfügung, wie etwa *FUP*, *KOP* und *AWL*, oder auch grafische funktionsblockbasierte Tools wie *CFC*. Zur Programmierung von **SCADA**-Systemen für ganze Industrieanlagen kann *WinCC* eingesetzt werden. Siemens verwendet für die eigenen Projekte in der Gebäudeautomation SIMATIC Step 7 mit CFC. Als Alternative bietet sich *LabVIEW* an. Das ist ebenfalls ein System für die grafische Programmierung mit Funktionsblöcken. Eine weitere Entwicklungsumgebung für SPS ist *CoDeSys*. Und selbstverständlich kann man für die funktionsblockbasierte Programmierung auch ein eigenes Tool schreiben.

Kommerzielle Produkte für die private Home-Automation (siehe Kapitel 9.6.2) basieren meistens nicht auf SPS, sondern werden mittels klassischer Programmierung umgesetzt.

11.5.3 Mathematik und Ingenieurwesen

Im Ingenieurwesen ist mathematische Software unentbehrlich. Auch hier muss das Rad nicht neu erfunden werden. Es stehen einige Standardprodukte zur Verfügung, wie zum Beispiel *Matlab*, ein Tool für numerische Berechnungen mit Matrizen und Vektoren. Als Zusatz gibt es *Simulink*, ein interaktives Tool, um dynamische Systeme zu modellieren, simulieren und analysieren. Selber erstellte Matlab-Komponenten können in Form von C- und Java-Code exportiert und in anderen Systemen integriert werden. Allerdings ist die hierfür benötigte Java-Library oft zu groß, wenn sie in eingebetteten Systemen verwendet werden soll. Für kleine Geräte muss deshalb der Matlab-Code zwingend in C-Form integriert werden. Eine Alternative zu Matlab ist *Octave* von GNU.

Um Rechenprobleme nicht nur numerisch, sondern auch symbolisch zu lösen, kann *Maple* verwendet werden. Maple erlaubt auch das Plotten von Graphen. In dieser Aufzählung nicht fehlen darf *Mathematica*, welches eher im naturwissenschaftlichen Bereich zum Einsatz kommt, vor allem für das interaktive Aufbereiten von zahlenbasierten Dokumenten. Auch *Python* ist dank vielen mathematischen Librarys verbreitet.

Speziell im Engineering-Bereich gibt es drei Kategorien von Softwareprodukten: **CAD** (Computer Aided Design), **CAE** (Computer Aided Engineering) und **CAM** (Computer Aided Manufacturing). Früher wurden diese Produkte unter dem Begriff **CIM** (Computer Integrated Manufacturing) zusammengefasst, heute spricht man von **Industrie 4.0**. Im Bauwesen hat sich der Begriff **BIM** (Building Information Modeling) für den Einsatz von durchgängiger Software durchgesetzt.

11.5.4 CMS und DMS

Bei **CMS** (Content Management System) handelt es sich um Software für das Management und Deployment von digitalen Daten über Netzwerke. Im Vordergrund stehen dabei Aufgaben wie die Erstellung von Websites und das Aufspielen von Videos, Musik oder Texten. Geht es nur um Texte, wird auch der Begriff **DMS** (Document Management System) verwendet, welcher zusätzlich die Ablage von eingescannten Dokumenten umfasst. Ein bekanntes Produkt ist *FileNet*, das von IBM gekauft wurde und auch eine Workflow Engine enthält.

Im CMS-Bereich ist eine große Anzahl Open-Source-Lösungen verfügbar. *WordPress* zum Beispiel wurde ursprünglich für einfachere Auftritte wie Blogs entwickelt. Für komplexere Anforderungen wird die erweiternde Logik in PHP geschrieben und muss etwas unschön in die Basis integriert werden. Das Konzept besteht primär aus Pages für längerfristige Inhalte und Posts für aktuelle Texte. Es gibt einen Admin-Bereich (Backend) und einen Public-Bereich (Frontend). Für Blogs verwendet man heute eher eine Plattform wie *Tumblr*.

TYPO3 ist geeignet für größere Auftritte, daher aber auch komplexer aufzusetzen als Wordpress. *Drupal* ist eine modulbasierte Lösung, welche vor allem für Community-Portale geeignet ist. *Joomla!* gibt den Entwicklern mehr Möglichkeiten für spezielle Anpassungen, ist jedoch nicht ganz intuitiv und auch nicht mehr zeitgemäß. *Django CMS* ist ein pythonbasiertes System. Schließlich ist noch *Magnolia* zu erwähnen, eine Lösung für Firmenauftritte.

11.5.5 BPM (Business Process Management)

Die Idee hinter **BPM** (Business Process Management) ist, dass nicht Softwareentwickler, sondern Business Analysten selber mit entsprechenden Tools Abläufe, die im Unternehmen mit Software unterstützt werden sollen, definieren können. Solche Tools ermöglichen dies mit visuellen Sprachen wie **BPMN** (Business Process Model and Notation) oder mit einfachen Skripten. Man spricht in diesem Fall auch von DSL, siehe Kapitel 9.4. Die Basisservices, auf denen diese Tools aufbauen, müssen durch Softwareentwickler umgesetzt werden. Eine **BPE** (Business Process Engine) ist der ausführende Teil einer BPM. Man nennt sie auch **Workflow Engine**. Im Open-Source-Bereich sind *Bonita* und *jBPM* (von JBoss) bekannte Umsetzungen von BPM.

Erwähnenswert ist der Standard **BPEL** (oder auch WS-BPEL), kurz für Business Process Execution Language. Er basiert auf XML und WSDL und wird benutzt, um verschiedene Webservices so zu kombinieren, dass ein Businessprozess umgesetzt werden kann. In gewissen Fällen kann es sinnvoll sein, eine eigene Workflow Engine samt Definitions-Tool zu schreiben.

Ein typischer Anwendungsbereich für BPM ist die Telekommunikation. Eine effiziente Bearbeitung von Bestellungen für neue Abonnemente oder für Änderungen be-

stehender Abonnemente von Endkunden wird ermöglicht. Sobald eine Bestellung eingegangen ist, erscheint sie auf einer Liste, welche von Sachbearbeitern abgearbeitet wird.
Der Status wird jederzeit aktuell gehalten, sodass alle Mitarbeiter potenziell jede Bestellung weiterbearbeiten können, auch wenn ein anderer Mitarbeiter vorher daran
gearbeitet hat.

11.6 Typische Produkte für den Büroarbeitsplatz

Praktisch an jedem Arbeitsplatz im Büro wird eine Textverarbeitung benötigt, wie zum
Beispiel die kommerziellen *FrameMaker* (von Adobe), *Microsoft Word* und *TextMaker*
oder die freien *LaTeX*, *LibreOffice-Writer* oder *OpenOffice-Writer*. Tabellenkalkulati-
onsprogramme wie die kommerziellen *Microsoft Excel* und *PlanMaker* oder das freie
LibreOffice-Calc sind ebenfalls weitverbreitet. Zum Erstellen von Präsentationen dient
eine Software wie die kommerziellen *Keynote*, *PowerPoint* und *Prezi* oder das freie
LibreOffice Impress. Als Alternative zu den Komplettpaketen LibreOffice und Microsoft
Office können *OnlyOffice* oder *Google G Suite* verwendet werden, welche alle Daten in
der Cloud statt lokal speichern. Bilder können gut mit den kommerziellen Applikationen
Lightroom und *Photoshop* oder mit dem freien *Gimp* bearbeitet werden. Videobearbei-
tung wird häufig mit *Adobe Premiere, DaVinci Resolve, Final Cut* oder *iMovie* gemacht.
Auch für Buchhaltung und Lohnverarbeitung stehen Standardprodukte zur Verfügung.
Um Dateien zu komprimieren, verwendet man Tools wie die kommerziellen *WinRAR*
und *WinZip* oder die kostenlosen *7-Zip* und *FilZip*.

Die Begriffe **Groupware** und **kollaborative Software** bezeichnen Software, welche die Zusammenarbeit mit anderen Menschen erleichtert. Virtuelle Meetings sind
spätestens seit der Corona-Pandemie weitverbreitet und ermöglichen problemlos Homeoffice. Hierfür eignen sich Applikationen wie *Cisco WebEx, Google Meet, Microsoft
Teams, Skype for Business* und *Zoom*. Damit können während Videokonferenzen auch
Bildschirminhalte geteilt werden. *Jitsi* ist eine Open-Source-Variante, die selber gehostet
werden kann.

Eine weitere Kategorie sind komplexe E-Mail- und Kalendersysteme wie *Microsoft
Exchange Server* mit *Outlook* als Client, *Zimbra* mit einem beliebigen Browser als Client
oder auch einer Applikation wie Mozilla Thunderbird oder Outlook. *IBM Notes* (früher
Lotus Notes genannt) gehört zusammen mit dem *Domino Server* ebenfalls in diesen Be-
reich, ist allerdings etwas weniger intuitiv zu bedienen. Ein weiteres System im Bereich
E-Mails und Kalender ist *GroupWise* von Novell.

Webbasierte Wiki-Systeme wie *Atlassian Confluence, Monday.com, Notion, Wiki.js*
und *XWiki* sind von großem Nutzen bei der Informationsverteilung in einer Firma.
SharePoint (von Microsoft) schließlich ist ein verbreitetes System für die Organisation
der Dateiablage in Unternehmen. *Slack* ist eine beliebte Plattform für die Kommunikation innerhalb von Gruppen wie Vereinen oder Bewegungen.

11.7 Suchmaschinen

Es stehen zahlreiche Suchmaschinen zur Verfügung, um Inhalte im World Wide Web zu finden. Sie bestehen aus zwei Teilen: Der **Webcrawler** (auch **Searchbot** oder **Spider** genannt) traversiert ständig entlang von Links durch das Netz und indexiert die Daten in einer eigenen Datenbank. Das **Frontend** findet die Suchergebnisse der Benutzer anhand dieses Indexes und zeigt sie an. Den Teil des Internets, der so nicht erreicht wird, nennt man „Deep Web".

Eine der ersten Suchmaschinen war *AltaVista*. Die berühmteste ist zweifelsohne *Google Search*, lanciert von Larry Page und Sergey Brin. Auch Microsoft hat mit *Bing* ein eigenes Produkt, und *Yahoo* gehört zu den ältesten heute im Einsatz stehenden Suchdiensten. Etwas unbekannter sind *ecosia.org* [43], welches den Schwerpunkt auf Umweltfreundlichkeit legt, und *StartPage*, welches eigentlich keine eigene Engine anbietet, sondern nur einen anonymisierenden Wrapper um Google. *DuckDuckGo* gewährleistet ebenfalls Anonymität auf der eigenen Suchmaschine. Der Server *archive.org* [44] kennt alte Websites, die gar nicht mehr online sind. In Russland wird für die Suche im Internet *Yandex* verwendet, in China *Baidu*.

Es gibt unzählige Tipps und Tricks, wie man dafür sorgen kann, dass die eigene Webapplikation in den Resultaten der Suchmaschinen auf den ersten Plätzen erscheint. So sollte möglichst wenig JavaScript verwendet werden und die URL keine Parameter enthalten. Dafür empfehlen sich Schlüsselwörter in den Metatags und in den Titeln, sowie viele Links, die von anderen Websites zur eigenen verweisen. Auch die korrekte Erstellung der Datei *robots.txt* auf dem Server kann einen großen Einfluss auf den Webcrawler haben. Wenn man sich dafür interessiert, wie oft im World Wide Web mit Google nach bestimmten Suchbegriffen gesucht wurde, liefert *Google Trends* die Antworten. Dies ist nützlich, wenn man sich einen Eindruck davon verschaffen will, ob sich gewisse Technologien oder Produkte durchsetzen werden oder ob das Interesse wieder rückgängig ist.

Bei einigen Projekten wird speziell für die zu entwickelnde Webapplikation eine eigene Suchmaschine eingerichtet. Hierfür eignen sich Open-Source-Produkte wie *ElasticSearch* oder *Solr*, welche beide auf einer Bibliothek namens *Lucene* basieren. Auch *Verity* war zu diesem Zweck im Einsatz, ist aber inzwischen veraltet.

11.8 Umgang mit einer heterogenen Systemlandschaft

In vielen Unternehmen ist die Systemlandschaft heterogen aufgebaut: Oft werden im selben Netzwerk Maschinen mit verschiedenen Betriebssystemen eingesetzt. Als Softwareentwickler oder Systemadministrator benötigt man üblicherweise Zugriff auf diverse Maschinen im Netzwerk.

Damit dies unabhängig von den eingesetzten Betriebssystemen nahtlos gelingt, stehen unter anderem folgende Produkte zur Verfügung:

- *Cygwin* ist eine Simulation einer Linux-Shell auf Windows, jedoch keine volle Virtual Machine mit einem OS, auf der man alle nativen Linux-Programme laufen lassen könnte. Der lokale Benutzer fühlt sich auf seinem Windows-PC wie auf einer Linux-Shell, und auch im Netzwerk kann man von einem entfernten Rechner aus auf diese Shell zugreifen. Cygwin besitzt auch einen X-Server, kann also im Rahmen des *X Window Systems* eine Benutzeroberfläche einer entfernten Applikation darstellen. Cygwin steht unter GPL-Lizenz. *MinGW* ist eine Weiterentwicklung. Eine kommerzielle Alternative mit etwas mehr unterstützten Befehlen ist *MKS Toolkit*.
- *Exceed* (früher von Hummingbird, jetzt von OpenText) ist ein X-Server, welcher auf Microsoft Windows läuft, damit man nicht nur mit einer Shell, sondern auch mit einer GUI auf Unix- und Linux-Rechner zugreifen kann.
- *Samba* ist ein File- und Printserver, welcher auf Linux läuft und für Windows-Clients zugänglich ist. Samba ist eine Open-Source-Implementation von CIFS (Common Internet File System), einem Netzwerk-API für den Zugriff auf entfernte Dateien. CIFS ist eine erweiterte Version von SMB (Server Message Block).
- *VNC* (Virtual Network Computing) ist eine GNU-Software für den Zugriff auf entfernte Maschinen, sowohl mit einer Shell als auch über eine grafische Oberfläche. Es basiert nicht auf X-Server, funktioniert aber tadellos zwischen Unix- und Windows-Maschinen.

Abschließend ist eine Reihe von Unix-/Linux-Kommandos zu erwähnen, mit welchen man auf entfernte Rechner zugreifen kann, wie etwa *rlogin/rsh/telnet* (unverschlüsselter Remote-Zugriff), *ftp/tftp* (unverschlüsselter Filetransfer), *ssh* (verschlüsselte Shell), *scp* (verschlüsseltes Kopieren von Dateien), *sftp* (ftp over ssh). Auf Windows gibt es GUI-basierte Clients wie *PuTTY* und *WinSCP*, um mit einigen dieser Protokolle die Kontrolle über andere Rechner zu übernehmen. Die Secure Shell (*ssh*) kann nicht nur benutzt werden, um eine verschlüsselte Konsole zu erhalten, sondern auch um zwischen zwei Rechnern einen sicheren **Tunnel** zu erzeugen, um so ein Port Forwarding zu ermöglichen. Wenn zum Beispiel der entfernte Rechner eine Remotedesktop-Connection auf Port 3389 anbietet, so kann man diesen Port auf *localhost:13389* mappen und den Remotedesktop auf dieser lokalen Adresse über eine gesicherte Verbindung starten.

12 Programmieren

12.1 Grundlagen

12.1.1 Sprachenvielfalt

Jede Software muss auf irgendeine Art und Weise programmiert werden. Hierfür gibt es Programmiersprachen in Hülle und Fülle. Man hört fast wöchentlich von irgendeiner neuen Sprache. Bis in die Nullerjahre geisterte die Vision eines Konstrukts, das für jede Art von Software geeignet wäre, also einer „eierlegenden Wollmilchsau", herum. Heute werden Sprachen eher für gewisse Kategorien von Anwendungen erschaffen.

Der Erfolg eines Projekts wird noch von vielen anderen Dingen als nur von der Wahl der Programmiersprache beeinflusst. Trotzdem wird in diesem Kapitel auf die bekanntesten Sprachen eingegangen, auch wenn die Liste sicher nicht vollständig ist. Die Wahl der Programmiersprachen in einem Projekt hängt von vielen Faktoren ab wie den technischen Bedingungen, dem Know-how der Mitarbeiter und den Firmenrichtlinien. Das Thema DSL (Domain Specific Languages) wird separat behandelt in Kapitel 9.4.

Programmiersprachen werden in fünf Generationen eingeteilt:
- 1GL: Maschinensprache, bestehend aus 0 und 1
- 2GL: Assembler (Mnemonics)
- 3GL: höhere Sprachen wie C oder Java
- 4GL: Sprachen, die ähnlich sind zu menschlichen Sprachen oder auch grafisch und visuell
- 5GL: Constraints statt Algorithmen (im Bereich der künstlichen Intelligenz)

12.1.2 Theorie

Edsger W. Dijkstra hat einige Regeln definiert, die beim Programmieren zu beachten sind. Vor- und Nachbedingungen sind in jeder Funktion zu definieren. Der Code sollte schrittweise verfeinert werden (**Stepwise Refinement**) und immer mittels Prädikatenlogik beweisbar sein. Dijkstra legte folgende Axiome fest, die für die Programmierung benötigt werden: leere Anweisung, Zuweisung, Alternativanweisung, Repetitionsanweisung und Verkettung.

Kurt Gödel hat mit seinen **Unvollständigkeitssätzen** bewiesen, dass es kein vollständiges Kalkül (basierend auf Axiomen) geben kann, mit dem „alles" berechnet werden kann. Mit einer Programmiersprache gibt es immer unlösbare Probleme! Nicht partiell-rekursive Funktionen können nicht berechnet werden mit Computern, wie zum Beispiel das Halteproblem, bei dem es darum geht, dass ein Programm zu schreiben ist, welches als Input PROG und INP erhält und entscheiden muss, ob PROG mit INP hält oder nicht. Diese Aufgabe ist aber nicht lösbar, wenn das zu schreibende Programm selber als PROG und INP mitgegeben wird.

https://doi.org/10.1515/9783111354774-012

Die **Turingmaschine** von Alan Turing berechnet alle partiell-rekursiven Funktionen und ist deshalb äquivalent zu den meisten Programmiersprachen. Sie besteht aus einem endlosen Band mit lauter 0 und 1. Diese abstrakte Maschine besitzt eine fixe Statustabelle, die für jeden Status beschreibt, was passiert, wenn eine 0 oder eine 1 von der aktuellen Position des Bands gelesen wurde. Welcher Wert soll auf das Band geschrieben werden? Soll das Band eine Stelle nach links oder nach rechts verschoben werden oder bleiben? Welches ist der nächste Status?

Es kann beim Programmieren nicht schaden, die Komplexität des Laufzeitverhaltens von Software im Hinterkopf zu behalten:

- Die **Big-O-Notation** definiert die zeitliche und speicherbezogene Komplexität eines Problems. $O(1)$ bedeutet konstant, $O(\log n)$ ist logarithmisch, $O(n)$ heißt linear, $O(n^{const})$ ist polynomial, $O(const^n)$ bedeutet exponentiell.
- Mit **P** bezeichnet man alle in polynomialer Zeit (also vernünftiger Zeit) lösbaren Probleme, für die eine DTM (Deterministic Turing Machine) existiert.
- Mit **NP** bezeichnet man alle in polynomialer Zeit (also vernünftiger Zeit) lösbaren Probleme, für die eine NDTM (Non Deterministic Turing Machine) existiert. Eine NDTM ist ein abstraktes Gebilde. Es ist nicht erwiesen, dass ein Quantencomputer äquivalent ist zu einer NDTM.
- P ist eine Teilmenge von NP oder sogar äquivalent. Das weiß man noch nicht so genau. Das heißt, die Frage ist ungeklärt, ob eine NDTM mehr Probleme lösen kann als eine DTM in polynomialer (also vernünftiger) Zeit oder nicht.
- **NP-complete** sind Probleme, die von einer NDTM in polynomialer Zeit gelöst werden können und äquivalent zu allen anderen NP-complete Problemen sind. Beispiele sind SAT, Traveling Salesman, Rucksackproblem, Schedulingprobleme und Graphenprobleme. Es ist wie gesagt nicht erwiesen, ob sich diese Probleme einfach in polynomialer Zeit mit einer DTM lösen lassen, also ob P=NP wäre oder nicht. Man nimmt an, dass diese Probleme viel Rechenaufwand für die Lösung benötigen. Das spricht eher dafür, dass P eine Teilmenge von NP ist.
- Mit **Speedup** bezeichnet man den Faktor, um wie viel schneller ein paralleler Algorithmus im Vergleich zu einem sequentiellen, der dasselbe berechnet, ist.

12.1.3 Programmierrichtlinien

In jedem Projekt sollten Richtlinien für das Schreiben von Sourcecode festgelegt werden. Unter anderem sind Regeln für die Benennung von Funktionen, Typen oder Variablen zu definieren. In der Praxis hat sich die englische Sprache bewährt. Eine Variable, die eine Verbindung zu einer Datenbank repräsentiert, sollte „connection" heißen, nicht „verbindung". Falls die Spezifikationen in einer anderen Sprache geschrieben werden, so empfiehlt sich die Erstellung eines Glossars mit einer Übersetzung der englischen Bezeichnungen im Sourcecode. Klassennamen sind generell Substantive, während Funktionsnamen mit Verben definiert werden. Diese Bezeichnungen sollten ausgeschrieben werden, also möglichst ohne Abkürzungen.

Bei der Definition der Bezeichnungen spricht man von den zwei Varianten *Camel-Case* und *snake_case*. Vor der Jahrtausendwende war die Verwendung der ungarischen Notation verbreitet. Sie schreibt vor, wie der Typ einer Variable in den Namen der Variable codiert wird. Also zum Beispiel „iQuantity" oder „bDone". Doch mit den heutigen IDEs sehen Entwickler im Sourcecode bei Variablen schnell, um welchen Typ es sich handelt, weshalb die ungarische Notation ihre Bedeutung verloren hat. Auch das Präfix „m" bei Membervariablen sollte nicht mehr verwendet werden.

In jedem Projekt wird definiert, welche Warnungen des Compilers und der zusätzlich verwendeten Überprüfungstools (siehe Kapitel 13.4.2) erlaubt sind und welche nicht. Entsprechende Checks finden typischerweise automatisiert in der IDE der Entwickler, in Commit-Hooks und in der Continuous Integration (Build-Pipeline) statt. Auch eine einheitliche Formatierung des Codes ist von Vorteil, zum Beispiel mit *Prettier*. Eine weitere Richtlinie kann die Abdeckung (Coverage) durch Unit-Tests betreffen. In der Praxis werden mindestens 80 % gefordert.

12.1.4 Objektorientierte Prinzipien

Eine objektorientierte Sprache muss folgende Merkmale unterstützen:
- **Vererbung** und **Polymorphismus** von Klassen. Subklassen leiten von Basisklassen (Superclass) ab.
- **Overriding**. Methodenaufrufe werden erst zur Laufzeit mithilfe von virtuellen Methoden festgelegt.
- **Encapsulation**. Die Sichtbarkeit von Klassenmembers kann definiert werden.

Optional können auch folgende Konzepte unterstützt werden:
- **Overloading**. Dieselbe Methode kann mit verschiedenen Parametern aufgerufen werden.
- **Generic** Programming. In C++ geschieht das mithilfe von Templates, in Java mit Generics.

Unter den **SOLID**-Prinzipien versteht man folgende fünf Richtlinien, die beim objektorientierten Design jeweils berücksichtigt werden sollten:
- **Single Responsibility**. Es sollte nie mehr als einen Grund dafür geben, eine Klasse zu ändern.
- **Open Closed**. Module sollten sowohl offen (für Erweiterungen) als auch geschlossen (für Modifikationen) sein.
- **Liskovsches Substitutionsprinzip**, auch bekannt als **Design by Contract**. Es besagt, dass ein Programm, das Objekte einer Basisklasse T verwendet, auch mit Ob-

jekten der davon abgeleiteten Klasse S korrekt funktionieren muss, ohne dabei das Programm zu verändern.
– **Interface Segregation.** Clients sollten nicht dazu gezwungen werden, von Schnittstellen abzuhängen, die sie nicht verwenden.
– **Dependency Inversion.** Abhängigkeitsbeziehungen sollten immer in eine Richtung verlaufen: von den konkreten zu den abstrakten Modulen, von den abgeleiteten Klassen zu den Basisklassen.

Tipps und Tricks, um Abhängigkeiten zu reduzieren, werden in Kapitel 8.2.3 präsentiert. Das Standardwerk für objektorientierte Prinzipien ist das Buch *„Clean Code"* [3] von „Uncle Bob" Robert C. Martin.

12.1.5 Garbage Collection

In älteren Programmiersprachen müssen Programmierer Speicherbereiche, die sie allozieren, nach Gebrauch selber wieder freigeben. Dies führt häufig zu Fehlern wie Memory Leaks oder Dangling Pointers. Vor allem bei der Benutzung von Bibliotheken ist oft unklar, ob die Library allozierten Speicher selber wieder freigibt, oder ob das der Client übernehmen soll.

In der funktionalen Programmiersprache LISP wurde 1958 ein erstes Mal eine Lösung dieses Problems umgesetzt: Der **Garbage Collector** überprüft automatisch in regelmäßigen Abständen, welche Speicherbereiche auf dem Heap nicht mehr referenziert werden und gibt diese frei.

Ab den Neunzigerjahren kamen weitere Programmiersprachen wie Java und C# auf, welche sich ebenfalls selber um das Freigeben von alloziertem Speicher kümmern. Dies hat zu einer massiven Stabilisierung von Software geführt, wenn sich auch die Performanz durch den Overhead des Garbage Collectors leicht verschlechtert, was jedoch höchstens bei eingebetteten Systemen eine Rolle spielt. Man sollte sich jedoch bewusst sein: Memory Leaks können auch trotz Einsatz von Garbage Collection auftreten, nämlich dann, wenn nicht mehr benutzte Speicherbereiche dauernd durch das Programm referenziert bleiben.

12.2 Sprachen

12.2.1 Assembler (Maschinensprache)

Assembler ist eine symbolische Sprache für Maschinencode und somit für jeden Prozessor etwas unterschiedlich. Jede Instruktion wird übersetzt in Opcode und Operanden. Früher wurden die Befehlsmengen der Prozessoren in zwei Kategorien unterteilt: CISC und RISC. In modernen Prozessoren sind diese miteinander verschmolzen.

Bei **RISC** (Reduced Instruction Set) handelt es sich um eine Load/Store-Architektur. Alle Operationen basieren auf Register, welche weiter unten erklärt werden. Es gibt viele Register und dafür nur eine kleine Befehlsmenge. Um dieselbe Funktionalität zu programmieren wie bei CISC, wird mehr Code benötigt. Dafür werden die Instruktionen schneller ausgeführt. Jede Subroutine speichert die Parameter in Register, nicht auf dem Stack. Typische Instruktionen sind LD, ST, ADD, SUB, MUL, DIV, MOD, AND, BIC, OR, XOR, SHL, SHR, ROT, BEQ, BLT, BGT, BNE, JSR, PSH, PUL, STC, STI.

Bei **CISC** (Complex Instruction Set) werden Werte herumgeschoben, basierend auf verschiedenen Adressierungsmodi. Typische Modi sind *immediate loading constants* (MOVD #4, D0), *register operand* (MOVD D1, D0), *address register direct* (MOVD 0(R1), D0), *address register indirect* (MOVD 0(0(R1)), D0) und *indexed addressing*. Die Instruktionen sind komplexer als bei RISC und können verschiedene Größen haben. Typische Instruktionen sind MOV, ADD, SUB, MUL, DIV, MOD, AND, BIC, OR, XOR, SHL (Shift Left), SHR (Shift Right), ROT, CMP, BEQ, BLT, BGT, BNE, JSR, PSH, POP, STC (Set Carry), STI (Set Interrupt Mask), LEA (Load Effective Address).

Das Kernkonzept bei der Programmierung mit Assembler sind **Register**, von denen es verschiedene Typen gibt:
- Accumulator (ein zentrales Register, um Daten für die meisten Instruktionen zu speichern)
- General Register
- Data Registers (Dx)
- Address Registers (Ax)
- Instruction Register (IR)
- Program Counter (PC)
- Stack Pointer (SP)
- Base Register (für relative Speicheradressen-Berechnung)
- Page Register (für Page-Adressen)
- Index Register (für Speicheradressen-Berechnung)
- Status Register (CC, für Conditional Branches)
- Program Status Word Register (für Interrupts)

12.2.2 Skriptsprachen

Die Vorteile von Skriptsprachen sind die Einfachheit und die Möglichkeit, relativ schnell gute Ergebnisse bei der Programmierung zu erzielen. Die Nachteile sind die langsame Ausführungsgeschwindigkeit, weil Skripte meistens interpretiert oder Just-in-Time (JIT) kompiliert werden, die schlechte Wartbarkeit des Codes sowie der Umstand, dass der Sourcecode auf dem ausführenden Rechner typischerweise sichtbar ist.

Es folgt eine Aufzählung einiger Skriptsprachen:
- *Shell-Skript* bei Unix/Linux sowie bei Windows für die Batch-Programmierung
- *AWK* ist eine veraltete Sprache, um Reports aus Daten in Textdateien zu erzeugen.

- *TCL/TK* ist eine ältere Sprache, um bestehende Programme an eine GUI anzuhängen.
- *PHP* ist eine Sprache für kleinere Webserverprojekte. Sie wird auch benutzt, um die CMS-Funktionalität von WordPress für die eigenen Bedürfnisse zu erweitern.
- *Perl* ist eine Sprache, die vor allem für Textdatei-Analysen sowie Manipulationen größerer Dateimengen geeignet ist.
- *Python* ist sozusagen die objektorientierte Variante von Perl, besitzt ein dynamisches Typsystem („Duck Typing") und wird vor allem für Statistik und maschinelles Lernen eingesetzt. Häufig verwendete Librarys sind *NumPy* (Mathematik), *Pandas* (Data Analysis), *TensorFlow* (Machine Learning) und *Matplotlib* (Visualisierung). *JupyterLab* (früher *Jupyter Notebook*) ist eine webbasierte Umgebung für die typische Trial-and-Error-Arbeitsweise. *Anaconda* ist eine Plattform, die all diese Librarys und vieles mehr für Data Science enthält. Für die Web-Entwicklung dienen das Full-Stack-Framework *Django* und die leichtgewichtigeren *Flask* und *FastAPI*.
- *JavaScript* (JS) wurde durch den früheren Browserhersteller Netscape entwickelt und ist heute die Standardsprache für die Manipulation des DOM-Trees im Browser. JavaScript kann mit der Laufzeitumgebung *Node.js* auch als Server eingesetzt werden. Node.js leistet zudem in der JS-Entwicklung gute Dienste (mit dem Paketmanager *npm*). *Bun* ist eine schnellere aber noch etwas unreife neue Laufzeitumgebung. *ECMAScript* ist der Standard, auf dem JavaScript und TypeScript basieren. Die Runtime läuft single-threaded, mit einem Eventloop und einer Task-Queue. Um Blocking zu vermeiden, wird möglichst asynchron programmiert, mit Konstrukten wie *async*, *await* und *Promise*.
- *TypeScript* (TS) ist eine von Microsoft entwickelte Erweiterung von JavaScript. Es besitzt ein statisches Typsystem, Interfaces (und JS-Klassen). JS ist TS. Aber nicht umgekehrt. TS muss transpiliert werden nach JS. Das Web-Framework *Angular* unterstützt TS.
- *Lua* wird eingesetzt, um bestehenden C-Code mit Skripten zu verbinden. Der Programmierer kann zum Beispiel einzelne Levels eines Spiels per Skript auf der Basis von in C geschriebenen Engines erstellen. Auch in eingebetteten Systemen können bestehende C-Programme mit Lua einfach miteinander verknüpft werden.
- *Ruby* ist eine OO-Sprache, die von Ada und Eiffel inspiriert wurde. Sie kennt keine Typen, alles sind Objekte. *Ruby on Rails* ist das entsprechende Webapplikations-Framework.
- *Groovy* ist eine Abwandlung von Ruby für die Java-Plattform.
- *VB*, *VB.Net* und *VBA* (Visual Basic for Applications) unterstützen die Erstellung von Skripten auf Basis von MS-Office-Applikationen. *VBScript* hingegen ist eine veraltete Sprache von Microsoft, um auf Serverseite (ASP) Programme zu schreiben. Ferner wurden damit auch Utilitys für Windows geschrieben.

12.2.3 Prozedurale Sprachen

Prozedurale Sprachen unterstützen die Programmierung mithilfe von Prozeduren, also Codestücke, die aufgerufen werden können und optional ein Resultat zurückliefern:

- *Pascal* wurde 1970 von Niklaus Wirth erfunden. Die Sprache konnte in „P-Code" übersetzt werden, welcher zur Laufzeit interpretiert wird. Meistens wurden Programme jedoch direkt in Maschinencode kompiliert.
- *C* wurde 1972 von Brian Kernighan und Dennis Ritchie entworfen und wird heute noch im Unix/Linux-Umfeld und in eingebetteten Systemen verwendet. Das Buch „*The C Programming Language*" [45] liefert sämtliche Informationen zur Sprache aus erster Hand von den Erfindern.
- *Modula-2* ist der Nachfolger von Pascal.
- *Oberon* wurde 1990 als Nachfolger von Modula-2 definiert. Es handelt sich nicht nur um eine Sprache, sondern auch um ein System mit Linking zur Ladezeit. Die Erweiterung „Active Oberon" unterstützt zudem nebenläufiges objektorientiertes Programmieren.

12.2.4 Funktionale Sprachen

Funktionale Sprachen dienen vor allem der Programmierung von Berechnungsaufgaben mittels Auswertung von Ausdrücken anstelle der sequentiellen Ausführung von Befehlen. Zentral ist das Definieren von Funktionen mittels **Lambda**-Expressions. Wichtige Funktionen sind *map()*, *filter()* und *fold()/reduce()*. Globale Variablen dürfen nicht verwendet werden, da diese schnell zu ungewollten Nebenwirkungen führen können. Variablen sind unveränderbar (immutable). Typischerweise verfügen funktionale Sprachen über Garbage Collection.

Es folgt eine Auswahl von Sprachen in chronologischer Reihenfolge:

- *Lisp* ist eine listenbasierte Sprache aus dem Jahr 1958.
- *Hope* wurde in den 1970er-Jahren entwickelt.
- *Haskell* ist eine Erweiterung von Hope aus den 1990er-Jahren.
- *Scheme* ist eine Erweiterung von Lisp.
- *Clojure* ist sozusagen ein Lisp für die Java VM, mit einer eigenen Datenbank namens *Datomic*, ein Zwischending zwischen RDBMS und NoSQL. Datomic kommt ohne Löschoperationen aus und arbeitet nur mit Deltas. Zentrales Konzept ist Closure.
- *Scala* ist eine objektorientierte funktionale Sprache, die auf einer Java VM läuft. Für die Umsetzung von Software wird weniger Boilerplate-Code benötigt als mit Java. Die Sprache kennt keine primitiven Typen, dafür gibt es Operator Overloading. Scala ist vor allem für Serversysteme und für die Cloud konzipiert. Darauf aufsetzend gibt es das Framework *Play*, um schnell webbasierte Prototypen erstellen zu können. Scala ist heute nur noch eine Randerscheinung, da Java mit der Version 8 die Ideen von Scala erfolgreich übernommen hatte.

– *Kotlin* läuft auf einer Java VM. Der Programmierer erlebt eine höhere Compile-Geschwindigkeit als mit Scala. Die Typisierung ist strenger, aber sonst hat man dieselben Vorteile gegenüber Java wie mit Scala. Kotlin ist auch für die Programmierung von Android-Applikationen geeignet. Der Code benötigt zwar weniger Boilerplate als Java, ist jedoch nicht unbedingt verständlicher, weil einige zusätzliche Sprachkonstrukte eingeführt wurden.
– *F#* ist eine objektorientierte funktionale Sprache für die .NET-Umgebung. Sie ist sozusagen eine Schwester der Sprache Scala in der Java-Welt.

12.2.5 Logische Sprachen

Logische Sprachen dienen der Programmierung von Prädikatenlogik, welche hauptsächlich in der künstlichen Intelligenz für wissensbasierte Systeme eingesetzt wird. Dies sind die zwei bekanntesten Vertreter:
– *Prolog* wird in Kapitel 15.6 ausführlich behandelt.
– *Erlang* zeichnet sich durch hohe Verfügbarkeit dank Parallelität aus. Die Sprache besitzt Ähnlichkeiten zu Prolog und wurde ursprünglich für die Programmierung von Switches in Telefonnetzen erschaffen. Programme laufen auf einer Virtual Machine.

12.2.6 Objektorientierte Sprachen

Die Prinzipien der Objektorientierung werden in Kapitel 12.1.4 vorgestellt. Im Folgenden wird eine Auswahl objektorientierter Sprachen präsentiert:
– *Simula* war die erste objektorientierte Sprache. Sie stammt aus den 1960er Jahren.
– *Smalltalk* wurde 1972 veröffentlicht. Die Sprache überprüft Typen nur zur Laufzeit. Ein Typ ist dasselbe wie eine Klasse, und eine Klasse ist dasselbe wie ein Objekt. Bei Smalltalk handelt es sich nicht nur um eine Sprache, sondern auch um eine auf **MVC** basierte Umgebung.
– *Ada* ist ein Nachfolger von Modula-2 und wurde vor allem in militärischen und bahntechnischen Bereichen eingesetzt. Bekannt ist der Rendezvous-Mechanismus, um Daten zwischen Prozessen (Tasks) auszutauschen. Der Name dieser Programmiersprache wurde der ersten Programmiererin der Welt, Ada Lovelace, gewidmet.
– *C++* wurde 1986 durch Bjarne Stroustrup ins Leben gerufen. Es handelt sich um eine objektorientierte Erweiterung von C mit einer strengeren Typisierung. Der erste offizielle Standard wurde relativ spät veröffentlicht, erst 1998. Das führte zum Problem, dass einige Bibliotheken von Drittanbietern auf einen Schlag obsolet geworden sind und gleichzeitig die Compilerhersteller rasch eine Standard-Library erstellen mussten. Der Standard wird laufend erweitert, es gibt die Versionen 98, 03, 11, 14, 17 und 20. Die Library *Boost* fließt laufend in die aktuellen Standards ein.

Einige Tipps und Tricks für große C++-Projekte werden in Kapitel 8.2.3 vorgestellt. Zur Standardliteratur gehören die Bücher *„Effective C++"* [46] und *„More Effective C++"* [47] von Scott Meyers.

– *Eiffel* ist eine von Bertrand Meyer erschaffene Sprache, die hauptsächlich dazu dient, Studenten die objektorientierten Philosophien beizubringen, insbesondere das Prinzip *„Design by Contract"*.

– *Java* wurde 1995 unter der Leitung von James Gosling erschaffen. Es handelt sich nicht nur um eine Sprache, sondern auch um eine Plattform, die in Kapitel 7.5.1 ausführlich behandelt wird. Die Sprache ist stark typisiert. Die Weiterentwicklung der Sprache erfolgt unter der Anforderung der Rückwärtskompatibilität zu alten Versionen. Seit Version 8 ermöglicht Java die funktionale Programmierung mithilfe von Lambda Expressions, Streams und statischen Methoden in Interfaces sowie Methodenreferenzen. Ferner vereinfacht Java die nebenläufige Programmierung mit der Klasse *CompletableFuture*, sowie mit Virtual threads seit Java 19. Zur Standardliteratur gehören die Bücher *„The Java Programming Language"* von Ken Arnold, James Gosling und David Holmes [48] sowie *„Effective Java"* von Joshua Bloch [49].

– *C#* wurde 2001 durch Microsoft ins Leben gerufen. Es handelt sich um eine Sprache für die .NET-Umgebung (siehe Kapitel 7.5.2) und ist sozusagen eine Mischung aus C++ und Java. C# verzichtet auf Checked Exceptions, weil diese sich bei Java nicht bewährt haben. Dafür werden **Delegates** (Funktionspointer) angeboten, welche bei Java erst in Version 8 in Form von Lambda-Expressions nachgebildet wurden. Diese fanden auch Einzug in Version 3.0 von C#. Nebenläufiges Programmieren wird seit C# 5.0 mit den Keywords *async* und *await* und der Klasse *Task* erleichtert.

– *Objective C*, eine Erweiterung von C, wurde für das Next Step OS entworfen. Heute ist Code in Software für macOS und iOS anzutreffen.

– *Swift* begann 2014, Objective C bei der Entwicklung für macOS und iOS abzulösen. Garbage Collection ist nicht vorhanden, nur Reference Counting. Das heißt, abgehängte Zyklen werden nicht detektiert, außer man verwendet mindestens eine Weak Reference im Zyklus.

12.2.7 Sprachen für Kinder

Damit Kinder und Jugendliche spielerisch die Welt des Programmierens entdecken können, wurden eigens hierfür spezielle Sprachen entworfen:

– *Logo* wurde in den 1960er-Jahren entwickelt. Es handelt sich um eine Vereinfachung von Lisp.

– *Kara* ist eine Sprache, mit der das Prinzip einer FSM (Finite State Machine) anschaulich erklärt werden kann.

– *Scratch* ist eine webbasierte grafische Umgebung, die an der Universität MIT entwickelt wurde. Die Kinder können mit grafischen Blöcken ereignisgesteuerte Logik zusammenstellen und in einer Community teilen.

12.2.8 Andere Sprachen

Einige weitere Sprachen sind erwähnenswert, aber schwierig einzuordnen. Eine Auswahl wird hier chronologisch präsentiert:

- *Fortran* wurde 1954 von IBM für das Lösen von mathematischen Problemen entwickelt.
- *COBOL* wurde 1959 für das Lösen von Problemen im Finanzbereich veröffentlicht. Hierfür wurde das BCD-Format für dezimale Zahlen definiert. Die Programme laufen auf IBM Mainframes.
- *PL/1* wurde 1965 von IBM als Nachfolger von COBOL und Fortran vorgestellt.
- *BASIC* (Beginner's All Purpose Symbolic Instruction Code) wurde 1965 entwickelt. Bekannt wurde die Sprache vor allem ab 1982, als der Heimcomputer *Commodore C64* mit einem fix eingebauten BASIC-Interpreter auf dem Markt erschien.
- *Forth* (1971) ist eine interpretierte Entwicklungsumgebung. Die Sprache liegt nahe bei der englischen Sprache, und es können auch neue Wörter definiert werden.
- Im Bereich von SPS (siehe Kapitel 11.5.2) existieren Sprachen wie FUP, KOP und AWL.
- *R*, auch *GNU S* genannt, ist geeignet für statistische Berechnungen und für den Umgang mit großen Datenmengen (Big Data Analytics).
- *Dart* war ein Versuch von Google, eine bessere Alternative zu JavaScript anzubieten. Heute wird die Sprache im Cross-Plattform-Framework *Flutter* verwendet.
- *Go* ist eine Sprache von Google für das effiziente Programmieren von performanten parallelen Lösungen.
- *Julia* ist eine neue, vielversprechende, aber noch nicht ganz ausgereifte Sprache für parallele numerische Berechnungen, als Alternative zu Matlab, Python und R.
- *Rust* von Mozilla ist eine für Nebenläufigkeit konzipierte Sprache, die ähnlich wie C aussieht, aber viele Fehler in der Programmierung bereits zur Compile-Zeit verhindert. Anstelle von Interfaces werden **Traits** verwendet. Das System verwendet keine periodischen Garbage-Collection-Zyklen, sondern gibt nicht verwendeten Speicher immer sofort frei. Das zugehörige Web-Framework heißt *Rocket*, der ORM-Mapper *Diesel*, der Paketmanager *Cargo*. Rust-Programme lassen sich gut in *Wasm*-Umgebungen ausführen (WebAssembly).

12.3 Parallele Programmierung

12.3.1 Nebenläufigkeit

Wenn eine Software aus mehreren Tasks besteht, die logisch gesehen gleichzeitig, jedoch nicht zwingend parallel, sondern eventuell abwechslungsweise in kleinen Häppchen sequentiell ausgeführt werden, so spricht man von **Nebenläufigkeit** (englisch *Concurrency*). Typisches Beispiel ist die Aufteilung in GUI-Tasks und Logik-Tasks. Diese Aufteilung wird vorgenommen, weil diese beiden Tasks nicht deterministisch ausgeführt werden.

Der Benutzer kann jederzeit in der Benutzeroberfläche einen Event auslösen, während die Logik läuft. Zentral ist die Unterstützung durch das Betriebssystem mittels Prozesse und Threads, siehe Kapitel 6.1.

Nebenläufigkeit wird mittels drei Konzepten erreicht:

- **Activity.** Programmstücke können in nebenläufigen Prozessen oder innerhalb eines Prozesses in nebenläufigen Threads ausgeführt werden.
- **Atomicity.** Es muss durch eine Programmiersprache oder Bibliothek gewährleistet sein, dass gewisse Codestücke atomar ausgeführt werden können.
- **Synchronization.** Die Synchronisation mit anderem nebenläufig ausgeführten Code geschieht über die Funktionen „notify/signal" und „wait" eines **Monitors**. „wait" bedeutet, der Code muss warten, bis ein anderes nebenläufiges Programmstück ein „notify/signal" sendet. Für die Synchronisation des Zugriffs auf Ressourcen durch nebenläufige Programmstücke reicht ein einfacher Zähler (**Semaphore**).

Mögliche Probleme bei der Nebenläufigkeit sind Deadlocks, Race Conditions und langsamer Datentransfer über die Prozess- oder Thread-Grenzen. Funktionen, die in solchen Systemen verwendet werden, müssen bezüglich der Eigenschaft bei der nebenläufigen Verwendung klassifiziert werden:

- **Reentrant** Code. Die Funktion kann gleichzeitig durch mehrere Threads aufgerufen werden, sofern jeder Aufruf mit unterschiedlichen Daten in den Parametern erfolgt. Dies ermöglicht auch den Aufruf derselben Methode einer Klasse mit unterschiedlichen Instanzen, da die Instanz als Parameter (zum Beispiel *this*) übergeben wird. Globale Variablen dürfen hier nicht verwendet werden.
- **Thread-safe** Code. Die Funktion kann gleichzeitig durch mehrere Threads aufgerufen werden, auch wenn jeder Aufruf mit denselben Daten in den Parametern arbeitet. Thread-Safety erfordert also strengere Regeln als Reentrancy.

Nebenläufiges Programmieren muss durch die Sprache und Bibliotheken unterstützt werden. Bei Java kann man mit dem Keyword *synchronize* Sektionen bezeichnen, die für dasselbe Objekt nicht gleichzeitig durch mehrere Threads ausgeführt werden dürfen. Bei korrekter Umsetzung solcher synchronisierten Sektionen in allen Threads kann Atomicity erreicht werden. Die Synchronisation sowie das Konzept der Activity werden mittels der Java-Library umgesetzt (*java.lang.Threads* sowie die Methoden *signals, wait, notify, notifyAll* bei *java.lang.Object*). Die JVM unterstützt Nebenläufigkeit mithilfe des darunterliegenden Betriebssystems. Bei C# werden synchronisierte Sektionen mit *lock* gekennzeichnet. Alles andere befindet sich ebenfalls in den Librarys und in der Laufzeitumgebung.

12.3.2 Parallelisierung

Parallelisierte Software läuft echt gleichzeitig an verschiedenen Stellen, zum Beispiel auf mehreren Prozessorkernen. Neben allen Eigenschaften der Nebenläufigkeit erhält man mit **Parallelisierung** eine Performanzsteigerung, wenn ein Task aufgeteilt wird in mehrere Subtasks, die zeitlich parallel ausgeführt werden. Grundsätzlich parallelisiert man ein Problem, indem entweder die Daten auf mehrere parallel laufende identische Subtasks verteilt werden oder indem verschiedene Subtasks auf mehrere Systeme verteilt werden.

Programmiersprachen wie *Go* wurden extra für die parallele Programmierung entworfen. Ein interessantes Projekt war in den Neunzigerjahren **PVM** (Parallel Virtual Machine). Es handelt sich um eine freie Software, die es ermöglicht, mit einer größeren Anzahl von Rechnern in einem Netzwerk zusammen große parallelisierbare Probleme zu lösen. Diese Rechner können auf diversen Systemen basieren wie Unix, Windows oder auch Cray. Und **MPI** (Message Passing Interface) ist ein Standard für den synchronen und asynchronen Austausch von Daten zwischen Computern.

12.3.3 MapReduce

MapReduce ist ein funktionales Konzept für die Parallelisierung von Tasks. Entwickelt wurde es ursprünglich von Google. MapReduce ist eine der Grundlagen für Predictive Analytics (siehe Kapitel 15.7.1). Wie der Name sagt, wird zuerst in parallelen Abläufen eine Map erstellt, die Schlüssel auf Werte abbildet. Danach wird im Reduce-Schritt eine zu definierende Berechnung ausgeführt aufgrund dieser vorher erstellten Map. Dies geschieht wiederum parallel. Das Resultat kann danach in einer Datenbank gespeichert werden.

Die bekannteste Implementierung von MapReduce ist *Apache Hadoop*. Ein Hadoop-Cluster basiert auf einem verteilten Dateisystem (*HDFS*) mit einem Master (Parallelisierung der Tasks) und vielen Slaves. Hadoop kann mit der Datenbank *HBase* und *Hive*-Abfragen erweitert werden. *Hive* ist ähnlich wie SQL, für iteratives Data-Mining, aber nicht für Echtzeit-Abfragen. Es wurde ursprünglich von Facebook entwickelt und von Netflix erweitert. *Pig* ist eine Runtime zur prozeduralen Sprache **Pig Latin** für Data Processing Pipelines auf Hadoop (verteilt) oder lokal. Pig wurde ursprünglich von Yahoo entwickelt. Hadoop kann auch hilfreich sein für traditionelles **ETL** (Extraction, Transformation, Loading), also für das batchmäßige Füllen eines Data-Warehouses.

Einige Produkte können Hadoop ergänzen, wie zum Beispiel:
- *Apache Sqoop*. Datentransfer zwischen einer produktiven Datenbank (RDBMS) und HDFS (Hadoop)
- *Apache Zookeeper*. Koordination verteilter Server, zum Beispiel für das Management eines Hadoop-Ökosystems
- *FlumeNG*. Streaming zu Hadoop
- Der *Mongo-Hadoop-Connector* liest Daten aus einer MongoDB, verarbeitet sie auf Hadoop und speichert das Resultat wieder in die MongoDB. Programmiert wird dieser Mechanismus mit Java oder Pig.

12.4 Refactoring vs. Redesign

Mittels **Refactoring** setzen die Programmierer fortlaufend kleine Verbesserungen im Code um. Dies geschieht im Alltag während der Implementierung von Issues, ohne dass mit der Projektleitung oder dem Management darüber diskutiert wird. Man spricht auch von Pfadfindern, die die Feuerstelle im Wald sauberer verlassen, als sie sie vorgefunden haben. Den Begriff Refactoring verbreitete Martin Fowler mit seinem gleichnamigen Buch [50].

Redesign hingegen bedeutet, dass größere Änderungen nötig sind, die man nicht mehr im Rahmen des Alltags umsetzen kann. Meist handelt es sich um Schnittstellen, die geändert werden müssen. Ein Redesign benötigt eine gute Planung. Die Projektleitung und der Softwarearchitekt müssen dabei involviert sein.

Wenn ein Anti-Pattern betreffend Programmierung entdeckt wird, so wie in Kapiteln 16.7.2 und 16.7.3 beschrieben, kann man es mittels Refactoring oder Redesign beheben. Die Frage ist jedoch immer, ob sich der Aufwand für den erwarteten Ertrag lohnt (Trade-off).

13 Tools für die Programmierung

13.1 Compiler

Der Compiler übersetzt ein in einer bestimmten Sprache geschriebenes Programm in eine andere Sprache, meistens auf einer tieferen Abstraktionsebene, typischerweise binären Maschinencode. Er arbeitet normalerweise mit drei Phasen: **Frontend**, **Intermediate Code Generator** (ICG) und **Backend**. Diese Phasen sind nicht zu verwechseln mit der Anzahl der Durchgänge, die ein Compiler benötigt, um das Endprodukt zu erzeugen. Frontend und ICG werden meistens in einem Durchgang zusammen ausgeführt. Typischerweise wird ein ICG als Kern des Compilers implementiert, an welchem dann für jede Sprache ein separates Frontend angehängt wird. Diese Frontends liefern dem ICG einen Syntaxtree und eine Symboltabelle. Für jeden Zielprozessor wird ein separates Backend realisiert. Diese wandeln den ICG-Code in echten binären Maschinencode um.

Compiler lassen sich charakterisieren anhand der Art des Parsers. Er kann **Top-Down** umgesetzt sein, das heißt „recursive descent" oder tabellengesteuert. Dann erhält er die Bezeichnung LL(1). Er kann auch **Bottom-Up** umgesetzt sein, mittels „shift-reduce". Dann bezeichnet man ihn mit LR(1). Die Zahl in Klammern sagt aus, wie groß der Lookahead ist, um Code kompilieren zu können, also wie viele Tokens im Voraus gelesen werden müssen. Die Sprache C benötigt einen Lookahead von einem Token. C++ hingegen benötigt einen unendlichen Lookahead, damit Code wie folgender geparst werden kann: *A::B::C d;*

Die Syntax einer Programmiersprache wird meistens mit **EBNF** definiert. Das Frontend enthält einen Scanner, der Zeichen in Tokens umwandelt. Der Scanner wird mit einer regulären Syntax definiert. Anschließend kommt der Parser zum Zug, der diese Tokens verarbeitet. Die Syntax ist kontextfrei. Die Kategorisierung einer Syntax erfolgt gemäß der sogenannten **Chomsky-Hierarchie**, welche vier Stufen definiert, die immer größere Einschränkungen fordern: allgemein, kontextsensitiv, kontextfrei, regulär. Noam Chomsky ist übrigens außerhalb der Informatik-Wissenschaften ein gesellschaftspolitisch engagierter Mensch, wie sein Buch „*Wer beherrscht die Welt?*" [51] zeigt.

Es gibt verschiedene Frameworks, also Compilercompiler, um Compiler für kleine Sprachen zu erzeugen. Bekannte Beispiele sind *lex/yacc* oder *ANTLR*. Ein weiteres Produkt ist *LLVM*, eine auf einer „Intermediate Representation" für Assembler basierende Toolchain. Mit LLVM stellt Apple Compiler, Linker und virtuelle Maschinen her, aber auch für Sprachen wie Java, Julia und Rust wird diese Toolchain verwendet. Und schließlich gibt es im DSL-Umfeld weitere Tools, die in Kapitel 9.4 vorgestellt werden. Kommerzielle Compiler werden jedoch meistens manuell ausprogrammiert.

Der Compiler erzeugt grundsätzlich eine Objektdatei in einem bestimmten Format, zum Beispiel *ELF/DWARF*, *COFF*, *PE*, *OMF*, Java-Bytecode oder .NET-CIL-Code. Die Objektdateien werden durch den **Linker** zusammengefügt und anschließend vom Lader zur Ausführung startbereit gemacht. *GCC* (GNU Compiler Collection) ist eine freie Sammlung von diversen Compilern.

https://doi.org/10.1515/9783111354774-013

Ein Compiler kann viele Optimierungen automatisch am Code vornehmen:
- **Constant Folding**. Zum Beispiel wird der Ausdruck „*3+2*" als „*5*" verarbeitet.
- **Strength Reduction**. Zum Beispiel wird „*2*i*" als „*i<<1*" angeschaut. Eine teure Operation wird durch eine günstigere ersetzt.
- **Suppress Runtimechecks**. Wenn der Compiler weiß, welche Werte eine Variable zur Laufzeit an einer bestimmten Codestelle haben kann, so können eventuell vorhandene unnötige Checks entfernt werden.
- **Common Subexpression Elimination**. Wenn eine Expression an mehreren Orten im Code vorkommt und garantiert werden kann, dass die Auswertung immer dasselbe Resultat liefert, so wird die Expression nur einmal ausgewertet.
- **Copy Propagation**. Zum Beispiel kann „*a=x; ...; b=a;*" ersetzt werden durch „*a=x; ...; b=x;*"
- **Loop Invariant Code Motion**. Code innerhalb des Loops, der bei jedem Durchgang dasselbe Resultat erzeugt, kann an einen Ort außerhalb des Loops verschoben werden.
- **Branch Optimizations**. Zum Beispiel erkennt das Branch Tail Merging, wenn unmittelbar vor allen Branches auf eine gewisse Ziel-Codestelle derselbe Code verwendet wird, dass dann dieser Code nur einmal, am Anfang der Ziel-Codestelle vorhanden sein sollte.
- **Dead Code Elimination**. Code, der nie ausgeführt wird, kann entfernt werden. Oft wird diese Optimierung erst nach anderen Optimierungen angewendet.
- **Register Allocation**. Häufig benutzte Variablen sollten in Register gespeichert werden. Unter Register Spilling versteht man das Auslagern einer selten benötigten Variable aus einem Register, mittels des SSA-Verfahrens (Static Single Assignment).
- **Peephole Optimization**. Gewisse Sequenzen von Instruktionen können durch günstigere ersetzt werden.
- **Instruction Scheduling**. Erstellen einer optimalen Reihenfolge der Ausführung der Instruktionen in Bezug auf das Pipelining auf dem Prozessor. Instruktionen sollten nicht unnötig auf Resultate anderer Instruktionen warten müssen.

Es gibt aber auch Fälle, in denen man nicht möchte, dass ein Compiler eine Optimierung vornimmt. Bei eingebetteten Systemen kann eine Variable einer **Memory-Mapped I/O**-Schnittstelle zugeordnet werden. Da kann es sein, dass der Programmierer mehrere Male dasselbe Bitmuster über die Schnittstelle senden möchte. Der Compiler darf das nicht wegoptimieren. Deshalb verwendet der Programmierer in solchen Fällen in C das Keyword *volatile*.

Bei objektorientierten Sprachen wie C++ oder Java erzeugt der Compiler „Virtual Function Tables", damit zur Laufzeit über eine Indirektion bestimmt werden kann, welche Override-Methode aufgerufen werden soll.

Als Standardwerk gilt das Buch „*Compilers*" von Alfred Aho, Monica Lam, Ravi Sethi und Jeffrey Ullman [52].

13.2 Build

13.2.1 Tools

Mit Build-Werkzeugen wird der ganze Herstellungsprozess einer Software definiert, vom Importieren benötigter Librarys über das Kompilieren und Ausführen von Unit-Tests sowie Linken bis zum Deployment der erzeugten Artefakte. Eine große Auswahl von Tools ist erhältlich, von denen hier einige präsentiert werden:

- *Make* ist ein altes, aber ein vor allem in der Linux-Welt immer noch aktuelles Tool. In einer Datei namens *makefile* werden Abhängigkeiten definiert, die aufgelöst werden müssen, um die gewünschten Artefakte zu erzeugen. Es stehen verschiedene Versionen von Make zur Verfügung: *GMAKE* (GNU Make), *NMAKE* (von Microsoft) und *MAKE*. GMAKE wurde erweitert mit *GNU Autoconf*, um mit einem Set von Sourcefiles und einer Make-Datei Binarys für verschiedene Plattformen zu erzeugen. Ein weiteres Tool, um Buildskripte zu erzeugen, ist *CMake*. Es folgt ein einfaches Beispiel einer Make-Datei, um ein in C geschriebenes Programm namens „hello.c" lauffähig zu machen:

```
all: hello

hello: hello.o
gcc -o hello hello.o

hello.o: hello.c
gcc -c hello.c

clean:
rm hello.o hello
```

- *Ant* ist ein Build-Werkzeug für Java, basierend auf XML. Zusätzlich empfiehlt sich die Verwendung von *Ivy* für das Dependency-Management. Eine Ant-Datei kann folgendermaßen aussehen, wenn sie die Klasse „HelloWorld" lauffähig machen muss:

```
<project>
 <property name="lib.dir" value="lib"/>
 <path>
  <fileset dir="${lib.dir}" includes="**/*.jar"/>
 </path>
 <target name="clean">
  <delete dir="build"/>
 </target>
 <target name="compile">
```

```
 <mkdir dir="build/classes"/>/
 <javac srcdir="src" destdir="build/classes" classpathref="classpath"/>
</target>
<target name="jar">
 <mkdir dir="build/jar"/>
 <jar destfile="build/jar/HelloWorld.jar" basedir="build/classes">
  <manifest>
   <attribute name="Main-Class" value="ch.albin.HelloWorld"/>
  <manifest>
 </jar>
</target>
</project>
```

- *Maven* ist ein Java-Build-Werkzeug von Apache (Open Source). Das Grundkonzept ist das *POM* (Project Object Model), welches die Projektstruktur im Rahmen von „Build by Convention" starr vorgibt. Es enthält zudem noch ein Dependency-Management der benutzten Librarys und stellt mit „Maven Central" ein Artefakt-Repository im Internet zur Verfügung.
- *Gradle* ist sozusagen die Verschmelzung von Ant und Maven. Die Buildskripte werden in Groovy geschrieben. Mit einer Skriptsprache geht das Programmieren von Verhaltensweisen besser als mit XML wie bei Ant. Im Vergleich zu Maven ist Gradle viel flexibler. Gradle enthält ebenfalls ein integriertes Dependency-Management und kann Bibliotheken automatisch von einem Artefakt-Repository beziehen. Das Buch „Gradle in Action" von Benjamin Muschko [53] bietet eine gute Einführung. Eine Gradle-Datei besitzt etwa folgenden Aufbau:

```
apply plugin: 'java'
apply plugin: 'eclipse'

sourceCompatibility = 1.5
version = '1.0'

repositories {
 mavenCentral()
}

dependencies {
 compile group: 'commons-collections',
  name: 'commons-collections', version: '3.2.2'
 testCompile group: 'junit',
  name: 'junit', version: '4.+'
}
```

- Integrierter Build in der IDE. Bei Eclipse zum Beispiel wird der Build üblicherweise zweimal definiert. Einmal für den IDE-Build und einmal für den Command-Line-Build (Ant, Maven oder Gradle), der zum Beispiel in der Continuous Integration angekickt wird. In der Praxis schreiben Programmierer typischerweise ein Buildskript, das die Eclipse-Build-Einstellungen automatisch aus dem Command-Line-Build heraus erzeugt.
- *PDE* ist ein Build-Mechanismus von Eclipse für den Bau von OSGi-basierten Plugins für Eclipse.
- *Grunt* ist ein deklarativer Task-Runner für die JavaScript-Programmierung.
- *Gulp* ist das in der Praxis am meisten verwendete Build-System für die Programmierung mit JavaScript und CSS. Es handelt sich um einen Task-Runner. Er basiert auf *Node.js* und funktioniert deshalb asynchron.
- *Webpack* und das schnelle *esbuild* sind JS-Bundler. Sie können gut zusammen mit Gulp eingesetzt werden.
- *MSBuild* ist ein XML-basiertes Build-System für .NET (analog zu Ant für Java). In der Command-Line lassen sich Builds mit *„dotnet build"* anwerfen.

Es herrscht nach wie vor großes Potenzial bei der Vereinfachung der Build-Werkzeuge. Die Tools sind zwar mächtiger, schneller und flexibler geworden, aber nicht unbedingt einfacher im Vergleich zu früher.

13.2.2 Dependency-Management

Das Dependency-Management eines Projekts kümmert sich darum, welche Versionen welcher Librarys herangezogen werden. Auf Plattformen wie Java und .NET findet es zur Build-Zeit statt, auf Plattformen wie Python und Node.js müssen sie in der Laufzeitumgebung installiert werden. Bei Node.js kann der Paketmanager *npm* verschiedene Projekte mit unterschiedlichen Library-Versionen parallel handhaben. Bei Python hingegen funktioniert der Paketmanager *pip* mit mehreren Projekten nur, wenn entweder pro Projekt ein eigenes „Virtual Environment" erstellt wird, oder jedes Projekt in einem eigenen Python-Docker-Container läuft.

In jedem Projekt wird definiert, welche Versionen welcher Librarys herangezogen werden. Bei .NET dient hierfür die *csproj*-Datei, bei Python *requirements.txt*. Die Festlegung der Zahlen erfolgt im Rahmen der Schnittstellenversionierung, die in Kapitel 18.1.4 beschrieben wird. Eine exakte Versionsangabe der benötigten Bibliotheken kann dazu führen, dass man immer auf veralteten Versionen der Librarys bleibt. Eine andere Strategie wäre, immer die neueste Version der benötigten Librarys zu verwenden. Dies kann jedoch zu häufigen instabilen Ergebnissen führen, an Zeitpunkten, die nicht selbst gewählt werden können und meistens ungünstig sind, womöglich gerade beim Erstellen eines Releases. Ein Mittelweg ist die Angabe eines Versionsbereichs der benötigten Bibliotheken, zum Beispiel 4.*.*. Wenn man davon ausgeht, dass es nur bei Major Releases

Schnittstellenänderungen gibt, also beim Inkrement der ersten Versionszahl, so kann man mit dieser Strategie sicher sein, dass die Library kompatibel bleibt.

Das Dependency-Management kann nicht immer alleine mit bestehenden Werkzeugen gelöst werden. Ein Beispiel aus der Java-Welt: Falls Klasse A die beiden Klassen B und C importiert, B benutzt Version 1 von Klasse D, und C benutzt Version 2 von D, dann wird durch ein automatisches Dependency-Management-System Version 2 von D sowohl für B als auch für C angezogen. Falls jedoch Version 2 von D nicht rückwärtskompatibel zu Version 1 wäre, muss man zur Laufzeit mittels manueller Programmierung mit je einem Classloader für B und C dafür sorgen, dass beide Versionen von D geladen werden.

13.3 IDE (Integrated Development Environment)

Bis in die Neunzigerjahre hinein wurde mit herkömmlichen Editoren wie *vi/vim* oder *emacs* programmiert, und mittels Shell wurden die Build-Werkzeuge gestartet. Dann kamen die ersten Editoren auf, bei denen man Compiler, Linker und Make in die GUI einbinden konnte, wie *Sniff+* oder *UltraEdit*. Heute dienen moderne Command-Line-Editoren wie *nano* und *helix* dazu, remote auf Servern Konfigurationsfiles und Skripte zu ändern. Der größte Teil der Entwicklung geschieht jedoch in einer **IDE**. Sie ist die Schaltzentrale des Softwareentwicklers. Programmierung, Debugging, Zugriff auf lokale Laufzeitumgebungen, Zugriff auf das Repository und vieles mehr findet hier statt. Typischerweise lassen sich IDEs mit Plugins erweitern, wie zum Beispiel für „Automatic Code Completion", welche mithilfe von KI immer besser wird. Die IDE bietet auch komfortable Suchmöglichkeiten wie „Find in Files" und „Go to Definition", rasch aufrufbar über Tastenkombinationen.

Es folgt eine Auflistung der bekanntesten Produkte:

– *Eclipse* wurde hauptsächlich für die Java-Welt geschrieben, wird aber auch gerne für die Entwicklung von eingebetteten Systemen im Non-OS-Bereich eingesetzt. Die IDE basiert auf Plugins. Darauf aufbauend sind diverse Produkte erhältlich. Man arbeitet in einem Workspace, welcher viele technische Projekte (Verzeichnisse) beinhaltet. Ein solches Projekt entspricht zum Beispiel der Umsetzung einer JAR-Datei und enthält typischerweise eine Build-Datei.

– IBM *Rational Application Developer for WebSphere* baut auf Eclipse auf.

– Das Projekt *Netbeans* wurde von Oracle als Alternative zu Eclipse umgesetzt, konnte sich aber nie richtig durchsetzen.

– *IntelliJ IDEA* von JetBrains ist eine moderne IDE für Java und Kotlin. Darauf baut Android Studio auf, der Quasi-Standard für die Entwicklung auf Android-Plattformen. Weitere in der Praxis beliebte IDEs von JetBrains sind *WebStorm* (JavaScript), *PyCharm* (Python) und *RustRover* (Rust).

– *Visual Studio Code* ist ein vielseitiger kostenloser Code-Editor mit vielen Erweiterungen für alle gängigen Programmiersprachen und Frameworks. Ein Tool, das zwischen IDE und Editor einzuordnen ist.

- *Visual Studio* von Microsoft war lange Zeit das führende Tool in der IDE-Welt. Es enthielt schon Ende der Neunzigerjahre nützliche Features, die erst viel später in anderen IDEs angeboten wurden. Noch heute ist es die etablierte IDE für die Entwicklung auf .NET.
- *Sybase PowerBuilder* (gehört heute Appeon) ist im .NET-Umfeld eine gute Alternative zu Visual Studio.
- *Xcode* von Apple dient der Entwicklung von macOS-Applikationen und von Apps auf iOS-Plattformen.
- Inprise *Borland Builder* für C++ sowie *Delphi* für Pascal gehörten in den Neunzigerjahren zu den führenden IDEs.

In der Praxis verwenden Entwickler auf ihrem OS verschiedene Desktops, zwischen denen sie schnell hin- und herschalten können. Das ist vor allem unterwegs mit einem kleinen Laptop-Bildschirm sehr nützlich. Die IDE befindet sich dann in einem eigenen Desktop, während sich Browser und weitere Applikationen in anderen befinden. Diese Desktops werden auch „Workspace" genannt, nicht zu verwechseln mit dem technischen Begriff der lokalen Sourcecode-Ablage.

13.4 Zusätzliche Entwicklungs-Tools

13.4.1 Profiling

Profiler dienen dazu, herauszufinden, wieviel Zeit die Software in welchen Funktionen verbringt. Das Aufzeigen, welcher Code wie oft durchlaufen wurde und welcher nie (Coverage), kann ebenfalls Aufgabe des Profilers sein. Sie können auch helfen, herauszufinden, welche Codestücke durch Parallelisierung effizienter ausgeführt würden.

Oft werden Profiler in der IDE integriert, manchmal benutzen Entwickler aber auch Standalone-Produkte. In der Java-Welt kann *hprof* aus dem Standard-JDK verwendet werden, oder auch Tools von Drittanbietern wie *jHiccup*, *JProbe*, *JProfiler*, *OptimizeIt* oder *YourKit*. In der .NET-Welt benutzen Programmierer entweder den Standard-Namespace *System.Diagnostics* oder Tools wie *dotTrace* (von JetBrains) und *YourKit*. Im Browser können Zeiten für Operationen, wie etwa Page Loading, mit der standardisierten Navigation-Timing-API für JavaScript gemessen werden.

13.4.2 Debugging

In einer IDE befindet sich typischerweise ein **Debugger**. Auch in den meisten Browsern steht standardmäßig ein JavaScript-Debugger zur Verfügung. Mit diesem Tool kann der Programmierer den Code Schritt für Schritt ausführen und zu jedem Zeitpunkt die Werte der Variablen und den Call-Stack einsehen. Damit Debugging einer Software möglich wird, muss sie sogenannte Debug-Info enthalten, wie zum Beispiel Zeilennummern im Sourcecode. Man muss also beim Build unterscheiden zwischen Release- und Debug-Versionen. Ausgeliefert werden nur die Release-Versionen. In der Praxis erlebt man häufig, dass die Debug-Version stabiler ist als die Release-Version. Dies kann verschiedene Gründe haben. Optimierungen des Compilers werden manchmal nicht angewendet bei Debug-Versionen, aber bei Release-Versionen könnten sie fehlerhaftes Verhalten verursachen, falls es sich um einen Fehler im Compiler handelt. Bei Debug-Versionen werden Variablen oft per Default mit 0 initialisiert. So treten weniger folgenschwere Zugriffe auf uninitialisierte Variablen auf. Um die Jahrtausendwende war es üblich, im Code **Assertions** zu schreiben. Es handelt sich hier um Annahmen, die als Expressions ausgedrückt wurden. Diese Assertions wurden zur Laufzeit nur in der Debug-Version überprüft. Heute bevorzugt man **Exceptions** gegenüber Assertions. Letztere werden dafür in Unit-Tests eingesetzt für die Überprüfung der Korrektheit des Codes. Bei Java befinden sich die Namen von Klassen, Methoden und Membervariablen sowie die Liniennummern im Bytecode. Optional können auch die lokalen Variablennamen verpackt werden.

Auf Plattformen wie Java gibt es die Möglichkeit, live eine Remote-Debugging-Session zu starten, indem man sich via Socket an den zu untersuchenden Prozess anhängt. In der .NET-Welt bietet Microsoft Visual Studio außerdem die Möglichkeit, eine PDF-Datei zu erzeugen mit der Debug-Info einer bereits ohne Debug-Info ausgelieferten und installierten Software. Dies ist nützlich für offline Remote-Debugging. Der Entwickler kann diese Datei bei Bedarf dem Kunden schicken, wenn dieser ein Problem hat mit der Runtime-Version der Software. Der Kunde kann dann mithilfe von Visual Studio den **Stacktrace** (Call-Stack beim Auftritt des Fehlers) und die Codezeilen-Informationen ermitteln, wenn das Problem auftritt, und dem Entwickler schicken. Applikationsserver schreiben Stacktraces bei unerwarteten Exceptions in Logfiles, auch in Produktionsumgebungen. Über Monitoring können sie überwacht werden. Desktop-Anwendungen oder IoT-Geräte können im Fehlerfall ihre Stacktraces automatisch über das Internet an den Hersteller schicken.

Hot Code-Replacement ist ein Feature, das Visual Studio wohl als erste IDE für das Debugging angeboten hat. Es ist sehr praktisch, während einer Debug-Session, wenn man gerade bei einem **Breakpoint** angehalten hat, nachträglich Code verändern zu können, bevor man weiterfährt.

Viele Werkzeuge helfen, Fehler im Code zu finden. Unterschieden wird zwischen Tools, die das statisch zur Compile-Zeit ermöglichen, und Tools, die das dynamisch zur Laufzeit erlauben. Zur Laufzeit müssen typischerweise Probleme wie **Memory Leaks**, Dangling Pointers und uninitialisierte Speicherbereiche untersucht werden. Es folgt eine Auswahl von bekannten Produkten:

– *BoundsChecker* ist ein Tool, mit dem sowohl statische als auch dynamische Analysen durchgeführt werden. Für die dynamische Analyse muss der Code mit zusätzlichen Daten „instrumentalisiert" werden. Dieses Tool hat sich in der Microsoft-Windows-Welt bewährt.

- *Xcode* von Apple enthält ein eigenes Tool für die Code-Analyse namens *Clang*. Es ist Teil von *LLVM*.
- *CodeWizard* von Parasoft bietet unter anderem Überprüfungen an, ob die berühmten Regeln von Scott Meyers für C++ eingehalten werden.
- Für das Überprüfen der Testabdeckung (Coverage) bei Java gibt es Tools wie *Clover* (kommerziell von Atlassian) oder die freien *Emma* und *Cobertura*. Emma hat sich im Eclipse-Umfeld bewährt.
- *Findbugs* ist ein statisches Analyse-Tool für Java, welches sich ebenfalls seit vielen Jahren bewährt hat. Es ist etwas strenger als der Java-Compiler und findet zusätzliche Warnings.
- *Insure++* ist ein dynamisches Tool im C++-Umfeld für verschiedene Betriebssysteme.
- *Lint*, *PC-Lint*, *JLint* und *ESLint* dienen der statischen Analyse.
- Der *Eclipse Memory Analyzer* dient der Analyse des Heaps zur Laufzeit.
- *PMD* und *Checkstyle* erlauben konfigurierbar die automatische statische Überprüfung, ob Java-Coding-Richtlinien eingehalten werden. Diese beiden Tools haben sich in der Praxis bewährt.
- *Purify* ist ein dynamisches Tool für verschiedene Programmiersprachen.
- *SoftICE* ist ein Kernel Debugger für Windows von Numega.
- *Valgrind* ist ein Framework, welches eine Menge von Tools umfasst für das Debugging und Profiling auf Linux und macOS. Es unterstützt nicht nur C/C++, sondern in etwas limitierter Weise auch Java, zumindest die JVM. Damit lassen sich das Memory Management und das Threading gut beobachten.
- *Jstack <pid>* zeigt in der Shell Java-spezifische Infos an. Dies können Threads eines Prozesses mit der ID *<pid>* sein, inklusive deren Stacktraces.
- *Jconsole* basiert auf JMX und zeigt die zur Verfügung stehenden Infos aus einer Java-Applikation an.
- **Core Dumps** zeigen den Inhalt des Speichers zum Zeitpunkt eines Absturzes an. Sie werden auf den gängigen Betriebssystemen in Form einer Datei erzeugt, wenn das entsprechend konfiguriert wurde. Das sollte jedoch nicht auf Produktionssystemen gemacht werden.

Bugs werden häufig durch dieselben immer wiederkehrenden Muster verursacht. Fehlerhafte Konfigurationsdateien sind oft ein Grund für Probleme: Das Encoding muss korrekt sein. Die unterschiedlichen Return-Zeichen unter Linux und Windows müssen berücksichtigt werden. Dateipfade müssen dem Betriebssystem entsprechen.

13.4.3 Weitere Tools

Tools für die Versionsverwaltung von Sourcecode (Repositorys) werden in Kapitel 18.2 vorgestellt, Systeme für Continuous Integration in Kapitel 19.4.

14 Kommunikation und Netzwerke

14.1 Grundlagen

14.1.1 Modelle

Das *OSI-Schichtenmodell* (Open Systems Interconnection Model) definiert die verschiedenen Abstraktionsebenen von Netzwerken. Das Modell ist eher theoretischer Natur. Oft können Technologien nicht richtig eingeordnet werden, weil sie sich über mehrere Ebenen erstrecken. Doch es geht primär darum zu verstehen, dass man sich auf einer tieferen Ebene befindet, wenn man über Netzwerk-Sockets spricht, als wenn es um HTTP-Requests geht. Das Modell kennt folgende sieben Schichten, in der Reihenfolge von hoher zu tiefer Abstraktion:
- Application Layer
- Presentation Layer
- Session Layer
- Transport Layer
- Network Layer
- Data Link Layer
- Physical Layer

Als Alternative dient das *TCP/IP-Modell*. Es ist, wie der Name schon verrät, technologisch eingeschränkt. Dafür definiert es die Schichten für heute verbreitete Technologien viel einfacher und praxisbezogener als das OSI-Modell:
- Application Layer (zum Beispiel FTP, HTTP, SMTP, SSH, Telnet)
- Transport Layer (zum Beispiel TCP, UDP)
- Internet Layer (zum Beispiel IPv4, IPv6)
- Link Layer (zum Beispiel Ethernet, Token Ring, ATM)

14.1.2 Standards

Neue Netzwerk-Standards werden in sogenannten **RFC** (Request for Comments) diskutiert und definiert. Auf den unteren Ebenen des OSI-Modells gibt es eine Reihe von Standards, die in folgender Liste kurz erklärt werden:
- *ARCnet* ist ein tokenbasiertes Netzwerk, welches hauptsächlich in der Industrie zum Einsatz kommt.
- *ATM* ist im Einsatz in Backbones des Internets. Das sind breite Hochgeschwindigkeitsverbindungen zwischen Netzknoten. Es handelt sich um Übertragungsraten bis zu 2,4 Gbit/s.

https://doi.org/10.1515/9783111354774-014

- *Ethernet* ist ein weitverbreiteter Standard. Er kann mit entsprechenden Implementationen sogar Realtime-Bedingungen erfüllen und somit in der industriellen Automatisierung (siehe Kapitel 11.5.2) als Feldbus benutzt werden. „Power over Ethernet" ist ein optionaler Standard für die Stromversorgung von Geräten via Ethernet, der den Betrieb ohne zusätzliches Stromkabel ermöglicht.
- *FDDI* ist ein tokenbasierter Glasfaserstandard, der inzwischen veraltet ist.
- *Frame Relay* ist ein Standard für WANs, welcher immer weniger oft angetroffen wird.
- *LON* und *LONMark* sind Standards in der Gebäudeautomation.
- *Token Ring* von IBM ist seit dem Aufkommen von Ethernet veraltet.
- *X.25* ist ein veraltetes Paket-Switching-Protokoll für WANs, welches über langsame analoge Leitungen gut funktioniert.

Auf den oberen, abstrakteren Ebenen des OSI-Modells sind ebenfalls viele Standards vorhanden, von denen einige hier aufgezählt werden:
- *TCP* ist verbindungsorientiert. Das Protokoll überprüft, ob alle Daten übermittelt wurden.
- *UDP* ist verbindungslos. Es gibt keine Bestätigung, dass ein Datenpaket tatsächlich ankommt. Die Daten werden einfach losgeschickt. Beim Streaming von Audio oder Video ist das kein Problem, wenn von den unzähligen Paketen ab und zu einzelne verlorengehen.
- *NetBIOS* over *NetBEUI* war ein Protokoll von Microsoft.
- *UPnP* (Universal Plug and Play) ist ein Standard für die Device-Kommunikation über TCP/IP mit automatischer IP-Vergabe. Die Device Description erfolgt per XML, Actions werden über SOAP aufgerufen. Da UPnP relativ unsicher ist, sollte es nur im lokalen Netzwerk verwendet werden.
- *KNX* ist ein Standard in der Gebäudeautomation und ist aus den älteren Feldbussen *EIB* und *BATIBus* entstanden.
- *BACnet* ist ein Standard in der Gebäudeautomation, welcher auf Objekten und Services basiert. BACnet kann auf verschiedenen darunterliegenden Protokollen wie IP, aber auch auf *MSTP* (Master-Slave Token Passing) mit zwei einfachen Drähten über RS-485 (siehe Kapitel 5.3.2) basieren. Für die Verbindung von MSTP-Geräten mit IP-Netzwerken werden BACnet-Gateways eingesetzt. Verschiedene Anbieter stellen Librarys zur Verfügung, so hat beispielsweise Polarsoft eine C-API geschrieben. Alternativ kann *BACnet4j* in der Java-Welt eingesetzt werden.

14.1.3 Konzepte

Grundsätzlich wird zwischen **synchroner** und **asynchroner** Kommunikation unterschieden. Bei der synchronen Kommunikation wartet die Software, bis der Datentransfer abgeschlossen wurde, bevor der nächste Schritt ausgeführt wird. Die Hardware stellt typischerweise einen gemeinsamen Takt (Clock) zur Verfügung, um die beteiligten Komponenten im Netzwerk zu synchronisieren. Bei der asynchronen Kommunikation fährt die Software sofort nach Abschicken der Daten mit ihren weiteren Aufgaben fort, nach dem Prinzip *„Fire and forget"*. Die Hardware implementiert üblicherweise einen **Handshake**, mit einem Request durch den Client und einem Acknowledge durch den Server. Netzwerke können verschiedene Topologien aufweisen: Sie können ringförmig sein, wie zum Beispiel Token Ring, sternförmig mit einem Switch oder busbasiert mit einem Backbone.

Die Performanz eines Netzwerks wird durch drei Merkmale charakterisiert:

- Die **Latenz** bezeichnet die Verzögerung nach dem Abschicken bis die Daten beim Empfänger ankommen.
- Der **Durchsatz** bezeichnet das durchschnittliche Datenvolumen, das während einer bestimmten Zeit übertragen wird.
- Die **Bandbreite** bezeichnet den maximal möglichen Durchsatz. Wenn dabei von Baud gesprochen wird, so sind die physikalischen Signale gemeint, welche nicht zwingend dasselbe sind wie bit/s. Wenn man von bit/s redet, so geht es um die tatsächlichen Bits pro Sekunde. Gemeint sind dabei sowohl die Nutzdaten (Payload) als auch die dazugehörigen Kontrolldaten.

Wenn ein Rechner Daten über das Netzwerk schicken möchte, kann er das, am Beispiel von IP (siehe Kapitel 14.4) erläutert, auf drei verschiedene Arten tun:

- **Unicast**. Das Paket wird an genau eine Adresse im Netzwerk gesendet.
- **Broadcast**. Das Paket wird an alle Knoten im Netzwerk gesendet. TCP unterstützt kein Broadcasting, aber UDP hingegen tut es, mindestens innerhalb des Subnetzes. Eine Broadcast-Adresse wird definiert, indem alle Bits, die in der Subnetzmaske nicht maskiert sind, auf 1 gesetzt werden. Wenn zum Beispiel das Netz durch 192.168.0.0 definiert wird und die Subnetzmaske durch 255.255.255.0 (also CIDR /24), so ist die Broadcast-Adresse 192.168.0.255. Netzadresse und Broadcast-Adresse können also nicht verwendet werden für die Adressierung von einzelnen Rechnern im Netzwerk.
- **Multicast**. Das Paket wird einer Menge von Knoten im Netzwerk gesendet. Das kann UDP-basiert sein. Dies funktioniert in der Praxis auch zuverlässig in geswitchten Ethernet-Netzwerken, obwohl Switches manchmal zu viele Multicast-Pakete filtern.

Viele gute Bücher bieten eine Einführung in die grundsätzlichen Konzepte von Netzwerken an, wie zum Beispiel *„Computer-Netzwerke"* von Harald Zisler [54].

14.2 Kommunikations-Technologien

14.2.1 Netzwerktypen

Netzwerke können in verschiedene Kategorien unterteilt werden. Sie werden im Folgenden genauer beleuchtet:

- **LAN** (Local Area Network). In Unternehmen dient oft ein „Backbone" als Hauptleitung des LANs. Zu Hause ist typischerweise der Router zum Internet die Schaltzentrale. Das LAN basiert meistens auf Ethernet. Jede Hardwarekomponente im Netz besitzt eine weltweit eindeutige MAC-Adresse. Die Übertragungsrate ist 10 Mbit/s, 100 Mbit/s, 1 Gbit/s oder 10 Gbit/s. Früher gab es als Alternative Token Ring von IBM, welches 4 oder 16 Mbit/s übertragen konnte. Eine Variante des LAN ist das kabellose **WLAN** mit einer Übertragungsrate von mindestens 11 Mbit/s. Der Begriff Wi-Fi entspricht einer Standardzertifizierung von WLAN Devices (Access Points und Clients). Die Umsetzung von Wi-Fi-Geräten wird in Kapitel 9.5.3 behandelt, und Kapitel 17.4.6 befasst sich mit der Sicherheit im WLAN.
- **VLAN** (Virtual LAN) ist ein virtuelles Netzwerk innerhalb eines physischen LANs. Es kann sich über mehrere Switches erstrecken. Der Vorteil ist, dass die Aufteilung des Netzwerks nicht nach physischen Aspekten (Erstellung von Netzwerksegmenten mittels entsprechender Verkabelung und Switches/Router), sondern nach organisatorischen Gesichtspunkten vorgenommen werden kann. Mitarbeiter können so flexibel ihren Arbeitsplatz wechseln.
- Ein **WAN** ist ein Netzwerk, das sich über weite Distanzen erstreckt. Das Internet ist ein WAN. Der Backbone wird zur Verfügung gestellt durch nationale Institutionen, aber auch durch private Internetdienstprovider (ISP). Das Routing zwischen den einzelnen ISPs erfolgt mit *BGP* (Border Gateway Protocol).
- **WMN** (Wireless Mesh Network) ist beliebt in Ländern, in denen der Zugang zum Internet beschränkt wird. Ein WMN kann aufgestellt werden, indem verschiedene drahtlose Router (Nodes) sich dynamisch finden und miteinander verknüpfen. Nodes können automatisch eingefügt werden, wieder verschwinden oder ihren Standort ändern. Client-Geräte wie Smartphones und Notebooks können sich über diese Nodes mit dem WMN verbinden. Typischerweise befindet sich innerhalb des WMN ein Gateway, welcher einen Zugang zum Internet anbietet. Das Prinzip ist technologieunabhängig. *Qaul.net* [55] ist ein Open-Source-Beispiel, welches auf Wi-Fi basiert.
- **Smart Grids** sind digitale Netzwerke mit elektrischen Geräten. Produzenten und Konsumenten von Strom sind Teilnehmende in einem Smart Grid. Die Geräte handeln automatisch miteinander aus, wann wie viel Strom von welchem Produzenten zu welchem Konsumenten fließt. Der Strombedarf wird also nicht wie bei herkömmlichen Geräten alleine durch den Verbraucher bestimmt. Stattdessen kann der Produzent abhängig von seiner Kapazität die Stromzufuhr mitbeeinflussen. Un-

ter dem Strich wird so eine optimale Verteilung der elektrischen Energie gewährleistet, was im Rahmen der Energiewende sehr wichtig ist.

14.2.2 Anschluss ans Internet

Benutzer können sich auf verschiedene Arten einen fixen Anschluss ans Internet einrichten. Bei der Umsetzung von Internet-Anwendungen, die manchmal auch im globalen Süden mit veralteten Technologien reibungsfrei funktionieren sollen, müssen die
zur Verfügung stehenden Kapazitäten berücksichtigt werden:

- Akustikkoppler (300 Baud), veraltet.
- Dial-In-Modem gemäß einem Standard wie *V.34* oder *V.90* (9 bis 56 kbit/s), veraltet.
  Die Kommunikation ist asymmetrisch, das heißt, der Upload funktioniert typischer-
  weise langsamer als der Download.
- *ISDN* (64 oder 128 kbit/s), veraltet.
- *xDSL*, wobei x für A (mindestens 1.5 Mbit/s), H, S, SH oder V (mindestens 50 Mbit/s)
  steht. xDSL ist meistens asymmetrisch.
- Fernsehkabel mit einem Kabelmodem (mindestens 10 Mbit/s).
- Glasfaseranschluss (1 Gbit/s).
- Über die Luft mit Wi-Fi, Mobilfunknetz oder weiteren Varianten wie in Kapitel 9.5.3
  beschrieben.

Das Protokoll für die Verbindung zum Internetdienstprovider (ISP) war früher *SLIP*,
heute sind es Varianten von *PPP* (Point-to-Point Protocol). Mit *RAS* (Remote Access Service) konnte man sich um die Jahrtausendwende über ein Dial-In-Modem oder über
ISDN in ein Netzwerk einwählen. Der Rechner verhielt sich dann so, wie wenn er physisch in diesem Netzwerk angebunden wäre. Heute erfüllt VPN diese Funktionalität.
Wenn man von „Triple Play" spricht, so geht es um den Trend, dass viele Provider alle drei typischen Dienstleistungen (Telefon, Internet und TV) aus einer Hand anbieten.

In den Neunzigerjahren, also noch vor dem Aufkommen des Internets, existierten
sogenannte „Bulletin Board Systems" (BBS) und „Online Services". Das waren elektronische Message Boards für PC-Benutzer. Man wählte sich direkt ein zum Host, der das
Message Board unterhielt. Diese Message Boards haben E-Mail, Chat, Games, Foren, Instant Messaging und Downloads zur Verfügung gestellt. Typische Anbieter von Online
Services waren America Online (AOL), CompuServe und das MSN Network. Anbieter
von BBS waren tausende von kleinen Firmen oder auch Amateuren. Später konnten
sich die Benutzer auch via Telnet über das Internet in BBS einwählen.

14.2.3 Von RFID zu NFC

RFID-Chips (Radio Frequency Identification), auch „Smart Labels" genannt, dienen dem
kontaktlosen Einlesen von Daten, bei Entfernungen bis etwa 20 cm. Das Objekt, welches

eingelesen wird, besitzt einen solchen Chip, der zwar keinen Prozessor, aber einen eigenen Speicher beinhaltet. Jeder Chip ist eindeutig identifizierbar, da individuelle Werte für die Identität gesetzt werden. Der Chip kann aktiv sein, also mit einer Batterie ausgestattet, oder passiv ohne Batterie. Passiv bedeutet, dass die Gegenseite der Kommunikation eine induktive Stromversorgung anbieten muss. Dies kann nur auf kurzer Distanz erfolgen. Die Anwendungen von RFID sind zum Beispiel Bankkarten, das Tracken von Gegenständen in Lagerhallen und Zutrittskontrollen (Tickets) für Anlässe oder öffentliche Verkehrsmittel.

NFC (Near Field Communication) ist eine Weiterentwicklung von RFID. Es gibt Tags und NFC-Devices. Ein Tag ist ein passiver Chip mit einer Antenne, ähnlich wie passive RFID-Chips. Tags können sich stromlos in Karten befinden oder sind mit einem EEPROM eines nicht unter Strom stehenden Geräts verbunden. Das NFC-Device stellt dem Tag via Induktion temporär Strom zur Verfügung zum Lesen und Schreiben von Daten. Tags können sogar unter die Haut implantiert werden. So kann man ohne ein zusätzliches Objekt die eigene Haustüre entriegeln oder sich bei einem Nachtklub als VIP ausweisen. Eine weitere Anwendung der Tags ist das Setzen der WLAN-SSID ins EEPROM eines IoT-Geräts mittels einer Mobile App in der Rolle als NFC Device (siehe Kapitel 9.5.3).

Der Chip im NFC-Tag kann via I2C-Bus zu irgendeinem unter Strom stehenden Gerät verbunden werden. So kann das Lesen und Schreiben von aktuellen Werten mit einem Smartphone in eingebetteten Systemen wie Heizventilen oder Lüftungsklappen bei der Inbetriebnahme oder Wartung ermöglicht werden. NFC-Devices, die auf Android basieren, können mit einer offiziellen API programmiert werden. Auf iOS existiert ein API, welches zurzeit nur durch Apple vollständig benutzt werden darf, damit Apple Pay nicht konkurrenziert werden kann.

NFC kennt folgende drei Kommunikationsarten:

– Ein **Reader/Writer** (NFC-Device) kann Tags lesen und schreiben.
– **Peer-to-Peer**. Zwei aktive NFC-Devices können miteinander kommunizieren.
– **Card Emulation**. Ein NFC-Device verhält sich wie ein Tag. Dies kann softwaremäßig umgesetzt werden und benötigt somit ein laufendes System. Das Verhalten kann aber auch bei mobilen Telefonen mit leerem Akku über eine spezielle NFC-SIM-Karte umgesetzt werden. Das ist der große Vorteil gegenüber *Bluetooth LE*, welches nur mit Strom funktioniert. Zahlungen können bei NFC auch mit stromlosen Geräten ausgeführt werden.

Ein großes Problem bei NFC ist die Sicherheit. Sie ist nur durch die erforderliche Nähe der kommunizierenden Geräte gewährleistet. Ansonsten werden keine Maßnahmen getroffen.

14.2.4 Bluetooth und Alternativen

Bluetooth ist ein drahtloser Kommunikationsstandard, bestehend aus verschiedenen Funkklassen mit Reichweiten bis 10 m. Profile beschreiben die Kompatibilität zu anderen Bluetooth-Geräten. Ein typisches Profil ist zum Beispiel „Synchronize". Wenn zwei Geräte dasselbe Profil besitzen, dann können sie miteinander kommunizieren. Die Authentifizierung erfolgt via Challenge/Response-Verfahren. Optional kann eine symmetrische Verschlüsselung für die Kommunikation verwendet werden. Die Übertragungsrate beträgt bis zu 24 Mbit/s.

Seit Version 4 ist *Bluetooth Low Energy* (*BLE*) Teil des Standards. Das wird in Smartphones eingesetzt, da viel weniger Strom benötigt wird als in älteren Versionen. BLE kann von Apps für Payment (kontaktlose Bezahlung) verwendet werden. Die Vorteile gegenüber *NFC* sind bessere Sicherheit und Verfügbarkeit einer API auf iOS. Der Nachteil ist, dass BLE bei leerem Akku nicht funktioniert. BLE wird auch von sogenannten **Beacons** unterstützt. Das sind kleine BLE-Sender, welche in Knöpfe, Kleber und auch eingebetteten Systemen untergebracht werden. Diese Sender enthalten nichts anderes als eine eindeutige ID. Ein Anwendungsfall ist die Navigation durch ein Gebäude. Wenn diese Beacons überall im Gebäude platziert werden, kann ein Besucher mit dem Smartphone durch das Gebäude begleitet werden. Dies wird vor allem auch dadurch ermöglicht, da mittels BLE die Distanz zwischen den Geräten berechnet werden kann. Mit NFC könnte man keine Navigationshilfen anbieten, da die Reichweite zu klein ist. Der Nachteil dieser Beacons ist, dass sie nur mit Strom funktionieren (Knopfbatterien) und teurer sind als RFID- und NFC-Tags. Bekannte Beacons sind *iBeacon* von Apple und *Eddystone* von Google.

Eine Alternative zu BLE ist *ZigBee*. Das ist ebenfalls ein drahtloser Standard, der aber weniger Energie benötigt und günstiger umzusetzen ist. Die Reichweite kann beliebig erweitert werden, da es sich um ein Mesh-Netzwerk handelt. ZigBee ist vor allem in der Gebäudeautomation im Einsatz. Die Sicherheit wird theoretisch mittels Pairings von Geräten gewährleistet. Der Standard bietet zwar eine AES-Verschlüsselung an, jedoch leider mit einem hartcodierten Schlüssel.

EnOcean ist ein weiterer Standard in der Gebäudeautomation für drahtlose Clients, die nur über eine sehr kleine Stromversorgung verfügen, um Signale an ein Gateway schicken zu können. Meistens wird die Energie direkt aus der Umwelt gewonnen (Energy Harvesting). Es handelt sich dabei zum Beispiel um Schalter, die den Strom durch die mechanische Bewegung bei der Bedienung erhalten. Temperatursensoren beschaffen sich Energie durch Temperaturunterschiede. Andere Clients beziehen Strom aus Solarzellen. Client-Geräte können am Gateway angelernt werden. Der Vorteil ist, dass Sensoren und Aktuatoren ohne Verkabelung sehr einfach platziert werden können. Der Nachteil ist die fehlende Sicherheit.

Schließlich konnten Daten früher auch über Infrarot durch die Luft übertragen werden. Hierfür gab es spezielle *IrDA*-Module, die über UART an das Hauptmodul angeschlossen werden konnten. Doch die Bandbreite genügt nicht mehr heutigen Anforderungen.

14.2.5 Mobilfunknetz

Bei der Kommunikation von Apps auf mobilen Geräten mit dem Server sollte immer die zur Verfügung stehende Bandbreite berücksichtigt werden. Mobilfunknetze in Entwicklungsländern stellen nicht dieselben Übertragungsgeschwindigkeiten zur Verfügung wie in Industrieländern. Mobile Telefone entwickelten sich über mehrere Generationen:

- 1G: analoge Telefonie
- 2G: *GSM* 9,6 kbit/s
- 2G: *GPRS*, basierend auf GSM: 115,2 kbit/s
- 2G: *Edge*, basierend auf GPRS: 473,6 kbit/s
- 3G: *UMTS*: 2 Mbit/s
- 3G: *HSDPA*, basierend auf UMTS: 84,4 Mbit/s
- 4G: *LTE*: über 100 Mbit/s
- 4G: *LTE-Advanced*: über 300 Mbit/s
- 5G: Nutzt im Vergleich zu 4G zusätzliche Frequenzbereiche, was bis zu 10 Gbit/s und kürzere Latenzzeiten ermöglicht

In gewissen Anwendungsfällen muss ein System eine SMS an ein mobiles Telefon schicken, zum Beispiel als zweiten Kanal bei der Authentifizierung (siehe Kapitel 17.6.1). Hierfür kann ein **SMS-Gateway** benutzt werden, der direkt verbunden wird mit einem Telekommunikationsanbieter. Der Applikationsserver kann sich auf folgende Arten mit dem SMS-Gateway verbinden:

- *HTTP*. Einfach umzusetzen, aber langsam, vor allem bei einer großen Anzahl von zu versendenden SMS.
- *UCP*. Es handelt sich um eine stehende TCP-Verbindung. Die Umsetzung ist kompliziert, aber die Kommunikation schnell.
- *SMPP*. Dies ist der etwas einfachere Nachfolger von UCP. Auf Clientseite hat sich die Java-Library *Cloudhopper* bewährt.

14.3 Netzwerkhardware

Netzwerke werden mittels verschiedenen Hardware-Elementen aufgebaut. Die Firma Cisco ist führender Anbieter. Es folgt eine Übersicht:

- Ein **Hub** verbindet Rechner und Netzwerksegmente. Er kann aktiv oder passiv sein, besitzt jedoch nicht viel Intelligenz.

- Ein **Router** übersetzt Daten, um sie von einem Netzwerk in ein anderes zu übertragen. Er berechnet außerdem den optimalen Pfad, damit das Datenpaket das Ziel erreichen kann. Router verfügen meistens über **NAT** (Network Address Translation), das interne auf extern sichtbare IP-Adressen mappt, sowie über **PAT** (Port Address Translation), wenn mehrere interne IP-Adressen auf eine extern sichtbare IP-Adresse mit verschiedenen Ports gemappt werden (Port Forwarding). Router besitzen intern typischerweise die Adresse 192.168.1.1 und befinden sich im OSI-Modell auf dem Network Layer.
- Eine **Bridge** transportiert Daten von einem Netzwerk zu einem anderen, ohne sich um die Protokolle zu kümmern, also mit weniger Intelligenz als ein Router. Im OSI-Modell befindet sich die Bridge auch tiefer unten, nämlich auf dem Data Link Layer.
- Ein **Repeater** ermöglicht große Netzwerke mit langen Kabeln dank Auffrischung des elektrischen Signals. Er hat keine Intelligenz und befindet sich im OSI-Modell auf dem Physical Layer.
- Ein **Gateway** verbindet verschiedene Systeme mit unterschiedlichen Protokollen. Er befindet sich relativ hoch im OSI-Modell, nämlich auf dem Session Layer. Oft werden Internetgateways in Kombination mit Routern für den Heimgebrauch angeboten, wie zum Beispiel *Fritz!Box*.
- Ein **Switch** wird zwischen Netzwerksegmenten geschaltet. Er entscheidet, ob Daten durchfließen oder nicht, abhängig von der Netzwerkadresse. Der Begriff „geswitchtes Ethernet" wird verwendet, wenn nicht alle Daten des Netzwerks an jedem Knoten vorbeifließen, wie das bei ungeswitchtem Ethernet der Fall ist. Switches befinden sich im OSI-Modell auf dem Data Link Layer und je nach Intelligenz auch auf dem Network Layer.

Für den Aufbau von Netzwerken sind viele verschiedene Kabel erhältlich. Für das 10-Mbit-Ethernet gab es früher Koax-Kabel mit BNC-Stecker, man nannte das *10Base2*. Unter *10BaseT*, *100BaseT* und *1000BaseT* versteht man Twisted-Pair-Kabel mit RJ45-Stecker für 10/100/1000-Mbit-Ethernet. Um zwei Computer direkt ohne einen Hub miteinander zu verbinden, gibt es spezielle gekreuzte Kabel. Neuere Netzwerkkarten erkennen jedoch automatisch, ob eine Kreuzung der Leitungen notwendig ist oder nicht. Und schließlich gibt es Glasfaserkabel für 1-Gbit- und 10-Gbit-Ethernet. Sie werden *1000BaseX* und *10GBaseX* genannt. Es gibt hier verschiedene standardisierte Steckertypen wie zum Beispiel *LC*. Die neuesten Standards für höhere Bandbreiten auf Kupferkabel sind *2,5GBaseT* und *5GBaseT*.

14.4 IP

14.4.1 Grundlagen

IP (Internet Protocol) kann auf verschiedene Implementationen der darunterliegenden Schichten im OSI-Modell und TCP/IP-Modell aufsetzen. Das Protokoll kann über ein LAN mit Ethernet oder Token Ring kommunizieren. Über USB gibt es das Protokoll *USBnet*. IP kann auch über Stromleitungen umgesetzt werden. Mit Produkten wie *Devolo Powerline* funktioniert das auf kurzen Strecken im Haus sehr gut. Hingegen hat sich die Idee, Geräte herzustellen, deren Netzanbindung gleich über das Stromversorgungskabel erfolgt, noch nicht richtig durchgesetzt. Man arbeitet weiterhin an Verbesserungen, wie zum Beispiel beim schweizerischen *digitalSTROM*-Projekt.

Es gibt zwei Versionen von IP. *IPv4* basiert auf 32-Bit-Adressen, das neuere *IPv6* auf 128 Bit. IPv6 konnte bisher IPv4 noch nicht richtig ablösen, obwohl der Adressraum von IPv4 mit rund 4 Milliarden Knoten langsam zu klein ist für das Internet. Das Mapping von der hardwaremäßigen *MAC*-Adresse zur IP-Adresse eines Geräts erfolgt mittels *ARP*. Ein Gerät kann mehrere IP-Adressen besitzen. Es enthält ein oder mehrere Netzwerkinterfaces. Diese können physischer Art sein, wie zum Beispiel *eth0* oder *eth1* bei Linux. Sie können aber auch virtuell sein wie das **Loopback Interface**, ebenfalls bekannt als *localhost*. Ein Netzwerkinterface kann aus mehreren IP-Adressen bestehen, wie etwa der physische Adapter *eth0* folgende virtuelle Adapter mit je einer eigenen IP-Adresse anbieten kann: *eth0:avahi*, *eth0:0* und *eth0:1*.

Häufig unterteilt man Netzwerke in Subnetze. Bei IPv4 benötigt man hierfür sogenannte **Masken**, um den IP-Adressbereich zu definieren. Oft werden Subnetze für die Zuweisung von Adressen eines bestimmten Netzwerksegments verwendet, obwohl ein Subnetz nicht zwingend dasselbe sein muss wie ein Netzwerk-Segment. Eine Link-Local-Adresse ist eine erreichbare IP-Adresse in der Broadcast-Domain, also im lokalen Netzwerksegment, ohne Router. Das kann eine IP-Adresse sein, die global gesehen nicht eindeutig ist. *.local* ist passend dazu eine Pseudo-TLD (Top-Level-Domain).

IP-Adressen werden auf verschiedene Weisen vergeben. Sie können statisch auf jedem Gerät definiert werden. Mit *DHCP* erfolgt die Vergabe dynamisch durch einen Server. In Firmennetzwerken wird das oft mit einem statischen Mapping von MAC-Adresse zu IP-Adresse umgesetzt. Als Client kann man sich im Internet mit DHCP gut bewegen. Wenn man hingegen einen Server aufstellen möchte, der öffentlich erreichbar ist, so wird eine statische IP-Adresse benötigt. Viele Internetdienstprovider ermöglichen dies gegen einen Aufpreis. Eine weitere Möglichkeit in lokalen Netzwerken ist *Zeroconf*. Dies ist ein Mechanismus, mit welchem IP-Adressen innerhalb eines Netzwerks dezentral, also ohne Server durch die beteiligten Geräte ausgehandelt werden. Die Discovery von Diensten einzelner Geräte im Netz erfolgt entweder mittels *mDNS* (Multicast DNS) oder *DNS-SD* (DNS-based Service Discovery). *Avahi* ist eine freie Implementierung von Zeroconf auf Linux. *Bonjour* ist eine Implementierung von Apple, integriert in macOS.

Ein **Port** ist ein Zusatz zur IP-Adresse und kann einen Wert zwischen 0 und 65535 besitzen. Jeder Port kann einen Dienst auf der Maschine anbieten. Einige Ports sind standardmäßig definiert für gewisse Dienste wie HTTP, HTTPS, FTP, Telnet, POP3, Whois, SMTP, rlogin, LDAP, IRC, IIOP oder X Window System.

Einige IP-Adressbereiche sind für lokale Netzwerke reserviert. Diese Adressen können global vielfach verwendet werden, nämlich in jedem lokalen Netzwerk:
- lokale Netzwerkadressen: 192.168.*.*, 10.*.*.* und 172.16.0.0 bis 172.31.255.255
- Zeroconf: 169.254.*.*
- Localhost: 127.0.0.*

14.4.2 Mapping von Domainnamen zu IP-Adressen

Weil sich der Mensch IP-Adressen nicht gut merken kann, werden Domainnamen definiert, um Geräte im Internet zu identifizieren. Eine Domain ist aufgebaut mit Levels. Die **TLD** (Top-Level-Domain) identifiziert eine geografische oder zweckgebundene Eigenschaft. Beispiele sind *.org*, *.ch*, *.de*. Der zweite Level identifiziert einen eindeutigen Ort (IP-Adresse) innerhalb des TLDs. Weitere Levels werden dann durch dieses Gerät interpretiert. Dieses Prinzip gilt allgemein für IP, also nicht nur im Web (HTTP).

Ein **FQDN** (Fully Qualified Domain Name) wie zum Beispiel *www.degruyter.com* lässt sich auf drei Arten auf die entsprechende IP-Adresse abbilden:
- *Host-Datei*. Jedes Gerät im Netz besitzt eine eigene Host-Datei, welche das Mapping aller anderen Geräte im Netz besitzt.
- *NIS* (Unix). Network Information Service.
- *DNS* (Domain Name System). Dies ist heute am verbreitetsten.

DNS funktioniert folgendermaßen: Der Client fragt den Nameserver des Internetdienstproviders (ISP) oder der Firmen-Infrastruktur (DNS-Server) des Benutzers nach der IP-Adresse eines FQDN. Falls der DNS-Server diese bereits im Cache besitzt, verwendet er diese. Andernfalls konsultiert er einen der 13 Root-Nameserver im Internet. Diese geben dann je nach TLD die Adressen der entsprechenden Nameserver zurück, also zum Beispiel die Adressen von *SWITCH* (.ch) oder *DENIC* (.de). Der DNS-Server fragt dann einen dieser Nameserver und erhält dann wiederum eine Liste von Nameserver, also zum Beispiel des Providers des Servers, dessen IP-Adresse gesucht wird. Im Fall einer Firmeninfrastruktur kann der DNS-Server nicht nur globale FQDNs mittels anderer Nameserver auflösen, sondern auch interne Domains des lokalen Firmennetzwerks komplett selbstständig auf die entsprechenden internen IP-Adressen mappen.

Wenn man eine Webapplikation im Internet veröffentlichen will, muss man die URL, also den FQDN, beim nationalen Domainverwalter (TLD) melden. In der Schweiz ist das zum Beispiel *SWITCH* oder in Deutschland *DENIC*. Ein Nameserver des Hosters des Webservers muss angegeben werden (oder auch zwei). Diese Nameserver werden dann in die Nameserver beim nationalen Domainverwalter eingetragen. Der Betreiber der Webapplikation muss das jedoch nicht direkt beim TLD beantragen. Vor ein paar Jahren wurde dieses Vorgehen liberalisiert, und es gibt heute diverse Anbieter für die Registrierung.

14.4.3 Programmierung

Normalerweise werden beim Programmieren abstraktere Ebenen als IP verwendet, also höhere Schichten im OSI-Modell, wie etwa HTTP, oder noch höhere, wie zum Beispiel eine RESTful API über HTTP. Aber in gewissen Fällen ist es nötig, auf tieferen Ebenen zu programmieren. Das geschieht mit sogenannten **Sockets**. In Unix benutzt man eine API namens *Berkeley Sockets*, auf Windows handelt es sich um *Winsock*. Mit Sockets kann auf drei Arten gearbeitet werden:

- Verbindungsorientierte Streams mit *TCP*
- Verbindungslose Datagramme mit *UDP*
- Direkt auf IP mit sogenannten *Raw Sockets*

Streaming über das Internet kann nicht nur mittels TCP-Stream-Sockets, sondern auch auf weitere Arten umgesetzt werden. Echtes Streaming lässt sich mit *RT(S)P* über UDP umsetzen. Hier erhält der Streaming Server einen anderen Port. Man kann aber auch *HTTP-Live-Streaming* (*HLS*) über TCP verwenden. Der Server zerstückelt dabei die Daten, zum Beispiel ein Video, in kleine Blöcke. Dies ist nicht zu verwechseln mit dem progressiven Download, also für das Abspielen von digitalen Medien, auch wenn die Datei noch nicht vollständig transferiert wurde. Spotify implementiert effizientes Streaming, indem Musikstücke in vielen kleinen Chunks gespeichert werden, welche mittels HTTP im Client geladen werden. Mit *TCP-Congestion* wird dabei das optimale Verschicken von TCP-Paketen umgesetzt.

Viele nützliche Tools helfen den Entwicklern bezüglich Netzwerkkommunikation über IP:

- Mit *„ipconfig /all"* auf Windows oder *„ifconfig -a"* auf Unix/Linux lassen sich die IP-Eigenschaften der eigenen Maschine überprüfen, inklusive Informationen der Netzwerkinterfaces.
- *netstat -r, -atn, -tun.* Hiermit lassen sich in der Unix/Linux-Shell alle aktuellen Verbindungen ermitteln.
- Mit *ping* kann man überprüfen, ob eine andere Maschine mit einer bekannten IP-Adresse oder einem gegebenen Hostnamen prinzipiell erreichbar ist. Bei Netzwerkproblemen ist die Ausführung von Ping immer eine gute Idee, um zu testen, ob grundsätzlich eine Verbindung möglich wäre.
- *WANem* ist ein WAN-Emulator (Open Source). Er stellt ein Verhalten zur Verfügung, das im realen Internet vorhanden ist, wie etwa Verzögerungen, Paketverluste oder Paketumordnung. WANem ist geeignet, um Netzwerkapplikationen zu testen, bevor sie ins Internet gestellt werden.
- *Wireshark* ist ein Network Protocol Analyzer (Open Source). Traffic lässt sich live in einer GUI beobachten mithilfe von Filtern. Zum Beispiel kann eine MAC-Adresse definiert werden mit *„eth.addr == 54:bb:01:54:fc:4a"*, damit nur Traffic zu diesem Gerät angezeigt wird. Auch Logdateien, die mit Shell-Kommandos wie *tcpdump* erzeugt wurden, lassen sich offline analysieren.

- *snoop, tcpdump –i <ni> -w <file>.pcap* sind Shell-Kommandos, falls kein Zugriff auf die Benutzeroberfläche des Systems möglich ist, um Wireshark live im System zu benutzen. Hiermit lassen sich Logdateien des Traffics erzeugen. Diese können danach offline auf einem anderen Rechner mit der GUI von Wireshark analysiert werden.
- Um herauszufinden, welche IP-Adresse ein Webserver sieht, wenn man selber als Client via Internet darauf zugreift, kann folgende Website verwendet werden: http://www.whatismyip.com [56]. Das ist oft nicht die IP-Adresse der benutzten Maschine, sondern diejenige des Gateways ins Internet.

14.5 E-Mail

E-Mails werden nicht nur für die Kommunikation zwischen Menschen verwendet, sondern auch von Mensch zu Maschine, von Maschine zu Mensch und von Maschine zu Maschine. E-Mails sind typischerweise im Klartext geschrieben oder formatiert in HTML. In HTML sehen sie schöner aus, bergen jedoch bei der Darstellung im Client die Gefahr des Einschleusens von Malware.

Einige Standards sind definiert: *SMTP* und *X.400* beschreiben den Mailaustausch zwischen Servern, sowie dem Senden vom Client zum Server. X.400 ist der offizielle Standard, aber kompliziert und veraltet. SMTP ist der Quasi-Standard und einfacher. Das Empfangen von E-Mails im Client erfolgt via *POP3* oder *IMAP*. POP3 speichert die Mails beim Client, während IMAP die Mails auf dem Server speichert. *MIME* ist der Standard für das Encoding von Attachements. In gewissen alten textbasierten Unix-Mail-Clients wurde früher das Tool *Uuencode* benutzt, um binäre Attachements in das ASCII-Format zu verwandeln. Dies basiert auf dem *Base64*-Encoding (Binary zu Text), welches auch sonst heute noch allgemein in Applikationen benutzt werden kann.

Exchange ActiveSync ist ein XML-basiertes Protokoll, um über HTTP oder HTTPS mobile E-Mail/Kalender-Clients mit einem Server zu synchronisieren. Es stehen verschiedene Frameworks zur Verfügung, um Applikationen zu schreiben, welche mittels E-Mails kommunizieren. In der Java-Welt kann der Mailserver *James* oder die API *Java-Mail* verwendet werden.

14.6 HTTP

14.6.1 Konzept

HTTP ist ein Protokoll, das auf TCP aufsetzt und im Wesentlichen dem Transport von Daten für Webapplikationen und Mobile Apps dient. Grundsätzlich werden Requests abgesetzt auf eine URL, wobei Parameter in der URL codiert sein können, oder sich in den Nutzdaten befinden. Eine *URL* (Ort einer Ressource) ist eine *URI* (eine Ressource).

In URLs müssen gewisse Zeichen speziell mit hexadezimalen ISO-Latin-Werten codiert werden, wie folgende Beispiele zeigen:
- Space (Leerschlag) ist *%20*
- ? ist *%3F*
- = ist *%3D*

In Browsern wird diese Codierung vor dem Benutzer versteckt; diese Zeichen lassen sich normal verwenden. Wer denkt, dass eine bestimmte URL zu lang sei, kann einen URL Shortener wie *bit.ly* oder *tiny.cc* verwenden.

Der Server schickt für jeden Request des Clients eine Response. Requests und Responses enthalten Metadaten, welche in *HTTP-Headers* mitgegeben werden. Das können zum Beispiel Informationen sein, welche Art von Dateien der Client akzeptiert, oder welche Art von *Content-Type* der Server gerade schickt, wie Text (HTML, JSON), Image oder Application. Der *Referrer-Header* enthält die Information, von welcher Ursprungsseite aus ein Link im Browser aufgerufen wurde. Dies ist für den Serverbetreiber sehr interessant, weil er so erfahren kann, wer alles einen Link zum eigenen Server eingerichtet hat. Der Einsatz von Custom-HTTP-Headers für beliebige Metadaten ist ebenfalls möglich. Früher wurden sie mit dem Präfix „X-" markiert, heute jedoch nicht mehr. Jede Response liefert einen **HTTP-Statuscode**, der darüber informiert, wie erfolgreich der vorangegangene Request auf dem Server verarbeitet werden konnte. 200er-Werte sind grundsätzlich ok. 300er-Werte sollten beim Client einen Redirect auslösen. 400er-Werte teilen mit, dass der Request nicht in Ordnung war und 500er-Werte beziehen sich auf serverseitige Fehler.

HTTP wurde 1996 spezifiziert. Bei dieser ersten Version wurde für jeden Request eine neue Verbindung erzeugt, was sich als ineffizient erwies. Deshalb wurde bald darauf Version 1.1 definiert mit persistenten Verbindungen. Erst 2015 wurde die aktuelle Version 2.0 veröffentlicht. Eine neue Funktionalität ist *Server Push*. Der Server kann auf einen Request mehrere Responses an den Client schicken. Dies ist aber nicht dazu gedacht, dass der Server zu einer beliebigen Zeit Daten schicken soll. Hierfür sollte man *SSE* oder eventuell *WebSocket* verwenden (siehe Kapitel 16.4.3).

14.6.2 Methoden

Über HTTP können Requests verschiedene Methoden aufrufen: GET, PATCH, PUT, POST und DELETE. PUT und DELETE sind idempotent: Mehrere Requests haben denselben Effekt wie genau ein Request. GET ist nullipotent und verändert somit auf Serverseite keine Daten. Weitere Methoden sind OPTIONS, TRACE, HEAD und CONNECT. Sämtliche Requests sind zustandslos. Applikatorische Zustände müssen oberhalb HTTP modelliert werden (siehe Kapitel 7.6.1).

Ein typischer **HTTP-Request** präsentiert sich etwa folgendermaßen:

```
GET /mystuff/best-practices/ HTTP/1.1
Host: my.homepage.ch
User-Agent: Mozilla/5.0 (Windows NT 10.0; Win64; x64; rv:56.0)
            Gecko/20100101 Firefox/56.0
Accept: text/html,application/xhtml+xml,application/xml;q=0.9,*/*;q=0.8
Accept-Language: de-CH,en-US;q=0.7,en;q=0.3
Accept-Encoding: gzip, deflate, br
DNT: 1
Connection: keep-alive
Upgrade-Insecure-Requests: 1
```

Die entsprechende **HTTP-Response** sieht dann so aus:

```
HTTP/1.1 200 OK
Server: nginx/1.4.6 (Ubuntu)
Date: Fri, 10 Nov 2017 17:02:41 GMT
Content-Type: text/html; charset=utf-8
Content-Length: 0
Connection: keep-alive
X-Frame-Options: DENY
Content-Language: de
Location: /de/
Vary: Accept-Language, Cookie

<!DOCTYPE html>
<html lang="de">
<head>
<meta charset="utf-8" />
<title>Best Practices</title>
<!-- ... rest of the html ... -->
```

15 Datenbanken

15.1 Grundlagen

15.1.1 Datenbanktypen

Da es bei Software immer um die Verarbeitung von Daten geht, ist das Speichern ein zentrales Thema. Datenbanken gewinnen immer mehr an Bedeutung, weil andauernd größere Datenmengen auf der ganzen Welt gespeichert werden und auch irgendwie wieder ausgewertet werden sollten. Dieser Trend wird als „Big Data" bezeichnet. Grundsätzlich bieten Datenbanken vier Operationen an: Create, Read, Update und Delete. Diese werden mit dem Akronym **CRUD** bezeichnet.

Datenbanken können in folgende Kategorien eingeteilt werden:

– **Hierarchisch.** Die ersten Datenbanken waren von diesem Typ. Baumartige Parent-Child-Relationen wurden definiert. Relationen zwischen Tabellen konnten nur 1 : 1 oder 1 : n umgesetzt werden, nicht aber m : n. Für m : n-Relationen musste mit Redundanzen gearbeitet werden.

– **RDBMS** (Relational Database Management System). Daten sind in Tabellen organisiert und können via SQL definiert und modifiziert werden. Dieser Datenbanktyp ist geeignet, wenn die Applikation viele Suchanfragen in strukturierten Daten absetzen muss.

– **OODBMS** (Object Oriented Database Management System). Die Daten sind wie in objektorientierten Sprachen organisiert und können auch verschachtelte Objekte unterstützen. Der Zugriff erfolgt über proprietäre objektorientierte APIs. Dieser Datenbanktyp ist geeignet, wenn die Applikation häufig über die Datenstrukturen navigieren und traversieren muss.

– **ORDBMS** (Object Relational Database Management System). Die meisten RDBMS sind heute auch ORDBMS. Es handelt sich um relationale Datenbanken, die zusätzlich Funktionen für Datensätze (Rows) unterstützen, die als Stored Procedures umgesetzt sind. Verschachtelte Objekte sind jedoch nicht direkt möglich.

– **NoSQL** ist geeignet für große Datenmengen, da die Performanz beim Einfügen und bei Querys gut ist. Dafür ist die Sicherstellung, dass alle Fremdschlüssel gültig sind, schwierig umzusetzen (Referential Integrity).

15.1.2 Einbindung in die Applikation

Datenbanken werden entweder als eigenständiger Service oder integriert in einer Applikation betrieben. Diese beiden Möglichkeiten werden im Folgenden genauer beschrieben: Auf größere Datenbanken greift man typischerweise vom Applikationsserver aus über Verbindungen zu. Eine Authentifizierung mit einem technischen Benutzer und Passwort ist jeweils erforderlich. Es handelt sich dabei nicht um die echten Benutzer,

https://doi.org/10.1515/9783111354774-015

sondern nur um eine Identifikation des Applikationsservers bei der Datenbank. Da Aufbau und Löschen von Verbindungen viele Ressourcen verschlingen, wird in der Praxis **Connection Pooling** eingesetzt. So können dieselben Verbindungen immer wieder verwendet werden. Mittels **Sharding** werden große Datenbanken auf viele Partitionen (Server) verteilt. Kleine Datenbanken, die nur einen einzigen Client versorgen, können auch direkt in die Applikation eingebunden werden.

15.2 Relationale Datenbanken

15.2.1 Konzepte relationaler Datenbanken

Eine umfassende Einführung in relationale Datenbanken bietet das Standardwerk *„An Introduction to Database Systems"* von C. J. Date [57]. Im Folgenden werden die Konzepte nur stichwortartig vorgestellt:

– Eine relationale Datenbank besteht aus Schemas. Ein **Schema** ist eine Art Namespace und besteht aus einer Collection von Objekten wie Tabellen, Views und Triggers.

– Ein Datensatz einer **Tabelle** kann auch als Record oder Tupel bezeichnet werden und enthält Felder für die einzelnen Daten. Gewisse Felder können Teil des **Primärschlüssels** sein, also der eindeutigen Identifikation eines Records. Gewisse Felder können Teil eines **Fremdschlüssels** sein, also einer Referenz zu einer anderen Tabelle. Um Redundanzen zu vermeiden, werden Tabellen oft in mehrere kleinere Tabellen aufgeteilt. Eine solche **Normalisierung** führt zwar zu kleinerem Speicherverbrauch für die Daten, dafür wird die Performanz bei Datenbank-Operationen schlechter.

– Eine **View** ist eine nicht physische Tabelle, die ihre Daten aus mehreren physischen Tabellen zusammenzieht. Umgesetzt wird sie als abgespeicherte SQL-Query. Sie dient dazu, komplizierte SQL-Querys im Applikationscode zu vermeiden. Normalerweise werden Views nur für Lesezugriffe benutzt.

– Mit einem **Index** auf einer bestimmten Spalte kann die Abfrage von Daten einer Tabelle über diese Spalte optimiert werden.

– Ein **Cursor** kann verwendet werden, um das Ergebnis einer Query Record für Record durchzutraversieren.

– Ein **Constraint** kann definiert werden, um sicherzustellen, dass Regeln bezüglich den möglichen Werten der Daten nicht verletzt werden.

– **BLOBs** (Binary Large Objects) werden verwendet, um binäre Daten wie Bilder in der Datenbank zu speichern. In den BLOBs kann nicht gesucht werden, und sie blähen die Größe der Datenbank massiv auf. Bilder sollten deshalb besser in separaten Verzeichnisstrukturen gespeichert werden. Im Record sollte sich nur der Pfad auf das Bild befinden.

– **Stored Procedures** sind Code, der in der Datenbank gespeichert wird. Die Verwendung von Stored Procedures sollte vermieden werden, denn sie sind produktabhängig. Businesslogik gehört in einer guten Architektur nicht in die Datenbank, sondern in eine darüberliegende Schicht der Software. Der einzige vernünftige Grund für den Einsatz von Stored Procedures ist punktuelle Performanzoptimierung.

– Ein **Trigger** ist die Definition einer Aktion, die ausgelöst wird, wenn bei der Veränderung von Daten (Insert, Update, Delete) bestimmte Bedingungen erfüllt werden. Eine Aktion kann beschrieben werden mithilfe von SQL-Statements oder Stored Procedures.

Oft dauert es zu lange, wenn große Mengen an Daten in einem Rutsch mittels SQL-Insert-Statements in der Datenbank gespeichert werden. Deshalb bieten die Datenbanken sogenanntes **Bulk Loading** an. Mit diesem Verfahren werden viele Records auf einmal aus einer CSV-Datei (Comma Separated Values) ausgelesen und in eine Tabelle importiert. Eine typische Anwendung ist im Telekommunikationsumfeld häufig anzutreffen: Jeder einzelne Telefonanruf wird in einem Datensatz (Record) gespeichert. Diese Records werden in der Praxis in regelmäßigen Abständen via Bulk Loading importiert.

Ein wichtiges Feature jeder Datenbank sind **Audit Trails** (Redo Logs). Hier werden alle Aktivitäten, die auf der Datenbank durchgeführt werden, in Logdateien festgehalten. Dies dient einerseits einem eventuell notwendigen Recovery, andererseits auch der juristischen Nachvollziehbarkeit.

Für die Anbindung einer Datenbank an eine Applikation stehen viele APIs zur Verfügung. Früher waren *ODBC* in der Microsoft-Welt sowie *JDBC* in der Java-Welt die Standards. Microsoft definierte auch andere APIs wie *OLE-DB* und *ADO*, welche aber inzwischen nur noch selten verwendet werden. In der Java-Welt ist *JDO* äquivalent zu ADO. Heute greift man in vielen Umgebungen mittels ORM auf Datenbanken zu (siehe Kapitel 15.3.1). Durch diese einheitlichen APIs können die darunterliegenden Datenbankprodukte relativ einfach ausgetauscht werden.

15.2.2 Transaktionen

Eine **Transaktion** ist eine „Unit of Work". Entweder wird die ganze Arbeit über ein **Commit** ausgeführt oder aber über ein **Rollback** rückgängig gemacht. Transaktionen folgen dem ACID-Prinzip (Atomicity, Consistency, Isolation, Durability). In verteilten Systemen, wo die Daten auf mehrere Maschinen verteilt gespeichert werden, wird das **2-Phase-Commit** mithilfe eines Koordinators verwendet. In der ersten Phase werden die Daten an alle Systeme geschickt (SQL-Update/Insert). Wenn alle Systeme ein Okay gegeben haben, werden in der zweiten Phase alle Systeme notifiziert, die Daten definitiv zu übernehmen (SQL-Commit).

Es wird empfohlen, möglichst kurze Transaktionen zu tätigen. Lange Transaktionen sind ungeeignet, deshalb gehört die Zeit, die ein Benutzer verbringt, um eine Aktion in der Benutzeroberfläche auszuführen, definitiv nicht zu einer Transaktion. Aber das

Gegenteil davon, nämlich das sofortige Commit nach jedem SQL-Statement mittels Auto-Commit, ist ebenfalls nicht zu empfehlen. So können Inkonsistenzen in der Datenbank entstehen, wenn Änderungen in zwei Tabellen zu einer logischen Einheit gehören, jedoch nur die Änderung in einer Tabelle gelungen ist und die andere nicht.

15.2.3 Locking und Notifikationen

Locking ist ein wichtiger Mechanismus in Datenbanken, wenn mehrere Clients gleichzeitig darauf zugreifen. Ein Lock verhindert mit einer temporären Sperre, dass Daten geschrieben werden können. Die Granularität sollte möglichst klein sein, damit so wenige Records wie möglich gelockt werden. Verschiedene Vorgehensweisen stehen zur Verfügung:

- **Optimistic Locking**. Wenn Daten gelesen werden, wird kein Lock gesetzt. Wenn Daten geschrieben werden, vergleicht man die zuvor gelesenen Daten mit dem aktuellen Inhalt der Datenbank. Wenn sie inzwischen geändert wurden in der Datenbank, so wird das Schreiben verhindert. Der Anwender merkt es also leider relativ spät. Wenn sie hingegen noch gleich sind, so wird während der Transaktion ein Lock gesetzt.
- **Pessimistic Locking**. Wenn Daten gelesen werden, die man ändern möchte, so werden sie mit einem **Exclusive Write Lock** gelesen. Wenn sie nur gelesen werden, ohne eine geplante Änderung, so setzt man einen **Shared Read Lock**. Die Gefahr bei dieser Vorgehensweise ist die Entstehung von Deadlocks oder zumindest die Gefahr, dass zu viele Daten gelockt sind, um noch vernünftig arbeiten zu können. Der Vorteil ist, dass der Benutzer nicht erst am Schluss informiert wird, wenn das Schreiben misslungen ist.
- **Row-Level Locking**. Jede Tabelle erhält eine zusätzliche Kolonne mit einem Lock-Flag, das die Information enthält, welcher Benutzer mit welcher Applikation wann einen Lock auf den Record gesetzt hat. Der Nachteil dieser Idee ist, dass der Lock in der Tabelle aktiv bleibt, wenn die Verbindung zur Datenbank unterbrochen wurde oder die Applikation abgestürzt ist. Automatisierte Cleanup-Tasks werden benötigt, um hängengebliebene Locks wieder zu befreien.
- **Application-Level Locking**. Das ist das mächtigste Prinzip, aber schwierig umzusetzen. Der Server muss eine Liste mit allen Locks verwalten und kann somit sogar die Applikationen notifizieren, wenn ein Lock entfernt wurde. Dies kann notwendig werden, wenn mehrere Clients gleichzeitig auf eine Datenbank mit einer proprietären API, die nicht thread-safe ist, zugreifen.

Notifikationen werden benötigt, um Clients zu informieren, wenn Daten geändert wurden, die den Client interessieren. Notifikationen kommen nicht nur bei Datenbanken zum Einsatz, sondern auch, wenn sich Werte in internen Datenstrukturen einer Applikation, also im RAM, ändern (Publish/Subscribe).

15.2.4 SQL

Der *SQL*-Standard (Structured Query Language) ist in drei Schritten entstanden: Version 1 wurde 1989 entworfen, Version 2 folgte 1992. Der aktuelle Standard ist SQL-99. Praktisch alle Hersteller haben diesen Standard mit proprietären Elementen erweitert, wie zum Beispiel *PL-SQL* von Oracle. Deshalb ist es heute oft so, dass bei Verwendung von SQL in den Applikationen das Datenbankprodukt darunter nicht so einfach ausgetauscht werden kann, sei es über direkte Einbindung im Code (**Embedded SQL**) oder über einen low-level-Treiber wie ODBC oder JDBC. Für die regelmäßige Arbeit mit SQL lohnt sich die Anschaffung einer handlichen Referenz wie *„SQL – kurz & gut"* von Jonathan Gennick [58].

Das Vergleichen und das Sortieren von Daten sollten nicht mit SQL umgesetzt werden, sondern in der Businesslogik. Denn je nach Lokalisierung kann das Ergebnis unterschiedlich sein. Außerdem gibt es ein weiteres Problem: Wenn man NULL vergleichen muss, stellt sich die Frage, wie man das macht, denn NULL stellt einen nicht vorhandenen Wert dar. Wie kann das mit einem echten Wert verglichen werden?

Zur Veranschaulichung folgt ein Beispiel verschiedener SQL-Statements mit der **Data Definition Language** (DDL), basierend auf Abbildung 15.1:

```
CREATE TABLE OrderItem (
OrderItemNo INT NOT NULL AUTO_INCREMENT,
ProductNo INT NOT NULL,
OrderNo INT NOT NULL,
Quantity INT,
PRIMARY KEY (OrderItemNo),
FOREIGN KEY (OrderNo) REFERENCES `Order` (OrderNo),
FOREIGN KEY (ProductNo) REFERENCES Product (ProductNo)
)

CREATE INDEX Index1 ON OrderItem (ProductNo)

DROP TABLE OrderItem
```

Für die Veränderung der Daten mit der **Data Manipulation Language** (DML) werden unter anderem SQL-Statements benutzt, wie sie in folgendem Code gezeigt werden:

```
START TRANSACTION;

INSERT INTO Customer (Name, Address, City, PostalCode)
VALUES ('Donald Duck','Gartenstrasse 13','Entenhausen','4006');
```

```
UPDATE Customer SET PostalCode='4007' WHERE City='Entenhausen';

DELETE FROM Customer WHERE Name='Donald Duck' AND City='Entenhausen';

COMMIT;
```

Für die Abfrage von Daten werden SELECT-Statements geschrieben. Hier ein paar Beispiele:

```
SELECT * FROM Customer;

SELECT DISTINCT `Order`.OrderDate
FROM `Order`, OrderItem
WHERE `Order`.OrderNo = OrderItem.OrderNo AND OrderItem.Quantity > '3';

SELECT Product.Description, SUM(OrderItem.Quantity) AS OrderedPerProduct
FROM Product LEFT JOIN OrderItem
ON OrderItem.ProductNo = Product.ProductNo
GROUP BY Product.Description
```

Meistens wird bei Datenbankabfragen auf mehrere Tabellen zugegriffen. Die Daten können auf verschiedene Arten miteinander verknüpft werden. Es gibt folgende Arten von **Joins:**

- Inner Join. Das ist der Default. Er verbindet über Bedingungen in definierten Spalten, und zwar dann, wenn links und rechts gleichzeitig Einträge vorhanden sind, die die Bedingung erfüllen.
- Natural Join. Er verbindet über alle Spalten mit gleichem Namen in beiden Tabellen.
- Outer Join. Der Join wird durchgeführt, wenn links ODER rechts Einträge vorhanden sind.
- Outer Left Join (auch nur Left Join genannt). Man nimmt immer die linke Tabelle, auch wenn rechts keine Entsprechung gefunden wird, die die Bedingung erfüllt.
- Outer Right Join (auch nur Right Join genannt). Man nimmt immer die rechte Tabelle, auch wenn links keine Entsprechung gefunden wird, die die Bedingung erfüllt.
- Cross Join. Das ist das kartesische Produkt. Man nimmt sämtliche Möglichkeiten, die verschiedenen Records zu verknüpfen. Dies wird jedoch in der Praxis kaum benötigt.

Alle obigen Joins können **Equi-Joins** sein, wenn die Bedingung auf Gleichheit beruht. Ansonsten handelt es sich um Non-Equi-Joins.

15.2.5 ERM-Diagramme

Ein relationales Datenmodell kann mit einem *ERM*-Diagramm (Entity-Relationship Model) modelliert werden. Es enthält folgende Modellierungselemente: Entity (Rechteck), Relationship (Diamond) und Attribut (Kreis/abgerundetes Rechteck). Schwache Entitys und Relationships beinhalten einen Fremdschlüssel zu einer anderen Entity und können nur zusammen mit dieser anderen Entity existieren. Diese schwachen Elemente werden mit doppelten Linien gezeichnet. Ein ERM-Diagramm wird nach folgenden Regeln in Datenbanktabellen abgebildet:

- Jede Entity wird zu einer Relation (auch schwache Entitys).
- M:N-Relationships werden zu Relationen.
- M:1-Relationships werden in eine Entity-Relation integriert.

Im ERM-Diagramm in Abbildung 15.1 wird die Bestellung eines Kunden für verschiedene Produkte modelliert. Ein „Order" besteht hier aus mindestens einem „OrderItem". Jedes OrderItem wird einem Produkt zugewiesen und erhält eine Quantity. Eine Order wird einem „Customer" zugewiesen und enthält das Flag „Shipped", das gesetzt wird, wenn die Bestellung abgeschickt wurde. In der Datenbank werden die vier Tabellen Order, OrderItem, Product und Customer erstellt.

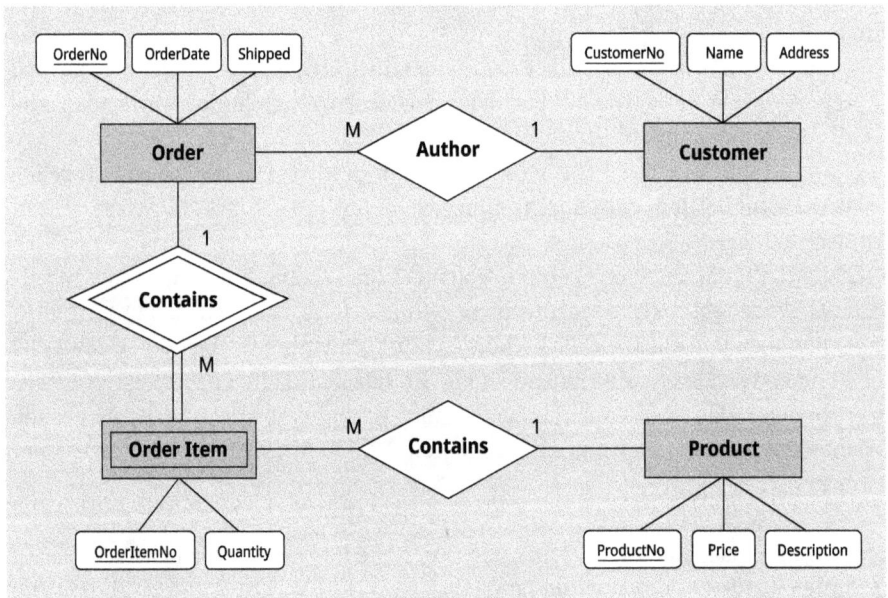

Abb. 15.1: Ein ERM-Diagramm.

15.3 Best Practice

15.3.1 Mapping zwischen OO-Applikation und RDBMS

In vielen Projekten wird objektorientiert programmiert und relational gespeichert. Das Mapping zwischen einem Objektmodell und einem relationalen Datenmodell ist deshalb eine grundlegende Aufgabe und wird durch einen **ORM** (Object Relational Mapper) erleichtert. Typischerweise werden die Daten über sogenannte **Entity**-Klassen auf Tabellen in der Datenbank abgebildet. Hierfür stehen verschiedene Strategien zur Verfügung:

- Class Table Inheritance. Jede Klasse wird auf eine eigene Tabelle abgebildet, auch abstrakte Klassen.
- Concrete Table Inheritance. Jede nicht abstrakte Klasse wird auf eine eigene Tabelle abgebildet.
- Single Table Inheritance. Eine Tabelle wird für eine ganze Klassenhierarchie benutzt. Aus Performanzsicht ist dies die beste Variante.

Viele Plattformen stellen ORMs zur Verfügung. In Java definiert der Standard *JPA* (Java Persistence API), wie das in Implementationen wie *Hibernate* umgesetzt wird. Für einfache Abfragen wird in JPA die Sprache *JPQL* benutzt. In .NET stellt das *EF* (Entity Framework) ein ORM zur Verfügung. Hier wird die Sprache *LINQ* eingesetzt. Bei Python ist *SQLAlchemy* verbreitet. Hier wird mit der *SQL Expression Language* programmiert. Auch das Python-Web-Framework Django enthält ein ORM. Auf allen Plattformen wird beim Laden der Daten zwischen „eager" und „lazy" unterschieden. Ferner muss bei komplexen Querys weiterhin direkt nativ mit SQL programmiert werden, typischerweise um eine akzeptable Performanz bei den Datenbankabfragen zu erreichen. Für das Speichern von Daten unterstützen ORMs das automatische Tracking, welche Daten sich in den Entitys (im RAM) verändert haben. Das DAO-Pattern (Data Access Object) kann bei der Verwendung von ORMs optional angewendet werden. Jede Entity erhält dann parallel eine DAO-Klasse, welche den Datenbankzugriff implementiert.

15.3.2 Migration von Datenbanken

Es gibt verschiedene Möglichkeiten, wie in einem Projekt mit Datenbank-Schema-Änderungen umgegangen wird. Grundsätzlich unterscheidet man Änderungen in den Stammdaten (DML) und im Schema (DDL). Entwickler, welche eine Migration durch eine Änderung notwendig machen, fügen das dazugehörige Skript (mit SQL oder sonst einer Programmiersprache) ins Repository ein (sowohl für DML als auch DDL). Am besten wird im Dateinamen codiert, von welcher Version nach welcher Version dieses Skript ausgeführt werden muss. In manchen Projekten werden in der Datenbank alle darauf ausgeführten Skripte gespeichert, damit der Zustand des Schemas direkt auf der Datenbank genau definiert ist, sodass man nicht im Repo nachschauen muss. Es ist von Vorteil, wenn diese Skripte alle mehrmals wieder ausführbar sind und mit entsprechenden Checks versehen sind. Bei Branches für Patch-Lieferungen müssen im Repo die betroffenen SQL-Skripte im Dateinamen entsprechend codiert werden (Versionsnummern).

Für die Erstellung von Migrationsskripten stehen in vielen Plattformen entsprechende Tools zur Verfügung. In .NET ist es das *EF* (Entity Framework), in Java *LiquiBase*, in Python *django.db*.

15.3.3 Namenskonventionen

In der Praxis werden die Namen von Datenbanken, Tabellen und Feldern immer auf Englisch definiert. Falls die Spezifikationen in einer anderen Sprache geschrieben werden, so empfiehlt sich die Verwendung eines Glossars mit den jeweiligen Übersetzungen. Für numerische Primärschlüssel verwendet man häufig den Tabellennamen mit dem Suffix „No", also zum Beispiel „ProductNo". Falls es sich beim Primärschlüssel um einen String handelt, was zwar weniger effizient ist als ein numerischer Typ, so wird meistens „Id" angehängt, also zum Beispiel „ProductId". In manchen Projekten kommt unabhängig vom Datentyp immer das Suffix „Id" zum Einsatz. Underscores findet man immer weniger oft in den Namen. Auch die ungarische Notation ist bei Datenbanken nicht mehr gebräuchlich, wie zum Beispiel Tabellen mit dem Namen „tblCustomer" oder Felder namens „CustomerPK" oder „ProductFK".

Falls für die Namen reservierte SQL-Schlüsselwörter wie „Order" oder „User" verwendet werden, so müssen diese in SQL-Code zwingend wie ʼOrderʼ umklammert werden. Besser ist es, einen anderen Namen wie „OrderHeader" zu verwenden. Tabellennamen werden in der Praxis meistens im Singular definiert. Man trifft manchmal Verfechter des Plurals an. Es stellt sich dann die Frage, wie der Primärschlüssel der Tabelle „Products" heißen soll. „ProductNo" oder „ProductsNo"? Das ist beides nicht ganz intuitiv. Im Applikationscode wird man mit hoher Wahrscheinlichkeit eine Klasse namens „Product" antreffen, welche dann auch nicht ganz mit dem Tabellennamen übereinstimmt. Darüber kann man sich stundenlang streiten. Wichtig ist, dass Singular oder Plural einheitlich verwendet wird in der gesamten Datenbank.

15.3.4 Dokumentation von Datenmodellen

Es ist sinnvoll, die Dokumentation eines Datenmodells automatisch aus dem Modell heraus generieren zu lassen. In vielen Projekten werden selber geschriebene Tools verwendet, um schön aufgebaute HTML-Dokumentationen mit der Beschreibung der Tabellen und Spalten sowie mit einer Navigation zu referenzierten Tabellen zu erzeugen. Aus der Modellbeschreibung (in welcher Form auch immer) sollten im Idealfall sowohl SQL-Code (DDL) als auch HTML-Dateien generiert werden können.

15.3.5 Stammdaten

Stammdaten (englisch *Master Data*) beschreiben Applikationsverhalten. Sie sind sozusagen eine Art Metadaten, während im Gegensatz dazu Bewegungsdaten (*Update Data*) die eigentlichen Daten sind. Ein Beispiel ist die Bestandesverwaltung von Versicherungen. Die Versicherungsprodukte sind Stammdaten mit einer bestimmten Gültigkeitsdauer. Policen sind die Bewegungsdaten, deren Schlüssel (Policennummern) zwar konstant bleiben; aber die referenzierten Versicherungsprodukte hinter der Police können ersetzt werden. Ein anderes Beispiel ist die Abonnementsverwaltung in der Telekommunikationsbranche. Die Produkte sind Stammdaten mit einer bestimmten Gültigkeitsdauer. Abonnemente sind Bewegungsdaten, deren Schlüssel (Telefonnummern) zwar konstant bleiben, aber die referenzierten Produkte des Abonnements können ersetzt werden.

15.3.6 Historisierung von Daten

Um Änderungen der Daten nachvollziehen zu können, werden sie manchmal in den Datenbanken historisiert. Hierfür gibt es zwei Möglichkeiten. Sie können **streng historisiert** sein. Die alten Daten werden weder geändert noch gelöscht, weil in der Tabelle stets neue Records erzeugt werden. Applikatorisch kann so ohne Probleme auf alte Datenstände zugegriffen werden. Dieses Verfahren wird typischerweise für Stammdaten angewendet, zum Beispiel in Bestellsystemen, wo die Produkttabelle streng historisiert wird. Die andere Möglichkeit ist die **nicht strenge Historisierung**. Die alten Daten werden in der Tabelle überschrieben. Eine weitere Tabelle, der Änderungsnachweis, protokolliert die Änderungen, um bei Bedarf manuell die Änderungsgeschichte rekonstruieren zu können.

Einige Datenbankprodukte bieten von Haus aus eine Historisierung an, zum Beispiel Redo Logs. Der applikatorische Zugriff auf diese Funktionalität kann jedoch aufwändiger umzusetzen sein als bei der manuellen Implementierung der Historisierung. Es ist wichtig zu verstehen, dass die Historisierung nicht dasselbe ist wie ein Backup der Datenbank.

15.4 Produkte

15.4.1 Klassische Datenbanken

Im Umfeld von Datenbanken sind viele Produkte erhältlich. Es folgt eine Auflistung großer Systeme in chronologischer Reihenfolge:
- *IBM IMS* ist eine hierarchische Datenbank aus den 1960er-Jahren.
- *Informix* ist eine Datenbank auf Unix. Sie wurde 2001 von IBM übernommen.

- *Ingres* (Open Source) ist eine der ersten relationalen Datenbanken und wurde an der Universität Berkeley entwickelt.
- *Sybase ASE* ist ein Produkt, das von Ingres abgeleitet und von SAP übernommen wurde.
- *Postgres* (Open Source) ist ein aktuell sehr beliebtes ORDBMS, abgeleitet von Ingres.
- *IBM DB2* ist eine relationale Datenbank. Sie wird auf verschiedene **Nodes** verteilt. Ein Node umfasst mehrere **Tablespaces**. Ein Tablespace besitzt einen Pool als Cache und mehrere Container, in denen sich die Daten befinden. **Binding** bezeichnet den Mechanismus, wie die Daten einer Applikation den Feldern einer Datenbank zugeordnet werden. Dies geschieht mit **.bnd*-Dateien.
- *Oracle* ist eine objektrelationale Datenbank. Das Datenbankdesign wird aufgeteilt in einen logischen Teil (relationales Datenmodell) und einen physischen Teil (Konfiguration und Tuning). Stored Procedures werden in PL/SQL geschrieben, eine Erweiterung von SQL. Die Daten in den Tabellen befinden sich auf Datafiles in Tablespaces in Datenbanken. **Snapshots**, heute eher als **Materialized Views** bekannt, sind lokale Kopien der Ergebnisse von Querys auf der Datenbank. Consistent („cold") backups werden mit geschlossener Datenbank gemacht. Online („hot") backups werden bei laufender Datenbank im ARCHIVELOG-Modus durchgeführt. *Oracle Enterprise Manager* ist ein Tool für den DBA (Database Administrator).
- Microsoft *Access* ist eine kleine Datenbank und Teil von Microsoft Office.
- *Microsoft SQLServer* wurde abgeleitet von Sybase ASE.
- *MySQL* war früher Open Source und GPL. Seit der Übernahme durch Oracle ist es ein kommerzielles Produkt.
- *MariaDB* ist der GPL-Nachfolger von MySQL und wurde ins Leben gerufen seit der kommerziellen Übernahme von MySQL durch Oracle.
- *SAP HANA* ist eine In-Memory-Datenbank, geeignet für Analysen.

In vielen Fällen reicht der Einsatz einer leichtgewichtigen Datenbank. Es folgt eine Auswahl von Produkten:
- *Apache Derby* ist eine Datenbank, welche als JAR-Datei in eine Java-Applikation integriert werden kann und im selben Prozess läuft wie die JVM. Sie ist sicherer und näher zum SQL-Standard als die Alternative HSQLDB.
- *HSQLDB* ist eine kleine Datenbank, die schneller ist und weniger Memory benötigt als Apache Derby. Sie kann die Daten sowohl im RAM als auch auf Disk speichern. Sie wird unter anderem in OpenOffice verwendet.
- *H2* ist eine Datenbank, die entweder als Server oder self-contained im Client-Prozess laufen kann.
- *SQLite* ist eine C-Library mit einer kleinen SQL-Datenbank, die keinen separaten Server benötigt. Wrappers zu C++ und Java sind erhältlich.

15.4.2 Relationale Tools

Im Umfeld von relationalen Datenbanken stehen eine Reihe von praktischen Tools für die Entwicklung zur Verfügung. Hier wird nur eine kleine Auswahl präsentiert:

- *HeidiSQL* ist ein freier Client für den Zugriff auf MySQL, MariaDB und Microsoft SQLServer.
- *Oracle SQL Developer* (früher bekannt als *Raptor*) ist eine kostenlose GUI von Oracle für den Zugriff auf Oracle-Datenbanken.
- *SQuirreL* ist eine freie GUI für den Zugriff auf Datenbanken, die einen JDBC-Driver zur Verfügung stellen.
- *Toad* ist eine kommerzielle GUI für den einfachen Zugriff auf Oracle-Datenbanken.

15.4.3 Objektorientierte Datenbanken

Es gibt einige objektorientierte Datenbanken, die jedoch in der Praxis nur noch selten anzutreffen sind, wie *Poet FastObjects* oder *ObjectStore*. Das Produkt *Gemstone* enthält zusätzlich noch die auf Smalltalk basierende Datenzugriffssprache *OPAL*.

15.4.4 NoSQL

NoSQL-Datenbanken bieten keine SQL-Schnittstelle an, sondern setzen auf **Structured Storage**. Es lässt sich nicht verallgemeinern, was besser sei, SQL oder NoSQL. Je nach den Anforderungen der Applikation kann SQL oder NoSQL mehr Vorteile bieten. Manchmal kommen auch beide Technologien im selben Projekt zum Einsatz. NoSQL-Datenbanken können in folgende Kategorien aufgeteilt werden:

- Spaltenorientiert (englisch *columnar*), zum Beispiel *HBase* (basierend auf Google *BigTable* mit MapReduce) oder *Cassandra*
- Graphdatenbanken, zum Beispiel *Neo4J*
- Dokumentorientiert, zum Beispiel *MongoDB*, *CouchDB*, *Azure CosmosDB* oder *Firestore* (auf Google Cloud)
- Key/Value-Datenbanken, zum Beispiel *Lucene* (eine indexbasierte Suchmaschinenbasis)
- Zeitreihen (Time-Series-Database), welche vor allem im IoT-Bereich eingesetzt werden, zum Beispiel *InfluxDB*. Dazu passt das grafische Dashboard *Grafana*.

Fallbeispiel *MongoDB*: Anstelle relationaler Tabellen verwendet man Collections von JSON-basierten Dokumenten, die im binären BSON-Format gespeichert werden. XML hatte sich nicht durchgesetzt bei den Datenbanken. JSON scheint mehr Erfolg zu haben, weil so ein von der JavaScript-GUI im Browser bis zur Datenbank einheitliches Datenformat nahtlos zur Verfügung steht. Die Abfragen sind viel schneller als mit SQL, aber dafür existiert mehr Redundanz in der Datenbank, weil es keine Joins und keine Transaktionen gibt. Die Querys müssen selber ausprogrammiert werden, da kein fixes Schema definiert wird. Wenn sich das Datenmodell ändert, werden bestehende Daten nicht durch einen einmaligen Vorgang sofort migriert, sondern erst beim nächsten Schreibzugriff durch die Applikation. Daher wächst die Komplexität rasch, wenn die Applikation erweitert wird. Details entnimmt man einem Fachbuch wie *„MongoDB: The Definitive Guide"* von Kristina Chodorow [59].

15.5 Data-Warehouse

15.5.1 Erstellung mittels ETL

Ein **Data-Warehouse** ist eine Datenbank, welche Entscheidungsprozesse einer Firma unterstützen muss. Erzeugt wird sie mittels **ETL** (Extraction, Transformation, Loading). Diese Datenbank wird einmal erstellt als Abzug aus dem Produktivsystem (englisch *Operational System*) und bleibt dann readonly. Für die Abfragen werden viele Indizes aufgesetzt und möglichst wenige Joins benutzt. Das heißt, die Normalisierung ist minimal. Daten werden außerdem aggregiert, also vorausberechnet, wie zum Beispiel das Durchschnittsalter einer Personentabelle. Während der Ausführung von ETL werden die Daten in sogenannten „Staging Areas" zwischengespeichert.

Data-Warehouses werden für zwei Anwendungen aufgebaut:

- **OLAP** für die Analyse von großen Datenmengen, wenn man schon weiß, was man suchen will (siehe weiter unten).
- **Data-Mining** für Analyse von großen Datenmengen, wenn man noch nicht weiß, was man suchen will (siehe Kapitel 15.7).

Data-Marts sind Hilfsdatenbanken, damit OLAP und Data-Mining effizienter funktionieren. Es handelt sich um Kopien eines Teils des gesamten Data-Warehouses.

15.5.2 OLAP

In relationalen Data-Warehouses werden die Tabellen meistens nach dem **Star-Schema** modelliert. In der Mitte befindet sich die Fakttabelle mit Fremdschlüsseln zu den Dimensionstabellen rundherum. Alle Fremdschlüssel zusammen bilden den Primärschlüssel. Die Dimensionstabellen enthalten die Stufen innerhalb einer Dimension; ein Land kann zum Beispiel aufgeteilt werden in Kantone, welche wiederum Städte enthalten. Eine Variante des Star-Schemas ist das **Snowflake-Schema**, in welchem die Dimensionstabellen normalisiert werden, also jeweils nochmals in mehrere Tabellen aufgeteilt werden.

Data Cubes sind eine Implementation von OLAP. Sie enthalten viele Aggregate, welche schon zum Voraus berechnet wurden, also während der ETL-Phase, wie zum Beispiel die Summe aller Verkäufe in allen möglichen Zeit- und Produktvarianten. Oft kann man den Trade-off zwischen Disk-Space (für vorberechnete Aggregate) und Performanzeinbuße (durch zur Laufzeit berechnete Aggregate) in Data Cube-Produkten definieren, wie etwa in den *Analysis Services* im MS SQLServer. Data Cubes werden in drei verschiedenen Varianten implementiert:

- ROLAP. Die Daten sind relational gespeichert, meistens gemäß Star-Schema.
- MOLAP. Die Daten sind multidimensional gespeichert.
- HOLAP ist eine hybride Umsetzung. Details sind relational, Aggregate multidimensional umgesetzt.

Als Alternative zu Data Cubes bieten Oracle und MS SQLServer die SQL-Erweiterungen „ROLLUP" und „CUBE" in „GROUP BY", um mehrdimensionale Daten abzufragen. Dies geschieht jedoch ohne im Voraus berechnete Aggregate.

Das Ergebnis einer Analyse kann in **Pivot**-Tabellen präsentiert werden. Diese dienen der mehrdimensionalen grafischen Darstellung von Daten, wie zum Beispiel Zeit, Kunde und Produkt. Jede Dimension kann wiederum mehrere Stufen besitzen, wie etwa die Zeit aufgeteilt werden kann in Jahr, Monat und Tag. Mittels **Drilldown** kann der Benutzer in die Details hineinnavigieren. Pivot-Tabellen werden von Programmen wie Excel unterstützt. Bei Excel wurde das Tool *Power View* integriert, mit welchem Daten auf Landkarten dargestellt werden.

15.5.3 Alternativen zum Data-Warehouse

Online Transaction Processing (**OLTP**) ist eine alternative Technik, um mit möglichst kleinen, aber dafür zahlreichen Querys Informationen aus den aktuellen Daten zu erhalten. Die Daten werden nicht wie bei OLAP vorgängig durch Aggregierung aufbereitet. Das Datenmodell ist stark normalisiert.

15.6 Wissensbasierte Systeme

Wissensbasierte Systeme sind ein Teilgebiet der künstlichen Intelligenz und werden immer für konkrete spezielle Anwendungen erstellt. Für die Umsetzung gibt es verschiedene Ansätze:

- **Prädikatenlogik**. Basierend auf einer logischen Programmiersprache wie Prolog können Aussagen in einer **Knowledge Base** aufgebaut werden. Die Abfragen sind First-Order-Logic-Expressions, welche als *true, false* oder *possible* ausgewertet werden. Im Bereich der künstlichen Intelligenz werden auch „Decision Lists" verwendet, die bei der Auswertung der Expressions zusätzlich noch gewisse Wahrscheinlichkeitsrechnungen durchführen. Wenn eine Abfrage einen Wert zwischen true und false ermittelt, so spricht man von „fuzzy logic".

–   **Ontologie**. Beim Einsatz einer Ontologie erstellt man eine Definition von Netzen mittels Subjekt, Objekt und Prädikat. Hierfür gibt es spezielle Sprachen, wie zum Beispiel *OWL*. Eine Plattform ist zum Beispiel *Protégé*. Ontologien werden einerseits in Statistiksystemen verwendet, anderseits auch im semantischen Web. In diesem Zusammenhang wird häufig eine **Taxonomie** definiert, also Hierarchien von Bäumen.

Neben wissensbasierten Systemen umfasst künstliche Intelligenz viele weitere Bereiche. Diese werden in Kapitel 9.6.3 behandelt.

15.7 Big Data Analytics

15.7.1 Predictive Analytics

Analysen von großen Datenmengen werden immer beliebter. Facebook und Google sind wohl die beiden führenden Firmen in diesem Bereich. Kein Wunder, mit dem Anhäufen von Daten alleine hat man noch nichts erreicht. Erst die Auswertung lässt sich in Geld umwandeln.

Predictive Analytics ist die Wissenschaft, wie Ereignisse aufgrund der Analyse von großen Datenmengen vorausgesagt werden können. Die Anwendungen gehen vom Wetterbericht über Fraud Detection (Banking) und Predictive Maintenance (IoT) bis zum Kaufverhalten von potenziellen Kunden auf einer Website. Bekannt ist der Satz von Amazon: *„Andere Kunden, die dieses Produkt gekauft haben, interessierten sich auch für XY!"* Die Umsetzung erfolgt mittels maschinellen Lernens. Im Umfeld von Big Data arbeiten neben Business Analysten und Softwareentwicklern zusätzlich noch Data Scientists. Eine gute Einführung in **Data Science** bietet das Buch *„Data Science for Business"* von Foster Provost und Tom Fawcett [60].

Die Analyse beschäftigt sich hauptsächlich mit unstrukturierten Datentypen, wie zum Beispiel Bildern, aber auch Kommentaren in sozialen Netzwerken. Aufgrund solcher Daten möchten zum Beispiel Entscheidungsträger von Unternehmen die Meinung über bestimmte Produkte ermitteln. Typischerweise fährt man bei der Analyse einen hybriden Mix zwischen folgenden Quellen:

–   Produktive aktuelle Daten, zum Beispiel eine operative Datenbank mit aufgesetztem *Hadoop*

–   Aggregierte klassische Data-Warehouses

–   Realtime Datastreams (zum Beispiel aus IoT-Geräten via MQTT-Gateway oder aus Social Media Timelines) fließen in ein Event Stream Processing wie *Apache Kafka*. Von dort gehen sie weiter in eine Batch-Bearbeitung wie *Hadoop* oder in eine Realtime-Bearbeitung wie *Apache Storm* (für Tasks) und *Apache Spark* (für Daten).

Ein wichtiger Aspekt ist die Benutzeroberfläche, welche die Ergebnisse der Analyse in verständlichen Grafiken darstellen sollte. Dynamisches Reporting berechnet in Echtzeit je nach Benutzerinteraktion, wie Werte in einer XY-Darstellung gezeichnet werden. Heute erhältliche visuelle Lösungen wie *Tableau* bieten dies an. Die Benutzerinteraktion kann generell auch mittels NLP-Abfragen durch natürliche Sprachen erfolgen.

15.7.2 Maschinelles Lernen

Maschinelles Lernen basiert vorwiegend auf statistischen Methoden. Die Vorgehensweise der Analyse von großen Datenmengen wird in *CRISP-DM* (Cross Industry Standard Process for Data-Mining) definiert: Nachdem die beteiligten Personen das Thema analysiert und die Daten bereitgestellt haben, folgt die Modellierung. Das Modell wird mittels einer möglichst großen Menge von Daten trainiert. Jeder Datensatz besteht aus einem Input und einem erwarteten Output. Feature Engineering ist eine zentrale manuelle Tätigkeit und umfasst die Bestimmung der relevanten Eigenschaften (Features) des Inputs für das Modell. Das Ziel ist immer entweder die **Klassifikation** von Daten oder eine **Regression** (statistisch basierte Vorhersage). Für die Modellierung werden statistische Umgebungen wie *R* und Librarys wie *Scikit-Learn* und *TensorFlow* (für Python) verwendet. Ein wichtiger Aspekt ist die Benutzeroberfläche, welche die Ergebnisse jeweils mit verständlichen Grafiken darstellen sollte.

Die Modellierung kann mittels Kombination verschiedener Techniken durchgeführt werden. Gewisse nennt man **überwacht** (englisch *supervised*), nämlich dann, wenn Erwartungswerte der Daten einbezogen werden. Andere Techniken sind **unüberwacht** (englisch *unsupervised*), weil sie die Erwartungswerte nicht berücksichtigen oder diese nicht bekannt sind:

- Erstellung eines binären Entscheidungsbaums mittels Tree-Induction. Dies geschieht überwacht und kann für Klassifikation und Regression benutzt werden.
- Support Vector Machines werden überwacht trainiert und können für Klassifikation und Regression benutzt werden.
- Auswahl des Lernalgorithmus (statistische Funktion), wie zum Beispiel Lineare Regression, Logistische Regression oder Gradient Boosting. Dies geschieht überwacht und wird für Regression benutzt.
- Deep Learning: Lernen von Algorithmen mithilfe von neuronalen Netzwerken, welche in Kapitel 9.6.3 ausführlich behandelt werden. Dies geschieht überwacht.
- Erkennung von Clustering, zum Beispiel mit dem k-Means-Algorithmus. Ähnliche Objekte sind näher beieinander; ihr Verhalten unterscheidet sich nur wenig. Dies geschieht unüberwacht.
- Erkennung von Assoziationen. Wenn A, dann könnte B passieren. Link Prediction bei Freundschaftsvorschlägen auf Facebook basiert auf diesem Prinzip. Dies geschieht unüberwacht.

- Reinforcement Learning. Die Software führt aufgrund von Beobachtungen bestimmte Aktionen aus und erhält danach entweder eine Belohnung oder eine Bestrafung.
- Textanalyse. Wichtige Wörter werden aufgrund verschiedener Regeln, wie etwa der Häufigkeit, zu Topics erhoben, aber man kennt sie nicht von Anfang an. Dies kann bei Texten mittels NLP-Text-Analyse (Natural Language Processing) geschehen, mithilfe von APIs wie *NLTK* (für Python) oder Tools wie *Attensity, Clarabridge, IBM SPSS, OpenText, SAS* oder *Google BERT* (vortrainierte neuronale Netzwerkmodelle).

Das Modell wird mittels **Evaluation** verbessert. Ein gutes Modell lernt nicht einfach die Trainingsdaten auswendig, sondern generalisiert, damit auch für neue Daten sinnvolle Ergebnisse berechnet werden. Das Modell sollte also nicht zu nahe an den Trainingsdaten liegen, man würde das **Overfitting** nennen. Wenn das Modell jedoch zu einfach ist, dann tritt das Gegenteil ein, der **Bias** wäre zu hoch.

Die Evaluation erfolgt jeweils mit einer dieser Techniken:
- Holdout Validation: Die vorhandenen Daten werden aufgeteilt in ein großes Training- und ein kleines Test-Set.
- Cross-Validation: Die Daten werden mehrmals in unterschiedlicher Aufteilung in Training- und Test-Sets verwendet.
- Aufteilung der Daten in drei Sets: Training, Validation, Test.

Nun erfolgt das Deployment, also die Verwendung des Modells in einer Laufzeitumgebung mit echten Daten. Im Fall von neuronalen Netzwerken kann das Modell zur Laufzeit durch **Fine-Tuning** mit neuen Daten verbessert werden.

Bei der Auswahl der Daten stellen sich viele Fragen: Nach welchen Kriterien wurden sie ausgewählt? Bei Systemen wie Predictive Policing stellen sich auch ethische Fragen („Ethical AI"): Werden zum Beispiel für die Gesichtserkennung alle Hautfarben, Altersklassen und Geschlechter berücksichtigt? Und wie steht es mit der Verlässlichkeit der Daten? Sind sie von akzeptabler Qualität? Besitzt man die nötigen Zugriffsrechte? Wurden rechtliche Aspekte berücksichtigt (Vertraulichkeit)? Wurde definiert, wann welche Daten wieder gelöscht werden? Wie wird Auditing aufgesetzt, um festzuhalten, woher die Daten für eine Entscheidung aufgrund einer Analyse kamen?

16 Patterns

16.1 Design Patterns

Der Begriff der **Patterns** beschreibt die Beobachtung, dass manche Lösungsansätze in der Softwareentwicklung immer wieder anzutreffen sind. Dies betrifft nicht nur Themen im technischen Bereich, sondern auch im Management. Die Idee, solche wiederkehrenden Muster zu beschreiben, wurde von der sogenannten „Gang of Four", den Autoren Erich Gamma, Richard Helm, Ralph Johnson und John Vlissides, im Buch *„Design Patterns"* [61] das erste Mal verwirklicht. Dieses Buch erläutert eine Reihe von Patterns, die im objektorientierten Design immer wieder verwendet werden. Darauf wurden viele weitere Patterns durch andere Autoren veröffentlicht.

Design Patterns sind Muster, die im objektorientierten Design regelmäßig vorkommen. Einige dieser Muster wurden von der „Gang of Four" beschrieben, weitere wurden später durch andere Autoren festgehalten:

- **Composite**. Dies wird angewendet, um „Teil-Ganzes-Hierarchien" zu repräsentieren, indem Objekte zu Baumstrukturen zusammengefügt werden.
- **Data Access Object** (DAO). Ein Objekt, mit welchem Daten innerhalb der Applikation zwischen der Businesslogik und der Datenbankzugriffsschicht transferiert werden. DAOs sind nicht zu verwechseln mit Entity-Klassen bei ORMs.
- **Data Transfer Object** (DTO). Ein Objekt, mit welchem komplexe Daten zwischen zwei verschiedenen Systemen (typischerweise Server und Client) transferiert werden.
- **Fassade** (englisch *Facade*). Eine Schnittstelle, um mehrere Klassen zu kapseln, siehe Kapitel 8.2.4.
- **Factory Method**. Ein Interface, um Objekte zu erzeugen. Die Implementierungen dieses Interfaces entscheiden, welche Klasse instanziiert wird.
- **Lazy Load**. Ein Objekt lädt seine Daten erst, wenn sie wirklich benötigt werden.
- **Marker Interface**. Eine Schnittstelle ohne Methoden und ohne Membervariablen. Die Schnittstelle wird nur verwendet, um den Code leserlicher zu gestalten.
- **Memento**. Informationen über ein Objekt werden gespeichert, damit später ein eventuell ausgeführtes Undo (Restoring) durchgeführt werden kann.
- **Observer**. Wenn sich ein Objekt ändert, werden alle davon abhängigen Objekte gemäß dem Publish/Subscribe-Mechanismus (siehe Kapitel 16.2.3) notifiziert. Ein typisches Beispiel ist das asynchrone Programmieren mit Angular.
- **Registry**. Eine zentrale Stelle, die benutzt werden kann, um Objekte und Services zu finden.
- **Singleton**. Eine Klasse, von der nur eine Instanz existieren kann. Dies ist ein Ersatz für globale Variablen und sollte wenn möglich vermieden werden. Es ist eigentlich eher ein Anti-Pattern. Von ähnlicher Art sind **Utility-Klassen**, manchmal auch Helper-Klassen genannt, die nur statische Methoden enthalten und gar nie instanziiert werden.

https://doi.org/10.1515/9783111354774-016

- **Strategy**. Eine Familie von auswechselbaren Algorithmen, die an einem Objekt angehängt werden können.
- **Unit of Work**. Koordination der Ausführung einer Aufgabe (Business Transaction), bei der mehrere Objekte betroffen sind.
- **Validation Error List**. Gewisse Applikationen müssen Dokumente parsen und validieren, wie etwa Compiler, aber auch Statistiksysteme, welche sogenannte Erhebungen (große Datensätze) importieren. Solche Dokumente können mehrere Fehler enthalten, und die Applikation darf nicht beim ersten Fehler abbrechen wie bei Fail-Fast-Systemen, sondern sollte möglichst alle Fehler des gesamten Dokuments erkennen. Hierfür werden die gefundenen Fehler in einer entsprechenden Klasse gesammelt und in Form von Exceptions weitergereicht, damit weitere Fehler hinzugefügt werden können. Am Schluss können alle gesammelten Fehler eines Dokuments in einer Liste dargestellt werden.
- **Value Object**. Ein kleines einfaches Objekt, wie zum Beispiel ein Geldbetrag inklusive Währung oder ein Datumsintervall (zwei Daten).
- **Wrapper**, auch Adapter genannt. Eine Klasse, die eine andere Klasse oder eine nicht objektorientierte API kapselt. In der Regel werden Wrapper selber geschrieben, während der gekapselte Code von Drittherstellern stammt. So kann man sich eine gewisse Unabhängigkeit gegenüber dem Fremdcode wahren und „Vendor Lock-In" vermeiden.

16.2 Architekturpatterns

16.2.1 Aufteilung in Module

Architekturpatterns befinden sich auf einer etwas höheren Abstraktionsebene als Design Patterns. Es gibt grundlegende Philosophien, wie ein System in Module aufgeteilt werden kann:
- **Divide and Conquer** von Donald Knuth, Autor der Buchreihe „*The Art of Computer Programming*" [62]. Teile das Problem in Teilprobleme auf und löse diese möglichst rekursiv.
- **Dynamic Programming**. Wie Divide and Conquer, aber die Teilprobleme können überlappen. Zwischenergebnisse werden in Tabellen gespeichert und können wiederverwendet werden, was die Effizienz erhöht im Vergleich zu rein rekursiven Algorithmen.
- **Separation of Concerns**. Eine Funktionalität eines Systems sollte möglichst lokal an wenigen Stellen implementiert werden, nicht verteilt über das ganze System, weil das die Wartbarkeit und Erweiterbarkeit vereinfacht, indem die Abhängigkeiten kleiner sind.
- **Microservices**. APIs werden vertikal, also fachlich orientiert aufgebaut (siehe Kapitel 9.5.1).

Es folgen konkrete Muster für die Aufteilung einer Software in Module:

- **HAL** (Hardware Abstraction Layer). In verschiedenen Betriebssystemen wird dieses Konzept angewendet, um mit wenig Aufwand die unter der Software liegende Hardware austauschen zu können. Auch in eingebetteten Systemen kann es unter Umständen sinnvoll sein, einen HAL zu bauen.
- **MVC** (Model View Controller). Dieses Pattern wurde zuerst in *Smalltalk* eingeführt. Ein System ist in drei Teile aufzuteilen: Das Modell repräsentiert die Daten, die View die Benutzerdarstellung und der Controller ist verantwortlich für die Benutzereingabe. Typischerweise werden bei MVC die Design Patterns Observer, Composite und Strategy benutzt. MVC ist eine Variante von Separation of Concerns.

16.2.2 Laufzeit

Um das Verhalten des Systems zur Laufzeit zu gestalten, sollten Softwarearchitekten unter anderem folgende Patterns kennen:

- **Asynchronous Multithreaded Server**. Damit sich der Client nicht um Multithreading kümmern muss, übernimmt der Server die asynchrone Verarbeitung der Aufrufe und sendet immer sofort eine Antwort an den Client zurück. Der Client kann die Antwort dann später mit einem weiteren Call abholen, den er zum Beispiel in einem Loop mehrmals absetzen kann, bis eine Antwort verfügbar ist. Dies wird **Polling** genannt.
- **Jobs**. Ein Scheduler startet automatisch in regelmäßigen Abständen gewisse Abläufe. Zum Beispiel kann es sich dabei um die Erzeugung von PDF-Dateien (siehe Kapitel 10.4.1) handeln, die anschließend per E-Mail oder gedruckt versendet werden. Auf diese Art und Weise werden Rechnungen oder Registrationsbriefe an Endkunden verschickt. Dies kann mit eigenständigen Tools wie *cron* umgesetzt werden, oder über plattformspezifische Librarys wie *Hangfire* für .NET oder *Quartz* für Java.
- **Watchdog**. Vor allem bei eingebetteten Systemen ist es zwingend, dass sich ein System im Fehlerfall selber erholen kann, damit **Resilienz** gewährleistet wird. Man kennt hierfür auch den Begriff **Fail-Safe**. Hierfür gibt es Software- und Hardware-Watchdogs, welche regelmäßig durch die zu überwachende Software „gefüttert" werden müssen, da sie sonst einen Reboot auslösen.

16.2.3 Kommunikation

Für die allgemeine Kommunikation in Software-Systemen können folgende Muster verwendet werden:

- **Broker**. Ein Broker koordiniert die Kommunikation in einem verteilten System.
- **Checksum**-Berechnungen werden oft bei der Übertragung von Datenpaketen angewendet. Das kann mit Hashes als **Message Digests** umgesetzt werden oder mit

CRC (Cyclic Redundancy Check). CRC wird vor allem bei der Kommunikation auf tiefer Abstraktionsebene in eingebetteten Systemen benutzt, zum Beispiel bei der Datenübertragung über den I2C-Bus.

- **IPC** (Interprocess Communication). Prozesse verwenden **Pipes**, über welche mit den **Streams** *stdin* und *stdout* (Standard Input und Output) kommuniziert wird. **Named Pipes** sind eine Variante, in der über logische Dateien miteinander kommuniziert wird. Unterstützt wurde IPC zuerst nur durch Unix, heute von allen gängigen Betriebssystemen, also auch Windows.

- Die **Synchronisation** zwischen Geräten und zentralem Server, wenn die Geräte nicht immer online sind, kann mittels XML oder JSON umgesetzt werden. Metadaten (Beschreibung der Daten) können vom Server geschickt werden, falls der Client das Datenformat nicht kennt, weil er generisch umgesetzt wurde. Deltadaten (CRUD) werden in beiden Richtungen transportiert. Records, die vom Server kommen, werden mit einer Server-ID identifiziert. Records, die auf dem Client erzeugt werden, enthalten zuerst nur eine Client-ID. Wenn sie zum Server geschickt werden, erfolgt dort eine Zuordnung zu einer Server-ID. Diese wird dann dem Client zurückgeschickt. Der Server merkt sich jede Client-Instanz sowie deren Datenzustand seit der letzten Synchronisation.

- **Tunneling**. Daten eines Netzwerkprotokolls werden über ein anderes Protokoll geschickt. Zum Beispiel kann ein VPN Daten mittels *PPTP* (ein unsicheres „Point-to-Point Tunneling Protocol" von Microsoft), *SSL/TLS* oder *IPsec* über das Internet durch einen Tunnel schicken.

Asynchrone Schnittstellen für die Übermittlung von großen Datenmengen können wie folgt umgesetzt werden:

- Datenbanktabellen. Ein externes System schreibt Daten in eine Tabelle einer Applikation. Diese verarbeitet schließlich diese Daten. Der umgekehrte Weg kann ebenfalls auf diese Weise umgesetzt werden. Das externe System kann Daten der Applikation abholen. Diese Tabelle sollte ausschließlich als Schnittstelle benutzt werden und nicht als eigentliche Datenhaltung.

- Anstelle von Datenbanktabellen können auch Dateien verwendet werden für die Umsetzung von asynchronen Schnittstellen. Als Format eignen sich CSV, XML oder JSON.

- In einem **Publish/Subscribe**-Mechanismus produzieren Publisher Nachrichten. Mehrere Konsumenten können sich einschreiben, um diese Nachrichten automatisch asynchron zu erhalten, ohne dass die Publisher ihre Konsumenten direkt kennen. Nachrichten werden nach Topics kategorisiert. Bekannte Standards sind das leichtgewichtige MQTT und das umfangreichere AMQP. Hierfür gibt es Message Broker wie *ActiveMQ* (Java-basiert), *RabbitMQ*, *WebSub* (früher *PubSubHubbub*), *Google Cloud Pub/Sub* und *Apache Kafka*.

- Daten können über eine **Message Queue** asynchron übertragen werden. Der Sender trägt sie ein, der Empfänger holt sie ab. Eine Nachricht richtet sich an genau einen Empfänger. Pro Empfänger existiert eine Queue. Am besten geeignet sind FIFO-Queues (First-In-First-Out) oder Priority-Queues. Hierfür existieren Message Broker wie *ActiveMQ* (Java-basiert) und *RabbitMQ*.

16.3 Algorithmen und Datenstrukturen

16.3.1 Datenstrukturen

Folgende Datenstrukturen werden in der Praxis regelmäßig angetroffen, meistens in Form von Librarys:

- **Associative Array** (Hashtable) wird in Java auch *Hashmap* genannt oder *Dictionary* bei .NET. Das sind Schlüssel/Wert-Paare (englisch *Key/Value*), wobei der Hash des Schlüssels gespeichert wird, sodass der Wert schnell wiedergefunden werden kann, wenn der Schlüssel für die Suche vorgegeben ist. Sowohl Schlüssel als auch Wert können irgendwelche Objekte sein.
- Ein **Bin** (auch **Bucket** genannt) enthält eine Menge von Objekten mit einem ähnlichen oder gar gleichen Hashcode. Die Java-Klasse *Hashtable* wurde zum Beispiel mithilfe von Buckets implementiert.
- **Collections** sind Gruppierungen von Objekten. Typischerweise werden **Sets**, **Listen** oder **Queues** verwendet. Listen sind im Gegensatz zu Sets geordnet und können duplizierte Objekte enthalten.
- Ein **Glyph** ist das Basisobjekt eines Dokument-Editors. Es kann sich selber zeichnen. Oft ist es ein Buchstabe in einer bestimmten Schriftart, Größe und Farbe. Manchmal handelt es sich auch um ein Bild.
- Ein **Graph** ist eine Struktur, die aus Knoten und Kanten besteht.
- Ein **Petri-Netz** besteht aus **Places** (Kreise) und **Transitions** (Vierecke). Places können zur Laufzeit mit einem **Token** markiert werden. Wenn alle Places, die eine Verbindung zu einer Transition haben, ein Token besitzen, so feuert die Transition. Sie entfernt dann alle Tokens der eingehenden Places und setzt dafür Tokens aller Places, die an den Outputs der Transition verbunden sind. Petri-Netze werden angewendet in parallelen Systemen, vor allem im Bereich von Netzwerkprotokollen.
- In gewissen Fällen muss eine eigene Objektverwaltung umgesetzt werden. Hierfür kann man einen **Pool** oder eine **Lookaside-Liste** verwenden. Ein Pool besteht aus Blöcken verschiedener Größen, während Lookaside-Listen fixe Blöcke enthalten.
- Ein **Sentinel** wird als Terminierung einer Liste von Items mit Daten verwendet. Das Sentinel selbst besitzt keine Daten, sondern dient der einfacheren Umsetzung von Iterationen über die Liste.
- **Streams** sind eine Folge von Bytes. Es wird unterschieden zwischen **Big-Endian**-Streams (Most significant Byte first) und **Little-Endian**-Streams (Least significant Byte first). In C++ ist das plattformabhängig, in Java sind Streams immer Big-Endian.

Solange man nur mit den einzelnen Bytes des Streams arbeitet, spielt das keine Rolle. Sobald man jedoch größere Datentypen liest und schreibt, so muss das berücksichtigt werden. Typische Streams sind die Standards *stdin/stdout/stderr*.

Bäume (englisch *Trees*) bestehen aus Knoten. Jeder Kind-Knoten besitzt genau einen Vater, aber ein Vater-Knoten kann mehrere Kinder haben. Im Folgenden werden verschiedene Ausprägungen von Trees sowie baumähnliche Strukturen präsentiert:

- **Binary Trees.** Jeder Knoten besitzt höchstens zwei Kinder.
- **B-Trees.** Ein Knoten besitzt n Schlüssel und n+1 Kinder.
- **B+-Trees** sind eine Art von B-Trees und werden hauptsächlich in Datenbanken verwendet.
- **2-3-4-Trees** sind eine spezielle Form von B-Trees.
- **Red-Black-Trees** sind Balanced Binary Trees, in welchem Knoten, die zusammengehören, eine rote Verbindung besitzen. Diese Trees sind geeignet für schnelles Suchen.
- **Tries** (wird ausgesprochen wie „try"). Das ist ein ähnliches Konstrukt wie Bäume, doch die Daten befinden sich nur in den Blättern. Die Daten werden durch Schlüssel adressiert. Jede Stelle eines Schlüssels beschreibt die Richtung, in die man an einem bestimmten Knoten geht beim Traversieren des Baums. 0 heißt links und 1 heißt rechts. Tries können benutzt werden beim Bau einer FSM (Finite State Machine), zum Beispiel für Scanner als Teil eines Compilers.
- Ein **Patricia-Tree** ist ein Trie, bei dem es nicht nötig ist, Knoten mit nur einem Child zu haben, weil jeder Knoten zusätzlich eine Nummer enthält, die sagt, wie viele Positionen im Schlüssel vorgerückt werden sollen, um die Richtung bei der nächsten Abzweigung zu bestimmen.
- Ein **Dag** ist ähnlich wie ein Tree, aber ein Kind-Knoten kann mehr als einen Vater besitzen.

16.3.2 Algorithmen

Ein Algorithmus ist eine in Schritten definierte Vorschrift zur Lösung eines Problems. Gewisse Algorithmen werden in der Praxis häufig verwendet. Diese werden meistens in Librarys zur Verfügung gestellt. Es folgt eine unvollständige Aufzählung:

- **Datenkompression.** Sie kann verlustfrei sein (Huffmann-Codierung und arithmetische Codierung), was zum Beispiel bei Dateien sinnvoll ist. Wenn sie verlustbehaftet ist, so kann das für Bilder oder Audio (zum Beispiel JPEG oder MPEG) eingesetzt werden.
- Eine **Hashfunktion** bildet ein großes Objekt auf eine kleine Zahl ab. Dies kann zum Beispiel bei Benutzertabellen verwendet werden, damit Passwörter nicht im Klartext gespeichert werden müssen, sondern nur deren Hashes. Da dies sicherheitsrelevant ist, darf der knackbare MD5-Hash-Algorithmus hier nicht verwendet werden

(siehe Kapitel 17.6.4). Eine andere Anwendung von Hashes ist der schnelle Dateivergleich. Man vergleicht aus Performanzgründen nur die Hashes der Dateien miteinander, nicht die Dateien selbst. Die Verwendung von MD5 ist hier kein Problem, da in diesem Fall nicht sicherheitsrelevant. Ferner werden Hashes in Hashtabellen (Maps) angewendet für das schnelle Finden von Objekten (siehe Kapitel 16.3.1).

- Eine **Suche** kann linear, binär, über Hashes oder über Trees umgesetzt werden. Bei der Suche gibt es verschiedene Strategien: breadth-first, uniform-cost, depth-first, depth-limited, iterative-deepening und bi-directional. Beim Traversieren von Trees macht es manchmal Sinn, festzulegen, ob bei der Suche nur die erste Stufe durchlaufen wird (**Shallow Search**) oder sämtliche Stufen (**Deep Search**).
- **Zufallsgenerator** (Random Number Generator). Es handelt sich um eine mathematische Folge von Zahlen. Der erste Aufruf muss ein echtes Zufallselement integrieren, den sogenannten „Seed". Das kann eine Zahl sein, die zum Beispiel von der aktuellen Zeit oder von den Mausbewegungen des Benutzers abhängig ist.

Für die Sortierung von Objekten stehen verschiedene Algorithmen zur Auswahl:
- **Bubblesort**, mit quadratischem Aufwand.
- **Heapsort**, mit Aufwand O(n log n).
- **Insertionsort** ist geeignet, wenn es sich nur um wenige zu sortierende Items handelt.
- **Mergesort** funktioniert nach dem Prinzip „Divide and Conquer".
- **Quicksort**, mit Aufwand zwischen O(n log n) und O(n^2). Bei vielen Items ist das der schnellste Algorithmus.
- **Selectionsort** ist ähnlich wie Insertionsort.
- **Shellsort** ist eine Variante von Insertionsort.

16.4 Webapplikationen

16.4.1 Server

Auf Serverseite von Webapplikationen sind einige Patterns in der Praxis häufig anzutreffen. Sie werden in den Büchern *„Patterns of Enterprise Application Architecture"* von Martin Fowler [63] und *„Core J2EE Patterns"* von Deepak Alur, John Crupi und Dan Malks [64] beschrieben. Es folgt eine Auswahl:
- **Application Controller**. Ein zentralisierter Ort, um die Navigation in der GUI und den Workflow einer klassischen Webapplikation umzusetzen.
- **Business Delegate**. Zwischen dem Client und der Businesslogik sollte eine zusätzliche Schicht umgesetzt werden, damit der Client nicht zu viele Details der Businesslogik kennen muss, sondern nur die für ihn nötigen Services sieht. Unmittelbar darunter wird typischerweise eine **Session Facade** platziert, welche dann direkt auf die Businessobjekte zugreift.

- **Front Controller.** Ein Controller, der alle Requests einer Website verarbeitet. Als Alternative dient der **Page Controller**, welcher Requests einer spezifischen Webpage verarbeitet.
- **HTML-Caching.** HTML-Pages können an verschiedenen Orten in einen Cache geschrieben werden: Auf dem Server, im Proxy und im Client.
- **Intercepting Filter.** Filter fangen Requests und Responses ab und erlauben, diese zu verändern. Filter sind unabhängig vom Applikationscode und können flexibel eingerichtet werden, vor allem wenn es sich um ein Plugin-Konzept eines Applikationsservers handelt. Man muss jedoch sicherheitsmäßig vorsichtig sein bei der Verwendung von Filtern; sie können in der Regel einfacher durch Hacker umgangen werden als Applikationscode.
- **Landing Page.** Wenn ein potenzieller Kunde via Suchmaschine auf die Website einer Firma gelangt, könnte er grundsätzlich auf irgendeine Page innerhalb der Website gelangen, welche von der Suchmaschine erreicht wurde. Um den Besucher nicht abzuschrecken, wird nicht direkt die aufgerufene Page angezeigt, sondern eine speziell für diesen Fall angefertigte Page, die die wichtigsten Informationen enthält, die ein potenzieller Kunde auf den ersten Blick erhalten sollte, und ihn dazu verleitet, auf der Website zu verweilen. Die **Homepage** hingegen ist die Startseite einer Website. Umgangssprachlich versteht man manchmal unter einer Homepage auch die ganze Website.
- **Mapping zwischen Datenbankmodell und DTOs.** Bei komplexeren Projekten sollte das Datenbankmodell nicht 1:1 dem Client zur Verfügung stehen. Hierfür wird an der Schnittstelle mittels DTOs ein eigenes Datenmodell definiert, das typischerweise mehr Redundanzen enthält, damit der Client weniger Tabellen benötigt. Diese DTOs werden dann auf das Datenbankmodell abgebildet.
- **Server Session State.** Die Zustände der Sessions werden auf dem Server serialisiert (gespeichert).
- **Server-Side Rendering** (SSR). Wenn im GUI viele Daten aufzubereiten und anzuzeigen sind, so kann SSR effizienter sein als den Browser die ganze Arbeit leisten zu lassen.
- **Template View.** Eine HTML-Page wird mit Markers angereichert, in welche zur Laufzeit Daten eingefügt werden.
- **Unique Identifiers** für Client-Requests werden verwendet, damit der Server im Fehler-Retry-Fall Client-Requests nur einmal behandelt.

16.4.2 Client

Auch auf Clientseite von Webapplikationen, also im Browser, gibt es einige Muster, die in der Praxis häufig anzutreffen sind:
- **Ajax** (Asynchronous JavaScript and XML). Via JavaScript kann der Browser mit dem Server kommunizieren, ohne ganze Page-Reloads durchzuführen. Das Datenformat

war früher XML, heute wird JSON verwendet. Die Anwendungen sind vielfältig: Auto-Completion (Nachladen von potenziellen Texten während der Texteingabe), abhängige Dropdown-Listen (auswählbare Werte einer Dropdown-Liste sind abhängig von der aktuellen Auswahl einer anderen Dropdown-Liste), Darstellung von Grafiken wie Landkarten (Nachladen von Daten beim Scrollen durch die Landkarte) und Single-Page-Webapplikationen.

- **Back-Button-Problematik.** Webapplikationen versuchen Events abzufangen, die je nach Browser unterschiedlich sind. Der Programmierer kann deshalb innerhalb der eigenen Webapplikation einen Webseiten-Stack aufbauen, von dem die Pages beim Drücken des Back-Buttons gepoppt werden. Falls der Stack leer ist, kann die Meldung erscheinen, ob der Benutzer wirklich die Webapplikation verlassen will.
- **Client Session State.** Der Session-Status wird im Client gespeichert, zum Beispiel mittels Cookies.
- **Mapping zwischen GUI-Datenmodell und DTOs.** Bei komplexeren Projekten kann das Datenmodell der DTOs nicht 1:1 für die GUIs angewendet werden. Eine Abbildung zwischen diesen zwei Datenmodellen wird benötigt.
- **Permalinks.** Auf einer Seite wie *my.homepage.ch/aktuelles* würde der Inhalt wohl häufig gewechselt, das wäre also kein Permalink. Ein Permalink hingegen zeigt immer auf den gleichen Inhalt, also zum Beispiel *my.homepage.ch/news_von_20180220*.
- **RSS-Feeds** (Really Simple Syndication). Inhalte einer Website können durch den Nutzer abonniert werden. Neue Inhalte werden so automatisch auf die Computer (oder andere Endgeräte) des Abonnenten geladen, sobald sie veröffentlicht werden. Der Client pollt die Daten. Typische Clients sind E-Mail-Programme oder Webbrowser.

16.4.3 Push

Bei gewissen Webapplikationen ist es notwendig, dass der Server von sich aus Daten zum Browser schickt, zum Beispiel bei Live-Ticker oder Chat-Anwendungen. Für die Umsetzung bieten sich mehrere Möglichkeiten an, abhängig von der Serverinfrastruktur und den Anforderungen:

- **Polling** (auf HTTP-Ebene). Dies ist ineffizient, aber einfach umzusetzen (möglicherweise jedes Mal eine neue TCP-Verbindung).
- **Long Polling** (auf HTTP-Ebene). Der Client hält eine offene Verbindung, bis eine Antwort des Servers gekommen ist.
- *SSE* (Server Sent Events) halten ständig eine offene Verbindung für den One-Way-Verkehr.
- *WebSockets* sind bidirektional, halten ständig eine offene Verbindung, sind kompliziert umzusetzen und sicherheitsmäßig fraglich. Sie werden höchstens für performante Chat-Anwendungen (zum Beispiel mit MQTT) empfohlen. Achtung, der neue Mechanismus *Server Push* in HTTP 2.0 ist kein valabler Ersatz für WebSockets!

In proprietären Clients (Mobile Apps oder Desktop-Applikationen anstatt Browser) kann man auch selber stehende Verbindungen basierend auf Sockets umsetzen, wie in Kapitel 14.4.3 beschrieben.
– *Push Notifications* auf mobile Apps können mittels Service der entsprechenden Plattform umgesetzt werden, also FCM (für Android) und APNS (für iOS).

16.5 Games

Beim Schreiben von Spielen werden immer wieder dieselben Muster verwendet. Hier wird eine Auswahl festgehalten:
– **Clipping** bedeutet, dass nur die Teile des Bildes berechnet und gezeichnet werden, die auch auf dem Bildschirm dargestellt werden.
– Um das Verhalten von computergesteuerten Figuren umzusetzen, kann eine FSM (**Finite State Machine**) mit einer Wahrscheinlichkeitstabelle verwendet werden. Man spricht dann zwar von künstlicher Intelligenz (KI), aber es hat nicht viel damit zu tun.
– Grafikobjekte bestehen grundsätzlich aus Punkten, Linien und **Polygonen**. Für Translation, Scaling und Rotation von Objekten werden **Matrizen** der linearen Algebra benötigt. **Polygon Rendering** ist ein schneller Algorithmus, der in 3D-Shooters wie *Quake* oder *Unreal* angewendet wird. Für jeden Punkt des Polygons wird berechnet, ob und wie er auf dem 2D-Screen sichtbar ist.
– **Raytracing** ist eine langsame, dafür exakte Berechnung einer 3D-Situation. Für jeden Punkt auf dem 2D-Screen wird der Lichtstrahl verfolgt, um zu berechnen, welche Farbe er erhält. **Raycasting** ist eine schnellere Alternative, welche basierend auf einem 2D-Modell ein Pseudo-3D-Modell erstellt, welches zum Beispiel Mauern eines Labyrinths als Element der dritten Dimension erhält.
– **Scrolling** bedeutet, dass das ganze Hintergrundbild verschoben wird. Unter **Parallax Scrolling** versteht man, dass mehrere Schichten involviert sind, die unterschiedlich schnell bewegt werden.
– **Sprites** werden benötigt, um sich schnell bewegende Objekte umzusetzen. Sie unterstützen **Collision Detection** für die Erkennung, ob sie mit anderen Sprites oder mit der Umgebung kollidieren. 3D-Sprites werden oft als 2D-Sprites umgesetzt, die wie 3D-Sprites aussehen.
– Für die Ausgestaltung einzelner Levels eines Spiels kommen oft Skripte oder **tabellengesteuerte Programmierung** zum Einsatz.
– **Texturing** bezeichnet das Mapping eines auf einer Bitmap basierenden Bildes auf eine flache oder gekrümmte Oberfläche.
– 3D-Objekte werden entweder parallel oder perspektivisch auf den 2D-Screen projiziert. Dies geschieht mittels **Z-Buffering**, das typischerweise in Grafikprozessoren (GPU), also in Hardware implementiert wird, und eine Echtzeitberechnung für Games ermöglicht.

Oft werden Spiele für spezielle Plattformen programmiert, die in Kapitel 7.8.2 beschrieben werden.

16.6 Programmierung allgemein

16.6.1 Konzeptionelle Patterns

In folgender Auflistung werden diverse Patterns erwähnt, die konzeptioneller Natur sind, also grundlegende Möglichkeiten der Programmierung anbieten:

- **Callback Functions** sind Funktionen eines Clients, die vom Server aufgerufen werden sollen. In objektorientierten Sprachen können für dieselbe Funktionalität **Eventlistener** (Java) oder **Eventhandler** (.NET) benutzt werden. Typische Anwendung ist die Definition von Aktionen in GUIs.
- Ein **Chunk** ist ein kleines, unvollständiges Stück Code oder Daten im Memory oder auf Disk.
- **Closure** ist eine Funktion, die beim Aufruf einen Teil ihres Erstellungskontexts wie Variablen reproduziert. In Java existiert nur eine limitierte Variante (anonyme und lokale Klassen, Lambda-Expressions). In C#, Groovy, Perl, LISP und Clojure werden sie voll unterstützt.
- **Dependency Injection** (DI) ist das Konzept, zur Laufzeit Instanzen als Parameter von Konstruktoren und Methoden einzuschleusen. Ein Vorteil ist, dass sich so Unit-Tests einfacher schreiben lassen. Ein Nachteil ist, dass beim Betrachten des Codes weniger klar ersichtlich ist, woher die Instanzen kommen.
- **Escape-Sequences.** Wenn ein gewisser Character in einem String eine spezielle Funktion repräsentieren muss, kann man ihn mit einem Escape-Character wie den Backslash markieren. Beispiele sind \n (new line), \r (carriage return), \t (tabulator), \\ (backslash), \a (bell).
- **Future**, **Promise** oder **Task.** Asynchrone Methoden können als Rückgabewert ein Future, Promise oder Task aufweisen. Dieses Konzept ist vor allem in Single-Thread-Umgebungen wie JavaScript wichtig, um Blocking zu vermeiden. Aber auch in Multithreading-Umgebungen wie Java finden sich sinnvolle Anwendungen.
- **Handles** sind Nummern, die global eindeutig ein Objekt identifizieren. Oft ist es sinnvoll, dass ein Client nicht das ganze Objekt kennt, sondern nur ein Handle. Eine mögliche Umsetzung ist die Verwendung einer **UUID** (Universal Unique Identifier), im Microsoft-Umfeld manchmal auch **GUID** genannt (Global Unique Identifier). Dies ist eine 128-Bit-Zahl, die mittels MAC-Adresse, Timestamp und Zufall erzeugt wird. Mit größter Wahrscheinlichkeit ist eine solche Zahl eindeutig im Internet.
- Ein **Hook** ist eine Stelle im Code, wo der Programmierer eine Funktion einhängen kann, um die Funktionalität zu erweitern. Diese Erweiterungen werden auch **Plugins** genannt.

- **Immutable Types.** Klassen, deren Membervariablen nicht geändert werden können, wie zum Beispiel bei Java die Klasse *String*.
- **Reaktive Programmierung.** Asynchrone (nicht blockierende) Reaktionen auf Ereignisse in Streams mittels Observer dienen der Umsetzung von umfangreichen GUIs. Zentral ist die Konzentration auf den Datenfluss anstelle des Kontrollflusses. Bestes Beispiel ist die Tabellenkalkulation, in welcher Zellen abhängig von den Werten anderer Zellen sein können und sich bei Änderungen sofort automatisch anpassen. *ReactiveX* bietet Bibliotheken für diverse Sprachen an (zum Beispiel *RxJS*, *RxJava* und *Rx.NET*). Reaktive Programmierung lässt sich gut mit funktionaler Programmierung kombinieren.
- **Reference Semantics** vs. **Value Semantics.** Java besitzt Reference Semantics für Objekte und Value Semantics für primitive Typen.
- **Reflection** ist ein Mechanismus, um über programmierten Code die Struktur einer Software zur Laufzeit zu lesen und eventuell auch zu verändern.
- Ein **Thunk** ist ein Codestück, das durch einen Pointer aufgerufen werden kann. Eine Anwendung ist die Umsetzung von Virtual Function Tables bei C++, wenn Override-Funktionen eines Objekts aufgerufen werden. Der Thunk passt die Adresse des Arguments *this* an, wenn es sich beim tatsächlichen Objekt um eine Ableitung des zur Compile-Zeit programmierten Objekts handelt. Dies ist nur nötig in Sprachen mit Multiple Inheritance. In Java gibt es deshalb keine Thunks.
- **Traits** sind eine Art Schnittstellenbeschreibung, welche in der C++ STL (Standard Template Library) für Iteratoren benutzt wird. Auch in Rust und Scala kommen Traits zum Einsatz. Mittels separaten *Structs* wird sichergestellt, dass in den Typ-Argumenten der Templates alle benötigten Typen, welche als Member der Typ-Argumente deklariert sind, auch wirklich enthalten sind.
- **Weak References** sind möglich in Java oder C#. Objekte, die nur durch Weak References erreichbar sind, dürfen durch den Garbage Collector bei Bedarf gelöscht werden, typischerweise wenn zu wenig Speicher vorhanden ist.

16.6.2 Regular Expressions

Mit Regular Expressions können Suchmuster festgelegt werden, um bestimmte Zeichenketten in einem Text zu finden. Dies kann verwendet werden, um Benutzereingaben zu validieren oder um bestimmte Wörter in größeren Texten zu finden, eventuell sogar zu ersetzen. Regular Expressions werden auch in Scanner (als Bestandteil eines Compilers) benutzt, um aus einer Folge von Zeichen Tokens zu erzeugen, die dann an den Parser geliefert werden.

Das sind die wichtigsten Regeln für Regular Expressions:
- ^ definiert den Anfang.
- $ definiert das Ende.
- . ist ein beliebiges Zeichen.

- * null oder mehrere des vorangegangenen Zeichens.
- + ein oder mehrere des vorangegangenen Zeichens.
- ? null oder eines des vorangegangenen Zeichens.
- [abc] Buchstabe a, b oder c.
- \d matcht eine Zahl.
- \w matcht ein alphanumerisches Zeichen.
- (abc) gruppiert die Zeichen.

Damit das Ganze anschaulicher wird, folgen hier ein paar Beispiele:
- *ˆt.n* passt zu ton, tons, aber nicht wanton
- *t.n$* passt zu ton, wanton, aber nicht tons
- *t[aeio]n* passt zu ton, tan, ten, tin, aber nicht tun
- *to*n* passt zu tn, ton, toon
- *\w\d* passt zu t2, 22, aber nicht tt
- *(abc)** passt zu abc, abcabc

Beim Entwurf von Regular Expressions ist es sinnvoll, ein Tool zu verwenden, wie zum Beispiel https://regex101.com [65].

16.6.3 Sonstige Patterns

Gewisse Muster beim Programmieren lassen sich schwer einordnen. Sie werden hier behandelt:
- **3-Way-Merge**. Als Input wird eine alte Version eines Objekts vorausgesetzt. Es stehen zwei neue Versionen zur Verfügung. Der Output ist ein Merge der beiden neuen Versionen. Dieses Pattern wird im Konfigurationsmanagement verwendet und mittels Graphen umgesetzt.
- **Logging**. Logdateien enthalten Daten, die zur Laufzeit durch die Applikation erzeugt werden und den zeitlichen Ablauf beschreiben. So kann man im Fehlerfall nachträglich einfacher ermitteln, was geschehen ist. Logs können in Dateien gespeichert oder via Telnet von einem entfernten Rechner live gelesen werden. Um den Bedarf an Diskplatz einzuschränken, werden Logdateien oft **rollend** gespeichert; die ältesten Files werden jeweils gelöscht beim Erzeugen von neuen Dateien. Log-Einträge werden kategorisiert in Levels wie Debug, Info (Standard in Entwicklungsumgebungen), Warning (Standard in der Produktion), Error und Fatal. Bei der Verwendung von Librarys kann der Einsatz einer Fassade wie im Java-Fall *slf4j* oder *Log4j2* Sinn machen. So kann man der Applikation, welche die Bibliothek benutzt, irgendeine beliebige Logging-Library unter diese Fassade schieben. In Java gibt es folgende Bibliotheken zur Auswahl: Java-Standard-Logging, *Log4j* oder die Log4j-Nachfolger *Logback* und *Log4j2*. Auch auf .NET gibt es verschiedene Logging-Librarys. Logs können mit Tools wie *Logstash* ausgewertet werden.

- **Mandantenfähigkeit** (englisch *Multi-Client Capability*) ermöglicht es, mit einer einzigen Applikation die Daten von mehreren, unabhängigen, möglicherweise sogar konkurrierenden Kunden separat verwalten und verarbeiten zu können. Das schließt die Möglichkeit mit ein, verschiedene Benutzergruppen mit unterschiedlicher Funktionalität zu definieren.
- **Metadaten.** Gewisse Aspekte von Daten einer Applikation werden durch Metadaten beschrieben. Das ist manchmal besser als Hardcoding.
- **Propertys.** Das Verhalten einer Applikation zur Laufzeit kann durch Propertys gesteuert werden. Sie gehören nicht in eine Datenbank, sondern in Propertys-Dateien. In Java können sie mit einer eigenen API (*java.util.Properties*) gelesen werden.

16.7 Anti-Patterns

16.7.1 Die Idee

Ein Anti-Pattern ist ein ungünstiger, aber trotzdem in der Praxis häufig anzutreffender Lösungsansatz für ein Problem. Anti-Patterns treten in verschiedenen Bereichen der Softwareentwicklung auf: beim Programmieren, beim objektorientierten Design, in der Architektur und im Management. Erstmals wurden Anti-Patterns im gleichnamigen Buch 1998 von William J. Brown, Raphael C. Malveau, Hays W. McCormick und Thomas J. Mowbray [66] erwähnt.

16.7.2 Anti-Patterns beim Programmieren

Beim Programmieren treten regelmäßig gewisse Muster auf, die nicht erwünscht sind. Manchmal wird dafür auch der Begriff „Smells" verwendet. Es folgt eine kleine Auswahl:
- **Bad Comments, No Comments.** Kommentare sollten nur erklären, warum etwas gemacht wurde, und nicht, was gemacht wurde. Wenn die Namen der Methoden und Variablen günstig gewählt werden, so werden weniger Kommentare benötigt. Manchmal trifft man leider auf Entwickler, die gar keine Kommentare schreiben, obwohl ihr Code an gewissen Stellen eine Begründung für die gewählte Lösung verlangen würde.
- **Boilerplate Code.** Code, der immer wieder geschrieben werden muss für an sich einfache Operationen. Wie viel solch unnötiger Code geschrieben werden muss, ist abhängig von den gewählten Technologien und Librarys.
- **Commit a Mess Before Vacation.** Ein Entwickler führt vor längerer Abwesenheit am letzten Abend spät alleine ohne Review noch einen Commit aus, der den Build

bricht, sodass die Kollegen am nächsten Tag alles wieder in Ordnung bringen müssen!

– **Data Clumps** oder **Primitive Obsession**. Manchmal trifft man gewisse Variablen immer als Gruppe von primitiven Datentypen an, wie zum Beispiel eine Währung und ein Betrag, also „CHF 20". Primitive Typen sollten jedoch möglichst nicht benutzt werden, sondern Value Objects, um gewisse Dinge wie Geld zu repräsentieren, das typischerweise zwei Werte umfasst (Währung, Betrag).

– **Dead Code**. Oft getrauen sich Programmierer nicht, unnötigen Code zu löschen. Dabei lassen sich mithilfe von Sourcecode-Repositorys eventuell wieder benötigte Zeilen einfach rekonstruieren.

– **Duplicated Code** oder **Copy-Paste-Code**. Kopierter Code sollte in eine Methode verpackt werden und diese dann an den benötigten Stellen aufgerufen werden.

– **Magic Values**. Es handelt sich um die Verwendung von Zahlen direkt im Code, anstelle der Verwendung von Konstanten mit aussagekräftigen Namen.

– **Todo** im Code. Entwickler tendieren schnell dazu, im Sourcecode den Kommentar „TODO" zu schreiben, wenn sie gerade keine Zeit haben, die Lösung vollständig umzusetzen. Wenn aber die Anzahl dieser Markierungen im Code wächst, kümmert sich niemand mehr darum. Man gewöhnt sich an diesen Zustand. Offene Tasks sollten in einem Issue-Tracking-System beschrieben werden, nicht im Code.

16.7.3 Anti-Patterns beim objektorientierten Design

Bei der Verwendung von objektorientierten Programmiersprachen wie C++, C# oder Java trifft man immer wieder dieselben Unschönheiten an. Es folgen einige Beispiele:

– **The Blob** oder **Large Class**. Das ist eine riesengroße Klasse, welche rundherum von vielen ganz kleinen Klassen umgeben ist. Meistens werden Klassen zu groß, weil sie zu viele Membervariablen enthalten.

– **Long Method**. Je länger eine Methode ist, desto schwieriger ist sie zu verstehen.

– **Long Parameter List**. Man sollte bei Funktionsaufrufen nicht zu viele Parameter übergeben. Die Funktion sollte sich die benötigen Dinge möglichst selbst holen.

– **Middle Man**. Eine Klasse, die keine Logik enthält, sondern alles anderen Klassen delegiert, ist nutzlos.

– **Parallel Inheritance Hierarchies**. Wenn jedes Mal, wenn eine Subklasse einer Klasse geschrieben wird, eine weitere Subklasse einer anderen Klasse erstellt werden muss, so handelt es sich um zwei parallele Vererbungshierarchien. Dies sollte vermieden werden.

– **Poltergeists**. Das sind Objekte mit einer sehr kurzen Lebensdauer, oft nur für das Erzeugen anderer Objekte zuständig.

16.7.4 Architektonische Anti-Patterns

Auf Architekturebene werden in der Praxis häufig Muster angewendet, die hinderlich sind bei der Arbeit. Es folgt eine kleine Auswahl:

- **Continuous Obsolescence.** Wenn in einer Applikation Bibliotheken benutzt werden, sollten ab und zu neuere Versionen eingespielt werden. Wenn es jedes Mal bei einem Upgrade Probleme gibt, weil die Schnittstellen der Librarys geändert wurden, so handelt es sich um ein Anti-Pattern.
- **Infinite Scrolling.** Auf gewissen neueren Webapplikationen, wie zum Beispiel Facebook, werden Daten nachgeladen, sobald man fast am Ende des Scrollbalkens angelangt ist. Das hat folgende Nachteile: Der Benutzer kann kein Lesezeichen im Browser setzen für den aktuellen Datensatz, und Suchmaschinen finden die nachgeladenen Daten nicht. Daten sollten besser weiterhin auf „gepagten" Listen angezeigt werden.
- **Redundanz in Datenbanken.** Bestimmte Werte wie zum Beispiel der Preis einer Ware in einem Bestellsystem werden in mehreren Tabellen gespeichert (Product, OrderItem und ShippingItem), damit der Client nicht selber weitere Records über Fremdschlüssel zusammensammeln muss. Die bessere Alternative wäre, Datenbank-Views und DTOs zu verwenden. Manchmal bietet sich als Lösung auch die Verwendung streng historisierter Tabellen an, zum Beispiel um mit Preisänderungen bei Produkten umgehen zu können (siehe Kapitel 15.3.6).
- **Shotgun Surgery.** Wenn die Umsetzung neuer Funktionalität immer wieder Anpassungen an vielen verschiedenen Orten benötigt, so ist die Architektur der Software verbesserungswürdig (Separation of Concerns).
- **Vendor Lock-In.** Die Software ist stark abhängig von einer Library, einem Framework oder einem Tool eines bestimmten Herstellers. Es wurde kein Wrapper eingefügt, um diese proprietäre Software zu kapseln.

16.7.5 Anti-Patterns im Management

Im Management werden immer wieder dieselben Fehler gemacht. Es folgt eine Liste von typischen Mustern, die in jedem Projekt vermieden werden sollten:

- **Add Manpower to a Late Project.** Das Management sollte bei einem verspäteten Projekt dem Team keine zusätzlichen Leute hinzufügen. Dies wird sonst zu noch mehr Verspätung und zu höheren Kosten führen, weil die neuen Mitarbeiter eingearbeitet werden müssen und eine höhere Anzahl Menschen eine größere Koordination erfordern. Diese Feststellung stammt aus dem Buch *„The Mythical Man-Month: Essays on Software Engineering"* von Fred Brooks [6].
- **Analysis Paralysis.** Das ist ein anderes Wort für **Wasserfall**. Alles soll bis ins letzte Detail analysiert und beschrieben werden, bevor die Implementierung gestartet

wird. Dann übergibt man die Spezifikation an die Entwickler und die setzen das ganze System um, ohne Rückfragen zu stellen („Throw It Over The Wall").

– **Blowhard Jamboree**. Eine technische Entscheidung wird durch das Management gefällt. Die Entscheidung basiert auf einer guten Marketingabteilung des Technologieherstellers, auf persönlichen Beziehungen und auf Ignoranz gegenüber den Entwicklern.

– **Design by Committee**. Demokratische Entscheidungen führen in Softwareprojekten oft nicht zur optimalen Lösung. Denn man kann sich fragen, was passiert, wenn drei unerfahrene junge Entwickler zwei erfahrene Architekten überstimmen.

– **Good Techies Become Bad Managers**. Es ist leider immer noch weitverbreitet, dass ein Karriereaufstieg in einem Unternehmen nur über die Rolle eines Managers erfolgen kann und keine technische Karriere möglich ist.

– **Guerilla Projects**. Das Management fürchtet sich manchmal vor großen Projekten und startet deshalb mehrere kleine Projekte parallel, die ohne miteinander zu kommunizieren oder im Extremfall sogar ohne voneinander Kenntnis zu haben zusammen das neue Softwaresystem bauen müssen.

– **Intellectual Violence**. Es gibt immer wieder Leute, die extra mit vielen Schlagwörtern und komplizierten Sätzen sprechen, sodass andere sie nicht verstehen. Sie wollen sich Respekt verschaffen, indem sie zeigen wollen, dass sie viel wissen. Aber dabei liegt ihre Schwäche meistens genau darin, dass sie nicht viel von der Materie verstehen.

– **Keep Legacy Systems Too Long**. Entscheidungsträger bringen es häufig nicht übers Herz, ein veraltetes System komplett zu ersetzen. Die Erweiterung von Software wird jedoch immer schwieriger, je älter die Basis ist.

– **Reinvent the Wheel**. Verschiedene Projekte lösen unabhängig voneinander dieselben Probleme, statt miteinander im Austausch zu sein.

– **Warm Bodies**. In einem Team mit 20 Entwicklern liegt im Durchschnitt nur in einem Fall eine sehr hohe Begabung vor. Diese Tendenz ist vor allem dann zu sehen, wenn ein großer Teil der Mitarbeiter sich aus unerfahrenen jungen Quereinsteigern zusammensetzt, weil das Management sich dadurch Lohnkosten sparen will.

17 Sicherheit

17.1 Grundlagen

Sicherheit ist schwer zu verkaufen, weil sie kein Feature einer Software ist, sondern aus Sicht des Managements ein lästiges, kostspieliges Muss. Oft entscheiden sich Unternehmen erst nach einer ernsthaften Hacker-Attacke, in diesen Bereich zu investieren.

Sicherheit wird über folgende fünf Eigenschaften definiert:

- **Vertraulichkeit**. Unbefugte dürfen die Daten nicht sehen.
- **Integrität**. Die Daten müssen im Originalzustand bleiben.
- **Authentizität**. Der Absender muss anhand einer Unterschrift bekannt sein.
- **Verfügbarkeit**. Berechtigte Nutzer müssen Zugriff auf das System erhalten.
- **Verbindlichkeit**. Eine Handlung kann nicht abgestritten werden.

Gerade die Vertraulichkeit von Daten wurde mit Bekanntwerden des Projekts „Prism" sehr in Mitleidenschaft gezogen. Prism dient der Überwachung des Internets durch den US-Geheimdienst NSA mithilfe großer Internetfirmen wie Apple, Facebook, Google und Microsoft. Die Existenz wurde 2013 durch das Whistleblowing von Edward Snowden bekannt. Eine Whistleblowing-Plattform namens *Wikileaks* war vorher schon von Julian Assange aufgebaut worden, welcher dort im Jahr 2010 geheime Dokumente der USA bezüglich der Kriege in Afghanistan und im Irak veröffentlicht hatte.

Jährlich finden zum Thema Sicherheit die Konferenzen **Blackhat** (sehr professionell organisiert) und **DEFCON** (eher improvisiert, dafür sehr in die Tiefe gehend) statt. Zur Standardliteratur gehört die Serie *„Hacking Exposed"*, von der regelmäßig neue Buchversionen erscheinen [67]. Wer sich intensiver mit dem Thema Sicherheit im Webbereich befasst, wird schnell auf **OWASP** (Open Web Application Security Project) stoßen. Unter diesem Namen existiert eine Reihe von Schriften und Produkten zum Thema Sicherheit. OWASP veröffentlicht regelmäßig die „Top Ten" der aktuellen Angriffe über das World Wide Web [68]. In der Schweiz gibt es die offizielle Meldestelle *NCSC*, welche regelmäßig Berichte über die aktuelle Lage bezüglich IT-Sicherheit veröffentlicht [69].

17.2 Symmetrische Kryptosysteme

17.2.1 Symmetrische Verschlüsselung

Bei einer symmetrischen Verschlüsselung besitzen beide Parteien eines Datenaustauschs denselben geheimen Schlüssel, um Vertraulichkeit zu gewährleisten. Sowohl für die Verschlüsselung als auch für die Entschlüsselung der Daten wird derselbe Schlüssel verwendet.

https://doi.org/10.1515/9783111354774-017

Ein **Cipher** ist ein Algorithmus für eine Verschlüsselung. Handelt es sich um einen „Block Cipher", so ist die Größe der zu verschlüsselnden Daten pro Block fix. Große Datenmengen werden in mehrere Blöcke aufgeteilt. Bei einem „Stream Cipher" wird jedes Klartextzeichen sofort verschlüsselt.

AES ist ein Standard für symmetrische Verschlüsselung mittels Block Cipher. Die Länge der Schlüssel kann variieren. Empfohlen wird heutzutage mindestens 256 Bit. AES ist auch enthalten in den Tools *WinRAR* oder *WinZip*.

17.2.2 Signaturen mit symmetrischen Schlüsseln

Mithilfe symmetrischer Schlüssel können auch Signaturen erstellt werden, um die Authentizität des Urhebers der Daten zu beweisen. Hierfür dient ein **MAC** (Message Authentication Code), wie zum Beispiel *HMAC*.

17.2.3 Schlüsselaustausch

Der Schlüssel muss zwischen den beiden Partnern einer Kommunikation vereinbart werden, ohne dass eine dritte Partei Einsicht erhält. Ein solcher Schlüssel wird auch „Pre-shared Key" (PSK) genannt. Die Vereinbarung kann über einen separaten Weg durchgeführt werden, wie zum Beispiel auf Papier oder mündlich. Falls dies nicht möglich ist, so kann der symmetrische Schlüssel auch über die Kommunikationsleitung vereinbart werden, wie das bei TLS/SSL der Fall ist. Ein temporärer symmetrischer Schlüssel wird zu Beginn einer Session über eine asymmetrische Verschlüsselung wie RSA (siehe Kapitel 17.3.1) ausgehandelt; danach werden die Daten symmetrisch mit diesem temporären „Shared Secret" verschlüsselt. Alternativ zum asymmetrisch verschlüsselten Schlüsselaustausch gibt es den **Diffie-Hellman**-Algorithmus, welcher auf der Annahme basiert, dass es für den Angreifer sehr rechenintensiv ist, diskrete Logarithmen zu berechnen. Auf diese Weise können zwei Parteien ebenfalls einen gemeinsamen Schlüssel definieren, ohne vorher irgendwelche Artefakte ausgetauscht zu haben.

Sowohl RSA als auch der Diffie-Hellman-Algorithmus könnten eines Tages, wenn Quantencomputer den Durchbruch schaffen, überflüssig werden, da Quantencomputer diese Probleme rasch berechnen können. Forscher arbeiten heute schon an der Entwicklung neuer Verfahren für die asymmetrische Verschlüsselung. *New Hope* ist ein Projekt bei Google, welches sich mit einem Post-Quanten-Schlüsselaustausch beschäftigt.

17.3 Public-Key-Kryptosysteme

17.3.1 Asymmetrische Verschlüsselung

Bei asymmetrischen Kryptosystemen wird für die Verschlüsselung ein anderer Schlüssel verwendet als für die Entschlüsselung. Einer der beiden Schlüssel ist ein öffentlicher **Public-Key**, der andere ist ein geheimer **Private-Key**. Ein neues Paar (Public-Key und Private-Key) kann mit einem Tool wie *ssh-keygen* oder *Puttygen.exe* erstellt werden. Empfohlen wird heutzutage eine Schlüssellänge von mindestens 2048 Bits. Es wird davon abgeraten, Private-Keys direkt auf Harddisks zu speichern. Vielmehr empfiehlt es sich, sie auf externen Geräten abzulegen, oder aber durch eine **Passphrase**, die vor dem Zugriff durch den Benutzer eingegeben wird, zu schützen.

RSA (Rivest, Shamir, Adleman), ein Standard für asymmetrische Kryptosysteme, basiert auf der Annahme, dass für den Angreifer schwierig zu berechnen ist, aus welchen zwei multiplizierten Primzahlen eine Zahl besteht (Primfaktorzerlegung). Der Sender benutzt den Public-Key des Empfängers, um die Daten zu verschlüsseln. Nur der Empfänger kann mit seinem Private-Key die Daten wieder entschlüsseln. RSA ist zwar viel sicherer als symmetrische Verfahren, benötigt jedoch massiv mehr Zeit für die Berechnungen. Deshalb wird es meistens nicht direkt für die Verschlüsselung von Daten verwendet, sondern nur für die Verschlüsselung von symmetrischen Schlüsseln, mit welchen anschließend die Daten geschützt werden (siehe Kapitel 17.2.3). Diese Kombination von symmetrischer und asymmetrischer Verschlüsselung bietet ein optimales Verhältnis von Sicherheit und Geschwindigkeit.

17.3.2 Signaturen mit Private-Key

Das Ziel von Signaturen ist die Gewährleistung von Authentizität. Der Sender signiert die Daten mit seinem Private-Key, den nur er besitzt. Mithilfe des Public-Keys kann jeder Empfänger der Daten überprüfen, ob die Signatur wirklich vom Sender stammt. RSA ist auch in diesem Bereich das Standardverfahren.

Auch bei Kryptowährungen (siehe Kapitel 11.4.2) wird für die Auslösung einer Transaktion der Private-Key des Wallets benötigt, aus dem Geld entnommen wird.

17.3.3 Zertifikate und PKI

Vor der Verschlüsselung von Daten und vor der Identifikation von Signaturen muss sichergestellt werden, ob ein hierfür verwendeter Public-Key wirklich dem Kommunikationspartner gehört. Dazu stehen drei bekannte Mechanismen zur Verfügung:
- **PKI**. Verwendung einer „Public-Key Infrastructure". Dies wird weiter unten genauer erklärt.

– **Web of Trust**. Die Benutzer bestätigen sich gegenseitig die Echtheit. Früher wurde das durch *Thawte* angeboten, heute durch *GnuPG*.
– Der **Fingerprint** des Public-Keys (ein Hashwert) wird über einen anderen Kanal übermittelt.

Eine „Public-Key Infrastructure" (PKI) basiert auf einer Kette von Unterschriften und dem Vertrauen in das erste Glied dieser Kette. Abbildung 17.1 zeigt das Prinzip. Folgende Begriffe müssen bekannt sein, um es zu verstehen:
– **CA** (Certificate Authority). Eine Stelle, die **Zertifikate** erzeugt.
– Zertifikat des Root-CA. Dies ist ein self-signed Public-Key plus Metainfo. Es ist die Wurzel des Vertrauens und wird von speziellen Anbietern wie Comodo, DigiCert (früher VeriSign) und GlobalSign angeboten und im Browser integriert. Let's Encrypt bietet diesen Dienst gratis und automatisiert an.
– Private-Key des Root-CA. Mit diesem Private-Key signiert die Root-CA Zertifikate des Intermediate-CA. Dieser Private-Key bleibt natürlich geheim bei der Root-CA.
– Zertifikat des Intermediate-CA. Dies ist ein Public-Key, signiert durch einen Private-Key eines früheren Glieds in der Kette, plus Metainfo. Es enthält zudem die Zertifikatkette bis zum Zertifikat des Root-CA.
– Private-Key des Intermediate-CA. Dieser wird benötigt, um Zertifikate von Nodes und von Intermediate-CAs, die später in der Kette kommen, zu signieren.
– Zertifikat eines Knotens. Es ist genauso aufgebaut wie ein Zertifikat eines Intermediate-CA.
– Private-Key eines Knotens. Dieser wird auf dem Knoten (Server) benötigt, um die Echtheit der Daten mittels Signatur zu bestätigen und um von Clients gesendete Daten zu entschlüsseln.

Fallbeispiel World Wide Web: Anbieter von mit SSL/TLS (siehe Kapitel 17.8.2) verschlüsselten Webserver können bei einer offiziellen CA ein Zertifikat des eigenen Servers (Knotens) signieren lassen, um so zu verhindern, dass die Browser eine Warnung zeigen, dass das Zertifikat nicht bekannt sei. Der Private-Key bleibt jeweils auf dem Knoten. Nur das Zertifikat mit der Kette bis zum Zertifikat des Root-CA wird veröffentlicht, damit der Browser die Signatur dieses Zertifikats entlang der Kette überprüfen kann. Ein solch erwerbbares Webserverzertifikat erlaubt es normalerweise nicht, wie ein Intermediate-CA weitere Zertifikate zu signieren. Der Browser kann mithilfe von *OCSP* (Online Certificate Status Protocol) ermitteln, ob ein ganz bestimmtes Zertifikat aus irgendeinem Grund für ungültig erklärt wurde. Früher wurde diese Überprüfung offline mit *CRLs* (Certification Revocation Lists) umgesetzt. Es gibt eine normale Validation und eine **Extended Validation**, die im Browser mit einem grünen Schloss gekennzeichnet wird. Bei dieser Extended-Validation werden strengere Identitätsprüfungen bei der Zertifikatsausstellung vorgenommen.

Falls der Server die Echtheit des Clients überprüfen soll, so wird derselbe PKI-Mechanismus auch für die Clients verwendet. Es werden sogenannte **Clientzertifikate**

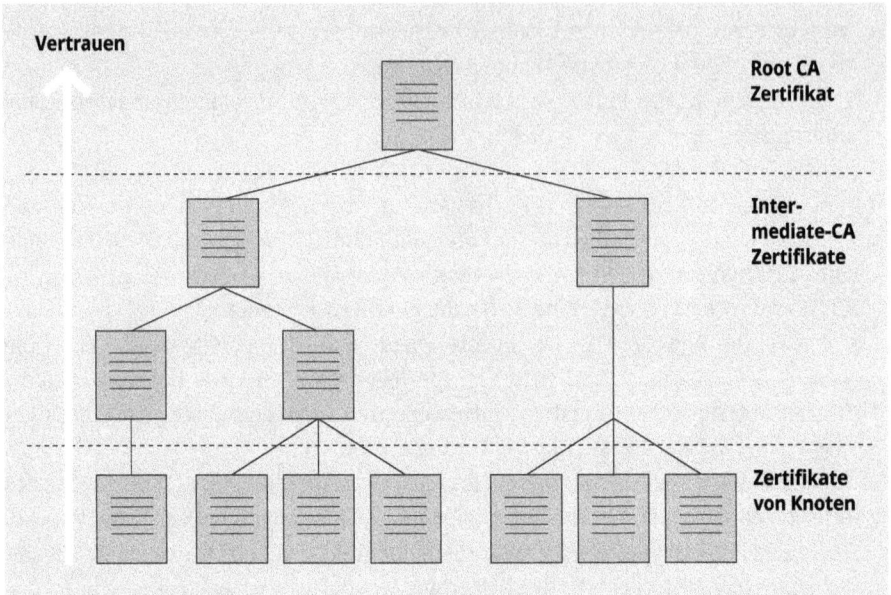

Abb. 17.1: Das PKI-Prinzip.

ausgestellt. Der Private-Key liegt im Client, veröffentlicht wird sein Zertifikat inklusive Kette, und der Server kennt das Zertifikat des Root-CA. Anwendung finden Clientzertifikate einerseits im Internet der Dinge, damit sich nur die echten verkauften IoT-Geräte in die Cloud eines Anbieters einloggen können. Anderseits werden sie auch in Browsern oder Applikationen verwendet, wie etwa beim Onlinebanking. Man spricht dann auch von **Mutual SSL**.

Im Browser gespeicherte Zertifikate können vom Browser als *pem*-Datei exportiert und dann angezeigt werden. Als Beispiel soll die Datei „yahoo.pem" angezeigt werden:

```
openssl x509 -in yahoo.pem -text -noout
```

Die ganze Kette vom Server bis zur Root-CA ermittelt man folgendermaßen:

```
openssl s_client -showcerts -connect my.homepage.ch:443
```

Falls man nicht vom Browser, sondern von einer Applikation aus auf andere Server zugreift, kann man in Java Zertifikate folgendermaßen in einen Behälter der Public-Keys, den sogenannten **Truststore**, importieren:

```
Jdk\bin>keytool -importcert -alias yahoo -file c:\data\yahoo.pem
```

Der Behälter für Private-Keys wird in Java-Umgebungen **Keystore** genannt. Mit dem Tool *Portecle* können Truststore und Keystore verwaltet werden. Auf anderen Plattformen funktioniert das ähnlich.

Public-Key Pinning ist die Methode, bei einer SSL/TLS-Kommunikation im Client den erwarteten Public-Key des Servers zu speichern, um eine zusätzliche Prüfung zu ermöglichen, falls eine Zertifizierungsstelle aus Versehen einen Public-Key eines Angreifers via Chain für vertrauenswürdig erklärt. Für Browser liefert der Server gemäß HPKP-Standard im HTTP-Header *Public-Key-Pins* die zu speichernden Public-Keys beim ersten Aufruf zurück („Trust on first Use"). Dies birgt jedoch auch gewisse Gefahren, weshalb dieser Standard in Browsern keine Zukunft hat. In Mobile Apps können Public-Keys zur Entwicklungszeit gepinnt werden, zum Beispiel über eine *.crt*-Datei. Dies wird auch in absehbarer Zeit weiterhin eine sinnvolle Ergänzung zur Sicherheit sein.

17.3.4 KSI

PKI ist eine zu groß dimensionierte Infrastruktur, wenn es nur darum geht, die Identität eines Knotens im Netz festzustellen, nicht aber Inhalte zu verschlüsseln, die zum Knoten geschickt werden. Hierfür reicht auch eine KSI (Keyless-Signature-Infrastructure). Dieses noch relativ neue Konzept basiert auf Blockchains und ist unabhängig von einer zentralen Instanz. Im IoT-Bereich könnte sich KSI für die Authentifikation durchaus etablieren.

17.4 Hacking

17.4.1 Allgemeine Methoden

Hacker benutzen verschiedene Methoden, um einerseits Informationen über die anzugreifenden Systeme einzuholen und um anderseits tatsächliche Angriffe durchzuführen. Sie benutzen Plattformen wie *Shodan*, welche zu einem gegebenen Gerätetyp wie zum Beispiel Drucker, Router oder IoT-Gerät viele im Internet auffindbare Instanzen mit deren IP-Adressen und offenen Ports präsentieren.

Die Schwachstellen diverser im Internet verwendeter Technologien sind bekannt, sowohl server- als auch clientseitig. Wenn auf einem Angriffsziel ermittelt werden kann, welche Technologien in welchen Versionen verwendet werden, können die Angriffe gezielt vorgenommen werden. Die Website http://cvedetails.com [70] listet öffentlich bekannte Schwachstellen zu gängigen Librarys auf und informiert darüber, in welchen Versionen sie behoben wurden. Es empfiehlt sich, bei allen verwendeten Bibliotheken in der Continuous Integration der zu schreibenden Software einen automatisierten nächtlichen Check des aktuellsten Stands dieser Liste durchzuführen, zum Beispiel mithilfe des *OWASP Dependency-Checks*. Im Projekt verwendete JavaScript-Librarys können mit *retire.js* überprüft werden. Aber nicht nur Software von Drittherstellern kann verwundbar sein, sondern auch Hardware, wie die Sicherheitslücken *Meltdown* und *Spectre* 2018 gezeigt haben.

Social Engineering ist ein unverzichtbares Standbein für den Hacker. Angreifer können schnell über den Helpdesk oder über Mitarbeiter Informationen erhalten. Es ist auch einfach, als Handwerker oder Weihnachtsmann verkleidet in ein Gebäude einzudringen und direkt an der Hardware Hand anzulegen.

Um Spuren zu verwischen, setzen Hacker oft **IP-Spoofing** ein. So ist nicht sichtbar, woher die Requests des Angreifers stammen. Als Absender werden falsche IP-Adressen verwendet.

17.4.2 Malware

Malware ist der Oberbegriff für schädliche Software. Es folgt eine Aufstellung der verschiedenen Typen:

- Ein **Virus** ist ein Codefragment, das an ein existierendes Programm angehängt wird. Dieses Codefragment sorgt dafür, dass der Virus verbreitet wird. Es gibt verschiedene Typen von Viren wie Macro-, Bootsektor-, Stealth-, Trigger- und Memory-Resident-Viren. Berühmte Beispiele aus den Neunzigerjahren sind *Michelangelo* oder *Tequila*.
- Ein **Wurm** ist ein vollständiges Programm, welches sich selber verbreitet. Berühmte Beispiele sind *ILOVEYOU* (ein VB-Script, das per E-Mail verbreitet wurde), *Codered* (ein Windows-Wurm, der sich via IIS verbreiten konnte), *MyDoom* (Angriffe gegen SCO und Microsoft, weil beide gegen Linux prozessierten) und *Stuxnet* (Angriffe gegen Siemens Step7 Industrieanlagen, welche via Windows-Rechner für die Konfiguration der SPS ausgeführt wurden).
- Ein **Trojaner** ist ein Programm, das vorgibt, nützlich zu sein, sodass es der ahnungslose Benutzer freiwillig installiert. Nebenbei führt das Programm jedoch auch Aktionen aus, die der Anwender nicht möchte: Es schickt sensible, persönliche Daten an den Server des Angreifers. Beste Beispiele sind Staatstrojaner, um Bürger auszuspionieren. Erpressungstrojaner werden **Ransomware** genannt, wie zum Beispiel *WannaCry* oder *Emotet*.
- **Adware** ist ein Programm, das ungewollte Werbung zeigt. Es wird oft unfreiwillig als Zusatz-Software installiert, wenn der Anwender kostenlose Software benutzt.
- Ein **Hoax** ist eine Warnung vor einem Virus, der gar nicht existiert. Man möchte so die Leute einschüchtern. Auch wenn er keinen eigentlichen Schaden anrichtet, gehört der Hoax in die Liste von Malware.
- **Spam-E-Mails** sind E-Mails, die massenweise verschickt werden und Werbung enthalten. Heutige Mailsysteme beinhalten Filter, die Spam ziemlich zuverlässig vom Endbenutzer fernhalten können.

- **Backdoors.** Kriminelle Programmierer können sich in einem System einen Mecha- nismus einrichten, um später einfach eindringen zu können.
- Hacker versuchen, **Rootkits** auf den angegriffenen Rechnern zu installieren, um dafür zu sorgen, dass die Opfer nicht merken, dass sie durch Malware manipu- liert werden. Typischerweise erhalten diese Rootkits auf irgendeine Art und Weise Admin-Rechte auf der Maschine des Opfers.
- **ZIP-Bomben** sind kleine Dateien, die bei der Expansion durch einen Antivirus bei der Analyse so riesig werden, dass der Antivirus abstürzt und danach sonstige Mal- ware aufgespielt werden kann. **XML-Bomben** bringen mittels Entity Expansion XML-Parser zum Absturz. Mittels XML können auch andere Angriffe durchgeführt werden, wie etwa der Missbrauch von External Entitys.
- Hacker betreiben **Botnets**, bestehend aus vielen gekaperten Rechnern unschuldi- ger Benutzer. Mithilfe dieser Botnets werden Hackerangriffe oder sonstige für den Hacker nützliche Dienste durchgeführt. Ein Beispiel eines Botnets ist *Ravan*. Ravan setzt Brute Force Attacks auf gesalzene Hashes (siehe Kapitel 17.6.4) ab und benutzt HTML5-*Webworkers*, um auf fremden Browsern die Berechnungen auszuführen.

17.4.3 Informationen über das Opfer einholen

Vor einem Angriff holen Hacker möglichst viele Informationen über das Opfer ein. Unter anderem sind hierfür folgende Methoden bekannt:
- **Footprinting.** Der Aufbau des Netzwerks wird erforscht. Mittels *whois* (gibt es sowohl in der Shell als auch im Web) und *finger* kann man viele Informationen über den Besitzer eines Domainnamens einholen, wie zum Beispiel physische Post- Adresse und diverse IP-Adressen. DNS-Zone-Transfers und Tracerouting helfen herauszufinden, welche Maschinen beim Senden eines Datenpakets traversiert wurden.
- **Scanning.** Das Verhalten des Netzwerks wird erforscht. Mit Ping Sweeps lässt sich herausfinden, welche Maschinen laufen. Alle TCP- und UDP-Services können iden- tifiziert werden. *nmap* erlaubt das Scannen der Ports. Mit dem Tool *nikto* lässt sich der Aufbau der Installationen eines einzelnen Servers schnell ermitteln.
- **Enumeration.** Der Hacker versucht, eine Liste von User-Accounts zu ergattern. Dies kann zum Beispiel mit automatisierten Authentifizierungs- oder Registrierungsver- suchen umgesetzt werden.
- **Google Hacking.** Mithilfe von Google können viele Informationen über das Op- fer gesammelt werden. Angreifer versuchen, auf dem Server Dateien zu finden, die Benutzernamen und Passwörter enthalten. Datenbank-Dumps sind manchmal ebenfalls auffindbar. Je nach Produkt des Webservers können bestimmte Konfigu- rationsdateien ermittelt werden, die ebenfalls nähere Auskunft geben. Wenn Log- dateien des Servers direkt zugänglich sind, so findet man jede Menge interessanter

Daten mit der Suche nach *„site:my.homepage.ch filetype:log inurl:log"*. Johnny Long ist Autor des empfehlenswerten Buchs *„Google Hacking for Penetration Testers"* [71].

17.4.4 Kategorien von Attacken

Im Folgenden wird versucht, die heute üblichen Angriffe zu kategorisieren:

- **Brute Force Attack.** Der Hacker probiert zum Beispiel automatisiert alle Kombinationen von Passwörtern aus. Online scheitert dies oft, weil Server nach einer gewissen Anzahl Versuche den Account temporär sperren. Wenn der Angreifer jedoch im Besitz einer Benutzertabelle mit Passworthashes ist, kann er offline in aller Ruhe einen Brute Force Attack durchführen, bis er das zum Hash passende Passwort erraten hat.
- **Sidechannel Timing Attack.** Passwörter werden ermittelt, indem die Zeit gemessen wird, die vergeht, bis nach der falschen Passworteingabe die Antwort des Servers kommt. Der Angreifer kann zum Beispiel annehmen, dass sein Passwortversuch mehrere richtige Zeichen enthält, wenn die Antwort etwas länger dauert.
- **Denial of Service** (DOS). Der Angreifer feuert eine riesige Anzahl von Requests gleichzeitig auf den Server, sodass die Ressourcen überlastet werden und die Bandbreite völlig ausgeschöpft wird. *Synflood* ist zum Beispiel ein DOS-Angriff beim TCP-Verbindungsaufbau, der aber heute gut abgefangen werden kann. Eine unangenehme Variante von DOS ist **DDOS** (Distributed DOS). Hier wird der Angriff nicht von einer einzigen IP-Adresse aus durchgeführt, sondern von mehreren Seiten her. Dies ist schwieriger zu bekämpfen, als wenn nur von einer IP-Adresse aus angegriffen wird. *LOIC* ist ein Tool, um DDOS-Attacken auszuführen. Es wurde 2010 durch die Hackeraktivistengruppe Anonymous für Angriffe gegen PayPal benutzt. Zur Abwehr dienen Rate Limiter.
- **Buffer Overflow.** Der Angreifer versucht, seine schädlichen Daten an Orten einzuschleusen, wo die Größe der Benutzereingabe nicht überprüft wird. So kann er Werte im Speicher (RAM) manipulieren, die er gar nicht ändern dürfte.
- **Phishing.** Der Angreifer erstellt eine Website, die möglichst identisch aussieht wie eine Website, auf die das Opfer zugreifen möchte. Über einen Link in einer E-Mail bringt der Hacker das Opfer dazu, auf diese falsche Website zu gelangen und dort vertrauliche Daten wie Passwörter oder Kreditkartennummern einzugeben.
- **SQL-Injection.** Der Angreifer versucht, SQL-Code einzuschleusen, um vertrauliche Daten aus der Datenbank zu lesen oder gar die Daten zu manipulieren. Bei der Passworteingabe kann er zum Beispiel versuchen, mittels *„mypasswort' OR 'A' = 'A"* den ganzen Inhalt der User-Tabelle auszulesen. Der Hacker kann grundsätzlich auch beliebige Tabellen (zum Beispiel „creditcard") lesen, indem er folgendes Snippet anhängt, wobei er die korrekte Anzahl der Spalten im SELECT erraten muss: *„')* *UNION ALL SELECT number,1,1 FROM creditcard"*. *Sqlmap* ist ein Shell-Kommando,

um **Blind SQL Injection** zu automatisieren. Typischerweise versucht der Angreifer hiermit, Passwörter zu hacken. Stelle für Stelle werden alle möglichen Zeichen ausprobiert und jeweils via SQL Injection überprüft, ob das Zeichen an die aktuelle Stelle passt.

– **Man-In-The-Middle-Attack.** Der Angreifer sitzt in der Mitte der Kommunikation zweier Parteien, ohne dass diese es merken. Er kann alles abhören und auch manipulieren.

– **USB-Stick-Attack.** Es gelingt Angreifern immer wieder, USB-Sticks zu präparieren und das Opfer dazu zu bringen, sie einzustecken. Früher war ein Angriff recht einfach, als die Inhalte der Sticks per Autostart sofort ausgeführt wurden. Heute muss der Benutzer dazu bewegt werden, eine ausführbare Datei zu starten. Das kann man zum Beispiel auf Windows so erreichen, indem die ausführbare Malware *lohnliste.pdf.exe* genannt wird. Auf den meisten Systemen sieht der Benutzer nicht, dass es sich um eine exe-Datei handelt. Diese Datei kann dann eine Verbindung zum Server des Hackers erstellen. Eine ausgeklügelte Variante sind USB-Sticks mit einem eingebauten Prozessor, der Tastatur und Maus simuliert, und so auf dem System des Opfers herumwütet. Ein bekanntes Produkt ist *Rubber Ducky*.

– Schädlicher Code kann als **Payload** eingeschleust werden. Immer wieder werden Sicherheitslücken in verbreiteten Librarys entdeckt, wie etwa bei *Apache Commons*, bei welcher mit der Deserialisierung von Java-Klassen schädlicher Code eingefügt werden konnte. Bei dieser Schwachstelle kann der Hacker mit dem Tool *Ysoserial* schädlichen Payload erstellen und über einen HTTP-Proxy wie zum Beispiel *BURP* über das Web im Server einschleusen.

17.4.5 Angriffe über das Web

Webapplikationen sind besonders beliebt für Angriffe, da sie im Internet zahlreich vorhanden sind. Im Folgenden werden einige Techniken kurz vorgestellt:

– **Forceful Browsing.** Der Hacker manipuliert die URL, um Requests auszuführen, die zu interessanten Ergebnissen führen könnten, wie zum Beispiel www.mybank.com/show_details.php?account=3384734.

– **Command Injection.** Über URL, HTTP-Header oder Inputfelder kann man Kommandos einschleusen, die dann auf dem Server im Betriebssystem ausgeführt werden. Unter Umständen ist es möglich, mittels Einschleusens einer JSP-Datei eine Root-Shell zu erhalten, also eine Shell mit allen Rechten auf dem Server. Hier kann der Angreifer dann beliebige Befehle ausführen.

– **Cross Site Scripting** (XSS). Der Angreifer schleust JavaScript-Code in den Browser des Opfers ein, der dann dort ausgeführt wird. Der Hacker kann hiermit Cookies auslesen und sogar einen Keylogger installieren. Diese interessanten Daten werden dann an den Server des Angreifers geschickt, typischerweise über URL-Parameter eines GET-Requests auf einem Image, denn dies wird vom Browser gemäß SOP (Same Origin Policy, siehe Kapitel 7.6.1) erlaubt. Es bieten sich verschiedene Wege an, wie man Code in den Browser des Opfers einschleust. Der Angreifer kann den Code direkt als Teil der URL schreiben und das Opfer dazu bringen, diese URL aufzurufen, zum Beispiel, indem man sie als Image in einem HTML-basierten E-Mail versteckt. Gibt der Hacker in Inputfeldern von webbasierten Foren schädlichen Code ein, wird dieser manchmal unerkannt auf dem Server gespeichert. Das Opfer holt sich danach unfreiwillig diese schädlichen Daten vom Server, sobald es diesen neuen Eintrag im Forum lesen möchte.

- Man spricht von **Insecure Direct Object References**, wenn zum Beispiel der Preis einer Bestellung in einem Onlineshop direkt im HTTP-Request geändert werden kann.
- Es handelt sich um eine **Security Misconfiguration**, wenn zum Beispiel Default-Passwörter von Frameworks oder Produkten unverändert produktiv geschaltet werden.
- **Missing Function Level Access Control**. Mittels Manipulation der HTTP-Requests kann sich der Angreifer eventuell als ein anderer Benutzer einloggen. Im schlimmsten Fall kann man sich sogar als Administrator einloggen und erhält volle Rechte. Dies kann oft erreicht werden, indem man Servlet-Forwarding ausnutzt mit URLs wie etwa www.example.com/function.jsp?fwd=admin.jsp. Falls die Rechte in einem Servlet-Filter geprüft werden, gibt das dem Angreifer eine weitere Möglichkeit, denn solche Intercepting Filter können relativ einfach umgangen werden.
- **Session Hijacking**. Mittels XSS (Cross Site Scripting, siehe weiter oben) kann der Hacker die Session-ID des Opfers ermitteln und diese dann verwenden, um sich auf dem Server als Opfer auszugeben. Eine ähnliche Variante ist **Session Fixation**. Hier erzeugt der Angreifer selber eine Session und übergibt sie dem Opfer, das sich dann auf dieser Session einloggt.
- XSRF/**CSRF** (Cross Site Request Forgery), auch bekannt als **Session Riding**. Ein Benutzer öffnet im Browser mehrere Tabs. In einem Tab befindet sich die angegriffene Website. In einem anderen Tab die Website des Angreifers. Die Website des Angreifers kann Daten in die angegriffene Website schreiben, auf der sich der Anwender eingeloggt hat. Dies kann erreicht werden, indem GET-Requests abgesetzt werden, bei welchen die schädlichen Daten über URL-Parameter geschickt werden. Falls der angegriffene Server dies nicht unterstützt, so können immerhin Daten mit GET-Requests gelesen werden. Diese Requests werden auf der Website des Angreifers in Image-Tags verpackt, die nicht durch SOP eingeschränkt werden. Als mögliche Gegenmaßnahme kann der Server der originalen Website ein sogenanntes **CSRF-Token** in der Response schicken, welches dann beim nächsten Request wieder mitgeschickt werden muss. Die Website des Angreifers hat keine Chance, an dieses Token heranzukommen.

17.4.6 Wireless Hacking

Jedes WLAN besitzt eine eigene ID, die sogenannte SSID. Optional kann der Datenverkehr im WLAN verschlüsselt sein, sodass der Benutzer sich nur mit einem Passwort verbinden kann. Verschiedene Standards für die Sicherheit in WLANs wurden definiert:

- **WEP** ist ein alter Standard mit schlechter Sicherheit. Das Passwort kann in wenigen Minuten ausfindig gemacht werden. So kann sich ein Angreifer mühelos vollen Zugang im WLAN verschaffen. Die Verschlüsselung ist für alle Clients dieselbe, sodass der Datenverkehr der anderen Clients abgehört werden kann.
- **WPA2** gilt als am wenigsten unsicher, obwohl ein Angreifer grundsätzlich den Datenverkehr mithören kann. Falls das Passwort (auch PSK oder „Pre-shared Key" genannt) des WLANs nicht öffentlich bekannt ist, kann es ein Hacker eventuell ermitteln mittels eines Tools wie *Aircrack*. Dieses analysiert den Verbindungsaufbau von Clients und erhält so den Hash des Passworts. Anschließend kann der Hacker offline mittels Dictionary Attack oder Rainbow-Tabellen versuchen, anhand des Hashs das Passwort (PSK) herauszufinden. Das Passwort alleine reicht nicht aus, um den Datenverkehr mitzuverfolgen, weil die Verschlüsselung bei WPA2 für jeden Client und jede Session separat aufgebaut wird. Der Hacker muss zusätzlich noch den Schlüsselaustausch beim Verbindungsaufbau des Opfers analysieren, um zum Schlüssel zu gelangen. Einen erneuten Verbindungsaufbau eines bereits verbundenen Clients kann man einfach erzwingen mittels einer Deauth-Attacke. Eine andere Angriffsmethode bei bekanntem Passwort ist, mittels **ARP-Spoofing** eine Man-In-The-Middle-Attacke durchzuführen. Praktische Tools für diese Angriffe sind Mobile Apps wie *ZANTI2* (früher *Dsploit* genannt) oder *DroidSheep*. Aber auch ohne Passwort kann ein Hacker den individuellen Schlüssel eines Opfers ermitteln. Dies kennt man aus der sogenannten *KRACK*-Attacke von 2017. Angreifer können so den Datenverkehr einzelner Clients mithören und einzelne Datenpakete manipulieren. Solange sich die Geräte nicht auf die WLAN-Verschlüsselung alleine verlassen, sondern eine zusätzliche Verschlüsselung wie TLS verwenden, bleibt die Kommunikation mit WPA2 generell trotzdem geschützt.
- **WPS** ist eine sehr fragliche Erweiterung von WPA2. Der Anwender gibt auf dem Client einen einfachen Pin-Code ein, der auf dem Access Point aufgedruckt ist. Dieser Pin-Code ist mit Brute Force Attacks einfach zu knacken, weil er aus zwei Nummern besteht, die unabhängig voneinander zu erraten sind. Die andere Variante von WPS ist, auf dem Access Point auf einen Knopf zu drücken, sodass man eine temporäre Zeitspanne erhält, während der neue Geräte dem WLAN bekannt gemacht werden, ohne irgendeinen Code einzugeben. Dies ist sicherheitsmäßig ebenfalls heikel, da der Hacker während diesen Gelegenheiten einfach ins WLAN eindringen kann und vollen Zugriff erhält.

Um weitere Angriffe über ein WLAN durchzuführen, können Hacker einen eigenen Access Point aufstellen mit illegalen leistungsfähigen, aber trotzdem kleinen 1-Watt-

Antennen. Sie benennen diese WLANs nach beliebten öffentlichen Hotspots wie zum Beispiel das Starbucks-WLAN. Das Smartphone des Opfers verbindet sich automatisch mit diesem WLAN, wenn es dieses schon kennt. Dann ist es der Fantasie des Hackers überlassen, was man mit dem Gerät über diese Verbindung alles anstellen kann.

Nicht nur WLANs, sondern auch die Kommunikation über das Mobilfunknetz ist unsicher. Hacker stellen eigene mobile Antennen auf, um sich mit den Telefonen der Opfer zu verbinden. Hierfür modifizieren sie herkömmliche Femtozellen. Bekanntes Beispiel sind durch Geheimdienste aufgestellte **IMSI-Catcher**. Auch Bluetooth wird regelmäßig gehackt mit Vorgehensweisen, die **Bluesnarfing** und **Bluejacking** genannt werden.

Mit einem **Software Defined Radio** (SDR) und einer dazugehörigen Antenne (DVB-T) kann man ein großes Spektrum an Frequenzen in der Luft abhören. Also nicht nur WLAN, sondern auch DECT (schnurlose Fixnetztelefone), Funk, Radio, Pager, ZigBee, Bluetooth, Radar, Mobiltelefonie, DVB-T und vieles mehr. Es lohnt sich daher, sensitive Daten bei der Übertragung immer zu verschlüsseln, unabhängig vom gewählten Kanal!

17.5 Maßnahmen für die Sicherheit

17.5.1 IT-Infrastruktur allgemein

Zentraler Bestandteil einer IT-Infrastruktur sind **Firewalls**. Das sind Geräte, die auf tiefer Ebene des OSI-Modells die TCP-, UDP- und IP-Headers überprüfen. Sie kontrollieren Source- und Destination-Adressen, Portnummer und weitere Dinge. Firewalls werden sowohl für eingehenden als auch ausgehenden Datenverkehr eingesetzt. Typischerweise gibt es in einem Firmennetzwerk eine demilitarisierte Zone (**DMZ**). Das ist ein Bereich zwischen dem öffentlichen Internet und dem privaten Intranet. Er kann mehrere Rechner beinhalten. Unverzichtbar ist eine Regelung, welche Personen zu welcher Hardware physischen Zugang erhalten. Nicht jeder Mitarbeiter sollte den Serverraum betreten dürfen.

Mit **Hardening** wird die Verkleinerung der Angriffsfläche eines Stücks Software bezeichnet, wie etwa eines Betriebssystems oder eines Browsers. Dies geschieht meistens durch entsprechende Konfigurationen oder durch Entfernung von nicht benötigten Komponenten. Eine weitere Maßnahme, die Software vor Manipulation zu schützen, ist die Verwendung von **Root of Trust** (RoT) innerhalb einer „Chain of Trust", was vor allem in IoT-Geräten sinnvoll ist. Die Hardware verfügt dabei über ein fixes Paar Public-Key und Private-Key (zum Beispiel über *ARM TrustZone*, *Intel BootGuard* oder *Azure Sphere*), mit welchem eine Kette von aufeinander aufbauenden Schichten autorisiert wird (Hardware, BIOS, Bootloader, OS Loader, OS, Applikation).

Damit defekte Speichermedien oder Software-Fehler nicht zu Datenverlusten führen, muss in jeder IT-Infrastruktur eine Backupstrategie definiert und umgesetzt werden, siehe Kapitel 11.2.2.

17.5.2 Schutz des Servers

Zentraler Bestandteil zum Schutz einer Server-Infrastruktur ist **WAAP** (Web Application and API Protection). Die großen Cloud-Anbieter wie Amazon, Google und Microsoft bieten WAAP out-of-the-box an, aber auch Produkte von Firmen wie Airlock, Citrix, F5 und Imperva lassen sich in der Praxis gut einsetzen.

WAAP enthält folgende Komponenten:

– Die **WAF** (Web Application Firewall), auch Reverse Proxy genannt, enthält als Kern einen Filter mit einer Whitelist und einer Blacklist. Die Whitelist definiert, welche Requests akzeptiert werden, zum Beispiel mit einer Auflistung der erlaubten HTTP-Funktionen und URLs oder welche Inhalte in den HTTP-Headers oder im Body erlaubt sind. Die Blacklist definiert, welche HTTP-Funktionen gesperrt, welche Adressen nicht erlaubt und welche Inhalte in den HTTP-Headers und im Body der Requests unerwünscht sind. Zusätzlich kann die WAF Inhalte der Requests und Responses modifizieren. SSL/TLS-Verschlüsselung zum Client wird auf der WAF terminiert und nicht auf dem Applikationsserver. Üblicherweise platziert man vor der WAF zusätzlich noch eine herkömmliche Firewall für die Überprüfung des Traffics auf den tieferen OSI-Ebenen.
– Die **API Protection** erkennt automatisch Änderungen der öffentlichen APIs und schützt dezentrale Microservices mit Microgateways.
– **Bot Mitigation** schützt den Server vor Missbrauch durch Bots.
– **DDoS Protection** schützt den Server vor verteilt ausgeführten Angriffen, die das System lahmlegen wollen.

17.5.3 Schutz des Clients

Wichtigster Faktor ist der Mensch. Die Benutzer müssen für das Thema Sicherheit sensibilisiert werden. Sie sollten lernen, dass man nicht einfach irgendwelche Anhänge oder Links in E-Mails öffnen sollte. Es muss den Leuten bewusst sein, dass die Wahl der Passwörter die Sicherheit massiv beeinflusst. Jedes Unternehmen entscheidet sich, ob es den Mitarbeitenden erlaubt, ihre eigenen Geräte mitzubringen („**Bring Your Own Device**"). Die Kosten für Hardware werden auf diese Weise eingespart, aber die Gefahr, dass Malware ins Firmennetz eingeschleust wird, steigt dadurch enorm.

Viele Unternehmen setzen einen **Proxy Gateway** als Server für die Verbindung der Clients zum Internet ein. Dies verhindert, dass Malware direkt eine Verbindung zum Server des Hackers aufnehmen kann. Der Nachteil dieser Proxies ist, dass sämtliche Clients manuell konfiguriert werden müssen, damit sie via Proxy ins Internet gelangen können. Zusätzlich setzt man üblicherweise auf den Clients selber eine **Firewall** ein, die auf tiefer OSI-Ebene zusätzliche Checks durchführt. Auf Windows und macOS gibt es bereits integrierte Firewalls. Als Alternative ist *Zonealarm* ein bekanntes Produkt. Der

Einsatz eines integrierten **Antivirus**-Programms ist heutzutage auf jedem Windows-Rechner der Normalfall. Dateien und Bootsektoren werden gescannt, um geläufige Muster von Malware zu finden. Bekannte Produkte für Android sind *Avast, Avira, Bitdefender, Kaspersky, McAfee* und *Norton*.

Die Sicherheitseinstellungen der Webbrowser sollten sorgfältig festgelegt werden. Der Benutzer muss sich überlegen, ob es für ihn wirklich unerlässlich ist, Cookies zu speichern, History und Passwörter zu cachen oder JavaScript zuzulassen. Eine sichere Variante ist der „Browser on a Stick": Wenn den Benutzern ein Readonly-Browser auf einem USB-Stick zur Verfügung gestellt wird, ist garantiert, unter welchen Bedingungen sie sich ins Internet begeben. Dies ist vor allem für Anwendungen wie Onlinebanking empfehlenswert. Es gibt browserbasierte Passwortverwaltungstools, die dem Benutzer helfen, sich die Passwörter auf verschiedenen Webapplikationen zu merken. Moderner ist jedoch das serverseitige Prinzip des Single Sign-Ons (SSO), siehe Kapitel 17.6.2.

17.5.4 Anonymisierung

Ohne Anonymisierung kommuniziert jeder Computer im Internet unter einer eindeutigen IP-Adresse. Das bedeutet, der besuchte Webserver, der Internetdienstprovider und jeder Lauscher auf den Verbindungen können ermitteln, welche Websites vom Nutzer dieser Adresse besucht wird. Wenn unverschlüsselt kommuniziert wird, sieht man zusätzlich auch die Daten. Dies ist nicht immer erwünscht. Es gibt verschiedene Möglichkeiten, um sich anonym im Internet zu bewegen.

Über einen **VPN**-Provider kann eine Verbindung zum Internet hergestellt werden. Der VPN-Provider ist entweder ein Server in der eigenen Firmen-IT oder eine externe Dienstleistung. Auf alle Fälle verbindet sich der Benutzer über einen Tunnel zum VPN-Provider und bewegt sich von dort aus weiter im Internet. Dies ist auch geeignet, um Geoblocking zu umgehen, denn in gewissen Ländern wird das Internet zensuriert. Über einen VPN-Provider im Ausland ist der Zugriff auf gesperrte Server trotzdem möglich. Eine bekannte Implementation von Server und Client ist *OpenVPN*. Hier ist die Verschlüsselung mit SSL/TLS umgesetzt und nicht mit den Alternativen *PPTP* (ein unsicheres „Point-to-Point Tunneling Protocol" von Microsoft) oder *IPsec*.

JonDonym, früher bekannt als *JAP* (Java Anon Proxy), ist ein System, in welchem sich mehrere Benutzer eine gemeinsame IP-Adresse teilen. Dadurch erfährt weder der aufgerufene Server noch ein Lauscher auf den Verbindungen, welcher Nutzer welche Website aufgerufen hat. Die Anonymisierung der Internetzugriffe wird erreicht, indem sich die Computer der Nutzer nicht direkt zum Webserver verbinden, sondern ihre Kommunikationsverbindungen verschlüsselt über einen Umweg via mehrere Zwischenstationen, sogenannter **Mixe**, schalten.

Eine weitere Möglichkeit ist die Benutzung eines *Tor*-Browsers. Dieser ist vor allem für das anonyme Surfen im **Darknet** konzipiert, welches aus Pages mit der Endung *.onion* besteht. Für das Darknet existiert keine echte Suchmaschine, weil es Teil des

Deep Webs ist (siehe Kapitel 11.7). Dafür lassen sich hier viele illegale Dinge wie Waffen, Drogen und Pornos finden. Die Bezahlung erfolgt mehr oder weniger anonym über Kryptowährungen wie Bitcoins (siehe Kapitel 11.4.2).

17.6 Authentifizierung und Autorisierung

17.6.1 Authentifizierung des Clients

Die Authentifizierung eines Benutzers erfolgt auf dem Server in einer Komponente, die meistens **IAM** (Identity and Access Management) genannt wird. Sie besitzt eine Anbindung an eine Benutzerdatenbank oder an ein LDAP-Verzeichnis. Ein IAM kann grundsätzlich selber geschrieben werden. Bei größeren Projekten ist es jedoch von Vorteil, ein Produkt wie *Airlock IAM* oder *Keycloak* (Open Source) einzusetzen. Auch Microsoft, Oracle und weitere Firmen bieten entsprechende Produkte an, die gängigen Cloud-Anbieter ebenfalls, und sogar Web-Frameworks wie *Django* und *ASP.NET* bieten für die Authentifizierung eine Grundfunktionalität an. Das Rad muss nicht neu erfunden werden.

Um sich anmelden zu können, benötigt der Benutzer einen Berechtigungsnachweis, die sogenannten **Credentials**, typischerweise Benutzername und Passwort, ein Clientzertifikat, eine Session-ID oder ein zur Laufzeit generiertes temporär gültiges Token. Bei Webanwendungen ist es entscheidend, dass bei einem Login eine eventuell bereits vorhandene Session-ID erneuert wird. Mit dieser Maßnahme ist der Benutzer geschützt vor Session Fixation. Zusätzlich sollten die Sessions ein Timeout besitzen und beim Ausloggen beendet werden. Ein IP-Binding an die Session ist nicht zu empfehlen, da heutzutage mobile Clients ihre IP-Adresse dynamisch wechseln.

Die klassische Art und Weise, wie sich ein Benutzer bei einem System anmeldet, ist die Verwendung von Benutzername und Passwort. Bei webbasierten Systemen sind verschiedene Varianten verbreitet:

- Benutzername und Passwort können mit der Variante **Basic** bei jedem Request im HTTP-Header *Authorization* übermittelt werden, verschlüsselt via SSL/TLS. Wenn der Benutzer nicht authentisiert ist, poppt im Browser ein Standard-Login-Fenster auf.
- Eine schönere Alternative ist es, wenn die Applikation eine eigene Loginpage besitzt. Bei klassischen Websites handelt es sich um einen **form-based** Login. Der sollte natürlich verschlüsselt verwendet werden.
- Bei der Variante **Digest** wird im HTTP-Header Authorization eine Nonce verwendet. Das ist ähnlich wie ein zufälliges Cookie während der Authentication-Phase. Der Browser holt sich die Nonce vom Server und schickt es danach wieder mit beim Login. Auch diese Variante sollte verschlüsselt verwendet werden.
- Moderne Single-Page-Webapplikationen oder Mobile Apps können eine eigene Loginpage beinhalten, die die Credentials in einem HTTP-Header aller nachfolgenden RESTful-Requests an den Server schickt und mit SSL/TLS verschlüsselt. Das können

jedes Mal Benutzername und Passwort sein oder besser ein beim Login erworbenes temporär gültiges **Token**. Noch sicherer ist die Verwendung eines Token-Paars (Access- und Refresh-Token gemäß *OAuth 2.0*, siehe Kapitel 17.6.2). Ein beliebtes Format für Token ist *JWT* (JSON Web Token).

Generierte Tokens werden in der Praxis in drei Anwendungsfällen in der Datenbank in der Benutzertabelle gespeichert:
– Für die Authentifikation der Requests (im Falle eines Token-Paars nur das Refresh-Token)
– Für die Überprüfung der E-Mail-Adresse bei der Registrierung neuer Benutzer
– Für ein Reset des Passworts via E-Mail

Auch auf Clientseite müssen Token gespeichert werden, damit sie bei jedem Request an den Server geschickt werden können. Verschiedene Varianten sind möglich:
– Mobile Apps speichern das Token an einem sicheren Ort, wie etwa bei Flutter im „Secure Storage".
– Browser können die Token als *HttpOnly*-Cookie speichern, vorausgesetzt, der Server unterstützt den Transport der Tokens in Cookies in beiden Richtungen, und die Requests sind zusätzlich mit einem CSRF-Token (siehe Kapitel 17.4.5) abgesichert.
– Muss der Browser das Token in einem separaten HTTP-Header liefern, ist es im *Local Storage* zu speichern. Das ist allerdings anfällig gegen XSS (Cross Site Scripting).
– Am sichersten ist das Speichern der Tokens im RAM. Allerdings ist das nicht benutzerfreundlich, wenn nach jedem Schließen des Browsers ein erneutes Login erforderlich ist. Beim Online-Banking macht das aber durchaus Sinn.

Eine Alternative zu Benutzername und Passwort ist die Verwendung eines **Clientzertifikats**. Es kann sich dabei um einen USB-Stick, um eine Smartcard oder um ein softwarebasiertes Zertifikat gemäß dem Standard X.509 handeln. Clientzertifikate können auch dazu dienen, die echte Identität der Benutzer feststellen, was vor allem bei Behörden und Finanzinstituten relevant ist. Die Schweiz erschuf im Jahr 2010 die *SuisseID* als landesweit gültiges Authentifizierungsmittel. Der Erfolg ist allerdings mäßig. Der Versuch privater Unternehmen, Alternativen zu etablieren, wie zum Beispiel *SwissID*, setzt sich ebenfalls noch nicht wirklich durch.

Eine zusätzliche Sicherheit wird gewährleistet, wenn der Benutzer sich nicht nur über den Hauptkanal, also über die Anwendung, authentifizieren muss, sondern auch über einen zusätzlichen, **zweiten Faktor** (2FA). Dies kann über eine SMS mit einem **OTP** (One Time Password) geschehen oder über eine E-Mail, welche einen Link enthält, den man klicken muss. Der zweite Weg kann ebenso ein Postbrief sein, der einen Code enthält. Die *FIDO2*-Spezifikation schlägt einige 2FA-Technologien vor, zum Beispiel Hardware-Tokens, USB-Sticks, Software-Zertifikate, Fingerabdrücke und Gesichtserkennung. Die FIDO2-Technologien lassen sich auch für die einfache Authentifizierung (ohne 2FA) verwenden. Bei gewissen Authentifizierungsverfahren wird ein **Shared Secret** verwendet, das auf dem Server und auf dem Client eingerichtet wird. Es kann sich hier um ein Hardware-Token handeln, das der Benutzer am Schlüsselbund tragen kann und das in regelmäßigen Abständen immer wieder eine neue Zahl anzeigt. Der Server kennt dieselben Zahlen in Abhängigkeit der Zeit. Bekannte Produkte sind *Kobil SecOVID*, *RSA SecureID* und *Vasco Digipass*. Eine günstigere 2FA-Variante sind Authenticator-Apps gemäß Standards von *OATH*. Sie sind weit verbreitet und bieten TOTP (Time-based One-Time Passwords) an. OATH ist jedoch weniger sicher als FIDO2 und daher für sicherheitsrelevante Applikationen wie Online-Banking nicht geeignet.

Das **Challenge/Response**-Verfahren überprüft die Identität, indem auf einen bestimmten Output eine bestimmte Antwort erwartet wird. Hierfür kann zum Beispiel eine Smartcard mit einem aufgesetzten Reader zum Einsatz kommen. Der Applikationsserver zeigt auf dem Screen des Benutzers eine Zahl als Challenge an. Diese wird im Smartcard-Reader eingetippt. Der Benutzer erhält dann dort basierend auf einem Key eine Response, die er auf der Website eintippt. Ein weiteres Beispiel für Challenge/Response ist die Anzeige eines visuellen Codes (zum Beispiel QR) im Browser, welchen man mit einer Mobile App via Kamera einscannen muss. Danach muss der auf dem Gerät angezeigte Code in der Webapplikation eingegeben werden, wie das zum Beispiel bei *Vasco CrontoSign* der Fall ist, oder die Mobile App übermittelt es gleich selber zum Server. Die Sicherheit basiert hier auf einem initial eingescannten visuellen Code aus einem gedruckten Brief. Und schließlich entsprechen auch **Secret Questions** dem Challenge/Response-Verfahren, obwohl deren Gebrauch nicht sehr sicher ist.

Die Art der Authentifizierung muss für einen bestimmten Benutzer nicht immer identisch sein. Bei der **risikobasierten Authentifizierung** wird zur Laufzeit abgeschätzt, ob es sich um den tatsächlichen Benutzer handelt oder nicht, zum Beispiel mit der Überprüfung der IP-Adresse oder des Browser-Fingerprints. Unterschieden wird auch zwischen schwacher und starker Authentifizierung. Falls ein Benutzer für unkritische Funktionen einer Anwendung nur schwach authentisiert ist und nun eine kritische Funktion benutzen möchte, so wird er durch ein **Step-Up** gezwungen, einen weiteren Faktor zu verwenden, um stark authentisiert zu sein.

17.6.2 Single Sign-On

Wenn sich ein Benutzer für mehrere Applikationen nur einmal anmelden muss, so spricht man von **SSO** (Single Sign-On). Für die Umsetzung sind verschiedene Mechanismen möglich. Wenn sich diese Applikationen alle auf derselben Domain befinden, so bietet ein Portal, das auf Cookies und Identity Propagation basiert, eine gute Möglichkeit. Eine weitere Lösung wäre die Umsetzung von Ticketing, wie das zum Beispiel bei *Kerberos* der Fall ist. Wenn es sich hingegen um ein domainübergreifendes SSO handelt, kann sich der Benutzer über einen Drittanbieter wie Facebook, Google oder Yahoo einloggen. Man nennt das **Federated Identity**.

Hierfür wurden zwei Standards definiert:

- *SAML 2.0.* Ein Authentifizierungsserver (ID-Provider) stellt sogenannte SAML-Assertions im XML-Format zur Verfügung. Diese wurden mit einem Private-Key signiert; die Überprüfung des Public-Keys geschieht über Metadaten-Dateien. Ein Client kann eine Assertion beim ID-Provider erhalten und mit dieser anschließend einen Aufruf zum Service-Provider tätigen. Man nennt das **POST Binding**. Eine weitere Möglichkeit ist das **Artifact Binding**. Hier holt sich der Service-Provider die Assertion direkt beim ID-Provider. SAML ist für den Enterprise-Bereich geeignet, während OAuth 2.0 (siehe unten) eher im Endbenutzerbereich eingesetzt wird.
- *OAuth 2.0.* Dieser Autorisierungsstandard definiert verschiedene „Flows", von welchen jedoch in der Praxis nur der **Authorization Code Flow** empfohlen wird. Dieser funktioniert folgendermaßen: Ein Applikationsserver möchte gewisse Inhalte eines Benutzers von Facebook oder Google direkt auf einer eigenen Webseite darstellen. Der **Resource Owner** (also Facebook oder Google) liefert einen **Authorization Code** zurück, sobald man sich dort eingeloggt hat. Die Applikation muss beim Resource Owner registriert sein. Mit diesem Authorisation Code holt sich der Applikationsserver vom Autorisierungsserver ein **Access Token** und ein **Refresh Token**. Das kurzlebige Access Token (auch **Bearer** genannt) wird vom Applikationsserver zur Authentifizierung zum Resource Server geschickt, wenn dort Daten (die Inhalte des Benutzers auf Facebook oder Google) angefordert werden. Falls abgelaufen, kann beim Autorisierungsserver mit dem langlebigen Refresh-Token ein neues Access Token bezogen werden. OAuth 2.0 wird oft auch zur Authentifizierung eingesetzt, indem Folgendes angenommen wird: Wenn sich jemand bei Facebook oder Google einloggt, dann darf dieser Benutzer auch in der eigenen Applikation eingeloggt werden, identifiziert durch die E-Mail-Adresse, die er beim Resource Owner für die Authentifizierung verwendet. Da OAuth 2.0 viele Varianten zulässt, wurde für eine vereinheitlichte Authentifizierung darauf aufsetzend *OpenID Connect* definiert. Als Ergänzung wurde außerdem *JWT* (JSON Web Token) spezifiziert. Hiermit wird das Format von Tokens definiert.

17.6.3 Zusammenspiel WAF und IAM

Eine **WAF** (Web Application Firewall, siehe Kapitel 17.5.2) bietet neben dem Filtern von Requests typischerweise ein Session-Management für die authentisierten Clients an. Sie kann sich pro Session die User-ID und Zusatzinformationen wie Rollen merken. Unterschieden wird zwischen zwei Arten von Rollen:

- Die **Applikationsrollen** (auch „WAF Credentials" genannt) definieren, auf welche Backends ein bestimmter Benutzer Zugriff erhält.
- Die **applikatorischen** Rollen werden dem Backend weitergeleitet und bestimmen, welche Funktionen innerhalb der Applikation dem Benutzer zur Verfügung stehen, zum Beispiel „Admin", „Manager" oder „End User".

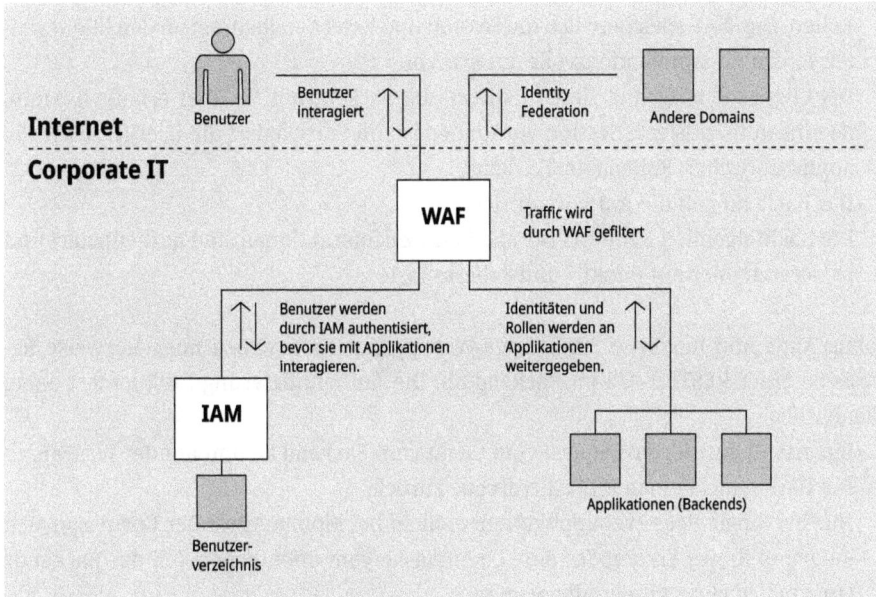

Abb. 17.2: Das Zusammenspiel zwischen IAM und WAF.

Die Rollen sind in der User-Datenbank oder im Benutzerverzeichnis (LDAP) gespeichert. Manchmal werden sie auch direkt im IAM konfiguriert. User-ID und applikatorische Rollen werden bei jedem Aufruf zum Applikationsserver (Backend) weitergegeben. Man nennt das **ID Propagation**. Dies geschieht zwischen WAF und Backend via Cookie oder Custom-HTTP-Headers. Falls bei einem Call eines Clients keine authentisierte Session auf der WAF existiert, aber eine Authentifizierung notwendig ist, so ruft die WAF das **IAM** für die Authentifizierung auf. In Abbildung 17.2 wird dieses Zusammenspiel grafisch dargestellt. Die Plattformen der Applikationen spielen keine Rolle (zum Beispiel Python, Java oder .NET).

Bei einer klassischen Webapplikation, die im Browser Requests zu Pages und Ressourcen im Applikationsserver absetzt, läuft eine Authentifizierung sessionbasiert ab:

1. Ein unauthentisierter Request vom Client zum Backend kommt auf der WAF an (keine authentisierte Session vorhanden).
2. Die WAF schickt dem Client einen Redirect zurück, der zum IAM für die Authentifizierung führt.
3. Der Client ruft aufgrund dieses Redirects IAM auf.
4. IAM schickt eine Loginpage zurück, inklusive der URL des ursprünglich gewünschten Requests zum Backend.
5. Der Client schickt die Credentials an das IAM.
6. IAM überprüft das und falls ok, schickt IAM einen Redirect zurück, der zum Backend führt. IAM schickt der WAF die Applikationsrollen und die applikatorischen

Rollen. Die WAF speichert sich die Session und leitet den Redirect an den Client weiter, sofern die Applikationsrolle das erlaubt.

7. Der Client ruft aufgrund dieses Redirects das Backend auf. Die WAF erlaubt das nun, da eine authentisierte Session vorhanden ist, und propagiert die User-ID sowie die applikatorischen Rollen zum Backend.

8. Das Backend gibt die Antwort zurück.

9. Die nachfolgenden Requests für alle Benutzerinteraktionen sind authentisiert und basieren immer auf Punkt 7 und 8 dieser Liste.

Mobile Apps und moderne Single-Page-Webapplikationen setzen normalerweise Requests zu einer RESTful API im Backend ab. Die Authentifizierung funktioniert dabei tokenbasiert:

1. Ein unauthentisierter Request vom Client zum Backend kommt auf der WAF an.

2. Die WAF schickt einen HTTP-Errorcode zurück.

3. Nur bei Single-Page-Webapplikationen, nicht bei Mobile Apps: Der Client holt sich aufgrund dieses Errorcodes eine Loginmaske vom öffentlichen Teil des Backends (zugänglich ohne Authentifizierung).

4. Nur bei Single-Page-Webapplikationen, nicht bei Mobile Apps: Das Backend gibt diese Loginmaske zurück. Im Falle einer Mobile App ist diese Loginmaske Bestandteil der installierten App.

5. Der Client schickt die Credentials mit einem erneuten Request ans Backend an die WAF. Diese schickt die Credentials an das IAM.

6. IAM überprüft das und falls ok, überprüft die WAF die Applikationsrollen, leitet den Aufruf direkt an das Backend weiter, inklusive ID Propagation. Das Backend schickt eine Response an den Client zurück. Man nennt das **One-Shot-Authentifizierung**, da der Client nur einen einzigen Aufruf absetzen muss.

7. Die nachfolgenden Requests für alle Benutzerinteraktionen sind über ein Token authentisiert und basieren immer auf Punkt 5 und 6 dieser Liste.

17.6.4 Passwörter

Eine große Frage ist, ob der Benutzer gezwungen werden soll, das Passwort regelmäßig zu ändern und zugleich Sonderzeichen und Zahlen zu verwenden. Vielleicht trägt das nichts zur Sicherheit bei, weil dann Passwörter wie *„Anna1984_1!"* einfach umbenannt werden in *„Anna1984_2!"*. Eine Überprüfung der Passworttopologie könnte sinnvoller sein, weil heute viele Passwörter als erstes Zeichen einen Großbuchstaben besitzen und als letztes Zeichen ein Sonderzeichen. Hacker berücksichtigen diese Tatsache bei ihren Angriffen.

Passwörter müssen verschlüsselt von Maschine zu Maschine übertragen werden. Sie sollten mit einem kryptografischen Hash in der Datenbank abgelegt sein. Dieser

Hash muss auf Serverseite berechnet werden, nicht auf Clientseite. *MD5* und *SHA-1* dürfen nicht mehr zum Hashen von Passwörtern verwendet werden, weil diese schnell geknackt werden können. *SHA-2* (zum Beispiel *SHA-256*) ist sicherer, weil das Hacken zeitintensiv ist. Der Nachfolger *SHA-3* wurde 2015 vorsorglich definiert. Noch besser ist jedoch die Verwendung von *scrypt*, weil die Berechnung hier zusätzlich viel Speicher benötigt und so einen **Dictionary Attack**, bei welchem der Hacker eine große Liste von möglichen Passwortkandidaten in Hashes umwandelt, erschwert. Angreifer verwenden üblicherweise sogenannte **Rainbow-Tabellen** mit vorberechneten Mappings von Daten zu Hashes, um sich diese Berechnungen zu sparen. Darum wird empfohlen, das Passwort mit einem zusätzlichen Zufallswert, dem sogenannten **Salz**, zu konkatenieren und erst dann zu hashen. Das Salz wird neben dem Hash in der Datenbank gespeichert. Das einzelne Passwort kann so immer noch gehackt werden, aber das massenweise Hacken einer ganzen Tabelle von Passwörtern wird erheblich erschwert, wenn jedes Passwort mit einem anderen Salz kombiniert wurde. Um dem Angreifer das Leben weiter zu erschweren, kann der Security Engineer zusätzlich zum Salz einen **Pfeffer** einsetzen. Das ist ein weiterer Wert, der mit dem Passwort und dem Salz zusammen gehasht wird. Auf dem Server wird der Pfeffer nicht in der Datenbank abgelegt, sondern separat, zum Beispiel im Applikationscode. Falls die Datenbank mit den Hashes gehackt wurde, so kennt der Angreifer den Pfeffer nicht.

17.7 Applikatorische Sicherheit

17.7.1 Validierungen

Bei der Umsetzung einer Applikation muss definiert werden, welche applikatorischen **Rollen** für die Benutzer vorhanden sind. Für jede Rolle muss klar sein, welche Rechte die Benutzer mit entsprechender Rolle besitzen. Man nennt das rollenbasierte Autorisierung. Es gibt auch benutzerbasierte Autorisierung, bei der pro Anwender definiert wird, welche Rechte vergeben werden. Grundsätzlich müssen folgende Fragen geklärt werden: Welche Daten dürfen die Benutzer lesen, welche schreiben? Auf welche Komponenten des Systems dürfen sie zugreifen?

Die Benutzereingaben müssen immer auf dem Server validiert werden. Auf Clientseite darf das natürlich auch geschehen, aber immer zusätzlich zum Server. Eine häufig eingesetzte Möglichkeit, Input zu validieren, sind **Regular Expressions** (siehe Kapitel 16.6.2). Falls der Input aus Programmcode wie etwa SQL-Statements besteht, so reichen Regular Expressions zur Validierung theoretisch nicht mehr aus. Man müsste auf kontext-sensitive Expressions umsteigen. Manchmal wird Input gefiltert statt validiert. Das kann jedoch zu sicherheitsrelevanten Problemen führen. Wenn der Programmierer zum Beispiel verhindern will, dass der Benutzer ein Script-Tag einschleusen kann, und dies mit einem Filter auf „*<script>*" versucht, so kann der Hacker mit „*<scri<script>pt>*" trotzdem ein „*<script>*" hineinbringen. Es ist entscheidend, nicht nur

Input zu validieren, sondern auch den Output korrekt zu codieren. Zum Beispiel muss bei Webapplikationen ein HTML-Encoding auf die Zeichen < und > angewendet werden, um XSS-Angriffe, die in Kapitel 17.4.5 beschrieben werden, zu verhindern.

Wenn nicht angemeldete Benutzer Daten an den Server schicken, wie das bei einer Selbstregistrierung oder bei einem Passwortreset der Fall ist, können diese Funktionen durch ein **CAPTCHA** geschützt werden. Es wird dann ein Bild angezeigt mit einem Text, den der Benutzer in ein Eingabefeld schreiben muss. So wird verhindert, dass ein Angreifer automatisierte Massenregistrierungen schreibt, um so eine Enumeration der gültigen Benutzer zu erlangen oder die Benutzerdatenbank zu überlasten (DOS-Attacke). CAPTCHAs lassen sich mittels einer Library oder einem Dienst umsetzen.

17.7.2 Transaktionssignierung

Im Onlinebanking werden Zahlungen jeweils einer zusätzlichen Überprüfung unterworfen. Man nennt das **Transaktionssignierung**, auch wenn es sich streng genommen eher um eine Transaktionsverifikation handelt. Hier gibt es verschiedene Varianten:

- **TAN** (Transaktionsnummern) wurden früher als Streichlisten auf Papier umgesetzt.
- **mTAN** (mobile TAN). Ein OTP (One Time Password) wird zusammen mit den Transaktionsdaten per SMS verschickt (siehe 14.2.5). Dies wird heutzutage nicht mehr empfohlen, da SMS unsicher sind.
- *PhotoTAN* ist ein eingetragener Name für das Produkt *Vasco CrontoSign*. Die Mobile App wird einmalig initialisiert durch Eingabe oder Scannen eines Codes aus einem Brief. Der Anwender scannt vor einer Transaktion ein Muster mit farbigen Punkten im Browser ein und sieht dann offline in der Mobile App einen Code, den er im Browser eingeben muss. Um Sicherheitslücken von Smartphones zu umgehen, gibt es auch spezielle Hardware für diese Variante mit eingebauter Kamera und Display.
- **pushTAN** ermöglicht Onlinebanking in einer App auf dem mobilen Gerät. Auf einer weiteren App erhält man eine TAN vom Server, welche dann in die Banking-App übertragen wird, sofern die angezeigten Transaktionsdaten korrekt sind. Alle Aktionen auf einem einzigen Gerät zu erledigen gilt jedoch nach wie vor als unsicher!
- Beim **Push-Verfahren** wird die Mobile App online als zweiten Kanal benutzt. Kobil ist Hersteller von *Trusted Message Sign*, das auf diesem Prinzip basiert. Hierbei muss die Mobile App online sein, aber dafür ist kein Scannen der Benutzeroberfläche im Browser nötig, auch kein Eintippen eines Codes in der Webapplikation. Einzig das Drücken von „Ok" in der App ist erforderlich. Hierfür muss die App zu Beginn mit Schlüsselmaterial initialisiert werden. Auch *CrontoSign* ist mit dieser Variante möglich und kann als Fallback immer noch die Offline-Variante anbieten.

17.8 Technologien und Methoden

17.8.1 Technologien und Standards

Es folgt eine Auflistung diverser Technologien und Standards, die im Sicherheitsumfeld anzutreffen sind:

- *Kerberos* wird für SSO auf Windows-Rechnern eingesetzt, sodass der Benutzer, der sich auf Windows eingeloggt hat, sich nicht nochmals auf den Applikationen einloggen muss. Das System basiert auf einem Ticketkonzept.
- *PGP* (Pretty Good Privacy) war ein freies Set von Tools und einem SDK. Mit PGP ließen sich E-Mails und Disks verschlüsseln. Die aktuelle Open-Source-Version ist *GPG (GnuPG)*, ein Branch von PGP. Sie basiert auf dem Standard *OpenPGP*. Unter anderem wird RSA unterstützt.
- *S-MIME* ist ein Standard zur Verschlüsselung und Signierung von E-Mails. Dies kann sowohl direkt im Client als auch auf dem E-Mail-Server geschehen. Es ist eine Alternative zu OpenPGP. Das Problem ist, dass beide Seiten diesen Mechanismus unterstützen müssen, was leider in vielen Firmen nicht der Fall ist.
- *IPsec* ist eine Erweiterung von IP mit eingebauter Verschlüsselung und Authentifizierung. IPsec hilft unter anderem auch, IP-Spoofing zu verhindern und wird vor allem bei VPNs eingesetzt.
- *Sender Policy Framework* (SPF) ist ein Standard, der zur Überprüfung der Echtheit der IP-Adresse des Absenders einer E-Mail dient. Der Mailserver vergleicht die IP-Adressen des Senders und des Mailservers des Senders.
- *ICAP* (Internet Content Adaption Protocol) ist eine Schnittstelle, die durch eine WAF oder einen Webserver benutzt werden kann, um einkommende Requests auf dafür spezialisierten Systemen (ICAP-Server) nach Malware überprüfen zu lassen.
- Für die Programmierung im Sicherheitsbereich stehen eine Menge von Librarys zur Verfügung. In Java gibt es die Security Package in der Standard-API oder die Kryptografie-Bibliothek *Bouncy Castle*, welche ebenfalls mit C# verwendet werden kann.

17.8.2 SSL/TLS

Das Verschlüsselungsprotokoll *SSL* (Secure Sockets Layer) wurde durch Netscape definiert und befindet sich im OSI-Schichtenmodell oberhalb TCP. Eine mit SSL verschlüsselte HTTP-Verbindung wird mit HTTPS gekennzeichnet. Die Authentizität des Servers wird anhand seiner Signatur überprüft. Mittels einer PKI kann sichergestellt werden, dass der Server wirklich derjenige ist, für den der Client ihn hält. Kapitel 17.3.3 beschäftigt sich damit im Detail.

Die Nutzdaten werden symmetrisch verschlüsselt übertragen. Die Schlüssel werden zu Beginn einer Verbindung, also für mehrere Requests, mittels SSL-Handshake mit

RSA oder dem Diffie-Hellman-Algorithmus ausgehandelt. Diese Mechanismen werden in Kapitel 17.2.3 ausführlich beschrieben.

SSL wird unter dem Namen *TLS* weiterentwickelt. Auf handelsüblichen Webservern ist SSL/TLS oft einfach konfigurierbar vorhanden. Als Alternative kann auch außerhalb des Webservers ein SSL/TLS-Terminator wie *stunnel* oder *stud* eingesetzt werden. Diese Lösung wird vor allem bei eingebetteten Systemen, die einen kleinen Webserver beinhalten, gewählt. Viele SSL/TLS-Implementierungen basieren auf der Library *OpenSSL*, welche 2014 eine große Sicherheitslücke namens „Heartbleed" aufwies. SSL/TLS verschlüsselt nicht nur den Body, sondern auch die HTTP-Headers, sowie den Teil der URL nach dem FQDN. Trotzdem sollten sensitive Daten nicht als URL-Parameter übermittelt werden, weil diese auf dem Server meistens unverschlüsselt im Log zu finden sind.

17.8.3 Penetration-Tests

Nach der Umsetzung einer Webapplikation sollte der Softwarehersteller eine auf **Penetration-Tests** spezialisierte Firma beauftragen, die frisch entwickelte Software auf Schwachstellen zu überprüfen. Typischerweise wird dabei ein **Security Audit Report** erstellt, in welchem alle entdeckten Schwachstellen aufgelistet und bewertet werden.

Viele Tools helfen, einen Penetration-Test durchzuführen:

- *Dsniff* ist ein Tool für Sniffing im Netzwerk. Das ist vor allem nützlich, um unverschlüsselt übertragene Daten zu lesen, wie zum Beispiel allfällige Passwörter oder sonstige sensitive Informationen.
- Das Framework *Metasploit* bietet viele Plugins, unter anderem eine GUI namens *Armitage*. Es gibt Boot-DVDs mit diversen Werkzeugen für Hacker. Früher wurden sie *Backtrack* genannt und waren Ubuntu-basiert. Jetzt nennt man diese DVDs *Kali-Linux*; sie sind Debian-basiert.
- *Nikto* ist ein Scriptkiddie-Werkzeug, um in einer Webapplikation auf die Schnelle automatisiert die bekanntesten Schwachstellen zu finden.
- *Netcat* ist ein Command-Line-Werkzeug, um eine Shell auf einem fremden Rechner (beim Opfer) zu erhalten. Der fremde Rechner muss dazu gebracht werden, gewünschte Daten zum Rechner des Hackers zu schicken, wo netcat läuft. Dies geschieht entweder freiwillig oder über beim Opfer eingeschleuste Malware.
- Unerlässlich ist die Benutzung eines Proxys, den man dem Browser vorschaltet. Im Proxy kann man alle HTTP-Requests und Responses analysieren und modifizieren. Requests können skriptmäßig abgefeuert werden. Falls mit SSL/TLS verschlüsselt wird, muss der Proxy SSL/TLS terminieren und gleichzeitig neu beginnen. Bekannte Produkte sind *BURP Suite Proxy* oder *OWASP ZAP Proxy*. Der Browser muss entsprechend konfiguriert werden, damit er sich über diesen Proxy mit dem Internet verbindet. Bei Firefox kann das einfach mit dem Plugin *FoxyProxy* eingerichtet werden.

Der Browser muss somit das Zertifikat des Proxys als vertrauenswürdig betrachten. Das pro Proxy-Instanz zufällig generierte eindeutige Zertifikat muss also noch im Browser importiert werden.

- Tools, welche allgemein beim Einsatz von Netzwerken benutzt werden, sind immer wieder nützlich für Penetration-Tests. Sie werden in Kapitel 14.4.3 beschrieben.
- Firefox und Chrome bieten viele nützliche Erweiterungen an, welche in Kapitel 7.6.2 vorgestellt werden.

Einige Webapplikationen wurden extra für Schulungszwecke gebaut, um Angriffe zu üben. Man kann diese auf einem eigenen Server installieren und versuchen zu hacken. Bekannte Produkte sind *Web Goat*, *Insecure Butterfly* und *Damn Vulnerable Web Application*.

17.9 Cracking Software

17.9.1 Reverse Engineering

Unter **Reverse Engineering** versteht man die Vorgehensweise, aus binären Artefakten lesbaren Sourcecode herzustellen, um danach Modifikationen umzusetzen und diese (eventuell illegal) zu verwenden. Aus Java-Bytecode lässt sich zum Beispiel mittels eines Java-Decompilers (*JD*) einfach Java-Code erstellen. Zur Vermeidung, dass Cracker den Bytecode dekompilieren, kann ein **Obfuscator** verwendet werden, welcher alle Namen im Code in unleserliche Wörter umwandelt. Der Decompiler funktioniert dann zwar meistens immer noch, aber der Code wird für den Cracker schwer verständlich. Das Produkt *ProGuard* hat sich als Obfuscator bewährt, auch für Android-Apps. Wenn die umgewandelten Identifier kürzer als die Originalnamen sind, wird die Applikation dadurch sogar optimiert, denn der Bytecode wird kleiner, und zur Laufzeit wird weniger RAM benötigt. ProGuard entfernt nebenbei auch toten Code, optimiert also das System.

CIL-Code für .NET kann mit *dotPeek* oder *ILSpy* dekompiliert werden. Für das Reverse Engineering von nativen Windows-Binarys bieten folgende Tools praktische Dienste an:

- *PEdump* (für die Analyse einer PE-Datei)
- *Regmon*, *Filemon* (Beobachtung der Registry- und Dateizugriffe)
- *Depends* (Analyse der Abhängigkeiten der Binarys)
- *Dumpbin* und *Disasm*

Tools für Debugging (siehe Kapitel 13.4.2) können ebenfalls hilfreich sein. Wenn einmal die Sourcen mittels Reverse Engineering erstellt wurden, kann der Cracker damit zum besseren Verständnis mit Tools wie *IBM Rational Rose* UML-Diagramme automatisch erzeugen lassen.

17.9.2 Technischer Schutz

Software kann technisch vor **Cracks** (Raubkopien mit entferntem Kopierschutz) geschützt werden. Entwickler können versuchen, den Schutz selber zu implementieren. Es gibt jedoch bereits verschiedene Produkte auf dem Markt, welche zum Teil auch Lizenzverträge (siehe Kapitel 1.3.2) implementieren können:

- *Denuvo Anti-Tamper* ist ein Produkt, um Games vor Cracking zu schützen.
- *FLEXnet* (früher bekannt als *FLEXlm* von Globetrotter) wird auf den handelsüblichen Betriebssystemen eingesetzt. Es werden verschiedene Lizenzmodelle unterstützt, wie zum Beispiel Einzelplatz (basierend auf einem Dongle oder der MAC-Adresse), Floating Lizenz im Netzwerk, zeitlimitierte Lizenz sowie Lizenzen auf einzelnen Features der gesamten Software.
- *HASP* (Hardware Against Software Piracy) Dongles für den USB-Anschluss.
- *Sassafras Keyserver* (License Metering).
- *Sentinel Dongles*.

17.10 Sicherheit bei der Entwicklung

Wirtschaftsspione versuchen permanent, wertvolle Informationen bei Softwareherstellern zu entwenden, um Wissen über Systeme zu erhalten, die gerade in Entwicklung sind. Softwareentwickler sollten daher folgende Regeln (englisch *Policies*) beachten:

- Das Versenden von Informationen wie Dokumenten oder Sourcecode über das Internet muss verschlüsselt sein. Wichtige Maßnahmen sind dabei die Verwendung von E-Mail-Verschlüsselung, der Austausch von Dateien über SFTP-Server und die Kommunikation über SSL/TLS-Webserver (zum Beispiel beim Wiki).
- Vorsicht beim Einsatz von Clouddiensten für die Ablage von Dateien. Wenn eine Spezifikation auf *Google Docs* abgelegt wird, so kann Google den ganzen Inhalt mitlesen. Dies ist selten im Interesse eines Projekts.
- Ausgedruckte Dokumente, die offen am Arbeitsplatz herumliegen, sind ein Risiko.
- Heikle Dokumente sollten im Schredder landen und nicht direkt im Altpapier.
- Beim Verlassen des Computers sollte immer der Lock Screen aktiviert werden, damit sich keine Angreifer ohne Identifikation ins Firmennetz einschleichen können.
- Notebooks können unterwegs verloren gehen und sollten deshalb eine verschlüsselte Disk aufweisen, zum Beispiel unter Windows mit *BitLocker*.
- Blickschutzfolien schränken den Winkel ein, in welchem der Bildschirm betrachtet werden kann. Bei Verwendung von Notebooks in der Öffentlichkeit bietet es sich an, auf diese Weise zu verhindern, dass fremde Leute von der Seite her auf den eigenen Bildschirm schauen können.
- Das Gebäude sollte mit Zutrittsregeln geschützt werden. Es muss genau definiert sein, wer sich wann in welchen Firmenräumlichkeiten aufhalten darf.

18 Konfigurations- und Releasemanagement

18.1 Releases

18.1.1 Motivation

Physische Ingenieursbereiche wie Brücken- oder Häuserbau weisen viele Jahrhunderte Erfahrung aus. Es werden wenige Fehler gemacht. Die Qualität bei der Inbetriebnahme von Bauwerken ist daher relativ hoch. Dies ist wichtig, da sich die Wartung von physischen Objekten als relativ aufwändig erweisen kann. Die Softwareentwicklung hingegen ist erst wenige Jahrzehnte alt. Mangels Erfahrungen weisen Systeme bei der Inbetriebnahme oft noch einige Mängel auf. Zum Glück ist der Aufwand für die Nachlieferung von neueren Versionen der Software mit Nachbesserungen und Erweiterungen relativ unkompliziert. Sogar eingebettete Systeme können heute dank Anbindung ans Internet (IoT) einfach mit Updates versehen werden. Dieser Umstand wird heute im agilen Umfeld bewusst genutzt. Es herrscht gar kein Anspruch mehr, ein System in einem Rutsch komplett und perfekt auszuliefern. Die Software kann im laufenden Betrieb flexibel an die aktuellen Umstände angepasst werden. Man nennt das **Emergent Design**, siehe Kapitel 8.1.2. Dies darf jedoch nie eine Erklärung sein für mangelnde Qualität bei der Auslieferung.

Der Umgang mit der häufigen Auslieferung von Software-Updates muss im Rahmen eines **Releasemanagements** organisiert werden. Zentral ist die **Versionierung** von Releases mithilfe einer wohldefinierten Bezeichnung. Die Nachvollziehbarkeit, welche Artefakte in welchen Versionen ausgeliefert wurden und welche Sourcefiles die Basis dazu sind, ist essenziell. Dies wird mittels einer **Versionsverwaltung** (Repository) ermöglicht. Der Begriff **Konfigurationsmanagement** bezieht sich manchmal genau auf die Versionsverwaltung, manchmal versteht man darunter auch den Oberbegriff für alle Themen, die in diesem Kapitel behandelt werden. Das **Issue-Tracking** hält fest, welche Änderungen in welchem Release eingeflossen sind, siehe Kapitel 19.3. Unter **Continuous Delivery** versteht man Mechanismen, die es ermöglichen, bei Bedarf möglichst rasch mit wenig Aufwand neue Versionen ausliefern zu können. Als Basis dient **Continuous Integration**, siehe Kapitel 19.4.

18.1.2 Versionierung

Jeder Release einer Software erhält eine eindeutige Versionskennzeichnung. Ein Release kann aus einem oder mehreren Artefakten bestehen. Ein Artefakt kann zum Beispiel eine ausführbare Datei, eine Library oder eine Konfigurationsdatei sein. Die Artefakte eines Releases werden alle mit derselben Version gekennzeichnet. Falls verschiedene Kennzeichnungen gewünscht sind, so werden die Artefakte auf mehrere Komponenten verteilt, welche dann mit unterschiedlichen Releasenummern versioniert werden.

https://doi.org/10.1515/9783111354774-018

Typischerweise werden für die Versionierung drei oder vier Nummern definiert, wie zum Beispiel „3.0.1" oder „2.1.1.3". Dabei gelten folgende Regeln:

- Die erste Zahl bezeichnet einen Major Release. Dieser darf Schnittstellenänderungen enthalten. Ein Major Release wird langfristig geplant.
- Die zweite Zahl bezeichnet einen Minor Release. Dieser darf keine Schnittstellenänderungen beinhalten. Er wird mittelfristig geplant.
- Die dritte Zahl bezeichnet einen Patch Release. Dieser wird kurzfristig geplant und basiert auf einem Branch eines Minor oder Major Releases (siehe Abbildung 18.1).
- Eine optionale vierte Zahl kann die interne Version bezeichnen. Konkret beinhaltet sie die Anzahl zusätzlicher Versuche, einen richtigen Release zu liefern. Diese interne Version wird nicht geplant, sondern bei Bedarf einfach durchgeführt.

Diese Kennzeichnungen orientieren sich am Hersteller der Software. Oft wünscht der Auftraggeber jedoch eine eigene Definition von Nummern. Diese offiziellen Releasenummern des Kunden werden dann auf die Versionskennzeichnungen des Lieferanten abgebildet.

18.1.3 Erstellung eines Releases

Die Erstellung von Releases wird typischerweise manuell auf dem System für Continuous Integration ausgelöst. Das Issue-Tracking-System, das in Kapitel 19.3 ausführlicher behandelt wird, liefert die Informationen, welche Issues in welchem Release umgesetzt wurden. Auf Basis dieser Informationen können Release Notes erstellt werden. Eventuell notwendige Migrationen von Datenbanken (siehe Kapitel 15.3.2) müssen beim Erstellen eines Releases berücksichtigt werden.

Manchmal müssen Issues, die auf dem aktuellen Stand der Software umgesetzt werden, zusätzlich noch als Patch auf einer alten, produktiven Version nachgeführt werden. Man spricht dann von einem **Backport**. Dabei kann es vorkommen, dass die alte Version auf einer älteren Version der verwendeten Programmiersprache basiert. Wenn man in solchen Fällen Code, den man zum Beispiel mit Java 8 geschrieben hat, auf Java 6 portieren muss, spricht man ebenfalls von einem Backport.

Vor der Erstellung eines Main-Releases wie zum Beispiel 4.0 werden oft Pre-Releases unter den Namen **Alpha** und **Beta** veröffentlicht. Alpha-Releases sind funktional meistens noch nicht vollständig. Beta-Releases sind funktional komplett, können aber noch Fehler beinhalten. Diese Pre-Releases werden regulär nummeriert, wie zum Beispiel 4.0.1 oder 4.0.2. Ein Release-Kandidat schließlich ist in diesem Fall eine Version wie etwa 4.0.3, die nach erfolgreichen Tests in die Produktion gestellt wird.

Typischerweise haben Zwischenreleases, die zum Beispiel im Rahmen von Continuous Integration erstellt werden, eine Nummer wie 3.4.0-SNAPSHOT. Diese Zwischenreleases enthalten manchmal neben der Versionsnummer zusätzlich eine **Build-Nummer** für die genaue Identifikation. Wenn die Software reif genug ist, heißt der nächste offiziell ausgelieferte Release dann 3.4.0. Nach dem Release wird ein **Version Bump** durchgeführt: Es werden alle Vorbereitungen getroffen für die nächste anstehende Version, in diesem Fall also 3.5.0. Zum Beispiel könnten Versionsnummern in Splash Screens beim Systemstart und in der About-Box angepasst werden.

18.1.4 Schnittstellenversionierung

Oft benutzen Softwaresysteme mehrere **APIs** (Application Programming Interface) verschiedener Lieferanten mit unterschiedlichen Versionsnummern. Eine API ist typischerweise eine Library oder ein Service. Dann wird üblicherweise eine Tabelle erstellt, in welcher jede Spalte einer API entspricht und jede Zeile einer Menge von API-Versionen, die zusammenpassen. Bei jedem Release wird eine neue Zeile mit einer eigenen Versionsnummer erstellt. So kann zum Beispiel Zeilen-Version 2.0 aus API A der Version 3.0.1, API B der Version 1.0.2.0 und API C der Version 2.2.1 bestehen. Man nennt eine solche Zeile manchmal **VVS** (Valid Version Set).

Die Versionsnummern von verwendeten Librarys müssen im Dependency-Management beim Build korrekt eingerichtet werden, wie in Kapitel 13.2.2 beschrieben. Versionsnummern von aufgerufenen Services sollten durch den Client zur Laufzeit überprüft werden. REST-Ressourcen sollten weder über die ganze API noch über die URL, sondern über den *Mediatype* der einzelnen Ressourcen selber versioniert werden.

Die Kernfrage lautet, wann eine API ihre Schnittstellen derart verändert, sodass davon abhängige Software nicht mehr funktioniert. Die Entwickler von Clients einer API müssen sich bewusst sein, welche Version der API in welcher Version des Clients benötigt wird. Beim Planen der Termine von Releases muss berücksichtigt werden, dass grundlegende APIs eventuell früher zur Verfügung stehen sollten als die davon abhängigen Clients. Je mehr Abhängigkeiten eine Software besitzt, desto aufwändiger wird die Schnittstellenversionierung. Daher werden in Kapitel 8.2.3 Methoden zur Minimierung von Abhängigkeiten vorgestellt.

18.2 Versionsverwaltung (Repository)

18.2.1 Sourcecode

Die **Versionsverwaltung** (englisch *Repository/Repo*) dient zur Speicherung des Sourcecodes. Manchmal spricht man auch von Konfigurationsmanagement, obwohl dieser Begriff normalerweise etwas umfassender verstanden wird. Programmierer legen Sourcefiles mittels sogenannter **Commits** im Repository ab. Eine Versionsverwaltung sollte für jedes Sourcefile eine History anzeigen können, in der man jede Version der Datei mit irgendeiner anderen Version vergleichen kann. So kann man wie ein Detektiv herausfinden, bei welchem Commit durch welchen Programmierer welche Änderungen im Code gemacht worden sind. Typischerweise wird im Commit-Kommentar die entsprechende Nummer des Issues im Issue-Tracking-System festgehalten. Vor der Jahrtausendwende, als das von Sourcecode-Repos noch nicht angeboten wurde, war es üblich, Änderungen direkt im Code als Kommentar mit einem Datum und einem Autor-Tag zu markieren.

Der Sourcecode jeder Release-Version muss jederzeit rekonstruierbar sein, damit man allenfalls Fehler eines alten Releases nachträglich auf dem entsprechenden Codestand fixen kann. Zur Kennzeichnung eines bestimmten Standes der Sourcen dienen **Tags**. Meistens werden Tags zur Markierung von Releases verwendet. Einmal definiert darf ein Release-Tag nie mehr geändert werden, weil ein Artefakt mit genau diesem Tag womöglich sofort automatisch irgendwo auf einem Artefakt-Repository publiziert wurde. Deshalb wird empfohlen, für Release-Tags eine vierte Zahl in der Versionsnummer zu verwenden. So kann nach einem Fehlversuch beim Erstellen eines Releases eine neue Version mittels Inkrements der vierten Zahl erstellt werden.

Sourcecode wird im Repo auf verschiedenen Ästen (englisch **Branches**) abgelegt. Auf dem Hauptast (englisch **Trunk**) erfolgt die Weiterentwicklung, auf den Nebenästen (Branches) werden Patches für bestehende Releases umgesetzt. Typischerweise werden Änderungen auf einem Branch (Patch) jeweils auch in den Hauptast gemergt. Ein anschauliches Beispiel für Release-Tags und Branches findet sich in Abbildung 18.1.

Es muss selbstverständlich sichergestellt sein, dass regelmäßig ein Backup der Versionsverwaltung durchgeführt wird. Entwickler sollten jedoch das Sourcecode-Repository nicht als Backupsystem benutzen, um den aktuellen lokalen Stand der Sourcen über Nacht zu sichern. Sie sollten hierfür ihr eigenes Backupsystem der lokalen Maschine einsetzen. Als Alternative können Entwickler ihren Workspace direkt auf einem durch die Firmen-Infrastruktur gesicherten Netzlaufwerk speichern, was jedoch sicher weniger zuverlässig und performant ist als die lokale Disk. Entwickler sollten nur Sourcen ins Repo schieben, die einwandfrei funktionieren und von anderen Entwicklern benutzt werden können, außer sie befinden sich auf einem Branch, der sonst von niemandem benutzt wird.

Bei der Entwicklung einer firmeninternen Library oder eines Frameworks empfiehlt es sich, ein Tool wie *OpenGrok* einzusetzen, das webbasiert sehr einfach eine Suche über den aktuellen Stand vieler Sourcecode-Repositorys gestattet. So kann bei einer geplanten Schnittstellenänderung schnell ermittelt werden, welche Clients davon betroffen wären.

18.2.2 Binäre Artefakte

Binarys sollten nicht im Sourcecode-Repository abgelegt werden, sondern in einem speziell dafür eingerichteten Artefakt-Repository wie *JFrog Artifactory* (für Java und .NET) oder *Nexus* (für Java). Auch gängige Cloud-Anbieter stellen solche Systeme zur Verfügung. Das betrifft sowohl eigene Binarys als auch Librarys von Drittanbietern.

Sourcecode-Repos sind optimiert für textbasierte Files. Der Upload von Binarys würde solche Systeme ans Limit bringen. Außerdem entspricht es der Philosophie von Sourcecode-Repos, dort nur Quellen abzulegen, nicht aber aus diesen Quellen gebaute Artefakte.

18.2.3 Produkte

In den letzten Jahrzehnten fand in der Versionsverwaltung eine Evolution statt:
- Bis in die Neunzigerjahre wurden die Sources direkt auf ein gemeinsames Netzlaufwerk kopiert. Hierfür wurde manuell ein „Diff-Tool" verwendet, um keine Änderungen der Kollegen zu überschreiben. Das funktionierte natürlich nicht immer einwandfrei.
- *GNU CSSC* und dessen Nachfolger *RCS* waren die ersten echten Versionsverwaltungen.
- In Microsoft-Windows-Projekten wurde *MS Visual SourceSafe* eingesetzt. Wenn ein Entwickler an einer Datei arbeitete, so war diese für die Kollegen gelockt. Versionen wurden mit einem „Pin" (entspricht einem Tag) festgehalten. Der aktuelle Nachfolger ist *TFS* (Team Foundation Server).
- *CVS* (Concurrent Versions System) war ein sehr verbreitetes Repository (GNU). Einen Merge einer Datei konnte man durchführen, wenn eine neuere Version vom Server geholt wurde. Versionen wurden mit einem Label (Tag) festgehalten.
- *SVN* (Subversion) ist ein Nachfolger von CVS. Es unterstützt zusätzlich Atomic Commit, Renames und Verzeichnisse. Leider ist es in der Praxis nicht einfach, einen stabilen Client zu finden, der in einer IDE integriert werden kann. *TortoiseSVN* ist ein bekannter Standalone-Client für Subversion.
- IBM *Telelogic CM Synergy*, auch bekannt als *Continuus*, war eines der ersten Repositorys, das jeden Entwickler in einem eigenen Branch arbeiten ließ. Bei einem Release musste ein sogenannter Integrator in einer groß angelegten Aktion all diese Branches zusammenführen.
- IBM *Rational Team Concert*, basierend auf *JAZZ*, sollte eine „eierlegende Wollmilchsau" sein. Es stellt nicht nur ein Repository zur Verfügung, sondern gleich auch noch ein Issue-Tracking-System und Projektmanagementwerkzeuge. Aber in jedem dieser einzelnen Bereiche gibt es heutzutage gute Alternativen.
- *Mercurial*, auch *Hg* genannt, ist eines der ersten verteilten Repository-Systeme. Auf jedem Rechner wird lokal das komplette Repository abgelegt. Dadurch steigt die Performanz der Operationen, und die Entwickler können auch ohne Netzwerkzugriff arbeiten. Typischerweise wird jedoch weiterhin ein zentrales Repository aufgesetzt, aus welchem das System für Continuous Integration die Sources bezieht. Branching und Merging wurde im Vergleich zu älteren Repositorys stark vereinfacht.

– *Git* ist das aktuell am meisten benutzte System. Es wird in Kapitel 18.2.4 genauer betrachtet.

Es herrscht nach wie vor großes Potenzial in der Vereinfachung der Versionsverwaltungen. Die Tools sind zwar schneller, mächtiger und flexibler geworden, aber nicht unbedingt einfacher im Vergleich zu früher.

18.2.4 Git

Die Umsetzung von Git wurde durch den Erfinder von Linux, Linus Torvalds, initiiert. Es handelt sich um ein verteiltes Repository, das keinen zentralen Server benötigt. Trotzdem wird in der Praxis ein zentrales Repository eingerichtet. Das Branching-Konzept wurde hier umfänglich und doch einfach bedienbar umgesetzt. Zudem besticht Git durch seine hohe Geschwindigkeit. Sourcen werden mit **Commit** via einen Index (Stage) vom Workspace auf das lokale Repository gebracht, von dort mit **Push** auf ein Remote Repository. Mittels **Fetch** holt man sich die aktuellsten Sourcen von einem Remote Repository, und mit **Pull** erhält man sie direkt im lokalen Workspace. Ein neues Projekt lässt sich mit **Init** aufsetzen, ein bestehendes mit **Clone** lokal installieren.

Änderungen (Commits) auf einem Branch müssen häufig in einen anderen Branch kopiert werden, zum Beispiel wenn die aktuellsten Commits im Main-Branch in einen Feature-Branch gebracht werden sollen, oder wenn neueste Commits eines Remote-Branches in den lokalen gepullt werden, oder wenn ein Feature-Branch nach einem Review in den Main Branch einfließen kann. Hierfür stehen zwei Möglichkeiten zur Verfügung: Mit einem **Rebase** wird ein übersichtlicher sequentieller History-Pfad der Commits erzeugt. Aber werden danach mit einem *„push –force"* remote bestehende Commits durch neue ersetzt, verärgert man damit Arbeitskollegen, die auf demselben Branch arbeiten. Beim **Merge** hingegen entstehen parallele History-Pfade, die in einen neuen Commit münden. Das ist weniger fehleranfällig in der Zusammenarbeit im Team, führt aber zu unübersichtlichen Darstellungen aller Commits, die zum aktuellen Stand beigetragen haben.

Mittels **Checkout** kann der Programmierer einen Branch vom lokalen Repository in den Workspace kopieren. Das ist vor allem bei Reviews wichtig. Wenn das Projekt auf mehrere Repos verteilt ist, sollten Feature-Branches in allen Repos erstellt werden, auch wenn die Änderungen nur in einem stattfinden. Dies gewährleistet beim Checkout, dass alles zusammenpasst. Allfällige Datenbank-Migrationen müssen aber nach dem Wechsel auf einen anderen Branch manuell berücksichtigt werden. **Cherry-Pick** ist ein Feature, welches erlaubt, einzelne Commits eines anderen Branches zu holen. Git kann in der Shell, in der IDE (zum Beispiel in Visual Studio Code mit der Extension *Git Graph*) oder in separaten GUI-basierten Clients wie *SourceTree* bedient werden. Standardliteratur für Git ist das Buch *„Pro Git"* von Scott Chacon und Ben Straub, online zu finden auf https://git-scm.com/book [72].

GitHub ist ein Git-basiertes Portal für das Ablegen von Open Source. Gegen Bezahlung kann dort auch kommerzielle Software gespeichert werden. Unternehmensintern kann ein eigenes Repository aufgebaut werden, zum Beispiel mit dem freien *GitLab* (früher bekannt als *Gitorious*) oder mit dem kommerziellen *BitBucket* von Atlassian (früher bekannt als *Stash*). Beide bieten ihre Dienste gegen Bezahlung auch online an. *Gerrit* ist ein Review-Tool, das zuverlässig mit Git integriert werden kann. Es ist nichts anderes als ein herkömmliches Git-Repo, welches Commits, die noch nicht durch den Review freigegeben wurden, auf separaten Branches speichert. Reviews lassen sich auch direkt mit GitHub, GitLab und BitBucket organisieren. Die Bitte um Review und Code-Übernahme wird auf GitHub und BitBucket „Pull Request" genannt, auf GitLab „Merge Request". Mehr Informationen zu Code-Reviews sind in Kapitel 19.5.2 zu finden. Alle drei Systeme bieten CI/CD-Funktionalität an.

Verschiedene Regelwerke schlagen vor, wie Git im Alltag am besten zu verwenden ist:

- **GitFlow** schreibt vor, mit Branches für Features, Releases und Hotfixes zu arbeiten, neben dem Develop Branch (Hauptast) und dem Master Branch (welcher nur Tags umfasst). Dieses Regelwerk wird von Vincent Driessen erklärt auf http://nvie.com/posts/a-successful-git-branching-model [73].
- **GitLab Flow** basiert auf dem Produkt GitLab. Jede Umgebung und jedes Feature erhält einen eigenen Branch, dafür existieren keine Develop und Master Branches, nur noch ein Main Branch.
- **GitHub Flow** basiert auf dem Produkt GitHub und schreibt vor, mit Feature Branches zu arbeiten, welche über einen Pull Request in den Main Branch einfließen.

18.3 Umgebungen

18.3.1 Von der Entwicklung bis zur Produktion

Die Artefakte eines Builds können auf verschiedenen Laufzeitumgebungen installiert werden, zum Beispiel auf dem Rechner des Entwicklers, auf einem Integrationsserver, der jede Nacht automatisch aktualisiert wird, auf einer Systemtestumgebung für interne Releases, auf dem Produktionstest für Release-Kandidaten (Staging) und schließlich auf dem Produktionssystem. Die Umgebung für den Produktionstest sollte so ähnlich wie möglich zur Produktionsumgebung gestaltet sein. Die Umgebungen unterscheiden sich primär darin, ob Debug- oder Release-Versionen der Binarys erstellt werden, auf welchem Level das Logging eingerichtet ist (typischerweise „Info" in der Entwicklung, „Warning" in der Produktion), und wie die Zugriffsdaten für verwendete Dienste wie etwa Datenbanken lauten. Umgebungen können entweder im eigenen Netzwerk oder in der Cloud aufgesetzt werden.

Die Verwendung von Containern wie *Docker* vereinfacht den Umgang mit verschiedenen Umgebungen erheblich, wie in Kapitel 7.4 beschrieben wird. Container eignen sich für die Datenbank und die Laufzeitumgebung wie etwa .NET Core, Java OpenJDK, Python oder Node.js. Moderne IDEs bieten entsprechende Unterstützung für Deploy, Start und Debugging der eigenen Applikation in Containern auf der lokalen Entwicklungsmaschine an. In Test- und Produktionsumgebungen werden Container ebenfalls verwendet. Bei größeren Projekten kommt jeweils ein Container-Management-System wie *Kubernetes* zum Zuge, auch in der Cloud.

Typischerweise speichern Applikationen ihre Daten nicht nur in Datenbanken, sondern auch direkt in Dateien. In der Cloud werden hierfür Dienste wie *AWS S3* oder *Azure Blob Storage* verwendet. Diese Dienste lassen sich gut in der lokalen Entwicklungsumgebung emulieren mit Tools wie *LocalStack* oder *Azurite*.

18.3.2 Fallbeispiel Konfigurations- und Releasemanagement

Abbildung 18.1 zeigt ein Fallbeispiel für Konfigurations- und Releasemanagement. Es handelt sich um eine Software, die zuoberst in der Abbildung mit Version 3.2.3 produktiv ist. Gleichzeitig wird das System weiterentwickelt, mit dem Ziel, in zwei Iterationen (3.4 und 3.5) eine erweiterte Version auf die Produktion zu stellen. Während der Weiterentwicklung muss die aktuelle Version dringend gepatcht werden. Dies geschieht in der Entwicklung auf einem Hotfix-Branch mittels Version 3.2.4, die vor der Produktivsetzung noch auf dem Produktionstest überprüft wird. Gleichzeitig wird auf der Systemtestumgebung die erste Iteration (3.4.0) getestet. Die Tests werden jedoch durch einen Fehler blockiert, so muss Version 3.4.1 auf einem Release-Branch nachgeliefert werden. Der Bugfix wird auf den Hauptast gemergt, damit der Fehler auch bei der nächsten Iteration (3.5.0) nicht mehr auftritt. Nachdem in Release 3.5.0 im Systemtest noch ein Fehler aufgetreten ist, kann schließlich Version 3.5.1 live gehen. Version 3.5.1 wandert von der Systemtestumgebung via Produktionstest (Staging) zur Produktionsumgebung. Die nächsten Erweiterungen sind größeren Ausmaßes und sollen mit Release 4.0 in Produktion gehen. Gleichzeitig muss die aktuelle produktive Version (3.5.1) gepatcht werden mit Version 3.5.3. Der aktuellste Stand der Entwicklung (SNAPSHOT) kann bei Bedarf in einem Nightly Build automatisiert auf eine zusätzliche Umgebung wie einen Integrationsrechner (nicht im Bild) gespielt werden.

18.4 DevOps

Unter dem Begriff **DevOps** versteht man generell die Zusammenarbeit zwischen der Softwareentwicklung und der Systemadministration, die für den Betrieb zuständig ist. Schwerpunkt ist die Bereitstellung der Infrastruktur für die verschiedenen benötigten Umgebungen. Dies beinhaltet auch die Ermöglichung eines einfachen **Deployments** im Rahmen von **CI/CD** (Continuous Integration und Continuous Delivery, siehe Kapitel 19.4), damit schnell auf Kundenbedürfnisse reagiert werden kann.

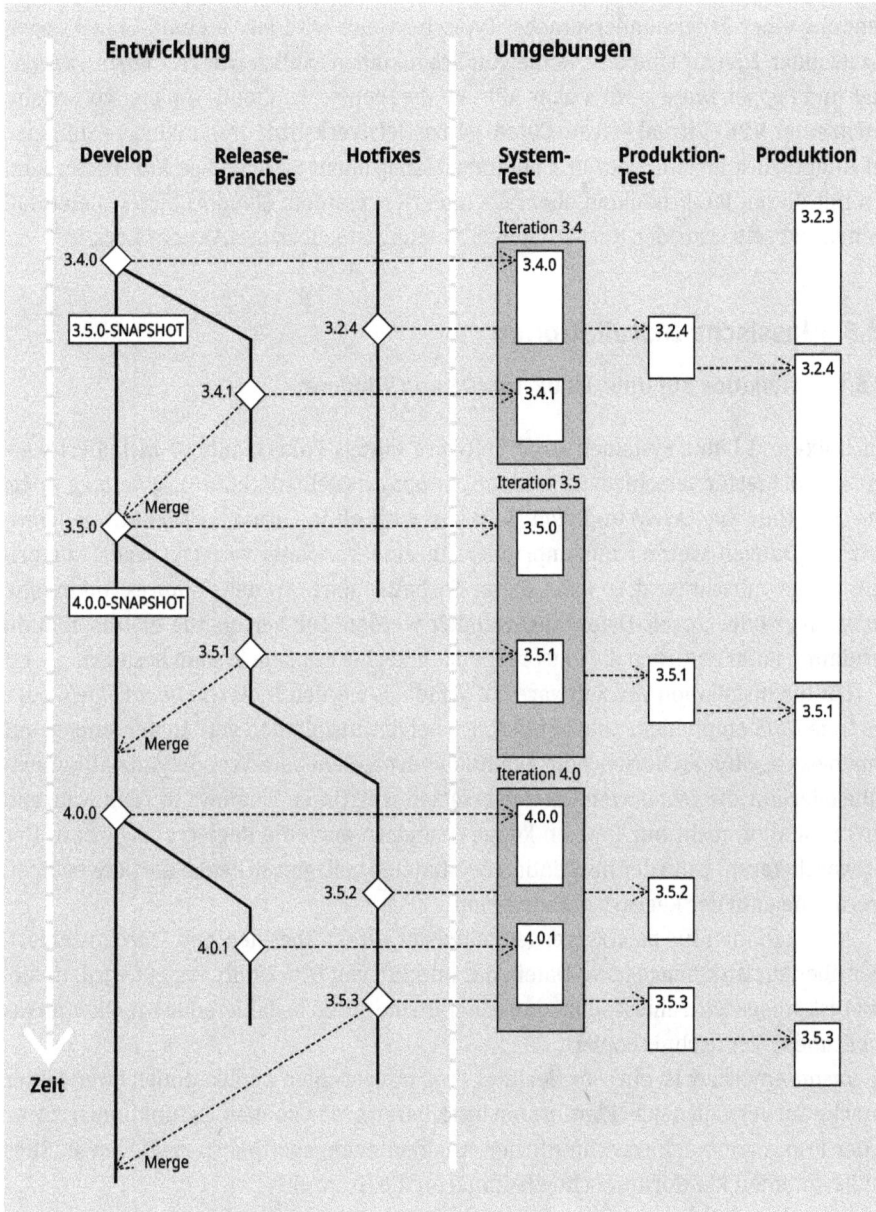

Abb. 18.1: Fallbeispiel Konfigurations- und Releasemanagement.

Die Bereitstellung von Server-Infrastrukturen erfolgte früher manuell durch die Systemadministration. Inzwischen ist das Prinzip des **IaC** (Infrastructure as Code) weit verbreitet. Das für die Software benötigte Netzwerk und die auf den einzelnen Knoten erforderlichen Komponenten werden automatisiert installiert, definiert mit der Verwendung einer Programmiersprache. Typischerweise wird IaC in Cloud-Umgebungen angewendet. Hierfür sind eine Reihe von Produkten erhältlich wie *Terraform*, *Ansible*, *Chef* und *Puppet*. Diese greifen über APIs auf die Dienste der Cloud-Anbieter zu. So können in einer **VPC** (Virtual Private Cloud) ganze Netzwerkstrukturen inklusive Subnetze auf Knopfdruck erstellt werden. Container-Management-Systeme wie *Kubernetes* können mit diesen IaC-Produkten ebenfalls integriert werden. Cloud-Anbieter bieten IaC auch direkt selber an, der Nachteil dieser Nutzung ist jedoch der „Vendor Lock-In".

18.5 Klassische Installationen

18.5.1 Installation auf Unix, Linux, macOS und Windows

Auf Unix- und Linux-Systemen kann Software mittels **Paketmanager** installiert werden. Es gibt hierfür verschiedene Systeme wie *apt-get* (Debian/Ubuntu), *dpkg*, *ipkg*, *opkg*, *rpm* (Red Hat), *yay* (Arch) und *yum*. Software wird oft in Form von **Tarballs** geliefert. Mehrere Dateien werden unkomprimiert in eine *.tar*-Datei verpackt. Falls Komprimierung gewünscht wird, so kann dieser Tarball je nach Art der Kompression in eine *.tar.z*, *.tar.gz* oder *.tar.zip*-Datei umgewandelt werden. Die Person, die die Installation vornimmt, muss natürlich die entsprechenden Rechte auf dem System besitzen.

Für die Installation von Software auf Windows werden Tools wie *InstallShield* oder das freie *NSIS* empfohlen. Eine große Frage bei der Installation von Anwendungen auf Windows ist, ob man vorher eine eventuell vorhandene alte Version ganz abräumen sollte oder nur die geänderten Dateien ersetzen will. Unter Windows werden während der Installation nicht nur Dateien kopiert, sondern auch die **Registry** angepasst. Der Softwarelieferant kann der Installation Reg-Dateien beilegen, in denen die notwendigen Operationen auf der Registry definiert sind.

Applikationen für macOS werden entweder direkt über den *App Store* installiert, oder über ein Disk-Image (*dmg*-Datei), das mithilfe von *Disk Utility* erstellt wird. In diesem Disk-Image wird eine Applikation geliefert, die die zu installierende Applikation ins *Applications*-Verzeichnis kopiert.

InstallAnywhere ist ein sehr flexibles Tool, mit welchem Applikationen irgendeiner Sprache auf verschiedenen Plattformen installiert werden können. Es funktioniert zwar in der Praxis gut bei durchschnittlichen Applikationen, aber bei Spezialfällen stößt es auf bestimmten Plattformen schnell einmal an die Grenzen.

18.5.2 Installation von Java-Applikationen

Java-Applikationen lassen sich auf folgende Arten installieren:
- *Web Start* ermöglicht den Download, die Installation und Upgrades einer Java-Applikation analog dem Mechanismus, wie ein Webbrowser mit Applets umgeht. Es setzt jedoch eine Installation von Java auf dem System des Benutzers voraus.

– Für jedes Betriebssystem kann eine eigene ausführbare Datei für die Installation angeboten werden. Sie beinhaltet eingebettet die von der Applikation benötigte Umgebung (JRE). Diese Variante kommt zum Einsatz, wenn eine Applikation auf dem Desktop beim Endbenutzer installiert wird.

– Alternativ kann der Softwarehersteller nur ein Artefakt ausliefern, zum Beispiel eine JAR-Datei, und davon ausgehen, dass der Benutzer die JRE selber separat installiert. Dies ist dann der Fall, wenn die Applikation auf einem Server läuft und durch geschulte Systemadministratoren installiert wird.

18.5.3 Installation auf eingebetteten Systemen

Auf eingebetteten Systemen kopiert man üblicherweise die ganzen Images auf den Flash-Speicher des Geräts. Dazu muss der **Bootloader** fähig sein, beim Booten zu erkennen, ob ein neues Image aufgespielt werden soll oder ob das System normal gestartet wird. Bei linuxbasierten Systemen erstellt man Images im entsprechenden Dateisystem-Format wie *JFFS2* und lässt den Bootloader (zum Beispiel *U-Boot*) übers lokale Netz (meistens via TFTP ohne Authentifizierung) die Images downloaden und installieren. Typischerweise erstellt man je ein Image für den Kernel (*/boot*) und für das Root-Dateisystem (*/root*).

Im Feld können Geräte auf verschiedene Weisen auf den neuesten Stand der Software gebracht werden. Via *Symmetric Image Update* (sowohl das neue als auch das alte Image befinden sich auf dem Gerät), *Asymmetric Image Update* (auf dem Gerät befinden sich ein Recovery OS und das neue Image) oder *Atomic File Update* (nur einzelne Dateien werden erneuert, nie das ganze Image).

19 Qualitätssicherung

19.1 Testarten

Das Ziel der Qualitätssicherung (englisch **QA** für *Quality Assurance*) ist, Fehler so früh wie möglich zu entdecken. Denn je später ein Bug gefunden wird, desto teurer wird es ihn zu beheben. Testen hilft, Fehler zu finden. Aber es lässt sich nie beweisen, dass keine Inkorrektheiten mehr existieren. Idealerweise sollte möglichst viel automatisiert getestet werden, auch wenn manuelle Tests durch menschliche Benutzer immer nötig sind.

Es gibt zwei Philosophien: **White-Box** und **Black-Box**. Beim White-Box-Testing kennt der Tester die internen Details der Software. Beim Black-Box-Testing sind nur die Schnittstellen zur Software bekannt, nicht aber die Innereien. Diese beiden Vorgehensweisen können auf alle Testarten angewendet werden:

– **Smoke-Tests.** Sie werden manchmal auch **Basic Sanity Tests** genannt. Ihr Zweck ist, anhand einer kleinen Auswahl grundlegender Funktionen möglichst schnell herauszufinden, ob die Software grundsätzlich funktioniert.
– **Integrationstests.** Schwerpunkt ist die Überprüfung, ob die Module des Systems zusammenpassen.
– **Systemtests.** Hier geht es darum, die Erfüllung der funktionalen und nicht-funktionalen Anforderungen an das gesamte System zu testen. Unterschieden wird zwischen Testen von neuen Features und von bereits in früheren Versionen vorhandenen Funktionen (**Regressionstests**).
– **End-to-End-Tests.** Workflows werden über die GUI getestet.
– **Unit-Tests.** Einzelne Klassen und Komponenten werden getestet (siehe Kapitel 19.2.2).
– **Akzeptanztests.** Ausgewählte Endbenutzer bedienen und beurteilen die Benutzeroberflächen. Optional können sie dabei mit Kameras beobachtet werden.
– **Lasttests.** Das Testobjekt wird einer Extremsituation ausgeliefert, in der viele Aufrufe simuliert werden.
– **Monkey-Tests.** Das Testobjekt wird mit völlig zufälligen Interaktionen geprüft.
– **EMV**-Prüfung. Eingebettete Systeme müssen auch mit der Fragestellung getestet werden, ob sie unter elektromagnetischer Bestrahlung korrekt funktionieren.
– **Penetration-Tests.** Die Sicherheit des Systems wird überprüft, siehe Kapitel 17.8.3.

19.2 Testen

19.2.1 Testdrehbuch

Üblicherweise wird eine Reihe von **Testdrehbüchern** für die verschiedenen Arten von Tests erstellt. In der Praxis wird der Inhalt durch mehrere Personen in einem Wiki oder

https://doi.org/10.1515/9783111354774-019

einem speziellen Testwerkzeug (siehe Kapitel 19.2.4) geschrieben, sodass Korrekturen und Ergänzungen laufend mit wenig Aufwand angebracht werden können. Grundsätzlich werden bei jedem Testfall eine Vorbedingung definiert, eine Reihe von Aktionen und der SOLL-Zustand in der GUI und in der Datenbank. Solche Testdrehbücher werden normalerweise mithilfe des Anforderungskatalogs plus der detaillierten Spezifikationen des aktuellen Systems geschrieben und mit Screenshots illustriert. Testfälle entsprechen jeweils einem Anwendungsfall (Use Case). Sie müssen unabhängig voneinander ausführbar sein, sei es manuell oder automatisiert. Die Datenbank muss daher zu Beginn eines jeden Testfalls immer in einem genau definierten Zustand sein. Im Falle von White-Box-Tests sollte nach Aktionen im GUI der erwartete veränderte Zustand in der Datenbank überprüft werden.

Im Verlauf eines Projekts ändern sich die Testobjekte ständig. Die Pflege der Testdrehbücher und der automatisierten Tests erfordert viel Aufwand. Häufig werden diese im Projektstress vernachlässigt und deshalb nicht aktualisiert. Daher ist **exploratives Testen** auf eigene Faust durch die Tester unerlässlich. Sie müssen sich hierfür ein entsprechendes Grundwissen über die Software aneignen, finden dafür aber auch mehr Fehler.

19.2.2 Unit-Tests

Ziel der Unit-Tests ist es, einzelne Module (also Klassen oder Komponenten, siehe Kapitel 8.2.1) automatisiert zu testen. Die Tests laufen ohne Laufzeitumgebungen und werden typischerweise während des Builds durchgeführt, sowohl auf der Maschine der Entwickler als auch auf dem Server für Continuous Integration. Die Philosophie des **Test Driven Developments** (TDD) von Kent Beck empfiehlt, die Unit-Tests zu schreiben, bevor der zu testende Code geschrieben wird. In der Praxis sieht man das selten. Es ist jedoch sicher sinnvoll, die Tests wenigstens während des Schreibens von Code zu programmieren und nicht erst anschließend. Die Abdeckung (*Coverage*) durch Unit-Tests sollte in der Praxis mindestens 80 % groß sein. In Unit-Tests wird nach der Ausführung von bestimmten Funktionsaufrufen mittels **Assertions** überprüft, ob erwartete Bedingungen erfüllt werden oder nicht.

In der Java-Welt ist *JUnit* (mit Assertion-Library *AssertJ*) die Basisinfrastruktur für Unit-Tests, in .NET *xUnit* und *NUnit*, in JavaScript *Jest* (vor allem für React), *Jasmine* (mit Task-Runner *Karma*, vor allem für Angular) und *Mocha* (mit Assertion-Library *Chai*, für Node.js).

Damit die Größe des zu testenden Codes eingeschränkt werden kann und nicht unnötigerweise alle importierten Klassen einer Klasse oder Komponente gleich mitgetestet werden, können vom Testobjekt benutzte Instanzen durch **Mocks** ersetzt werden, also durch Dummy-Objekte. Man implementiert ein speziell für den aktuellen Unit-Test gewünschtes Verhalten der Methoden des Mocks. In der Java-Welt wurde früher *JMock* verwendet, dann *EasyMock*, heute *Mockito*. Default-Mock-Objekte wie Servlets,

SQL oder I/O-Interfaces stehen zur Verfügung. Mit Tools wie *Wiremock* können auch Mocks kompletter Webserver erstellt werden. Manchmal ist es sinnvoll, **Spy**-Objekte zu verwenden, wenn ein Objekt nicht gemockt werden kann. Auf diese Weise wird ein echtes Objekt instanziiert, bei welchem der Programmierer eigenen Testcode in die Methodenaufrufe einhängen kann.

19.2.3 Automatisierte Systemtests

Um das Testen eines komplexen Systems zu automatisieren, erstellen die Programmierer zuerst einen **Test-Harness**. Das ist eine zusätzliche Schicht, die auf der zu testenden Software gebaut wird und eine systemspezifische API anbietet, auf welcher dann Testfälle geschrieben werden können. Diese API abstrahiert die echten Schnittstellen des Systems wie zum Beispiel RESTful APIs. Im Falle eingebetteter Systeme können auch Hardware-Schnittstellen abgebildet werden, sowohl mittels Emulation mit einem Produkt wie *QEMU* oder auch mittels physischer Hardware, die mit dem Test-Harness verbunden wird. Die Ausführung der Automation kann über denselben Mechanismus wie Unit-Tests umgesetzt werden, auch wenn es sich logisch gesehen nicht um Unit-Tests handelt. Ein gutes Beispiel ist das Jakarta-EE-Test-Framework *Arquillian*.

Bei einfacheren Systemen wie Webapplikationen setzen automatisierte Testfälle in der Praxis direkt auf den Schnittstellen des Testobjekts auf. Dies kann im Rahmen von **End-to-End-Tests** über die GUI geschehen, zum Beispiel mithilfe von *Selenium*. Als einfachere Alternative dienen **API-Tests** unter direkter Nutzung der RESTful API, zum Beispiel mithilfe von *Newman*. Newman ist ein Command-Line-Tool für den Aufruf von HTTP-Requests. Weil es auf Node.js basiert, lässt es sich auch gut als Library in Testfällen, die mit JavaScript geschrieben sind, integrieren. Beim Auftreten von Fehlern in einem Testlauf können die Aufrufe für die Analyse einfach manuell mit *Postman*, der GUI-Variante von Newman, reproduziert werden. Die Datenbank sollte vor jedem Testfall frisch initialisiert werden, typischerweise über das Einspielen eines SQL-Dumps.

Automatisierte Systemtests können im Rahmen von CI/CD automatisch nach dem Build und Deploy eines Systems ausgeführt werden. Sie ersetzen aber nicht das manuelle explorative Testen während des Projektverlaufs, weil sich die Testobjekte laufend verändern und die Tests oft nicht sofort angepasst werden.

19.2.4 Testwerkzeuge

Für das Testen von Software sind viele Tools erhältlich. Hier werden nur einige wenige aufgezählt:
- *HP Quality Center* (auch bekannt als *HP-ALM*) dient unter anderem der Verwaltung von Testdrehbüchern.
- *Mercury Interactive Tools*, bestehend aus *LoadRunner* und *WinRunner*.

– *Rational TestManager* ist eine Testplattform, welche nahtlos mit anderen Werkzeugen von Rational zusammenpasst.
– *Segue Silk Tools*, bestehend aus *Silk4J* und *Silk4Net*.

Um Webapplikationen zu testen, stehen verschiedene Tools zur Verfügung:
– *Cypress* ist ein JavaScript-UI-Testing-Tool, das innerhalb des Browsers läuft.
– *JMeter* ist ein Tool, um Webapplikationen auf HTTP-Level zu testen.
– *Locust* ist eine auf Python basierende Plattform für die Ausführung von Lasttests. Auf demselben Rechner können große Mengen künstlicher Clients definiert werden, die HTTP-Requests auf den zu testenden Server absetzen.
– *Selenium* ist ein Tool, um echte Browser zu automatisieren. Es läuft außerhalb des Browsers und kann benutzt werden, um Webapplikationen automatisiert mithilfe eines Recorders (Aufnahmegerät) zu testen. Cloudbasierte Test-Plattformen wie *LambdaTest* und *BrowserStack* bauen auf Selenium auf.
– *WebTest* (Open Source) ist ein Framework, das einen Browser simuliert. Testfälle werden mit Ant oder Groovy beschrieben.

Testteams müssen sich entscheiden, welche Hardware für das Testen gekauft werden muss und welche Geräte als Service in sogenannten „Device Labs" gemietet werden können. Vor allem im mobilen Bereich kann es sinnvoll sein, mit anderen Unternehmen zusammen einen gemeinsamen Testpark zu benutzen. Beim Testen von Webapplikationen muss die Vielzahl erhältlicher Browser berücksichtigt werden, siehe Kapitel 7.6.2.

Die Infrastruktur muss verschiedene Umgebungen anbieten. Typischerweise richtet man eine Systemtestumgebung ein, um interne Releases zu testen. Eine Produktionstestumgebung (Staging) wird benötigt, um Release-Kandidaten zu testen, bevor sie auf die Produktionsumgebung gestellt werden. Ferner sind in der Praxis Integrationsumgebungen beliebt für das automatisierte Aufspielen von Nightly Builds. Kapitel 18.3 befasst sich mit den verschiedenen Umgebungen. Es ist von Vorteil, auf den Testumgebungen Firewall und Antivirus auszuschalten, damit man möglichst das reine Verhalten des Testobjekts überprüfen kann, ohne irgendwelche Nebenwirkungen. Für das Testen werden natürlich die entsprechenden Rechte auf dem System benötigt.

19.3 Issue-Tracking

19.3.1 Umgang mit Issues

In Softwareprojekten werden laufend neue **Issues** erfasst. Sie müssen in einem Issue-Tracking-System festgehalten werden. Die Einteilung erfolgt typischerweise in folgende Kategorien: Implementation, Improvement, Bugfix oder Analyse. Im Issue-Tracking-System werden die Issues geschätzt, präzisiert, priorisiert und eingeplant. Das Testteam

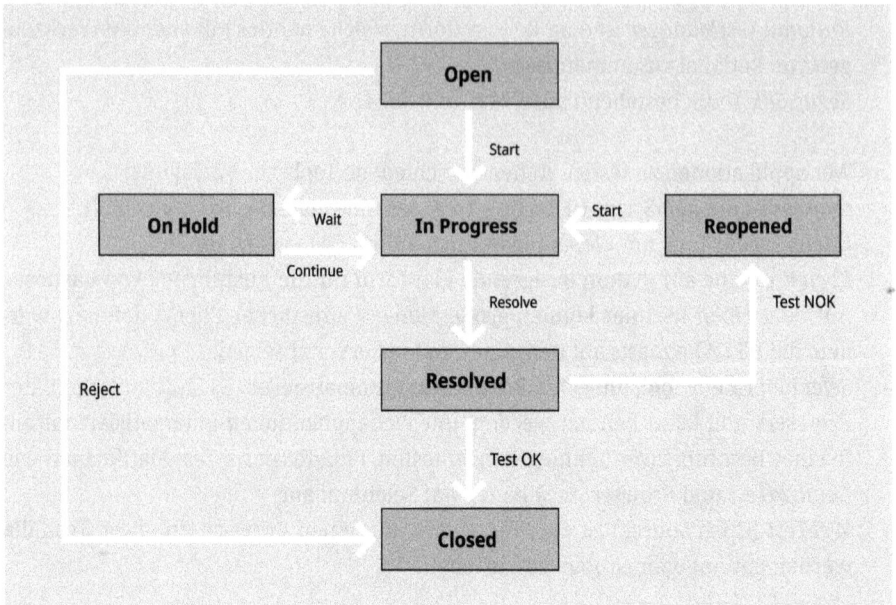

Abb. 19.1: Die State-Machine eines Issue-Tracking-Systems.

erhält so ein Werkzeug, mit welchem nachvollziehbar ist, welche Issues in welcher Version umgesetzt wurden.

Das Issue-Tracking ist als State-Machine organisiert. Typische Zustände eines Issues sind „Open", „In Progress", „Resolved", „Reopened", „On Hold" und „Closed", wie in Abbildung 19.1 dargestellt wird. Je nach Komplexität des Projekts kann diese State-Machine beliebig erweitert werden. Wenn ein Issue in Bearbeitung ist, sei es bei der Erfassung, bei der Umsetzung oder im Test, so wird es immer einer bestimmten Person zugewiesen. So ist nachvollziehbar, wer wann welche Tätigkeit an welchem Issue durchführt. In der Praxis entsprechen die Issues den Tasks auf dem Scrum-Board (siehe Kapitel 2.2.5).

Neue Features werden häufig als Analyse-Issue erfasst, unabhängig davon, ob es sich um ein im Projekt geplantes Feature oder um einen Change Request (CR) handelt. Hier werden fachliche Anforderungen und technische Konzepte beschrieben, als iterative Erweiterung der ursprünglichen Spezifikationen (siehe Kapitel 3.1.3). Basierend darauf werden anschließend Implementation-Issues erfasst. Auch wenn gewisse Issue-Tracking-Systeme Hierarchien für Issues unterstützen, so ist es in der Praxis einfacher, die Issues flach zu verwalten, und die Tasks nicht den Scrum-Storys unterzuordnen. Kleine Verbesserungen wie Änderungen von Labels in der Benutzeroberfläche werden in der Praxis als Improvement-Issue erfasst.

Falls in einem Release ein neuer Fehler entdeckt wird, sollte ein neues Bugfix-Issue erfasst werden. Neu entdeckte Fehler müssen gut beschrieben werden, sodass sie einfach reproduzierbar sind. Die Aktivitäten der testenden Person bis zum Auftreten des

Problems müssen für die Programmierer exakt nachvollziehbar sein, um den Bug zu finden und beheben zu können. Eine Logdatei kann dabei sehr hilfreich sein. Es muss festgehalten werden, auf welcher Plattform der Fehler mit welcher Version des Testobjekts aufgetreten ist. Screenshots können mit Tools wie *SnagIt* erzeugt werden, um den Hergang zu veranschaulichen. Falls ein Issue in einem noch nicht veröffentlichten Release fehlerhaft implementiert wurde, kann das Testteam den Issue wieder öffnen und dem Entwickler zurückweisen („Reopen").

19.3.2 Change Control Board (CCB)

In großen Projekten bietet es sich an, ein **Change Control Board** (CCB) zu gründen. Das CCB ist eine Gruppe von Mitarbeitern aus dem Business (Produktmanager), aus der Qualitätssicherung, aus der Projektleitung und aus der Technik, die sich regelmäßig trifft, um zu entscheiden, welche Issues mit welcher Priorität umgesetzt werden sollen. Die Schätzung und Planung der Issues erfolgt in anderen Gremien.

19.3.3 Produkte

Für das Issue-Tracking gibt es verschiedene Produkte. Es folgt eine kleine Auswahl:
- *Asana* dient für die Verwaltung von IT-Supportanfragen.
- IBM Rational *ClearQuest* lässt sich gut mit anderen Produkten von Rational integrieren.
- *Telelogic Change Synergy* ist ein kommerzielles Tool.
- *Bugzilla* ist ein inzwischen veraltetes Issue-Tracking-System (Open Source). Schwachstelle ist die Sicherheit des Systems. *MantisBT* (Open Source) ist der verbesserte Nachfolger.
- *JIRA* ist ein kommerzielles Issue-Tracking-System von Atlassian und enthält ein elektronisches Scrum-Board. Softwareunternehmen können auch eigene Plugins schreiben, wie zum Beispiel die Anbindung an ein Zeiterfassungssystem.
- *Trello* ist ein Board von Atlassian, weniger schwergewichtig als JIRA.

19.4 Continuous Integration

Das Ziel von **Continuous Integration** ist, den Entwicklern möglichst rasch und automatisiert Feedback bezüglich der Qualität des frisch geschriebenen Codes zu geben. Commit-Hooks überwachen vor jedem Commit ins Repository die Einhaltung von Programmierrichtlinien, die in Kapitel 12.1.3 behandelt werden. Nach jedem Push ins Repo wird typischerweise automatisch ein Build ausgeführt, inklusive Unit-Tests. Die Testabdeckung (Coverage) wird dabei überprüft. Falls dieser Build schiefgeht, wird der Autor des Commits per E-Mail informiert. Über Nacht werden jeweils „Nightly Builds" erstellt, welche alle Artefakte einer kompletten Installation des Systems bereitstellen, also zum Beispiel Installationsskripte oder Docker-Images. In der Praxis werden diese Builds automatisiert auf einer Integrationsumgebung installiert, um sofort automatisierte Systemtests laufen zu lassen und am nächsten Tag manuelle Tests durchzuführen.

Verschiedene Tools ermöglichen, mit wenig Aufwand Continuous Integration zu betreiben. Typischerweise werden „Build Pipelines" konfiguriert, die jeweils einen Job über verschiedene Stages hinweg ausführen. Diese Jobs laufen auf Rechnern, die zur Verfügung gestellt werden müssen, sei es lokal On-Premises oder in der Cloud. Immer häufiger werden hierfür Container benutzt. So lassen sich nicht nur Builds und Unit-Tests automatisiert ausführen, sondern auch Integrationstests, wenn die zu testende Applikation in Containern läuft. Hier wird eine Auswahl von CI-Produkten präsentiert:

- Jenkins kann kostenlos im eigenen lokalen Netzwerk (On-Premises) betrieben werden. Es kann auch als Cloudservice benutzt werden wie zum Beispiel bei *CloudBees*. Die Konfiguration erfolgt mit der Skriptsprache *Groovy*. Damit werden Builds verschiedener Plattformen (Maven und Gradle für Java, Make für C/C++, MSBuild für .NET) aufgerufen. Das Buch *„Jenkins: The Definitive Guide"* von John Ferguson Smart [74] bietet eine gute Einführung an.
- JetBrains *TeamCity* kann in der Cloud und On-Premises benutzt werden.
- *Circle CI* ist ein weiteres CI/CD-Produkt.
- Das System *GitLab* enthält sowohl in der Cloud als auch On-Premises CI/CD-Funktionalität.
- Die Plattform *GitHub* bietet online ein integriertes CI/CD an.
- Atlassian bietet in der Cloud-Version von *BitBucket* integriertes CI/CD an. *Bamboo* ist das On-Premises zu wählende Produkt.

Die Automatisierung des Builds durch Continuous Integration ermöglicht es, ohne großen manuellen Aufwand im Bedarfsfall schnell einen Release ausliefern zu können. Das wird **Continuous Delivery** genannt. Man spricht deshalb auch von **CI/CD** (Continuous Integration und Continuous Delivery). In diesem Bereich wurden in den letzten Jahren unter dem Begriff **DevOps** große Fortschritte gemacht (siehe Kapitel 18.4).

19.5 Qualitätsbeurteilung

19.5.1 Softwaremetrik

Metriken versuchen, den Zustand einer Software zu messen. Unter anderem soll damit auch die Qualität eines Systems beurteilt werden. Es gibt verschiedene Kriterien, nach denen Messwerte ermittelt werden können:

- Lines of Code (LoC)
- Anzahl Fehler pro LoC

- Anzahl Fehler pro Tag in der Produktion
- Geschätzter und tatsächlicher Aufwand pro Issue
- Anzahl LoC pro Klasse und pro Methode in der objektorientierten Welt
- Einhaltung von Programmierrichtlinien, ausgedrückt durch die Anzahl Meldungen von überwachenden Tools
- Zufriedenheit der Projektmitarbeiter und der Kunden

Um Softwaremetriken zu erstellen, gibt es verschiedene Werkzeuge wie *Telelogic Logiscope* von IBM (für diverse Sprachen), *QUALMS metric tool* (für C) oder *PC-Metric* von SET Laboratories, Inc. (für C).

19.5.2 Code-Reviews

Der Nutzen von **Code-Reviews** ist vielseitig. Die Verteilung des Know-hows führt zu Zeitersparnissen bei Wartung und Erweiterung des Codes. Wenn mittels eines Code-Reviews Fehler entdeckt werden, so ist die Behebung günstiger, als wenn das Problem erst später beim Testen bemerkt wird. Geprüft werden Korrektheit, Robustheit, Erweiterbarkeit und Verständlichkeit des Codes sowie die Einhaltung der Programmierrichtlinien. Code-Reviews sind eine langfristige Investition. Kurzfristig verursachen sie Mehraufwand, aber langfristig zahlen sie sich aus.

Früher wurden Code-Reviews in Meetings durchgeführt, die typischerweise etwa zwei Stunden dauerten. Der Autor stellte den Code etwa zwei oder drei Inspektoren vor. Man wählte hierfür zentralen Code aus, dessen Robustheit entscheidend war. Heutzutage werden Code-Reviews in vielen Projekten bei jedem Merge vom Feature-Branch in den Main Branch durchgeführt. Man kann das informell zusammen am Bildschirm machen, formell mithilfe der Versionsverwaltung wie *GitHub* oder *GitLab*, oder mit externen Tools wie *Crucible* oder *Gerrit*. Es ist wichtig, dass der zu überprüfende Code überschaubar ist. Entwickler sollten höchstens drei Tage Arbeit in ein Review verpacken. Das ist auch der Grund, warum Tasks in agilen Prozessen nicht länger als drei Tage Aufwand beinhalten sollten. Monster-Reviews, in welchen zwei Wochen Arbeit beurteilt werden muss, sind schwierig durchzuführen. Üblicherweise wird solcher Code einfach „durchgewunken", weil man keine Chance hat, ihn zu verstehen. *Webapp.io* ist ein weiteres Tool, das den Review-Prozess von Webapplikationen erleichtert, indem es mithilfe von Docker das aktuelle GUI gerade zur Verfügung stellt.

Neben Code können natürlich auch andere Dinge einem Review unterzogen werden, wie etwa Spezifikationen oder das projektspezifische Vorgehensmodell.

20 Dokumentation

20.1 Vorgehensweise

Dokumentation wird in den Projekten oft etwas vernachlässigt. Einige Leute sagen, der Code sei die Dokumentation. Darüber kann man sich streiten, auch wenn der Code mit Kommentaren versehen ist. Es macht zwar gewiss keinen Sinn, große Teile der Source-files nochmals separat zu dokumentieren; das wäre doppelte Arbeit. Aber ein Wegweiser, der auf die zentralen Stellen im Code hinweist, kann sehr nützlich sein. Außerdem müssen im laufenden Betrieb auch Leute, die keinen Einblick in die Sourcefiles haben, etwas von der Software verstehen. Wichtig ist dabei die Veranschaulichung der Themen anhand vieler Beispiele und Screenshots.

Es gibt verschiedene Arten der Dokumentation:

- **Betriebshandbuch** für den Hoster der Software. Hier wird beschrieben, wie die Software installiert und gestartet wird und wie der Zustand des Systems überwacht wird (Monitoring).
- **Release Notes.** Hier werden Details zum einzelnen Release festgehalten. Typischerweise wird der Inhalt aus dem Issue-Tracking-System ermittelt.
- **Benutzerdokumentation.** Hier wird beschrieben, welche Aktionen (Use Cases) in welchen GUIs durchgeführt werden.
- **Online Help.** Die Hilfe bezieht sich auf einzelne Elemente in den GUIs und kann kontext-sensitiv aufgerufen werden.
- **Systemhandbuch**, technische Dokumentation. Hier wird die Architektur beschrieben, siehe auch Kapitel 8.1.4.
- **Anforderungskatalog.** Hier werden alle Anforderungen grob festgehalten, siehe auch Kapitel 3.1.2.
- **Testdrehbuch.** Hier werden die Anleitungen für das Testen erstellt, siehe auch Kapitel 19.2.1.

Eine einheitliche Sprache ist für das ganze Projekt festzulegen. Alle Dokumente sollten in dieser Sprache geschrieben sein. Falls es sich dabei nicht um Englisch handelt, hilft die Erstellung eines Glossars mit Übersetzungen der Begriffe, die im Sourcecode und in den Datenbanken auf Englisch definiert werden. Jedes Dokument sollte versioniert sein; das kann über den Dateinamen geschehen. Üblicherweise wird ein Template verwendet, sodass alle Dateien ein einheitliches Format besitzen. Dazu gehört eine Auflistung aller Versionen des Dokuments, in welcher ersichtlich ist, welcher Autor in welcher Version welche Änderung vorgenommen hat. Bei der Verwendung von Referenzen auf andere Dokumente sollte immer auf eine bestimmte Version der Datei verwiesen werden.

Die Dokumentation kann auch im Rahmen des Requirements Engineering und der Softwarearchitektur in einem **Wiki** erstellt werden, siehe Kapitel 2.5. Daraus lassen sich Dokument-Dateien generieren. In Wikis können Änderungen von Inhalten gut nachvollzogen werden.

https://doi.org/10.1515/9783111354774-020

20.2 Tools

Für die Erstellung einer API-Dokumentation kann in der Java-Welt *JavaDoc* verwendet werden, welches aus den Java-Sourcen ein Dokument generiert. *Doxygen*, ein GPL-Tool, ist ähnlich wie *JavaDoc*, jedoch einsetzbar für verschiedene Programmiersprachen. *Doc-Book* ist ein XML-Schema, welches erlaubt, technische Dokumentation in XML-Dateien zu schreiben. Danach kann der Inhalt in verschiedene Formate transformiert werden, wie HTML, PDF oder Help. Benutzerhandbücher werden oft im PDF-Format mit Adobe Acrobat erzeugt oder mit einem entsprechenden Druckertreiber in einer herkömmlichen Textverarbeitung.

Häufig werden für die Dokumentation grafische Diagramme erstellt. Hierfür gibt es kommerzielle Tools wie Microsoft *Visio* oder die webbasierten *Gliffy* und *Lucidchart*. Als Alternative kann freie Software wie *Dia* oder *LibreOffice Draw* verwendet werden.

Für das Erstellen von Help kann in der Windows-Welt ein Tool wie *RoboHelp* von Adobe eingesetzt werden. In der Java-Welt kann die Hilfe in Form eines XHTML-Browsers, wie zum Beispiel den „Flying Saucer" in die Applikation eingebaut werden. Man kann aber auch einen externen HTML-Browser aufrufen. Eine weitere Möglichkeit ist die Benutzung der JavaHelp-API, welche einen „Help Viewer" zur Verfügung stellt.

20.3 Schulung

Schulungen müssen je nach Zielgruppe unterschiedlich gestaltet werden. Das technische Personal des Betriebs muss die Fähigkeit erhalten, bei Problemen mit der Software erste Maßnahmen ergreifen zu können. Bei serverbasierten Systemen reicht oft ein Neustart. Endbenutzer werden in der Praxis nicht direkt durch die Softwarehersteller geschult. Die Entwickler zeigen Trainern, wie das System funktioniert. Man nennt das „Train the Trainer". Diese Trainer führen danach mit dem Zielpublikum die eigentlichen Schulungen durch.

21 Aspekte im Betrieb

21.1 Monitoring und Reporting

Wenn die Software auf einem Applikationsserver läuft, muss der aktuelle Zustand des Systems mittels **Monitoring** überwacht werden. Eine historische Darstellung gewisser Eckdaten des Systems („Trends") wird mittels **Reporting** zur Verfügung gestellt. Es kann sich hierbei zum Beispiel um die Speicherbelegung oder die Anzahl gleichzeitiger Benutzer handeln. Diese Informationen werden üblicherweise aus Datenbanken und Logdateien zusammengetragen. Läuft die Software in der Cloud, stellen die Anbieter hierfür eigene Tools zur Verfügung. Auf dem Markt sind aber auch viele unabhängige Produkte vorhanden, von denen hier nur eine kleine Auswahl aufgeführt wird:

- *BMC Patrol & ProActiveNet* (kommerziell).
- *Microsoft SCOM* (kommerziell).
- *Munin* (Open Source) zeichnet Trends mehrerer Rechner auf, zum Beispiel deren Speicherverbrauch.
- *Nagios* (Open Source) kann Notifikationen senden, zum Beispiel wenn der Webserver down ist.
- *Splunk* (kommerziell).
- *Syslog Server* sammeln zentral Logs verschiedener Komponenten im Netzwerk.
- *Java JMX* dient dem Monitoring von Java-Applikationen.

Beim Betrieb eines Webservers kann die Analyse des Verhaltens der Benutzer sehr interessant sein. Dies kann helfen, die eigene Website zu optimieren. Das bekannteste Tool hierfür ist *Google Analytics*.

21.2 Organisation des Supports

Wenn die Software produktiv gesetzt wird, muss im Normalfall **Support** für die Benutzer organisiert werden. Es gibt verschiedene Support-Levels, typischerweise drei. Der erste Level ist die Anlaufstelle für Anwender, häufig ein Call-Center für einfache, immer wiederkehrende Fragen. Wenn diese Stufe nicht weiterhelfen kann, wird auf den zweiten Level verwiesen, normalerweise der Betreiber (Hoster) der Software, der bei Bedarf Hilfe des dritten Levels beansprucht, meistens ein Softwarelieferant, der einen Teil der Software entwickelt hat.

Unter **SLA** (Service Level Agreement) versteht man die garantierte Reaktionszeit sowie die Zeit, bis ein Problem analysiert wurde. Dies wird im Rahmen eines Supportvertrags festgelegt, welcher in Kapitel 1.3.3 behandelt wird. Verschiedene Optionen sind denkbar:

- Support während Bürozeiten bis zu 24/7/365-Support (rund um die Uhr)
- Support vor Ort, online oder telefonisch
- Fixer Betrag pro Jahr oder Verrechnung nach Aufwand

https://doi.org/10.1515/9783111354774-021

Support wird in der Praxis intern mit einem Issue-Tracking-System organisiert. So werden sämtliche Aktivitäten transparent festgehalten. Dies vereinfacht die Verrechnung der Aufwände. Fehlerbeschreibungen und Change Requests können auf diese Weise an die Entwicklungsabteilung weitergereicht werden, welche aber meistens mit einem separaten System arbeitet. Bei einem Schichtbetrieb erhalten alle im Support involvierten Personen die notwendigen Informationen eines Supportfalls, ohne von einem bestimmten Mitarbeiter abhängig zu sein. E-Mails und Telefonate werden dementsprechend im Issue protokolliert. Bei Bedarf kann in einer Support-Organisation mit einem Kanban-Board gearbeitet werden, welches in Kapitel 2.2.6 ausführlich beschrieben wird.

21.3 Update im laufenden Betrieb

Neue Versionen einer Software (Updates) werden früher oder später alte Versionen ablösen. Der Grund kann das Einspielen von Bugfixes im Rahmen einer Wartung sein, oder die Erweiterung des Systems mit neuen Features. Der laufende Betrieb muss bei einem Update aufrechterhalten werden, oder zumindest muss gesichert sein, dass der Betrieb nach einem Unterbruch fortgesetzt werden kann. Manchmal wird ein Parallelbetrieb mit dem alten und dem neuen System gefahren, wobei das Verhalten zur Kontrolle verglichen wird.

Die Vorgehensweise, um Updates einer Software von der Entwicklung bis in den produktiven Betrieb zu bringen, wird in Kapitel 18 behandelt. Oft müssen bei Updates Daten migriert werden (siehe Kapitel 15.3.2). Die Vorbereitung dieses Vorgangs kann mehrere Monate dauern, wenn es sich zum Beispiel um die Migration einer Bestandesverwaltung mit einer Million Versicherungspolicen handelt. Ein Fallback-Szenario muss definiert werden, falls die Migration misslingen würde.

Auf Seite des Softwareherstellers ist der Account Manager verantwortlich dafür, **Upselling** zu betreiben. Es geht darum, den Kunden im Betrieb aktiv zu begleiten, um das System bei Bedarf im Rahmen von neuen Projekten zu erweitern und zu verbessern.

22 Der Beruf des Softwareentwicklers

22.1 Der Arbeitsplatz

Der Arbeitsplatz ist ein Ort, an dem der Softwareentwickler einen großen Teil seines Lebens verbringt. Daher lohnt es sich, auf Ergonomie zu achten. Oft sieht man mehrere Bildschirme pro Person. Wenn nur ein einziger Bildschirm verwendet wird, handelt es sich häufig um einen, der mindestens 32 Zoll groß ist. Dadurch lassen sich IDE, das GUI der entstehenden Software sowie die Spezifikationen nebeneinander einrichten. Es empfiehlt sich, auf das richtige Scaling der Bildschirme zu achten, damit die Schrift die optimale Größe erhält. Tische, die in der Höhe verstellbar sind, ermöglichen eine angenehme Abwechslung zwischen Sitzen und Stehen. In kleinen Büros ist es ruhiger als in Großraumbüros, dafür sind die sozialen Interaktionen geringer. Regelmäßige Pausen sind wichtig; nicht nur, um Körper und Geist zu entspannen, sondern auch, um bei einem Kaffee oder Tee mit den Arbeitskollegen Informationen auszutauschen. Bei der Arbeit zu Hause im Homeoffice fehlt leider dieser zwischenmenschliche Kontakt.

Ständige Erreichbarkeit ist nicht zwingend. Ein gutes Projekt läuft auch dann, wenn man nachts das Mobiltelefon ausschaltet und am Wochenende die geschäftlichen E-Mails warten lässt. Teilzeitarbeit wird immer beliebter und ist in der Praxis kein Problem, wenn richtig geplant wird. Sogar die Projektleitung kann in vielen Fällen mit einem 80 %-Pensum bewältigt werden. Dadurch wird eine sinnvolle Work-Life-Balance gewährleistet.

In einem Team stellt sich immer die Frage, ob alle Mitglieder dieselben Rechnertypen mit demselben OS und derselben IDE verwenden sollen, oder ob jeder Entwickler seine Lieblingsoberfläche wählen darf. Eine einheitliche Entwicklungsumgebung für alle hat den Vorteil, dass Probleme einfacher von verschiedenen Personen reproduziert werden können. Andererseits bietet eine heterogene Umgebung die Chance, mehr Know-how über die Vielfalt von Hardware und Betriebssystemen aufzubauen.

22.2 Ethik

Vor dem Start in ein neues Projekt sollte man sich als Softwareentwickler fragen, ob man es mit dem eigenen Gewissen vereinbaren kann, am gewünschten System mitzuarbeiten. Was, wenn es sich um Waffensysteme oder Steuerungen von Atomkraftwerken handelt? Geht es um Software für die Überwachung der Bürger in einer Autokratie? Ist der Auftraggeber ein Unternehmen, das auf sozialer und ökologischer Ebene verantwortungsvoll handelt oder nicht?

Vielleicht möchte man ja in einem Projekt mitarbeiten, welches sich aktiv für eine bessere Welt einsetzt? Die Mitarbeit im Bereich Big Data Analytics für Naturwissenschaften kann der Menschheit helfen, die Umwelt besser zu verstehen. In der Gebäudeautomation oder bei Smart Grids herrscht ein großes Potenzial, mit Software den allgemeinen Energieverbrauch zu senken.

https://doi.org/10.1515/9783111354774-022

Aber auch in anderen Projekten bieten sich immer wieder Chancen, einen kleinen Beitrag für eine bessere Welt zu leisten. Bei manchen Projekten gibt es Algorithmen, die so effizient sind, dass für ihre Ausführung viel weniger Strom benötigt wird als mit anderen Methoden. Dieser Effekt ist nicht zu vernachlässigen: Nachdem die Suchmaschine von Google zum Beispiel die Verschlüsselung der Verbindungen mit SSL/TLS eingeführt hatte, stieg der Stromverbrauch der Firma massiv an, da die Server nun viel mehr rechnen mussten!

22.3 Ausbildung und Weiterbildung

Unterschieden wird zwischen drei Gattungen von Softwareentwicklern: Hochschul- und Universitätsabsolventen bezeichnen sich meist als **Softwareingenieure**, während sich im Beruf ausgebildete Fachleute oft **Informatiker** nennen. Daneben gibt es noch Quereinsteiger, die sich „on the Job" ihr Wissen angeeignet haben und sich üblicherweise **Programmierer** nennen.

Es gibt keine Silbergeschosse gegen Werwölfe, sagt Fred Brooks in seiner Schrift „*No Silver Bullet*" [75]. Damit meint er, dass es kein Allzweckmittel gibt für die Lösung von Problemen in der Softwareentwicklung. Stattdessen muss ständig neues Knowhow aufgebaut werden. Softwareentwickler müssen sich selbstständig weiterbilden. Die meisten vertiefen sich dabei in ausgewählten Fachgebieten, nur wenige sind Generalisten und nennen sich Full-Stack-Entwickler. Zu jedem erdenklichen Thema aus der Welt der Informatik finden sich Unmengen von Informationen in Literatur und Internet, wie zum Beispiel bei *heise.de* [76]. Aussagen auf *Wikipedia* sind eher mit Vorsicht zu genießen, weil nicht immer alles stimmt, was dort geschrieben wird. Neueste technologische Trends werden auf Plattformen wie *TechCrunch* präsentiert. Angesichts der unüberschaubaren Menge an Inhalten empfiehlt es sich, die Fähigkeit zu schulen, relevante Informationen herauszufiltern. Eine Technik wie „Speed Reading" hilft, die Übersicht über lange Texte zu gewinnen, verliert man sonst leicht zu viel Zeit mit unwesentlichen Themen. Know-how wird im Internet über Plattformen wie *Stack Overflow* oder auch *CodeGuru* ausgetauscht. Firmenintern kann man ebenfalls solche Frage-Antwort-Plattformen aufbauen, zum Beispiel basierend auf *Askbot*. Auf *YouTube* lassen sich viele gute Tutorials zu beliebigen Themen finden.

Natürlich bieten auch Kurse Gelegenheit zur Weiterbildung. Oracle offeriert verschiedene Zertifizierungen im Java-Bereich, Microsoft im .NET-Bereich. Auch für Soft Skills gibt es Kursangebote, wie zum Beispiel zu Rhetorik, gewaltfreier Kommunikation oder erfolgreichem Verhandeln. In solchen Schulungen lernt man zum Beispiel, dass man bei Präsentationen die Folien nicht überladen darf mit Sätzen, sondern genug große Schriften verwenden soll, oder dass man Kritik an Mitmenschen über Ich-Botschaften vermitteln soll. Die Teilnahme an Konferenzen wie *Devoxx* ist immer sowohl für das Kennenlernen der neuesten Trends als auch für das Knüpfen von Kontakten nützlich. Events und Möglichkeiten für die Weiterbildung können auch innerhalb der eigenen Firma angeboten werden:

- Im Rahmen von Software Craftsmanship wird empfohlen, regelmäßige Übungen zu veranstalten, sogenannte **Kata**. Hierbei geht es nicht nur ums Programmieren, sondern auch um Softwarearchitektur.
- Ein **Hackathon** ist eine mehrtägige Veranstaltung, bei der in verschiedenen Teams Prototypen für neue Produkte erarbeitet werden. Die Teilnehmenden schlafen und essen vor Ort.
- An einer **Unconference** definieren die Teilnehmer gemeinsam die zu behandelnden Themen. Die Sessions sind keine reinen Vorträge, sondern eher Diskussionen.
- Ein **Sabbatical** ist eine mehrwöchige Möglichkeit, an einem privaten Projekt zu arbeiten oder ein Nachdiplomstudium zu absolvieren.

22.4 Networking und Bewerbungen

Es ist wichtig, persönliche Kontakte zu pflegen, denn die Welt ist klein. Oft hilft es, in Firmen, bei denen man sich bewirbt, bereits Leute zu kennen. Auch als Unternehmen ist es empfehlenswert, Kontakt zu Personen zu haben, die die Bewerber persönlich kennen und Auskunft geben können. Ob ein Softwareentwickler gut arbeitet, zeigt sich jedoch meistens erst nach einigen Jahren, nämlich dann, wenn die Software gewartet werden muss. Es ist deshalb als künftiger Arbeitgeber schwierig, solche Beurteilungen zu erhalten.

Zu bedenken ist: Wenn man eines Tages bei einem Bewerbungsgespräch auf der Seite der Firma sitzt, ist nicht ausgeschlossen, dass man sich eines anderen Tages wieder auf der Seite des Bewerbers findet. Womöglich sitzt man sogar derselben Person gegenüber, mit vertauschten Rollen. Dessen sollte man sich immer bewusst sein! Zur Vorbereitung auf Bewerbungsgespräche ist das Buch *„Cracking the Coding Interview"* von Gayle Laakmann McDowell [77] ein bewährter Ratgeber.

22.5 Zehn zeitlose Leitlinien

Folgende zehn „Weisheiten" sind schon seit Jahrzehnten immer aktuell geblieben und seien darum jedem Softwareentwickler ans Herz gelegt:

- Beim Umsetzen von Lösungen befinde ich mich immer im Spannungsfeld zwischen Perfektion, Termin und Budget.
- Teams bleiben nie konstant. Ich muss mich immer wieder an neue Arbeitskollegen anpassen.
- Ich befinde mich immer auf einer Gratwanderung zwischen der Anwendung neuester und bewährter Technologien.

- Beim Entwurf von Architekturen ist die Aufteilung einer Software in verschiedene Abstraktionsschichten zentral. Es ist meistens falsch, das Datenmodell der Datenbank 1:1 im GUI zu verwenden.
- Continuous Integration mit automatisiertem Testing ist notwendig, um eine optimale Qualität der Software sicherzustellen.
- Ich plane Mitarbeiter realistisch ein und denke daran, dass sie neben dem Projekt weitere Aufgaben und Termine haben.
- Aufwandschätzungen von Anbindungen an Schnittstellen anderer Softwarelieferanten sind erfahrungsgemäß zu optimistisch. Das Integrieren von Komponenten dauert oft länger als geplant.
- Agile Prozesse ersetzen nicht Requirements Engineering. Anforderungen an die Software müssen fortlaufend definiert werden.
- Ich übe mich ständig darin, Informationsflut zu filtern.
- Das Rad muss nicht neu erfunden werden. In der eigenen Firma oder im Internet finde ich meistens Rat.

Literatur und Links

[1]   SWEBOK. Software Engineering Body of Knowledge. [Online] http://swebok.org.
[2]   Oestereich, Bernd. [Online] https://outsourcing-journal.org//wp-content/uploads/2011/05/www.
      oose.de_downloads_oestereich_OS_01_06.pdf.
[3]   Martin, Robert C. *Clean Code*. s. l.: Prentice Hall, 2009. ISBN 0-13-235088-2.
[4]   Manifesto for Agile Software Development. [Online] http://agilemanifesto.org.
[5]   Scrum Guides. [Online] http://www.scrumguides.org.
[6]   Brooks, Frederick. *The Mythical Man-Month: Essays on Software Engineering*. s. l.: Addison Wesley, 1975.
      ISBN 0201006502.
[7]   Oestereich, Bernd. *Objektorientierte Softwareentwicklung – Analyse und Design mit der Unified Modeling
      Language*. s. l.: Oldenbourg, 2001. ISBN 3-486-25573-8.
[8]   McConnell, Steve. *Aufwandschätzung bei Softwareprojekten*. s. l.: Microsoft Press, 2006. ISBN
      3866456123.
[9]   Hayes, John P. *Computer Architecture and Organization*. s. l.: McGraw Hill, 1988. ISBN 0-07-027366-9.
[10] Kofler, Michael, Kühnast, Charly und Scherbeck, Christoph. *Raspberry Pi Das umfassende Handbuch*. s. l.:
      Galileo Press, 2014. 978-3-8362-2933-3.
[11] [Online] https://jaycarlson.net/microcontrollers.
[12] TOP500. [Online] https://www.top500.org.
[13] Silberschatz, Abraham, Galvin, Peter B. und Gagne, Greg. *Operating System Concepts*. s. l.: Addison
      Wesley, 1994. ISBN 0-201-50480-4.
[14] Herold, Helmut. *Linux/Unix – Grundlagenreferenz*. s. l.: Addison Wesley, 2004. ISBN 3-8273-2194-8.
[15] Louis, Dirk und Müller, Peter. *Android – Der schnelle und einfache Einstieg in die Programmierung und
      Entwicklungsumgebung*. s. l.: Hanser, 2016. ISBN 978-3-446-44598-7.
[16] Microsoft. NET. [Online] https://dotnet.microsoft.com.
[17] JSFiddle. [Online] https://jsfiddle.net/AlbinMeyer/f67o2j6j/1.
[18] HTML5 Demo: geolocation. [Online] https://html5demos.com/geo.
[19] Gasston, Peter. *Moderne Webentwicklung*. s. l.: dpunkt, 2014. ISBN 978-3-86490-116-4.
[20] Can I use ... [Online] http://caniuse.com.
[21] HTML5 Boilerplate. [Online] https://html5boilerplate.com.
[22] HTML5test. [Online] http://html5test.com.
[23] JSFiddle. [Online] http://jsfiddle.net.
[24] Chinnathambi, Kirupa. *Animation in HTML, CSS and JavaScript*. s. l.: Kirupa Chinnathambi, 2014. ISBN
      1502548704.
[25] Bass, Len, Clements, Paul und Kazman, Rick. *Software Architecture in Practice (Third Edition)*. s. l.:
      Addison Wesley, 2013. ISBN 0321815734.
[26] Hofmeister, Christine, Nord, Robert und Soni, Dilip. *Applied Software Architecture*. s. l.: Addison Wesley,
      2000. ISBN 0-201-32571-3.
[27] Hruschka, Peter und Starke, Gernot. *Knigge für Softwarearchitekten*. s. l.: entwickler.press, 2012. ISBN
      978-3868020809.
[28] arc42. [Online] http://arc42.org.
[29] Brown, Simon. Coding the Architecture. [Online] http://www.codingthearchitecture.com.
[30] Lakos, John. *Large Scale C++ Software Design*. s. l.: Pearson, 1996. ISBN 0201633620.
[31] Orfali, Robert, Harkey, Dan und Edwards, Jeri. *Client/Server Survival Guide*. s. l.: John Wiley, 1999. ISBN
      0471316156.
[32] Evans, Eric. *Domain-Driven Design*. s. l.: Addison Wesley, 2003. ISBN 0321125215.
[33] Kleppe, Anneke, Warmer, Jos und Bast, Wim. *MDA Explained*. s. l.: Addison Wesley, 2003. ISBN
      0–321–19442-X.
[34] Greenfield, Jack und Short, Keith. *Software Factories*. s. l.: John Wiley & Sons, 2004. ISBN 0471202843.

https://doi.org/10.1515/9783111354774-023

[35] Rhoton, John und Haukioja, Risto. *Cloud Computing Architected*. s. l.: Recursive, 2011. ISBN 0-9563556-1-7.

[36] Lanier, Jaron. *Wem gehört die Zukunft*. s. l.: Hoffmann und Campe Verlag, 2014. ISBN 3455503187.

[37] Géron, Aurélien. *Praxiseinstieg Machine Learning mit Scikit-Learn & TensorFlow*. s. l.: O'Reilly, 2018. ISBN 978-3-96009-061-8.

[38] Hofstadter, Douglas R. *Gödel Escher Bach*. s. l.: DTV, 1991. ISBN 3-423-30017-5.

[39] Penrose, Roger. *Computerdenken*. s. l.: Spektrum, 2002. ISBN 3-8274-1332-X.

[40] Kurzweil, Ray. *How to Create a Mind*. s. l.: Duckworth Overlook, 2012. ISBN 978 0 7156 4733 2.

[41] Russell, Stuart und Norvig, Peter. *Artificial Intelligence*. s. l.: Prentice-Hall, 1995. ISBN 0-13-360124-2.

[42] JSON Utils. [Online] http://jsonutils.com.

[43] Ecosia. [Online] https://www.ecosia.org.

[44] Internet Archive. [Online] https://archive.org.

[45] Kernighan, Brian und Ritchie, Dennis. *The C Programming Language*. s. l.: Prentice-Hall, 1988. ISBN 0-13-110362-8.

[46] Meyers, Scott. *Effective C++*. s. l.: Addison-Wesley, 2005. ISBN 0321334876.

[47] Meyers, Scott. *More Effective C++*. s. l.: Addison Wesley, 1995. ISBN 020163371X.

[48] Arnold, Ken, Gosling, James und Holmes, David. *The Java Programming Language*. s. l.: Pearson, 2005. ISBN 0321349806.

[49] Bloch, Joshua. *Effective Java*. s. l.: Addison Wesley, 2001. ISBN 0201310058.

[50] Fowler, Martin. *Refactoring*. s. l.: Addison Wesley, 1999. ISBN 0201485672.

[51] Chomsky, Noam. *Wer beherrscht die Welt?* s. l.: Ullstein, 2016. ISBN 978-3-550-08154-5.

[52] Aho, Alfred, Sethi, Ravi und Ullman, Jeffrey. *Compilers*. s. l.: Addison-Wesley, 1986. ISBN 0201100886.

[53] Muschko, Benjamin. *Gradle in Action*. s. l.: Manning, 2014. ISBN 9781617291302.

[54] Zisler, Harald. *Computer-Netzwerke*. s. l.: Galileo, 2013. ISBN 978-3-8362-2007-1.

[55] qaul.net. [Online] http://qaul.net.

[56] What Is My IP Address. [Online] http://www.whatismyip.com.

[57] Date, C. J. *An Introduction to Database Systems*. s. l.: Addison Wesley, 1995. ISBN 0201824582.

[58] Gennick, Jonathan. *SQL – kurz & gut*. s. l.: O'Reilly, 2004. ISBN 3-89721-268-4.

[59] Chodorow, Kristina. *MongoDB: The Definitive Guide*. s. l.: O'Reilly, 2013. ISBN 978-1-449-34468-9.

[60] Provost, Foster und Fawcett, Tom. *Data Science for Business*. s. l.: O'Reilly, 2013. ISBN 978-1-449-36132-7.

[61] Gamma, Erich, et al. *Design Patterns*. s. l.: Addison Wesley, 1995. ISBN 0201633612.

[62] Knuth, Donald. *The Art of Computer Programming, Vol. 1, 2, 3, 4*. s. l.: Addison Wesley, 2011.

[63] Fowler, Martin. *Patterns of Enterprise Application Architecture*. s. l.: Addison Wesley, 2002. ISBN 0321127420.

[64] Alur, Deepak, Crupi, John und Malks, Dan. *Core J2EE Patterns*. s. l.: Prentice Hall, 2001. ISBN 0130648841.

[65] Online regex tester. [Online] https://regex101.com/.

[66] Brown, William J., et al. *AntiPatterns*. s. l.: Wiley, 1998. ISBN 0471197130.

[67] McClure, Stuart, Scambray, Joel und Kurtz, George. *Hacking Exposed 7*. s. l.: McGraw-Hill, 2012. ISBN 978-0-07-178028-5.

[68] OWASP. [Online] https://www.owasp.org.

[69] Melde- und Analysestelle Informationssicherung MELANI. [Online] https://www.melani.admin.ch.

[70] CVE security vulnerability database. [Online] http://www.cvedetails.com.

[71] Long, Johnny. *Google Hacking for Penetration Testers, Volume 2*. s. l.: Syngress, 2008. ISBN 978-1-59749-176-1.

[72] Git – Book. [Online] https://git-scm.com/book.

[73] A successful Git branching model. [Online] http://nvie.com/posts/a-successful-git-branching-model.

[74] Smart, John Ferguson. *Jenkins: The Definitive Guide*. s. l.: O'Reilly, 2011. ISBN 978-1-449-30535-2.

[75] No Silver Bullet. [Online] https://web.archive.org/web/20160910002130/http://worrydream.com/refs/Brooks-NoSilverBullet.pdf.

[76] heise online. [Online] https://www.heise.de.

[77] Laakmann McDowell, Gayle. *Cracking the Coding Interview*. s. l.: CareerCup, 2015. ISBN 978-0984782857.

Register

https://doi.org/10.1515/9783111354774-024

www.ingramcontent.com/pod-product-compliance
Lightning Source LLC
Chambersburg PA
CBHW061348210326
41598CB00035B/5918